D1668595

Allegria

Der Autor

Osho ist einer der bekanntesten und provokativsten spirituellen Lehrer des 20. Jahrhunderts. Mehr als ein Jahrzehnt nach seinem Tod haben seine Worte ihre Kraft nicht verloren. Heute ist die Bedeutung von Osho auf der ganzen Welt unumstritten, und die aus seinen Vorträgen zusammengestellten Bücher sind in 47 Sprachen übersetzt. Osho ist 1990 verstorben. Er stammte aus Indien und war Universitätsprofessor, bis er sich entschloss, seine Einsichten in öffentlichen Vorträgen zu verbreiten. Das von ihm begründete Meditationszentrum in Poona zieht auch heute noch zehntausende Besucher aus aller Welt an. Weitere Informationen: www.osho.com

Von Osho sind in unserem Haus erschienen:

Die Kraft der Selbstachtung   *Intimität*
Die Kraft der Wahrheit   *Intuition*
Der Vogel im Wind   *Bewusstsein*
Vom Leben und vom Sterben   *Kreativität*
Der Gott, den es nicht gibt   *Freude*
Jetzt oder nie   *Reife*
Autobiographie   *Das Buch der Frauen*
Mitgefühl   *Das Buch der Männer*
Intelligenz   *Das Buch der Kinder*
Mut   *Das Buch der Heilung*
Freiheit   *Das Buch vom Ego*

Mut – Die Freude, gefährlich zu leben (CD)
Mut – Der Mut der Liebe (CD)

OSHO

Die Kraft des freien Denkens

Authentisch leben

Aus dem Amerikanischen
von Rajmani H. Müller

Ullstein

Besuchen Sie uns im Internet:
www.ullstein-taschenbuch.de

Allegria im Ullstein Taschenbuch

Titel der amerikanischen Originalausgabe:
BORN WITH A QUESTION MARK IN YOUR HEART, by OSHO

Dieses Buch ist eine Transkription von Originalaufnahmen Oshos
vor Livepublikum. Die Aufnahmen in diesem Buch wurden im Original
veröffentlicht in *From Personality to Individuality* (Kapitel 1–10).
Alle Vorträge von Osho wurden bereits vollständig in Buchform publiziert,
sind aber genauso als Originalhörbücher und/oder Videoaufnahmen erhältlich.
Weitere Informationen entnehmen Sie bitte dem Angebot der
Osho-Onlinebibliothek auf www.osho.com.
OSHO ist eingetragener Markenname der OSHO International Foundation,
www.osho.com/trademarks.

MIX
Papier aus verantwor-
tungsvollen Quellen
FSC® C083411

Deutsche Erstausgabe im Ullstein Taschenbuch
1. Auflage Oktober 2015
© der deutschen Ausgabe 2015 by
Ullstein Buchverlage GmbH, Berlin
© der Originalausgabe 1985, 2012
by OSHO International Foundation,
Switzerland, www.osho.com/copyrights
All rights reserved
Übersetzung: Rajmani H. Müller
Lektorat: Marita Böhm
Umschlaggestaltung: FranklDesign, München
Titelabbildungen: Terry Jeavons
Satz: Keller & Keller GbR / Gesetzt aus der Sabon
Druck und Bindearbeiten: CPI books GmbH, Leck
Printed in Germany
ISBN 978-3-548-74630-2

Inhalt

Über die Serie »Authentisch leben« 7

Vorwort 9

1. Das Fragezeichen im Herzen des Menschen 11

2. Definieren heißt begrenzen – und die Existenz ist grenzenlos 41

3. Vorsicht! Ich bin hier, um eure Träume zu zerstören 70

4. Neid – das Prinzip von Teilen und Herrschen 102

5. Die Odyssee des Alleinseins 134

6. Seelenqual oder Qual der Wahl? 169

7. Der erleuchtete Duft der Revolution 200

8. Ein Nährboden für Transformation 226

9. Eine Verschwörung der Priester, um euer Denken zu manipulieren 254

10. Ein Außenseiter, nur ein Gast 285

Über Osho 314

OSHO International Meditation Resort 316

Weitere Informationen 319

Über die Serie »Authentisch leben«

»Authentisch leben« ist der Name einer Serie von Büchern, in denen Osho Fragen seiner internationalen Zuhörerschaft in Meditationsveranstaltungen beantwortet. Über den Vorgang des Fragestellens sagt er selbst:

»Wie kannst du eine Frage stellen, die wirklich bedeutsam ist? Eine Frage, die nicht bloß intellektuell, sondern existenziell ist? Eine Frage, bei der es nicht bloß um verbales Wissen, sondern um authentisches Leben geht? Dazu gibt es ein paar Dinge zu beachten:

Was auch immer du fragst: Stelle nie eine Allerweltsfrage, stelle nie eine stereotype Frage. Stelle eine Frage, die unmittelbar etwas mit dir zu tun hat, eine Frage, die für dich persönlich bedeutsam ist, die eine transformierende Botschaft für dich enthält. Stelle die Frage, von der dein ganzes Leben abhängt!

Stelle keine gelehrten Fragen, keine Fragen aus zweiter Hand. Und bringe keine Frage aus der Vergangenheit mit, denn sie wird aus deinem Gedächtnis kommen, nicht aus dir. Wenn du eine geborgte Frage stellst, kannst du nie zu einer authentischen Antwort kommen. Selbst wenn dir eine Antwort gegeben wird, bekommst du sie nicht mit oder sie kommt nicht bei dir an. Eine geborgte Frage ist sinnlos. Frage etwas, was du wirklich wissen willst. Und wenn ich »du« sage, meine ich das Du, das du in diesem Augenblick bist, hier und jetzt, unmittelbar. Wenn du etwas fragst, was unmittelbar ist, was hier und jetzt ist, dann wird es existenziell. Dann bezieht es sich nicht auf deine Erinnerung, sondern auf dein lebendiges Sein.

Stelle keine Frage, deren Beantwortung dich nicht verändern würde. Zum Beispiel könnte jemand fragen, ob es einen Gott gibt: ›Existiert Gott?‹ Eine solche Frage solltest du nur stellen, wenn die Antwort eine Wandlung in dir bewirken würde. Wenn du ein anderer Mensch wirst, je nachdem, ob es einen Gott gibt oder nicht. Wenn es jedoch keinen Unterschied für dich machen würde, ob Gott existiert oder nicht, dann ist diese Frage sinnlos. Dann hast du nur aus Neugierde gefragt, aber nicht aus Verlangen nach der Wahrheit.

Also vergiss nicht: Frage nur etwas, das dir wirklich am Herzen liegt. Nur dann wird die Antwort für dich bedeutsam sein.«

Vorwort

Die Persönlichkeit ist nur ein Mischmasch: Einiges stammt von deiner Mutter, einiges von deinem Vater, manches von deinen Nachbarn, von Freunden, der Ehefrau, den Lehrern, Priestern, Leitfiguren. Sie ist nur Flickwerk, kein unteilbares Ganzes. Sie fällt fast auseinander – jeden Augenblick … ein kleiner Stoß, und schon kann sie auseinanderfallen. Sie hat keine Seele, die alle Teile miteinander verbindet. Sie hat keine Ganzheit; sie besteht nur aus Einzelteilen.

Als Kontrast zur Persönlichkeit benutze ich das Wort Individualität im Sinne von Unteilbarkeit. Individuum bedeutet das »Unteilbare« – du kannst es nicht teilen, es gibt keine Teile, es kann nicht auseinanderfallen. Im Vergleich zur Persönlichkeit ist sie ein solider Fels, aus einem Stück. Aber das ist nur der eine Aspekt.

Vom Universellen aus betrachtet, bist du auch kein Individuum mehr. Selbst dieses bisschen Abgrenzung verschwindet dann: *Du bist das Ganze.* Die Winde, die Bäume, der Mond existieren nicht irgendwo getrennt – so wenig wie du. Du atmest jeden Augenblick. Die Existenz ist nicht von dir getrennt, selbst wenn du denkst, getrennt zu sein.

Wenn du weißt, dass du nicht abgetrennt bist, ist das eine ungeheure Erkenntnis. Dann verschwindet alle Angst, du könntest dein Gesicht verlieren, alle Angst, du könntest deine Persönlichkeit verlieren – die dir ohnehin ständig entgleitet. Du bist bei den Ursprüngen angelangt. Du bist beim Ewigen angelangt, beim Universellen. Das ist es, was ich Erleuchtung nenne.

Osho
Jenseits von Psychologie

1

Das Fragezeichen im Herzen des Menschen

? *Welchen Platz hat die Mystik in deiner Religion?*

Meine Religion ist die reine Mystik, es geht um nichts anderes. Andere Religionen haben keinen Platz für Mystik. Sie können keinen Platz dafür haben, weil sie auf jede Frage schon Antworten wissen – Scheinantworten ohne jeden Beweis, ohne stichhaltige Begründung. Sie sind aber eine Beruhigung für diese leichtgläubige Menschheit; sie entmystifizieren das Dasein. Alles Wissen entmystifiziert das Dasein.

Ich lehre euch kein Scheinwissen. Genau das tun aber die Religionen: Sie machen euch scheinwissend. Sie haben einen Gott als Schöpfer. Und sie haben Boten Gottes, die euch sämtliche Antworten liefern – direkt von Gott, aus erster Quelle, unbestreitbar und unfehlbar. Diese Religionen haben es verstanden, die Menschheit auszubeuten, einfach weil der Mensch ein inneres Unbehagen fühlt, wenn es Fragen gibt, auf die sich keine Antworten finden lassen. Und Fragen *gibt* es. Der Mensch wird mit Fragen geboren, mit einem großen Fragezeichen im Herzen – und das ist gut so.

Es ist ein Glück, dass der Mensch mit einem Fragezeichen geboren wird, sonst wäre er nur eine andere Tiergattung. Büffel haben keine Fragen – sie akzeptieren alles, wie es ist, ohne es zu hinterfragen; sie sind wirklich gläubig und fromm. Bäume haben keine Fragen, Vögel haben keine Fragen. Nur der Mensch hat Fragen, und das ist sein Vorrecht, sein menschliches Privileg. Er allein in der ganzen Schöpfung ist fähig, Fragen zu stellen.

Die alten Religionen haben es schon immer darauf angelegt, euch eures Vorrechts zu berauben. Sie wollten euch gewaltsam auf dem Niveau der Tiere halten. Das nennen sie »Glauben«, unerschütterlichen Glauben. Sie sähen euch lieber als Büffel, als Esel, aber nicht als Menschen. Aber gerade diese einzigartige

Eigenschaft ist es, die den Menschen vom Tier unterscheidet: das Fragezeichen.

Ja, es bringt Chaos. Ohne zu fragen lebt es sich viel friedlicher. Ein solcher Friede ist aber ein toter Friede, in ihm ist kein Leben. Eine solche Stille ist die eines Friedhofs, einer Grabstätte. Lieber ist mir der Mensch im Chaos, aber *lebendig*.

Ich möchte den Menschen nicht als Grabstätte. Diese Art Friede, diese Art Stille hat einen hohen Preis: Ihr verliert eure ganze Lebendigkeit, verliert eure Intelligenz, verliert jede Möglichkeit, eine ekstatische Lebensart für euch zu entdecken. Dass der Mensch mit einem Fragezeichen geboren wird, ist nicht unerheblich. Dass jedes Kind mit dem Zweifel geboren wird und nicht mit dem Glauben, ist nicht das Werk des Teufels.

Es ist natürlich, zu zweifeln. Jedes Kind stellt tausenderlei Fragen. Und je mehr es fragt, umso mehr zeigt sich sein Potenzial, etwas entdecken zu können. Es gibt auch stumme Kinder – nicht dass sie stumm wären, ihre Seele ist nur verstummt. Den Eltern sind sie sehr genehm, weil sie keine Probleme machen, keine peinlichen Fragen stellen. Jedes Kleinkind könnte eure ganze Wissensfassade zum Einsturz bringen.

Dazu fällt mir vieles aus meiner Kindheit ein, was euch die Schönheit des Fragezeichens verstehen lässt. Erst wenn ihr versteht, dass das Fragezeichen euer Menschsein ausmacht, eure Würde, erst dann könnt ihr verstehen, was Mystik bedeutet.

Mystifizierung ist nicht Mystik. Mystifizierung ist die Vernebelungstaktik der Priester. Sie haben euch eures Fragezeichens beraubt. Sie haben jede Möglichkeit aus dem Weg geräumt, das Mysterium der Existenz selbst ergründen zu können. Sie mussten euch aber einen Ersatz liefern, irgendein einlullendes Trostpflaster. Dazu dienen die religiösen Schriften, und die grundlegende Methode war und ist überall die Gleiche.

Im Hinduismus zum Beispiel sind die Schriften in Sanskrit verfasst, einer äußerst schwierigen Sprache. Kein einziger Inder redet in Sanskrit; es ist eine tote Sprache. Was mich betrifft, habe ich mir große Mühe gegeben, herauszufinden, ob diese Sprache jemals lebte, doch ich habe keinen einzigen Beweis dafür gefunden. Sanskrit war schon immer tot, von Anfang an. Diese Sprache ist eine Totgeburt, eine Erfindung der Priester. Das Volk hat diese Sprache nie verwendet; man kann sie nicht verwenden. Sie ist viel zu kompliziert – in puncto Grammatik, Mathematik, Phonetik –, als dass das Volk sie verwenden könnte.

Im Gebrauch durch die Menschen wird eine Sprache mit der Zeit weniger grammatikalisch, aber lebendiger, weniger logisch, aber bedeutungsträchtiger. Sie wird direkter, weniger abstrakt, weniger kultiviert. Und sie entwickelt sich weiter. Sanskrit hat sich nie weiterentwickelt. Etwas Totes kann sich nicht weiterentwickeln. Sanskrit ist genau dort stehen geblieben, wo es schon vor fünftausend Jahren war, ohne jedes Wachstum. Aber etwas Totes kann natürlich nicht wachsen.

Eine lebende Sprache wächst im Gebrauch durch die Menschen ständig weiter. Ihre Wörter schleifen sich ab und werden runder, genau wie Steine, die in einem Fluss landen und mit der Zeit immer runder werden. Durch die Strömung, den ständigen Zusammenprall mit Felsen und anderen Steinen werden sie allmählich ganz rund. Man kann es sehen, wenn eine Sprache weiterwächst. Man kann sofort erkennen und definieren, welche Sprachen tot und welche lebendig sind.

Tote Sprachen werden immer perfekt sein, lebende Sprachen können nie perfekt sein. Denn lebende Sprachen werden von unperfekten, fehlbaren Menschen gesprochen und verändern sich von Mund zu Mund. Sie werden immer besser verwendbar.

Beispielsweise kam Englisch von außen nach Indien. Manche Wörter gingen zwangsläufig in den allgemeinen Sprachgebrauch ein, etwa das Wort *station*, Bahnhof oder Station. Nun hatte es in Indien nie so etwas wie eine »Station« gegeben. Dafür mussten erst die Engländer kommen, und als dann die Eisenbahn eingeführt wurde, gab es das Wort *station* bereits. Wenn man aber in Indien durchs ganze Land reist, findet man in den Dörfern, wo achtundneunzig Prozent der Leute kein Englisch sprechen, nicht einen einzigen Inder, der das Wort *station* verwendet. Es klingt einfach zu schwierig, zu kultiviert. Im Gebrauch wurde daraus *tesan*, ohne das Zutun von irgendjemandem. Durch bloßen Gebrauch entstand das neue Wort *tesan*. Es ist einfacher. *Station* war zu kompliziert, zu mühsam, darum *tesan*.

Oder das Wort *report*, berichten, sich melden ... Es kam mit der Sprache der Engländer, mit ihren Polizeistationen und der Pflicht, sich dort zu melden. Auf dem Land verwendet aber erstaunlicherweise keiner das Wort *report*. Alle sagen *rapat*. Es ist runder geworden, abgeschliffen: *rapat*. Was an *report* schwierig war, schwer auszusprechen war, ist nicht mehr da. *Rapat* klingt irgendwie menschlicher. So gibt es viele Wörter, die eine interessante Geschichte haben. Wenn Wörter von den Menschen gebraucht werden, nehmen sie allmählich ihre eigene Form an. Allein durch den Gebrauch verändern sie sich ständig.

Doch Sanskrit bleibt immer gleich. Hebräisch, Arabisch, Altgriechisch, Latein existieren alle unverändert, weit über dem Horizont der Leute, weitab von ihrer Realität. Sanskrit war nie die Sprache des Volkes. Daher rührt seine mystifizierende, faszinierende Wirkung. Das ganze Land war von der Priesterschaft abhängig, doch was die Priester sagten, war reiner Schwachsinn – auf Sanskrit. Wenn man lernt, es zu verstehen, kann man sich nur wundern: Was soll daran heilig sein? Wenn aber etwas in Sanskrit rezitiert wird und man keine Ahnung hat, was es bedeutet, ist man fasziniert.

Um die Heiligkeit der Schriften zu bewahren, war es nötig, sie geheim zu halten. Sie sollten nicht in die Hände des Volkes gelangen; die Leute sollten sie nicht lesen können. Wenn es gebraucht wurde, war der Priester da; er konnte die Schriften lesen. Als der Buchdruck eingeführt wurde, lehnten die Hindus es ab, ihre Schriften drucken zu lassen: Was würde sonst aus ihrer Geheimnistuerei werden, die sie seit Jahrtausenden betrieben hatten?

Die Hindu-Priester haben das ganze Land mit der Vorstellung eingenebelt, sämtliche Geheimnisse würden in ihren heiligen Büchern stehen – aber diese heiligen Bücher sind zu neunundneunzig Prozent einfach nur Kuhdung! Den Hindus mag er heilig sein, aber sonst ist er für niemanden heilig. Als diese geheiligten

Bücher in andere Sprachen übersetzt wurden, hörte diese ganze
Mystifizierung auf; der Hinduismus verlor seinen Nimbus, seine
Glorie, denn nun konnte man es in jeder Sprache nachlesen –
die Schriften wurden allen zugänglich.

Mahavira redete nie in Sanskrit, Gautama Buddha redete nie
in Sanskrit – allein schon der Priesterschaft zum Trotz. Sie redeten in der Sprache des Volkes. Die Priesterschaft verurteilte sie
deswegen: »Das ist nicht die rechte Art. Ihr solltet in Sanskrit
reden. Ihr seid beide hochgebildet« – denn beide waren Söhne
großer Könige – »und ihr beherrscht das Sanskrit. Weshalb redet ihr also in der Sprache der gewöhnlichen Leute?«

Sie sagten: »Das hat einen bestimmten Grund: Wir wollen den
Menschen klarmachen, dass diese Geheimnistuerei ein Ende
haben muss. An euren Schriften ist gar nichts dran, aber weil
sie in einer Sprache sind, die keiner versteht, ist alles der Fantasie der Leute überlassen.«

Wahrscheinlich versteht nicht mal der Priester, was er da rezitiert. Sanskrit lernt man durch Auswendiglernen, nicht durch
Verstehen. Das ist ein großer Unterschied. Sanskrit wird rein
mechanisch, durch Nachsprechen gelernt, bis man es auswendig
kann. Was zählt, ist das Gedächtnis, nicht das Verständnis. Um
die Bedeutung braucht man sich nicht zu kümmern; es geht nur
darum, wie es rezitiert wird.

Zweifellos ist Sanskrit eine sehr schöne Sprache, mit einer
Qualität von Singsang. Ein Lied ist leichter auswendig zu lernen als ein ebenso langes Stück Prosa. Poesie ist viel leichter im
Gedächtnis zu behalten. Darum sind diese Sprachen, die auf
dem Gedächtnis beruhen, wie Poesie und klingen sehr schön.
Was es bedeutet, sollte man besser nicht fragen. Der Sinn kann
so belanglos sein wie eine x-beliebige Zeitung von heute – oder
noch schlimmer, weil es eine fünftausend Jahre alte Zeitung ist.

Wenn man einen Brahmanen singen hört, ist man fasziniert;
mit seinem Gesang erzeugt er eine besondere Atmosphäre. Aber
was singt er da eigentlich? Vielleicht sind die Strophen, die er
gerade singt, ein Gebet zu Gott: »Bitte vernichte die Ernte meines Feindes und gib mir eine doppelt so reiche Ernte als letztes

Jahr! Bitte sorge dafür, dass die Kühe meines Nachbarn keine Milch geben und die ganze Milch zu meinen Kühen kommt!« Wenn man den Sinn versteht, sagt man:»Was für ein Schwachsinn! Wo bleibt die ganze Heiligkeit? Wo bleibt die Religion? Soll das etwa Religion sein?« – Auf den Sinn sollte man also besser nichts geben.

Wer den Ruf des Muezzins vom Minarett hört, ist bezaubert vom Singsang seiner Stimme. Das Arabische ist sehr berührend, es geht mitten ins Herz. Dort soll es auch hingehen, es bewegt nicht den Intellekt, den Verstand. Es soll die Gefühle anrühren, und das tut es gewiss. Wer Arabisch hört, ist begeistert von der ungeheuren Schönheit, die darin anklingt. Wenn allein schon der Klang eine solche Faszination und Erregung bewirkt, wie tief muss erst der dahinterliegende Sinn sein? Aber fragt lieber nicht nach dem Sinn!

Darum darf man den Leuten nicht die geheime, die heilige Sprache beibringen. Sie bleibt der Priesterschaft vorbehalten – es ist ihr Monopol.

Dies ist unter Mystifizierung zu verstehen. Sie dient als Ersatz, um euch ruhigzustellen. Man hat den Menschen ein ungeheures Potenzial genommen: das Fragezeichen. Es würde die ganze Schöpfung zum Mysterium machen. Sie mussten euch einen Ersatz geben, ein Spielzeug, um euch abzulenken. Und die Priester halten schon alle möglichen Antworten bereit. Noch ehe das Kind überhaupt zu fragen beginnt, fangen sie an, ihm die Antworten einzutrichtern. Seht doch nur, wie das abläuft! Wenn die Frage noch nicht gestellt wurde, ist die Antwort völlig witzlos.

Was ich euch nun erzählen wollte …

In meiner Kindheit fing man an, mir Antworten zu liefern … Es gab da im Jainismus einen speziellen Unterricht im Jaina-Tempel, den jedes Kind besuchen musste, jeden Abend eine Stunde lang. Ich weigerte mich.

Ich sagte zu meinem Vater:»Erstens einmal habe ich gar nicht die Fragen, auf die man die Antworten liefert. Das ist doch idiotisch. Wenn ich Fragen habe, werde ich hingehen und mir ihre

Antworten holen, und dann werde ich herausfinden, ob sie recht haben oder nicht. Im Moment interessiert mich nicht einmal die Frage: Wer hat die Welt erschaffen? Du meine Güte! – Was interessiert mich das? Ich weiß nur eines: Ich war's nicht!«

Mein Vater sagte: »Du bist ein sonderbarer Knabe. Alle Kinder unserer Familie gehen hin, und die aus der Nachbarschaft gehen auch alle hin.«

Die Jainas leben zusammen in ihrem Viertel, in enger Nachbarschaft. Minderheiten haben Angst vor der Mehrheit und wohnen oft eng zusammen, um besser geschützt zu sein. Der Jaina-Tempel liegt mitten im Viertel, und alle Kinder aus der Nachbarschaft gehen hin. Es dient zum Schutz, denn würde ihr Tempel mitten in einem Viertel von Hindus oder Muslimen liegen, könnte er jederzeit in Flammen aufgehen. Und auch sonst wäre es schwierig, weil der Tempel nicht erreichbar wäre, wenn Unruhen ausbrechen.

Es gab da Leute, die kein Essen zu sich nahmen, ohne vorher in den Tempel zu gehen. Sie müssen zuerst im Tempel ihre Gebete verrichten, bevor sie etwas zu sich nehmen können. So leben die Jainas in kleinen Enklaven in der Stadt, im Ort, im Dorf, mit ihrem Tempel in der Mitte und der ganzen Gemeinde drum herum.

»Sie gehen alle hin«, sagte mein Vater.

Ich sagte: »Kann ja sein, dass sie Fragen haben. Oder sie sind Dummköpfe. Ich bin kein Dummkopf, und ich habe auch keine solchen Fragen. Ich weigere mich, dort hinzugehen. Und außerdem weiß ich, dass der Lehrer den Kindern einen totalen Schwachsinn erzählt.«

Mein Vater sagte: »Kannst du das beweisen? Du willst immer, dass ich dir alles beweise. Jetzt frage ich dich: Kannst du beweisen, dass es Schwachsinn ist, was er sagt?«

Ich sagte nur: »Komm mit mir.« Er musste oft mit mir an die verschiedensten Orte gehen, bis wir unseren Streit beilegen konnten.

Als wir zum Unterricht kamen, lehrte der Lehrer gerade die drei Eigenschaften von Mahavira (Begründer des Jainismus –

Anm. d. Übers.): Allmacht, Allwissenheit, Allgegenwart. Mahavira, so sagte er, sei allmächtig, allwissend, allgegenwärtig.

Ich sagte: »Du hast gehört, was er gesagt hat. Jetzt komm mit mir in den Tempel.« Der Unterricht fand in einem angrenzenden Raum direkt neben dem Tempel statt. Ich sagte: »Geh jetzt mit in den Tempel.«

Er sagte: »Wozu denn?«

Ich sagte: »Komm, ich werde dir den Beweis liefern.«

Zuvor hatte ich auf die Statue von Mahavira ein *Laddu* gelegt – das ist eine indische Süßigkeit, rund wie eine Kugel. Solch ein *Laddu* hatte ich auf Mahaviras Kopf gelegt. Und natürlich saßen zwei Ratten oben auf Mahaviras Kopf und knabberten an dem *Laddu*. Ich sagte: »Da hast du deinen allmächtigen Mahavira! Ich hab auch schon gesehen, wie die Ratten ihm auf den Kopf gepinkelt haben.«

Mein Vater sagte: »Du bist unmöglich. Hast du das alles veranstaltet, nur um den Beweis zu liefern?«

Ich sagte: »Was hätte ich sonst machen sollen? Wie soll ich es dir sonst beweisen? Dieser Mahavira ist ja nirgends aufzutreiben. Hier ist seine Statue. Das ist der einzige Mahavira, den ich kenne, den du kennst und den der Lehrer kennt. Wenn er allgegenwärtig sein soll, dann wird er auch hier gegenwärtig sein. Und dann wird er auch die Ratten sehen und das, was sie mit ihm veranstalten. Er hätte doch die Ratten vertreiben und mein *Laddu* runterwerfen können. Ich konnte nicht hierbleiben, weil ich dich abholen musste. Ich musste ja alles vorbereiten. Jetzt beweise du mir bitte, dass dieser Typ allgegenwärtig ist. Aber im Grunde ist mir das völlig egal – vielleicht ist er's ja. Was habe ich damit zu schaffen?«

Noch bevor ein Kind überhaupt zu fragen beginnt, stopft man ihm schon das Hirn mit allen möglichen Antworten voll. Dieses grundlegende und schwerwiegende Verbrechen begehen alle Religionen. Es kommt einer Programmierung gleich; das versteht man unter Konditionierung. Doch die Religionen verurteilen mich und behaupten, *ich* würde die Menschen konditionieren. Tatsächlich *de*konditioniere ich euch. Die Konditionierung haben eure Religionen schon längst erledigt: Sie haben euch all diese Antworten eingetrichtert. Ich räume nur mit all den Antworten auf, damit ihr eure Frage finden könnt. Sie haben die Frage völlig zugedeckt – so vollständig, dass ihr vergessen habt, dass ihr je eine Frage hattet.

Tatsächlich habt ihr nie Fragen gestellt. Ihr hattet gar keine Chance, in Kontakt zu kommen mit eurer Frage und mit jener Intelligenz, die alles infrage zu stellen vermag. So sehr fürchten die Religionen, ihr könntet beginnen, die Dinge zu hinterfragen – und sei es nur ein einziges Mal. Dann hätten sie größte Schwierigkeiten, euch ihre Antworten gegen euren Willen aufzuzwingen. Diese forschende Intelligenz würde jede Menge Zweifel erheben, und nach jeder Antwort würden noch mehr Fragen auftauchen, als man sich vorstellen kann.

Der beste Weg besteht darin, dieses grundlegende Verbrechen zu begehen: das Kind so früh wie möglich in die Hand zu bekommen – je früher, desto besser – und ihm den ganzen theologischen, dogmatischen, doktrinären Katechismus löffelchenweise einzuflößen. Bevor das Kind überhaupt Fragen stellt, kennt es schon alle Antworten.

Wenn du Christ bist, woher willst du wissen, dass es eine Dreifaltigkeit gibt? – Dass diese drei – Gottvater, der Heilige Geist, Gottes Sohn – die höchste Macht darstellen, das absolute Monopol der Macht? Dass sie die Herrscher über die ganze Welt sind, die wahren Diktatoren? Wie kannst du das wissen? Man hat es dir so erzählt. Vielleicht hast du vergessen, *wer* es dir erzählt hat. Man hat es dir schon so früh erzählt, dass du, wenn du nicht tief nachgräbst und ganz weit zurückgehst, wohl kaum darauf kommen wirst, wer dieser Typ war, der deinen Verstand korrumpiert hat.

Und diese jungfräuliche Geburt ... Wenn du kein Christ bist, wirst du sofort einhaken: Wie kommt denn die Jungfrau zum Kind? Bist du aber Christ, wirst du es nicht infrage stellen, weil du die Antwort schon bekommen hast, ehe du zu fragen anfingst. Man ist mit dir umgegangen, als wärst du ein Computer, den man ständig mit Antworten füttern muss. Aber wehe, je-

mand sagt irgendetwas gegen das Christentum: Dann wärst du
auf der Stelle bereit, ihn zu töten oder dich töten zu lassen.
Wegen eines solchen Schwachsinns, für den du nicht einmal
verantwortlich bist. Er ist nicht auf deinem Mist gewachsen.
Und diejenigen, die dir diesen Krampf aufgezwungen haben,
hatten selbst keine Ahnung, weil man es mit ihnen genauso gemacht hat.

Und das geht jahrhundertelang immer so weiter. Jede Generation wiederholt immer wieder das Gleiche: Sie gibt ihren ganzen
Unsinn und Aberglauben an die neue Generation weiter in dem
Glauben, ihren Wissensschatz weiterreichen zu müssen. Wenn
ihr aber erst einmal scheinwissend geworden seid, bleiben euch
die Tore zur Mystik verschlossen.

Mystik bedeutet, der Existenz ohne vorgefasste Meinung zu
begegnen.

Darum behaupte ich, dass keine der sogenannten Religionen
mystisch sein kann – mystifizierend ja, aber keinesfalls mystisch – weil sie die grundlegende Voraussetzung für die Mystik
nicht erfüllen: Du musst dein ganzes Wissen loslassen, musst
alles, was du in gutem Glauben übernommen hast, über Bord
werfen. Nichts davon hat irgendeinen Wert. Mach dir keine
Sorgen! – Es ist kein Schatz, sondern ein einziges Trauerspiel.
Sobald du dich dessen entledigt hast, fühlst du dich plötzlich
ganz leicht, wie von einer schweren Last befreit. Du schaust mit
den frischen Augen eines Kindes.

Alle diese Krusten von Wissen: hinduistisch, christlich, isla-
misch, jüdisch ... Schicht um Schicht von Wissen – und es spielt
keine Rolle, wer das Verbrechen an dir begangen hat. Die Religionen sitzen alle im selben Boot, alle machen sich des gleichen
Verbrechens schuldig. Und weil sie alle das gleiche Verbrechen
begehen, erhebt niemand Widerspruch dagegen. Sie haben die
ganze Menschheit in ihrem Griff.

Und wenn jemand wie ich etwas dagegen sagt, wird er von
allen verurteilt, von allen kritisiert – ohne dass man ihm eine
Antwort gibt. Niemand hat mir je darauf geantwortet. Von
Kindheit an habe ich permanent Fragen gestellt. Niemand hat

mir auch nur eine einzige Frage beantwortet – es kommen keine Antworten. Wenn ihr versteht, dass alle Antworten willkürlich sind und von diversen Leuten bloß geschaffen wurden, um euch ruhigzustellen …

Es ist so, wie wenn die Mutter zum Kind, das nicht allein im Zimmer schlafen will, sagt: »Mach dir keine Sorgen, Jesus ist bei dir. Du kannst ruhig schlafen, du bist nicht allein.« Käme das Kind auf die Idee, dass seine Mutter es belügt, die eigene Mutter? Oder käme die Mutter auf die Idee, dass sie lügt? Sie glaubt ja selbst daran. Ihre Mutter gab ihr dieses Gift, jetzt tut sie das Gleiche mit ihrem Kind. Natürlich, was sonst?

Das Kind fürchtet sich vor dem Alleinsein. Es muss aber lernen, allein zu bleiben, allein zu schlafen. Bald kommt es in die Schule, ins Internat, und dann muss es allein zurechtkommen. Wie lange kann es am Rockzipfel seiner Mutter hängen? Sie hat also einen guten Grund, zu denken: »Wenn ihm das Gefühl, dass Jesus oder Gott bei ihm ist, hilft, um einzuschlafen …« Und das Kind beruhigt sich und ist weniger ängstlich. Nichts hat sich geändert – dasselbe Zimmer, und es ist allein im Dunkeln. Aber jetzt ist es ein bisschen getröstet, weil Jesus nach ihm schaut, weil Gott nach ihm schaut, weil Gott überall ist. Wenn die eigene Mutter das sagt, wenn sein Vater es sagt, wenn die Lehrerin es sagt, wenn der Priester es sagt – sie können ja nicht alle falsch liegen! Und Gott ist unsichtbar, du kannst ihn nicht sehen – aber eine gewisse Beruhigung ist es doch.

Das ist bei all deinem Wissen herausgekommen: Es erspart dir, selbst nachzuforschen, und eigenes Nachforschen ist mühsam. In dieser Welt wird einem nichts geschenkt, wenn man nicht bereit ist, etwas dafür zu riskieren. Ihr habt Gott so billig bekommen, ohne überhaupt danach zu fragen. Was für einen Wert kann dieser Gott haben? Ihr habt die Religion so billig bekommen … Diese Religion, dieser Gott sind nur Mittel zur Mystifizierung des Daseins, damit euer Fragen unterdrückt wird. Mein Anliegen ist es, den Schleier der Mystifizierung zu lüften.

Vielleicht ist die Frage, welchen Platz die Mystik in meiner Religion hat, deshalb aufgetaucht – denn ich bin ständig damit zugange, die Nebel der Mystifizierung zu vertreiben. Der Frage-steller versteht nicht den Unterschied zwischen Mystik und Mystifizierung. Er meint, sie seien gleichbedeutend, aber das sind sie nicht. Sie schließen sich gegenseitig aus. Gerade durch Mystifizierung wird die Entfaltung der Mystik verhindert. Es bleibt also nichts anderes übrig, als diese ganze Vernebelung zu entlarven und mitsamt ihren Wurzeln auszureißen.

Im Grunde ist es unnötig, dir eine Antwort zu liefern. Deine Frage ist da, und die ganze Existenz ist da. Wer bin ich, dass ich mich einmische und dazwischentrete? Schau der Existenz direkt ins Auge! Sieh den Sonnenaufgang, den Sonnenuntergang. Du wirst keine Antworten bekommen. Du wirst nur sehen, was ist – dieser wundervolle Sonnenuntergang!

Es wird so überwältigend für dich sein, dass du singen, tanzen, malen oder einfach im Gras liegen und nichts tun möchtest, als zu schauen. Es kommt zu einer Art Kommunion zwischen dir und der Schönheit des Sonnenuntergangs. Etwas überträgt sich ... das ist Mystik. Du weißt gar nichts – und dennoch *weißt* du.

Da ist ein Wissen, das nichts weiß, und eine Unwissenheit, die alles weiß. Denn Unwissenheit ist Unschuld.

Darum kann ich zu euch sagen: »Selig die Unwissenden ...«, aber ich kann diesen Satz nicht so beenden (wie im englischen Text): »... denn sie werden das Reich Gottes erben.« Das wäre ein nebulöses Versprechen, eine Mystifizierung. Deshalb sage ich: »Selig die Unwissenden, denn ihrer ist das Reich Gottes, schon jetzt und hier.« Nicht dass sie es irgendwann erben wer-den, in einem Leben nach dem Tod – das wäre Mystifikation.

Mystik ist bares Geld, Mystifikation ein Schuldschein, ein Versprechen.

Keiner weiß, ob er diesen Schuldschein tatsächlich gegen Bares wird eintauschen können. Der Staat kann pleitegehen, die Bank kann Bankrott machen. Nur Banken können Bankrott machen, wer sonst? Doch der Haken ist, dass dieses Ver-sprechen erst nach dem Tod eingelöst werden kann. Unter der Bedingung: »Wir glauben an Gott, wir vertrauen auf Gott ...«

Und der Papst verspricht euch alles Mögliche, was ihr nach dem Tod bekommen werdet! Aber immer erst *nach* dem Tod, nie vorher. Man hat die Menschen mit so simplen Tricks ausgebeutet, dass jeder, der nur ein bisschen Intelligenz besitzt, es sehen könnte.

Das Leben ist ein Mysterium. Die Schriften mystifizieren es nur. Die Schriften sind tot, doch die Priesterschaft lebt von diesen toten Schriften. Der wahre, authentische Mensch lebt das Leben, nicht die Schriften. Durchs volle Leben, total und intensiv gelebt, findet er sich überall vom Mysterium umgeben. Jeder Augenblick ist ein unergründliches Geheimnis. Du hast einen Geschmack davon, kannst aber kein objektives Wissen daraus ableiten. Das bedeutet »Mysterium«: Du kennst es, aber es lässt sich nicht auf Faktenwissen reduzieren. Es bleibt immer ein geheimnisvolles inneres Wissen, für den Verstand unfassbar. Du fühlst, dass du weißt, aber wenn jemand darauf besteht: »Gib mir die Antwort, wenn du sie weißt!«, dann wirst du als echter, wahrhaftiger Mensch sagen: »Ich habe das Gefühl, es zu wissen, aber ein anderes Gefühl sagt mir, dass man es nicht auf faktisches Wissen reduzieren kann.«

Aus diesem Grund hat Laotse es sein Leben lang abgelehnt, etwas niederzuschreiben. Sobald man es niederschreibt, wird es zu etwas anderem. Das kann aber nur entdecken, wer selbst schon mit dem Mysterium Bekanntschaft gemacht hat.

Es ist also keine Frage von Gelehrtheit. Ein Gelehrter kann an Laotse nichts Falsches entdecken. Konfuzius war ein Zeitgenosse Laotses und einer der größten Gelehrten jener Zeit. Die Welt weiß mehr von Konfuzius als von Laotse, das ist klar, denn er war ein großer Gelehrter, ein weithin bekannter Weiser. Große Kaiser suchten seinen Rat. Der Kaiser von China – er muss der mächtigste Herrscher seiner Zeit gewesen sein, denn China war immer ein Kontinent für sich – ernannte Konfuzius zu seinem Premierminister, um ihn als ständigen Ratgeber zur Seite zu haben. Einmal stattete Konfuzius dem Laotse einen Besuch ab, und wisst ihr, was da geschah? Als er zurückkam, war er einem Nervenzusammenbruch nahe ...

Laotse war zumindest jenen bekannt, die auf der Suche waren. Als die Schüler des Konfuzius erfuhren, dass er Laotse besuchen kam, warteten sie draußen vor der Berghöhle, in der Laotse lebte. Konfuzius wollte nicht, dass ihn jemand begleitete, denn er wusste, dass dieser Mann seltsam und nur schwer auszumachen war. Wie er sich verhalten würde, was er tun oder sagen würde, konnte keiner wissen. Möglicherweise würde er ihn völlig auseinandernehmen vor seinen eigenen Schülern. Es war also besser, zuerst allein hinzugehen.

Er sagte zu seinen Schülern: »Wartet hier draußen. Lasst mich allein hineingehen.« Als er wieder herauskam, zitterte er.

Die Schüler fragten: »Was ist passiert?«

Er sagte: »Bringt mich heim. Ich kenne mich selbst nicht mehr. Dieser Mann ist ein Drache. Haltet euch bloß von ihm fern!«

Was geschah dort in der Höhle? Auch Schüler von Laotse waren anwesend, daher wissen wir von dieser wichtigen Begegnung, die uns sonst entgangen wäre. Laotses Schüler waren ebenfalls schockiert – sogar *sie*, denn Konfuzius war älter als Laotse, viel berühmter und angesehener. Wer kannte schon Laotse? Nur ganz wenige.

Doch wie Laotse mit Konfuzius umging, war unerhört. Aber nicht für Laotse. Er war ein schlichter Mann, weder überheblich noch unterwürfig – einfach ein Mensch. Und wenn seine Schlichtheit, seine Unvoreingenommenheit und seine unprätentiöse Art dem Konfuzius einen schweren Schlag versetzten, was konnte er dafür?

Wenn du vor einen Spiegel trittst und der Spiegel zeigt dir dein hässliches Gesicht, ist der Spiegel daran schuld? Dann kannst du nur entweder alle Spiegel meiden und in keinen Spiegel mehr schauen – oder du legst dir einen Spiegel zu, der dich schön aussehen lässt. Das lässt sich machen. Es gibt hunderterlei Spiegel – konkav, konvex und was nicht noch alles –, und sie können dich größer aussehen lassen, als du bist, oder dicker oder kleiner, aber auch schöner.

Vielleicht täuschen dich die Spiegel, die du hast. Vielleicht werden die Spiegel so hergestellt, dass sie dir schmeicheln – wie schön du bist! Besonders Frauen vor dem Spiegel vergessen alles um sich herum. Eine Frau vom Spiegel wegzubekommen ist äußerst schwierig; sie kann nur schwer den Blick davon abwenden. Das liegt wahrscheinlich an den Spiegeln, denn normalerweise sehen die Leute ziemlich hausbacken aus.

Laotses Schüler fragten: »Was hast du mit ihm gemacht?«

Er sagte: »Ich habe gar nichts gemacht, ich habe ihn nur gespiegelt. Das war meine Antwort an ihn. Dieser Schwachkopf hält sich für wissend; er ist aber nur ein Gelehrter. Was kann ich machen? Ich habe ihm nur klargemacht, dass all diese Gelehrtheit zwecklos ist. Ich fragte ihn: ›Was weißt du wirklich?‹«

Wer einem Menschen wie Laotse gegenübersteht, kann nichts vortäuschen, zumindest nicht Auge in Auge mit ihm. Konfuzius erstarrte zu einer Statue, denn es stimmte, was Laotse sagte: »Gelehrtheit ist nicht Wissen. Du zitierst ja nur andere. Hast du nichts Eigenes zu sagen?« Doch Konfuzius hatte nichts Eigenes zu sagen. Er war ein großer Gelehrter und hätte sämtliche alten Schriften zitieren können – aber etwas Eigenes? Er hatte sich noch nie Gedanken darüber gemacht, dass ihn einmal jemand fragen könnte: »Hast du denn nichts Eigenes zu sagen?«

Und so, wie Laotse ihn anschaute, wusste Konfuzius: Diesem Mann konnte man nichts vormachen. Er fragte ihn etwas, aber Laotse sagte: »Nein, ich weiß überhaupt nichts.«

Dann stellte Konfuzius die Frage: »Was geschieht nach dem Tod?«

Da flackerte es in Laotse auf wie eine Flamme, und er sagte: »Schon wieder! Willst du deine Beschränktheit nun aufgeben oder nicht? Du lebst jetzt – kannst du sagen, was das Leben ist? Du lebst jetzt – kannst du die Erfahrung deines Lebens in objektives Wissen packen und eine Aussage darüber treffen, was das Leben ist? Und bedenke, dass du jetzt lebst, also müsstest du es eigentlich wissen! Du weißt aber nichts vom Leben, während du lebst, und machst dir Gedanken über den Tod! In deinem Grab wirst du dafür noch genug Zeit haben. Dann kannst du über den Tod nachdenken. Lebe jetzt, im Moment! Und lebe nicht halbherzig.«

Viele Menschen leben ihr Leben auf Sparflamme. Sie leben so, als würden sie ihren Lichtschalter immer weiter herunterdimmen. Sie sterben noch nicht, aber sie drehen ihr Lebenslicht immer mehr zurück, bis es schließlich verlöscht. Den Tod erleben nur ganz wenige – nur die, die wirklich gelebt und leidenschaftlich gelebt haben. Sie kennen den Unterschied zwischen Leben und Tod, weil sie das Leben ausgekostet haben, und ihre Lebenserfahrung versetzt sie in die Lage, auch den Tod auszukosten. Weil sie das Leben erfahren haben, können sie auch den Tod erfahren. Wenn ihr im Leben das Leben verpasst habt, werdet ihr auch im Sterben den Tod verpassen.

»Du verschwendest nur deine Zeit. Geh hinaus und lebe!«, sagte Laotse zu Konfuzius. »Eines Tages wirst du tot sein, mach dir darüber keine Sorgen. Ich habe noch nie gehört, dass jemand ewig gelebt hätte. Eines Tages wirst du tot sein. Der Tod macht keine Ausnahme, auch nicht für große Gelehrte oder Premierminister. Du wirst sterben, diese Voraussage kann ich für dich treffen. Nichts anderes lässt sich voraussagen, aber das ist leicht vorauszusagen: Du wirst sterben. Und in deinem Grab, in der Stille, kannst du dann darüber meditieren, was der Tod ist.« Konfuzius war am Zittern.

Auch der Kaiser fragte ihn: »Du warst doch bei Laotse – wie war es?«

Konfuzius sagte: »Alles, was ich befürchtet hatte, ist eingetreten. Er ließ mich so idiotisch aussehen, dass ich achtundvierzig Stunden später immer noch zittere. Das Gesicht dieses Mannes flößt mir immer noch Schrecken ein – zwei Nächte lang hatte ich Albträume! Dieser Mann verfolgt mich, und so, wie es aussieht, wird er mich weiterverfolgen. Und seine Augen! Wie Schwerter, die einen durchbohren.« Und dann sagte er weiter: »Als dein Ratgeber will ich Euch eines sagen: Schlagt Euch den Gedanken aus dem Kopf, diesen Mann treffen zu wollen. Das ist ein Drache, kein Mensch!«

Mystik bedeutet, das Leben zu erfahren, ohne dass zwischen dir und dem Leben das Wissen steht.

Aber ihr lebt ständig ein geborgtes Leben, als würde jemand anderer an eurer Stelle leben. Ihr seid wie Zombies, wie Schlafwandler, Somnambulen. Und diese ganze Situation geht auf das Konto der Religionen. Das Problem ist: Die Menschen meinen, die Religionen seien ein großer Segen für die Welt. Ganz im Gegenteil – sie waren und sind der größte Fluch für die Menschheit. Sie haben alles Lebendige in euch zerstört und durch etwas Totes ersetzt. Deine Frage war ein lebendiges Phänomen. Dein Zweifel hat geatmet und pulsiert in deinem Herzschlag. Man hat dir aber beigebracht: »Hege keinen Zweifel, sonst wirst du leiden.«

Mein Vater sagte oft zu mir: »Ich mache mir Sorgen um dich. Du gebrauchst so starke Worte gegen die Religion und Gott, gegen den Himmel und andere Dogmen, dass ich besorgt bin, es könnte dir dadurch Leid entstehen.«

Ich sagte ihm: »Darauf bin ich gefasst. Aber bevor es dazu kommt, lass mich mein Leben leben. Dann habe ich nichts zu bereuen und werde mich nicht beklagen. Eigentlich sollte ich mir Sorgen um *dich* machen, denn all das Wissen ist nur Hokuspokus. Du glaubst, dass dieses Papierschiffchen dich ans andere Ufer bringen wird. Aber ich sage dir, du wirst untergehen!

Ich habe mich von Anfang an bemüht, selbst zu schwimmen. Ich verlasse mich auf keine Papierschiffchen. Falls ich untergehe … okay, dann ist es meine eigene Entscheidung. Niemand außer mir ist dafür verantwortlich, und ich habe nichts zu beklagen. Ich habe mein Leben genossen. Dann war es mir eine Freude, alles zurückzuweisen, was verlogen und geborgt war. Es war mir eine Freude, ich selbst zu sein. Und wenn das die Belohnung ist, die das Leben für authentische Menschen bereithält, dann werde ich sie dankbar annehmen.

Aber was wird aus dir, wenn dein Boot – aus Papier gemacht, aus heiligem Papier, heiligen Schriften – zu sinken beginnt? Dann hast du dein Leben verfehlt. Du wirst keine Dankbarkeit fühlen, denn wofür könntest du dankbar sein? Das Leben, das dir ein Gefühl von Dankbarkeit hätte geben können, ist dir zwischen den Fingern zerronnen. Du gehst unter, denn du kannst nicht schwimmen, weil du das Boot nie infrage gestellt hast. Wenn ich aber selbst schwimmen kann, habe ich gute Chancen, das andere Ufer zu erreichen.«

Er war selbst ein guter Schwimmer. Und ich liebte das Schwimmen so sehr, dass meine Familie mich am Flussufer suchen musste, wenn sie etwas von mir wollte, denn ich war immer irgendwo im Fluss. Ich verbrachte täglich vier bis sechs Stunden im Fluss. Hier und da gingen wir auch gemeinsam schwimmen. Ich habe ihn öfter dazu eingeladen, vor allem in der Regenzeit.

Er sagte dann: »Lass das lieber bleiben«, denn während der Regenzeit wurde der Fluss zu einem reißenden Strom. Er wurde plötzlich ganz breit und mächtig, während es sonst nur ein kleines Flüsschen war. Im Sommer konnte man sich nicht vorstellen, dass dieses Rinnsal so breit werden konnte, mindestens hundertmal breiter. Die Strömung war so stark, dass ich beim Durchqueren des Flusses – und das geschah in der Regenzeit Hunderte Male – mindestens zwei, drei Meilen stromabwärts getrieben wurde, bis ich das andere Ufer erreichte. Es war unmöglich, vom Ausgangspunkt in direkter Linie zur anderen Seite zu schwimmen. Die Strömung war so stark, dass ich mindestens drei Meilen stromabwärts gezogen wurde.

Ich sagte aber: »Ich schaffe das. Und du bist mit Sicherheit ein viel besserer Schwimmer und viel stärker als ich. Ich bin ja noch ein Kind. Du bist doch ein starker Mann, du kannst das schaffen.« Er kam nur ein einziges Mal mit und auch nur deshalb, weil ich eine Situation eingefädelt hatte, in der er nicht anders konnte.

Meine Schwester hatte geheiratet, und ihr Ehemann war bei uns zu Besuch. Er war Ringer, der Champion der Universität. An der Uni witzelten sie darüber, dass wir zwei … Als ich zu studieren begann, war er gerade im letzten Jahr vor seinem Mastergrad, und ich wohnte bei ihm im Zimmer. Man witzelte also darüber, dass wir zwei Champions – er als Ringer und ich als Sieger des universitären Debattierwettbewerbs – zusammenwohnten.

Alle machten sich Sorgen, wie wir das regeln würden, denn ich war ständig am Argumentieren, und er kannte nur ein einziges Argument: Kämpfen. Die Universität hatte ihn aufgenommen, und er schaffte auch alle Prüfungen, aber nicht, weil er sie wirklich bestand ... Die Universität wollte ihn gerne halten, denn er hatte die Ringermeisterschaft von ganz Indien gewonnen. Solche Champions sind begehrt; sie erhöhen das Prestige einer Universität.

Er hatte keine Ahnung, worum es in den Prüfungen ging. Frühmorgens begann er mit seinen Trainingsstunden, und abends trainierte er wieder. Und ständig machte er Ringkämpfe mit anderen, auch mit seinem Lehrer. Er war zweifellos ein hervorragender Ringer. Ich habe ihn kämpfen gesehen. Er wurde schließlich einer von unseren Sannyasins, aber leider starb er sehr früh. Er war nicht älter als fünfundfünfzig, als er starb.

Er war mit mir von der Universität gekommen, und ich sagte zu meinem Vater: »Heute gehen wir schwimmen. Er ist nicht nur Ringer, sondern auch ein guter Schwimmer. Und du musst auch mitkommen.« Vor seinem Schwiegersohn konnte er nicht Nein sagen – das hätte ausgesehen, als hätte er Angst. Der Schwiegersohn konnte auch nichts sagen, weil sein Schwiegervater mitkam, ein alter Mann. Ich war noch ganz jung, und er war Ringer-Champion von ganz Indien. Wie hätte er zeigen können, dass er Angst hatte?

Als er den Fluss sah, sagte er nur: »Wollen wir da wirklich hinüber?«

»Na klar«, sagte ich.

Meine Mutter versuchte, uns davon abzuhalten; meine Schwester versuchte, ihren Mann davon abzuhalten, aber ich ließ nicht locker. Ich sagte: »So eine Gelegenheit kommt nie wieder! Lasst uns sehen, was passiert. Wir werden höchstens drei oder vier Meilen stromabwärts getrieben und müssen dann vier Meilen wieder hochlaufen.« Als ich dann hineinsprang, mussten sie auch springen.

Es war furchtbar – die Strömung war so stark, dass mein Schwager sagte: »Ich hätte lieber zugeben sollen, dass ich Angst habe. Jetzt ist an Umkehr nicht mehr zu denken. Wir sind erst in der Mitte, aber ich sehe keine Hoffnung, das andere Ufer zu erreichen.«

Mein Vater sagte: »Ich hab's ja immer gewusst, dass dieser Junge uns eines Tages alle in Schwierigkeiten bringt!«

Aber ich sagte: »Wenn wir schon bis zur Mitte gekommen sind, werden wir die zweite Hälfte auch noch schaffen.« Mehrmals waren sie drauf und dran, umzukehren, aber ich sagte: »Jetzt umzukehren wäre absolut dumm, denn es ist die gleiche Entfernung. Und außerdem würde man euch für den Rest eures Lebens als Feiglinge bezeichnen. Was bringt es, jetzt umzukehren? In der gleichen Zeit, mit der gleichen Energie können wir das andere Ufer erreichen. Aber selbst wenn ihr zurückschwimmt: Ich schwimme ans andere Ufer!«

Damit konnte ich sie umstimmen. Sie dachten wohl: »Das schafft er auch, denn er schwimmt ja ständig hin und her. Wenn er weitermacht und das andere Ufer erreicht – und das wird er … Wenn wir jetzt umkehren, wird er in der ganzen Stadt das Gerücht verbreiten: ›Seht, das ist der indische Meister im Ringen! Und das ist mein Vater, der schon sein Leben lang schwimmt! Sie haben mitten im Fluss umgedreht und mich kleines Kind ganz allein ans andere Ufer schwimmen lassen!‹«

Da sagten sie: »Egal, was passiert und wenn es der Tod sei: Uns bleibt gar nichts anderes übrig, als ihm zu folgen. Er kehrt sicher nicht um.« Mein Vater sagte zu meinem Schwager: »Du kennst ihn nicht! Er ist keiner, der das Handtuch wirft. Lieber stirbt er – und wir mit ihm. Wir haben uns unnötig in Schwierigkeiten gebracht. Ich habe das jahrelang vermieden. Nur deinetwegen habe ich mich darauf eingelassen.«

Und mein Schwager sagte: »Und ich habe mich nur deinetwegen darauf eingelassen. Er hat uns beide ausgetrickst.«

Als wir schließlich das andere Ufer erreichten, sagte ich: »Nun, was sagt ihr jetzt? Es braucht nur ein bisschen Mut und Risikobereitschaft, um sich auf das Unbekannte einzulassen! Ihr wolltet zurückschwimmen, obwohl es genauso weit war, aber ihr kanntet die Strecke schon. Weil euch diese Seite des Flusses bekannt war, dachtet ihr, das sei leichter, als ins Unbekannte weiterzuschwimmen. Das Unbekannte hat euch Angst gemacht, sonst hättet ihr euch das ausrechnen können.«

Wir erreichten das andere Ufer. Wir liefen die paar Meilen stromaufwärts, aber sie wollten nicht zurückschwimmen. Wenn wir wieder an derselben Stelle ankommen wollten, von wo wir gestartet waren, mussten wir noch einmal vier Meilen laufen. Doch sie sagten: »Noch mal vier Meilen zu Fuß? Um noch mal zu erleben, wie wir beinahe draufgehen? Lasst uns lieber von hier das Boot nehmen!« – Denn wir waren an der Stelle, von wo eine Fähre die Leute zum anderen Ufer übersetzte.

Sie sagten: »Mach, was du willst. Wenn du noch mal vier Meilen gehen willst, dann geh. Wir beide haben beschlossen, dass wir nicht mitkommen. Egal, was passiert – selbst auf die Gefahr hin, dass man uns Feiglinge nennt.«

Ich sagte: »Ich werde kein Gerücht über euch verbreiten und nicht die vier Meilen weiterlaufen, nur um euch als Feiglinge dastehen zu lassen. Normalerweise gehe ich noch ein Stück weiter und schwimme dann weiter oben los, damit ich genau an der Stelle ankomme, wo ich meine Kleider gelassen habe. Das werde ich jetzt aber nicht tun; das wäre zu viel.

Ich habe schon mehr getan, als man von einem Sohn erwarten kann. Das genügt. Aber merkt euch eines: Es ist besser, selbst zu schwimmen, als auf Boote zu warten, die unzuverlässig sind. Es ist besser, sich auf die eigenen Hände zu verlassen als auf ein Wissen, das irgendwelche schlauen Leute sich vielleicht nur ausgedacht haben.«

Die Mystik verlangt keine andere Qualifikation als einen offenen Geist.

Du bist nicht Hindu noch Christ noch Muslim noch Jaina noch Buddhist noch Jude – du bist einfach du. Und dann sieh! – Das Leben kennt keine Antworten. Sie verschleiern immer nur.

Das Leben kann gelebt werden, geliebt werden, getanzt werden, getrunken werden, geschmeckt werden. Du kannst so viele Dinge im Leben anstellen. Aber lebe nicht im Sparmodus. Lebe es in vollen Zügen – nicht nur ein bisschen, sondern total! Dann wird das Leben sofort zu einem Mysterium. Meine Religion ist die reine Mystik.

? *Vieles, was dem Menschen früher ein Gefühl von Zugehörigkeit gab, verschwindet heute: der Stamm, die Familie, die Ehe, sogar die Freundschaft. Was geschieht da? Und was kommt danach?*

Etwas Schönes passiert, etwas wirklich Großartiges. Ja, der Stamm verschwindet. Die Sippe, die Familie verschwindet, die Ehe verschwindet, die Freundschaft verschwindet ... So weit, so gut – das gibt dir die Möglichkeit, allein und du selbst zu sein.

Im Stamm ist der Einzelne nur einer von vielen. Der Stammesbewohner ist der primitivste, am wenigsten entwickelte Mensch, den Tieren näher als dem Menschen. Er lebt im Stamm nur als eine Nummer. Dass die Stämme verschwunden sind, ist gut. Durch das Verschwinden des Stammes entstanden Familien. In dieser Phase erwies die Familie sich als vorteilhafter, denn der Stamm war eine große Horde, die Familie hingegen eine kleine, überschaubare Einheit. In der Familie hatte der Mensch mehr Freiheit als im Stamm. Der Stamm war sehr diktatorisch und sehr mächtig. Sein Oberhaupt, der Stammeshäuptling, war allmächtig, ja er durfte seine Leute sogar töten.

Bis heute leben noch einzelne Stämme in den am wenigsten entwickelten Gebieten. Auch in Indien gibt es ein paar Stämme von Naturvölkern. Ich bin bei diesen Stämmen gewesen. Als ich mich um eine Professor in Raipur bewarb, war es deshalb, weil nicht weit von Raipur der am nächsten liegende ursprünglichste Stamm Indiens lebte, in Bastar. Es ist ein kleiner Staat, ein Stammesstaat. Die Bewohner leben nackt und essen rohes Fleisch. Vielleicht sind sie Nachkömmlinge aus einer Zeit, als der Mensch das Feuer noch nicht entdeckt hatte, und haben deshalb die Gewohnheit beibehalten, rohes Fleisch zu essen.

Es sind ganz einfache, unschuldige Leute, aber was den Stamm und seine Konventionen und Traditionen angeht, sind sie absolut orthodox. Es steht völlig außer Frage, dass einer von ihnen sich gegen den Stamm auflehnt. Man würde ihn sofort töten, um ihn dem Gott zu opfern. Jegliche Rebellion gegen den Stamm würde den Gott erzürnen – und der Stamm kann es sich nicht leisten, Gottes Zorn auf sich zu ziehen.

Der Stamm führt die Tradition fort, die unmittelbar von seinem Gott ausging. Es gibt keine Schriften, keine geschriebene Sprache. Dadurch kommt dem Priester, der gleichzeitig der Häuptling ist, alle Macht zu. In einem solchen Stamm ist es unmöglich, zu rebellieren und am Leben zu bleiben.

Man kann nicht fliehen, weil man außerhalb des Stammes nirgendwo angenommen wird. Die Stammesleute kennen keine Sprachen, die anderswo gesprochen werden, und sie sind nackt ... Nur einmal im Jahr, wenn eine kleine Abordnung von ihnen nach Delhi fährt, um an den Feierlichkeiten zum Tag der Republik teilzunehmen, am 26. Januar, dem Jahrestag der Gründung der indischen Republik, bekleiden sie sich mit einer Art Lendenschurz und wickeln sich in Tücher.

Sie haben einer kleinen Gruppe beigebracht, ein bisschen Hindi zu sprechen und ein paar Kleidungsstücke anzuziehen: »Ihr könnt nicht nackt nach Delhi fahren, wenn ihr vor dem Präsidenten, dem Premierminister und sämtlichen Botschaftern und geladenen Gästen aus aller Welt erscheint. Wenigstens an diesem Tag solltet ihr anständig gekleidet sein.« Also hat man eine kleine Gruppe darauf trainiert, und diese Gruppe fährt jedes Jahr hin, weil die anderen sich dieser Mühe gar nicht unterziehen wollen.

Raipur war so nah, dass ich öfter nach Bastar fahren konnte, um zu sehen, wie der Stamm seinen Einfluss über die Leute ausübte. Er hatte die absolute Kontrolle und ließ niemandem die Möglichkeit, sich aufzulehnen. Man konnte den Stamm verlassen, doch außerhalb des Stammes konnte keiner überleben. Sie kannten nur die Lebensart ihres Stammes. Wurde jemand außerhalb des Stammes beim Essen von rohem Fleisch ertappt – sie töteten einfach ein Tier und aßen davon –, schritt sofort die Polizei ein. Außerhalb konnte sich niemand nackt bewegen – er wurde sofort geschnappt.

Sie konnten keine anderen Sprachen, hatten keine Kenntnisse außer denen, die dem Nutzen ihres Stammes dienten – zum Beispiel ein bestimmter Tanz, eine bestimmte Art zu trommeln –, die sie aber nirgendwo anders verwenden konnten als in ihrem Stamm. Darum konnte sich niemand außerhalb des Stammes bewegen. Jede Mobilität war unmöglich.

Innerhalb des Stammes zu leben und gegen den Stamm und seine Gepflogenheiten zu revoltieren war ein Ding der Unmöglichkeit. Wenn der Häuptling davon erfuhr, wurde Gott ein Opfer vollbracht. Dann versammelte sich der ganze Stamm; sie tanzten um ein großes Feuer und machten viel Lärm. Dabei wurde der Mensch ins Feuer gestoßen, um ihn Gott zu opfern. Der Stamm lebte im kollektiven Bewusstsein.

In unserem kollektiven Unbewussten sind diese Dinge noch vorhanden.

Die Familie war eine Weiterentwicklung. Sie machte den Einzelnen zu einem Teil einer kleineren Einheit und gab ihm größere Freiheit. Und die Familie bot Schutz für den Einzelnen. Heute verschwindet allmählich die Familie, weil das, was einerseits als Schutz dient, sich andererseits hemmend auf die Entwicklung auswirken muss.

Es ist, wie wenn ihr eine kleine Pflanze zum Wachsen bringen wollt und sie deshalb mit einem Schutzgitter umzäunt. Ihr dürft aber nicht vergessen, das Gitter zu entfernen, wenn der Baum in die Höhe und Breite wächst, sonst wird der Zaun den Baum am Wachsen hindern. Als der Zaun errichtet wurde, war der Baum noch so dünn wie ein Finger. Also umgab man ihn mit dem Gitter, um ihn vor Tieren und Kindern zu schützen. Wenn aber der Baumstamm kräftiger wird, erweist sich der Zaun, der einst ein Schutz war, als Hemmnis und muss entfernt werden.

Die Zeit dafür ist heute gekommen. Die Familie ist kein Schutz mehr. Sie ist ein Hemmnis geworden. Aus dem Stamm herauszutreten war ein großer Schritt. Jetzt muss ein weiterer Schritt unternommen werden: von der Familie zur Kommune.

Die Kommune kann euch alle Freiheit geben, die ihr benötigt, und sie kann euch allen Schutz geben, den ihr braucht, um ungehindert wachsen zu können.

Darum sage ich: Es ist gut, dass der Stamm sich überlebt hat und dass die Familie allmählich verschwindet. Gewiss, ihr werdet sie vermissen, denn ihr seid süchtig geworden, seid in eine Abhängigkeit geraten. Ihr werdet Vater und Mutter vermissen, aber das ist nur in der Übergangsphase. Sobald es auf der ganzen Welt Kommunen gibt, werdet ihr erstaunt sein, wie viele Onkel und Tanten ihr hinzugewonnen habt, auch wenn Mutter und Vater fehlen. Was für ein Gewinn!

Die Kleinfamilie mit Vater und Mutter ist, psychologisch gesehen, problematisch, weil das Kind sich den Vater zum Vorbild nimmt, wenn es ein Junge ist, oder die Mutter, wenn es ein Mädchen ist. Daraus entstehen erhebliche psychologische Probleme.

Das Mädchen imitiert die Mutter, aber es hasst sie auch, denn das Mädchen ist eine Frau und liebt den Vater. Das ist eine biologisch fundierte, wissenschaftlich erwiesene Tatsache: Das Mädchen liebt den Vater und hasst die Mutter. Als Mädchen kann es sich aber nicht den Vater zum Vorbild nehmen; es muss die Mutter imitieren.

Der Junge liebt die Mutter, denn er ist ein Mann, und sie ist eine Frau, die erste Frau in seinem Leben. Er liebt die Mutter, aber gleichzeitig hasst er den Vater. Er ist eifersüchtig auf den Vater, weil Vater und Mutter sich lieben; das kann er nicht hinnehmen. Kleine Kinder zeigen das auf vielerlei Art. Wenn Vater und Mutter in ihrem Bett schlafen, kommt der Junge und legt sich zum Schlafen zwischen sie. Aber nicht, weil er beide für sich haben will. Nein, er will sie trennen: »Hau ab!«

Das Mädchen ist auch eifersüchtig auf die Mutter. Es würde lieber den Platz der Mutter einnehmen und Papis Geliebte sein. Aber nicht nur das Kind reagiert so. Wenn der Vater allzu liebevoll mit seiner Tochter umgeht, fängt die Mutter an, ihm Kopfschmerzen zu bereiten. Ist die Mutter besonders liebevoll zu ihrem Sohn, fühlt sich der Vater schnell ausgeschlossen.

Mit der Zeit treten Vater und Mutter in den Hintergrund und

verschwinden schließlich von der Bildfläche. In ihren Kindern hinterlassen sie aber dieses ganze psychologische Chaos. Die Tochter wird ihr Leben lang die Mutter hassen. Alles, was der Mutter gleicht, ist ihr verhasst. Komischerweise verhält sie sich oft genau wie die Mutter, und dafür hasst sie auch sich selbst. Wenn sie ihr eigenes Gesicht im Spiegel sieht, fällt ihr die Mutter ein. Wenn sie ihr eigenes Verhalten beobachtet, erkennt sie darin ihre Mutter wieder. Und ähnlich ergeht es dem Jungen. Dieses Chaos ist weltweit für fast die Hälfte der psychischen Krankheiten bei Männern und Frauen verantwortlich.

Eine Kommune wird eine erfrischend neue psychische Gesundheit hervorbringen. In einer Kommune hat das Kind bessere Startbedingungen ... Natürlich wird es von der Mutter geboren und hat einen Vater, aber das ist nicht der einzige Schutz, den es genießt. Es kann sich innerhalb der ganzen Kommune bewegen, und alle Männer im Alter seines Vaters werden zu seinen Onkeln. Onkel sind nette, angenehme Leute. Der Vater ist immer ein bisschen gemein, das bringt schon seine Rolle mit sich. Er ist ein mächtiger Mann und sollte seine Macht auch zeigen; er denkt, er müsse den Jungen disziplinieren.

Das Gleiche gilt für die Mutter: Sie soll das Mädchen richtig erziehen und macht sich Sorgen, was aus dem Mädchen werden könnte, wenn sie es nicht nach dem gesellschaftlich akzeptierten Ideal formt. Also diszipliniert sie ihre Tochter – aus Liebe, mit den allerbesten Absichten. Doch ein Onkel wird nicht versuchen, dem Mädchen etwas aufzuzwingen. Und wenn so viele Onkel und Tanten da sind, kommt ein großartiges Phänomen zustande: Die Kinder sind nicht mehr vom Bild einer einzigen Person geprägt.

Ein Junge verinnerlicht das Bild seiner Mutter und möchte eine Frau finden, die genau wie sie ist. Aber wo findet man schon eine Frau wie die eigene Mutter? Also verliebt er sich in eine Frau, die der Mutter irgendwie ähnlich sieht, aber das allein genügt nicht. Männer finden die seltsamsten Dinge attraktiv: Haarfarbe, Gang, Augenfarbe, Nasenform, Profil. Da ist eine gewisse Ähnlichkeit. Aber was ist mit allen anderen Eigenschaften?

Du verliebst dich in gewisse Ähnlichkeiten. Aber du verliebst dich auch in den ganzen Menschen, nicht nur in den Hüftschwung. Sie wird für dich kochen, aber nicht so wie deine Mama. Dann weißt du, dass ein schwebender Gang nicht alles ist. Sie wird auch mal schreien und dich anbrüllen. Sie wird sich nicht wie deine Mutter verhalten. Warum sollte sich deine Frau wie deine Mutter benehmen? Sie ist ja nicht gekommen, um dein Babysitter zu sein.

Sie hat einen Ehemann gesucht, und wegen einer gewissen Ähnlichkeit mit ihrem Vater – das Nasenprofil, die Form der Ohrläppchen – hat sie sich in dich verliebt. Aber was will sie mit deinen Ohren? Wie lang kann sie daran herumspielen? Es wird dir bald nicht mehr so gefallen: »Was soll dieser Quatsch? Ich bestehe nicht nur aus Ohren, ich bin ein ganzer Mensch!« Den ganzen Menschen jedoch findet sie nicht besonders anziehend.

Es existiert also diese Schwierigkeit, und zwar deswegen, weil jeder Junge eine Idealvorstellung von der Frau hat, und das ist seine Mutter; und jedes Mädchen hat eine Idealvorstellung vom Mann, und das ist ihr Vater. Deshalb sind alle Liebesaffären zum Scheitern verurteilt. Keine Liebesgeschichte kann erfolgreich sein, wenn ihre psychologische Grundlage den Erfolg sabotiert.

Die einzige erfolgreiche Liebesgeschichte ist also die, die sich nur in eurem Kopf abspielt, sich aber nie materialisiert. Die großen Liebenden der Welt: Laila und Majnu, Romeo und Julia, Shiri und Farhad, Soni und Mahival – das sind die großen Liebenden, die in die Weltgeschichte eingegangen sind. Hätten sie je geheiratet, wäre es ihr Ende gewesen, und wir hätten nie davon erfahren. Weil ihre Beziehung sich nie realisieren konnte, fand sie nur im Kopf statt. Die Gesellschaft, die Eltern oder andere Gründe traten dazwischen, und so konnten sie nicht zusammenkommen. Das Feuer ihrer Liebe konnte weiterbrennen, weil es nur in der Fantasie stattfand.

In der Fantasie gibt es kein Problem. Man kann sich den Geliebten, die Geliebte genau so erschaffen, wie man es haben will. In deiner Fantasie wird dein Geliebter nicht sagen: »Lass mich in Ruhe, ich muss jetzt eine rauchen.« Alles passiert nur in der Fantasie. Wenn du willst, dass er raucht, wird er es tun, und wenn du nicht willst, dass er raucht, wird er es nicht tun.

Ein wirklicher Ehemann wird aber auch dann rauchen, wenn du ihm sagst, er solle nicht rauchen, weil es stinkt und du dann nicht mit ihm im selben Bett schlafen kannst. Je mehr du darauf bestehst, desto mehr wird er sich dagegen wehren: »Geh doch zur Hölle! Schlaf, wo du willst.« Seine Zigarette ist ihm wichtiger als du. Sie ist ihm viel wichtiger, weil sie ihm Unterstützung gibt, Hilfe, Trost, Freundschaft, weil sie ihm Gesellschaft leistet – tausend Dinge stecken in so einer kleinen Zigarette. Was kann eine Frau da machen? Wenn sie ihn vor die Wahl stellt, wird er sich für die Zigarette entscheiden und die Frau sitzen lassen. Nur in deiner Vorstellung kannst du alles so managen, wie du es haben willst.

Und so kreiert sich der Mann ständig die Frau. In seiner Fantasie schwitzt sie nie und braucht kein Deodorant. In seiner Fantasie sitzt sie ihm nie im Nacken, denn eine Fantasie ist nur im Kopf und kann nicht in den Nacken rutschen. Du malst dir dein eigenes Bild. Du kannst dafür jede Farbe nehmen, die dir gefällt, und du malst es genau so, wie es dir passt. Da gibt es kein Problem. Das Bild wird nie protestieren: »Nein, diese Farbe will ich nicht!« Oder: »Ich ziehe dieses Kleid nicht an …«

Die einzigen Liebesgeschichten, die Weltberühmtheit erlangt haben, sind jene, die sich nie verwirklichten. Aber was geschah mit all den anderen Liebesgeschichten? Da kräht kein Hahn nach. In jeder Geschichte heißt es am Ende, nachdem die Liebenden geheiratet haben, immer: »Und sie lebten glücklich und zufrieden bis an ihr Lebensende.« Das ist schon seltsam. Jeder Liebende in jeder Geschichte lebt von da an glücklich und zufrieden bis an sein Lebensende? In Wahrheit beginnt dann erst die wirkliche Geschichte. Vorher war alles nur Fantasie.

Es ist gut, dass die Familie verschwindet. Und mit ihr werden die Nationen verschwinden, denn die Familie ist die Grundzelle der Nation. Ich bin sehr froh darüber, dass die Familie verschwindet, weil ich weiß, dass damit auch die Nationen verschwinden werden. Mit der Familie werden auch die sogenannten Religionen verschwinden, denn es ist immer die Familie, die euch die Religion, die Nationalität und alle möglichen anderen Dinge aufzwingt. Wenn die Familie einmal verschwunden ist – wer wird euch dann das Christentum aufdrängen, den Hinduismus aufdrängen? Wer wird dann behaupten, dass ihr Amerikaner seid oder Oregonier?

Wenn die Familie einmal verschwunden ist, wird auch ein Großteil der psychischen Krankheiten verschwinden, wird ein Großteil des ganzen politischen Wahnsinns verschwinden. Ihr solltet wirklich froh sein, wenn das alles verschwindet. Die Ehe war eine unnatürliche Erfindung.

Sie hat die Menschen lange genug gefoltert, doch es gab eine Zeit, da sie gebraucht wurde. Sie wurde gebraucht, weil es Leute gab, die mächtig waren, und Leute, die schwächer waren. Die Mächtigen sammelten alle schönen Frauen für sich ein, und die Schwächeren blieben ohne Frauen. Ihre Biologie kam nicht zu ihrem Recht. Also musste man die Ehe erfinden – sie wurde von den schwächeren Männern erfunden. Die schwächeren Männer taten sich zusammen. Es muss so gewesen sein, dass sie sich irgendwann zusammentaten und die Ehe eingeführt haben. Wenn die Schwächeren zusammenstehen, ist der Stärkere nicht mehr der Stärkere. Er ist stärker als der Einzelne, aber nicht stärker als die ganze Masse der Schwachen.

Die Schwachen taten sich zusammen und sagten: »Ein Mann, eine Frau« – denn so entstehen Kinder. Die Schwächeren haben die Stärkeren dazu gezwungen – sonst hätten diese weiterhin alle schönen Frauen in ihren Harems weggesperrt, und die Schwächeren wären sexuell verhungert. Das war eine ungute Situation. Die Familie half, und so entstand die monogame Familie. Wichtig war vor allem, dass die Schwächeren nicht mehr sexuell ausgehungert waren.

Heute ist die Familie keine Notwendigkeit mehr; sie ist unecht geworden. Die Frau kann heute ihr Brot verdienen, der Mann kann verdienen; sie sind nicht mehr voneinander abhängig. Heute ist es möglich, dass die Frau keine Kinder zur Welt bringt. Oder es ist möglich, eine andere Frau zu engagieren, die das Kind in ihrem Bauch austrägt, oder man kann eine künstliche Befruchtung herbeiführen. Sex ist nicht mehr an das Kinderkriegen gebunden. Die Leute können Sex haben, ohne die Geburt von Kindern in Kauf nehmen zu müssen. Damit hat sich die Familie überlebt. Die Zukunft gehört der Kommune.

In einer Kommune leben viele unabhängige Individuen, die nicht nach den alten Kriterien von Familie, Sippe, Religion, Nationalität oder Rasse zusammengehören. Nein, die einzige Verwandtschaft, die sie verbindet, ist die, dass alle unabhängig sind. Sie respektieren die Unabhängigkeit jedes Einzelnen und erwarten von jedem, dass er ihre Unabhängigkeit respektiert.

Darauf gründet ihre Beziehung untereinander, ihre Freundschaft, die alle verbindet und die einzige zementierende Kraft in der Kommune darstellt: Wir respektieren gegenseitig unsere Individualität, unsere Unabhängigkeit. Lebensweise und Lebensart des anderen werden vollkommen akzeptiert und gewürdigt. Die einzige Bedingung ist, dass keiner den anderen in irgendeiner Weise behindern darf.

Darum ist es gut, dass diese ganze tote Vergangenheit verschwindet und uns dadurch die Freiheit gibt, einen neuen Menschen, eine neue Menschheit, eine neue Welt zu erschaffen.

2

Definieren heißt begrenzen – und die Existenz ist grenzenlos

? *Warum erscheint mir das Leben so sinnlos und leer? Offenbar habe ich eine tödliche Angst vor dem Alleinsein. Wie kann ich mich auf mein Alleinsein tiefer einlassen, mit Freude anstelle von Angst?*

Das Wort »Sinn« ist für das Leben irrelevant. Das Leben ist weder sinnvoll noch sinnlos. Jahrhundertelang wurde das Denken des Menschen darauf programmiert, zu glauben, das Leben habe einen tieferen Sinn. Dieser Sinn war immer willkürlich. Erst im zwanzigsten Jahrhundert ist die Frage »Was ist der Sinn des Lebens?« zum ersten Mal in der Geschichte der Menschheit zu einer vordringlichen Frage geworden – weil alle alten Lügen aufgedeckt worden sind.

Das Leben war sinnvoll mit einem Gott. Das Leben war sinnvoll mit einem Leben nach dem Tod. Das Leben war sinnvoll, weil Kirchen, Synagogen, Tempel, Moscheen diesen Gedanken ohne Unterlass in die Köpfe der Menschen hämmerten.

Die Menschen haben heute eine gewisse Reife erlangt – nicht alle, aber zumindest eine kleine Minderheit.

Ich möchte euch fünf herausragende Namen in Erinnerung rufen: Erstens, Søren Kierkegaard. Er war der Erste, der diese Frage aufbrachte, und er wurde dafür ausnahmslos verdammt. Diese Frage überhaupt zu stellen erregte schon allseitiges Misstrauen. Keiner hatte es je gewagt, öffentlich zu fragen: »Was ist der Sinn des Lebens?« Nicht einmal die Atheisten, die Gott abstritten, das Leben nach dem Tode leugneten und die Existenz der Seele negierten – nicht einmal sie hatten die Frage nach dem Sinn des Lebens je gestellt! Für sie galt einfach: »Esst, trinkt und seid fröhlich – darin besteht der Sinn des Lebens.« Ihnen

war klar, dass das wahre Leben aus diesen Freuden bestand:
»Essen, Trinken, Fröhlichsein«.

Doch Søren Kierkegaard ging der Frage tief auf den Grund.
Er schuf damit unwissentlich eine neue Bewegung: den Existen-
zialismus. Auf ihn folgten die vier anderen: Martin Heidegger,
Karl Jaspers, Gabriel Marcel und zuletzt, aber nicht weniger
wichtig, der bedeutendste von ihnen: Jean-Paul Sartre. Diese
fünf Männer traktierten die Intelligenzija der Welt ständig mit
der Botschaft: »Das Leben ist sinnlos!«

Jeder mit einem gewissen Grad an Intelligenz wird früher
oder später auf diese Frage stoßen und muss sich damit konfron-
tieren. Ich bin mit diesen fünf großen Philosophen nicht einer
Meinung, aber ich zolle ihnen den Respekt, der ihnen gebührt.
Es war mutig von ihnen, denn sobald man dem Leben jeden
Sinn abspricht, verschwindet die Religion, und sie war bis dahin
nichts anderes gewesen als das Bestreben, eurem Leben einen
Sinn zu geben: euer Leben mit etwas zu füllen, damit ihr euch
nicht so leer fühlt, euch mit Gott und Engeln zu umgeben, damit ihr nicht so einsam seid ... Nicht ohne Grund seid ihr in die
Kirche, in die Synagoge, in den Tempel gegangen.

Nicht ohne Grund haben sich die Menschen jahrtausendelang
vor den Priestern verbeugt. Sie gewannen etwas daraus. Natürlich haben die Priester sie ausgebeutet, aber selbst darin fanden
die Menschen einen gewissen Trost. Ihr wart nicht allein; jemand kümmerte sich um euch. Das Leben war nicht so vergeb-
lich, es erhielt eine besondere Bedeutung, spirituell, esoterisch,
profund. So hoch und so tief, dass euer Intellekt es nicht begreifen konnte.

Immer noch hat die Mehrzahl der Menschen, neunundneunzig Prozent, kein Interesse an dieser Frage. Weshalb sollte es sie
auch interessieren? Sie finden genug Trost in der toten Vergangenheit, die sie aber nicht als tote Vergangenheit empfinden.

Ich habe euch von dem englischen Bischof Jenkins erzählt. Er
vertrat die Meinung, es habe gar keine Auferstehung gegeben,
das sei nur ein Mythos. Es habe auch keine jungfräuliche Geburt
gegeben, das sei eine absolute Lüge. Und niemand müsse an

diese ganze Mythologie glauben, um Christ zu sein. – Das ist aber nicht wahr, denn er sagt: »Ich brauche das alles nicht – und trotzdem kann ich an Gott glauben.« Ich sehe nicht, dass er einen plausiblen Grund nennen könnte, trotzdem an Gott zu glauben.

Die Christen waren ja nicht dumm, dass sie zweitausend Jahre lang an solche absurden Dinge glaubten. Ohne diese Absurditäten gibt es nichts, was Gott, die absolute Absurdität, stützen würde. Es ist, als würde man jemandem seine Beine, seine Hände, den Kopf und alles andere wegnehmen und behaupten, man würde immer noch an ihn glauben. Es bleibt nichts übrig. Alle Theologen, von Thomas von Aquin bis hin zu den heutigen Predigern, verstehen sehr genau, dass Gott gestützt werden muss. Jede Lüge muss gestützt werden.

Nur die Wahrheit kann auf eigenen Füßen stehen.

Die Lüge kann nicht auf eigenen Füßen stehen. Sie braucht geborgte Beine, einen geborgten Kopf, ein geborgtes Herz – alles geborgt. Wenn man Stück für Stück alles ablegt und schließlich sagt, dass man nichts davon braucht und trotzdem an Gott glaubt … Demnach wären laut Jenkins für einen Christen die Auferstehung und die jungfräuliche Geburt als Teile des christlichen Fundaments völlig unnötig. Ich weiß nicht, wen er damit zum Narren halten will. Mit Sicherheit sich selbst, denn genau dies sind ja die Stützen, und wenn man diese Stützen wegnimmt, stürzt das ganze Gebäude in sich zusammen. Er hat keinen einzigen Grund genannt, warum man dennoch an Gott glauben sollte.

Er kam mir heute wieder in den Sinn, weil vor einigen Tagen ein Blitz in die Kathedrale von York, eine der schönsten von England, eingeschlagen hat, und die überwiegende Mehrheit der Leute dies für keinen Zufall hält. Sie meinen, es sei die Strafe Gottes dafür, dass die Kirche einen so umstrittenen Mann wie Jenkins zum Bischof geweiht habe. Er stand an vierter Stelle in der Kirchenhierarchie; er hätte nur noch zwei andere überholen müssen, um Erzbischof zu werden, und es wäre nicht schwierig gewesen, diese zwei Leute zu überholen. Das Leben ist voller

Zufälle – sie hätten sterben oder irgendein anderes Ereignis hätte eintreten können … Es gab immer eine Hoffnung, und er war nicht weit davon entfernt, sondern ganz nah.

Doch jetzt glauben alle in England, Gott habe diese Kirche bestraft. Aber was wäre das für ein seltsamer Gott, was für eine seltsame Strafe? Jenkins war nicht einmal der Bischof von dieser Kathedrale. Es ist seltsam. Jenkins' Kirche war zweihundert Meilen weit entfernt. Euer Gott ist wirklich ein großartiger Schütze! Er verfehlte ihn um zweihundert Meilen! Ein Meister im Bogenschießen!

Und was hatte die Kathedrale von York mit Jenkins' Behauptung zu tun? Der Blitz hätte Jenkins selbst treffen sollen oder aber die Kathedrale oder Kirche, wo er Bischof war. Oder den Erzbischof von Canterbury, denn er war es, der ihn ernannt hatte. Die Kathedrale von York hatte überhaupt nichts damit zu tun. Doch die Leute witterten eine Verbindung – das konnte unmöglich Zufall sein! So wird das Leben mit tiefen Zusammenhängen in Verbindung gebracht, sogar mit lächerlichen Dummheiten. Selbst wenn es Gott tatsächlich gäbe: Meint ihr im Ernst, er würde sich über Bischof Jenkins aufregen? Und was wäre dann von Gottes Zorn zu halten? Er könnte zumindest ein bisschen besser zielen lernen. Er praktiziert das Blitzen doch schon seit Millionen von Jahren – so viel Training!

Dazu fällt mir ein König ein, der ein großer Freund des Bogenschießens war … Er war selbst ein meisterhafter Bogenschütze und wollte immer gerne einen noch besseren kennenlernen, hatte aber nie jemanden getroffen, der ihm überlegen war. Aber eines Tages, als er auf einer Reise durch ein kleines Dorf kam, sah er etwas Erstaunliches: In jedem Baum steckte ein Pfeil, der mitten ins Schwarze getroffen hatte. Was für eine Treffsicherheit! Das musste ein wahrer Meister sein! An den Bäumen, an den hölzernen Zäunen, überall fand er einen kreisrunden Ring mit einem Pfeil genau in der Mitte.

Er ließ die Kutsche anhalten und fragte: »Wo ist dieser meisterhafte Bogenschütze? Ich will ihm die Ehre erweisen. Ich möchte

ihn in den Palast einladen – er soll mein Meister sein! Obwohl
ich schon so lange suche, habe ich nie jemanden gefunden, der
besser war als ich. Aber dieser Mann trifft offensichtlich immer
hundertprozentig ins Schwarze. Nicht einen Zentimeter daneben – immer genau in die Mitte!«

Er ging zu einigen Bäumen und maß nach, und es war genau
die Mitte. Er fragte einen der Dorfbewohner, die herbeigelaufen
waren, um zu sehen, was denn der König in seiner goldenen Kutsche hier wollte. Er fragte: »Wo steckt dieser Meisterschütze?«

Da lachten sie alle und sagten: »Er ist kein Schütze, er ist der
Dorftrottel.« Sie sagten: »Versteht Ihr?«

»Trottel seid ihr selber!«, sagte der König. »So ein großartiger Schütze, und ihr nennt ihn einen Trottel?«

Sie sagten: »Begreift doch! Er ist kein Schütze, er ist nur ein
Narr. Er schießt erst den Pfeil ab, und dann malt er den Kreis
drum herum. Natürlich ist er immer exakt in der Mitte, weil er
den Kreis erst nachher malt. Da, wo der Pfeil hingeht, malt er
den Kreis. Verschwendet also keinen Gedanken an ihn. Fahrt
lieber weiter. Er ist ein kompletter Idiot.

Wir haben ihm schon so oft gesagt, dass das Bogenschießen
anders geht, dass man erst den Kreis machen muss und *dann*
den Pfeil abschießt. Aber er lässt es sich nicht ausreden, er
schießt immer zuerst. Er sagt: ›Ist doch völlig wurscht, ob man's
zuerst oder nachher macht. So ist's einfach perfekt. Eure Methode ist ein Schmarrn. Ich hab's doch selber ausprobiert!‹«

Da hat also Gott seit Millionen von Jahren die Menschen mit
Blitzen bedroht, durch Blitze getötet. Der Hinduismus glaubt,
ein Blitz sei nichts anderes als ein Pfeil des Gottes Shiva. Immer
wenn es blitzt, müssen die Hindus Lord Shiva ein Opfer dar-
bringen, durch Beten oder irgendwelche Rituale. Der Blitz ist
ein eindeutiges Zeichen, dass Shiva wütend ist, und man muss
denjenigen finden, der Shiva wütend gemacht hat.

Und nun geschieht es im zwanzigsten Jahrhundert, im letzten
Teil dieses Jahrhunderts, dass in England, einem der gebildetsten
und kultiviertesten Länder, die Mehrheit der Leute glaubt, dieser

Blitz sei eine Strafe gewesen, die der Herrgott seinem Bischof Jenkins geschickt hat. Wenn darin Gottes ganze Pfeilkunst besteht, kann ich mir keinen schlechteren Bogenschützen vorstellen als ihn. Man trifft doch nicht zweihundert Meilen daneben! Selbst dieser Dorftrottel, der die perfekte Methode entdeckte, war viel intelligenter als dieser Gott.

Aber warum glauben die Menschen weiterhin an solche Dinge? Das kommt nicht von ungefähr. Der Grund ist der, dass all diese Dinge eurem Leben einen Sinn geben. Ein Gott da droben gibt euch ein Gefühl von Schutz und Geborgenheit. Ohne einen Gott gibt es da oben nur den leeren Himmel, und ihr seid ganz allein. Ihr seid so winzig, und diese Leere ist so grenzenlos. Verständlicherweise packt euch die Angst beim bloßen Gedanken an die Leere des Himmels, der unendlich ist, weil es dort nirgendwo eine Grenze geben kann. Die alten Religionen glaubten noch, es gebe eine Grenze, aber das ist absolut unlogisch. Eine Grenze impliziert, dass jenseits davon etwas existieren muss, wie könnte man sonst eine Grenze ziehen? Ja, ihr könnt eine Grenze rund um euer Haus ziehen, weil das Haus des Nachbarn daneben steht. Ihr könnt einen Zaun um euer Haus errichten, weil die Erde jenseits eures Zauns weitergeht.

Würdet ihr aber einen Zaun errichten, wo die Erde endet und jenseits eures Zauns nichts mehr existiert, so würde euer Zaun ins Leere stürzen. Wie wolltet ihr ihn von der anderen Seite her stützen? Für eine Grenze sind zwei Dinge nötig – auf der einen und auf der anderen Seite. Es ist offensichtlich, dass die Existenz keine Grenzen haben kann. Es macht Angst, sich die Unendlichkeit vorzustellen, diese Leere, die für immer und ewig besteht. Ihr könnt darin nie an einen Punkt kommen, an dem ihr sagen könnt: »Jetzt haben wir das Ende erreicht.« Es gibt da kein Ende, und es gibt keinen Anfang.

Stellt euch mal eine Geschichte vor, die weder Anfang noch Ende hat. Für mich war das ein beliebter Zeitvertreib … Ich war nie besonders an Romanen interessiert, aber hin und wieder, wenn es nichts anderes zu lesen gab, hatte ich meine eigene Art, einen Roman zu lesen: Ich fing in der Mitte an. Das gab der

Sache eine gewisse Authentizität. Wenn man den Anfang nicht kennt und in der Mitte zu lesen anfängt, muss man selbst herausfinden, was vorher geschah. Ich las auch nie bis zum Schluss, sondern hörte mittendrin auf, mitten in der zweiten Hälfte. Als Erstes wollte ich herausbekommen, wie der Anfang gewesen sein könnte und wie der Schluss aussehen könnte. Erst dann begann ich, den Roman vom Anfang zu lesen.

Das Überraschende für mich war, dass es mir stets gelang, mir Anfang und Ende zusammenzureimen. Ich lag dabei nie falsch, sowohl in Details als auch in den Grundzügen, denn ein Roman entspringt dem menschlichen Verstand, und dieser funktioniert auf eine bestimmte Art. Da gibt es gewisse routinemäßige Arbeitsweisen. Wenn mir die Mitte, die sich ein menschlicher Geist ausgedacht hat, bekannt ist, und wenn ich verstehe, wie der Verstand arbeitet, kann ich mir ausrechnen, wie Anfang und Ende aussehen müssen.

Nur wenn es das Buch eines Verrückten ist, kann ich mir keinen Reim darauf machen. Aber Verrückte schreiben keine Bücher, was sehr mitfühlend von ihnen ist. Würden sie aber anfangen, Bücher zu schreiben, dann wären diese Bücher sehr viel interessanter als die Bücher der Akademiker und Gelehrten, weil der Intellekt nach einem vorhersehbaren Muster arbeitet.

Ich bin kein Freund dieser fünf »Existenzialisten« – in Anführungszeichen –, denn ich bin nicht einmal bereit, sie als Existenzialisten zu bezeichnen. Kierkegaard hat nie richtig gelebt, oder wenn man das, was er lebte, Leben nennen will, so war es schlimmer als der Tod. Er verließ nur einmal im Monat sein Haus, und dieses »Haus« war nicht viel mehr als ein kleines Zimmer. Als sein Vater erkannte, dass der Sohn offenbar ein Spinner war – ständig nur mit Lesen und Schreiben beschäftigt –, versuchte er, seine Bücher zu lesen, aber er warf sie weg, denn er konnte nicht schlau aus dem werden, was Kierkegaard eigentlich sagen wollte. Kierkegaard lässt sich über alles und nichts aus, viel Lärm um Nichts.

Kierkegaard selbst hat nie geheiratet. Irgend so eine törichte Frau hatte sich einmal in ihn verliebt – und sie muss töricht gewesen sein, denn er war als Mann ziemlich hässlich und ein sonderbarer Kauz noch dazu, ein exzentrischer Typ, der sich im Dunkel seines Zimmers vergrub. Nur einmal im Monat musste er herauskommen. Sein Vater hatte für ihn, bevor er starb, Geld beim Postamt eingezahlt und veranlasst, dass Kierkegaard jeden Monat einen bestimmten Betrag abheben konnte. Ihm war klar, dass sein Sohn niemals Geld verdienen würde; irgendwann würde er einfach in seinem Zimmer sterben. Also verkaufte der Vater alles, was er hatte, und hinterlegte das Geld beim Postamt. Das war der Grund, warum Kierkegaard einmal im Monat das Haus verließ, und das war immer am ersten Tag des Monats.

Er lebte in Kopenhagen, und die ganze Stadt wartete auf diese seltene Gelegenheit, dass Kierkegaard aus seinem Zimmer herauskam. Die Kinder rannten ihm auf dem Weg zum Postamt hinterher; es war fast eine Prozession. Nun hatte Kierkegaard ein Buch geschrieben, *Entweder – oder*, das gerade erst veröffentlicht worden war, und in Kopenhagen wurde das zu seinem Spitznamen. Die Kinder riefen hinter ihm her: »Entweder-oder!« – denn für sie war das sein wirklicher Name: »Entweder-oder geht aufs Postamt!«

Es war eine erstaunliche Intuition dieser Kinder, diesen Mann »Entweder-oder« zu nennen, denn genau das war er. Er konnte sich nicht aufraffen, diese Frau zu heiraten, weil er ständig in Entweder-oder dachte. Alles, was für die Ehe sprach, und alles, was gegen die Ehe sprach, hielt sich die Waage, aber er konnte sich nicht entscheiden. Die Frau wartete drei Jahre, aber er sagte: »Verzeih mir, ich kann mich nicht entscheiden. Es ist immer noch entweder – oder.«

Nun, dieser Mann, der nie jemanden geliebt hat, der keinen einzigen Freund hatte und nie in Kontakt mit der Natur gekommen war, der nie in Kommunion mit der Existenz gewesen war ... Wenn so jemand das Leben als sinnlos empfindet, ist es kein Wunder. Sein Leben *muss* sinnlos sein. Er hat sein Gefühl von Sinnlosigkeit jedoch auf alle Menschen projiziert.

Und dann diese vier anderen sogenannten »Existenzialisten«. Ich sage sogenannt, weil sie das Einssein mit der Existenz – was ich Kommunion nenne –, nie kennengelernt haben. Die einzige Art, mit der Existenz in Kommunion zu treten, ist die Stille, doch die Sprache der Stille war ihnen völlig unbekannt. Wie hätten sie mit der Existenz in Kommunion treten können? – Was also taten sie? Sie deckten die Lüge auf, die der Menschheit von den Religionen und deren Vertretern aufgezwungen worden war. Und was für eine Lüge!

Der Sinn, den die Gottgläubigen dem menschlichen Leben gegeben haben, ist willkürlich. Die existenzialistischen Philosophen deckten die ganze Willkürlichkeit auf, die dem »Sinn« der religiösen Glaubensverfechter zugrunde lag – das heißt aber nicht, dass das Leben sinnlos ist. Es bedeutet einfach nur, dass der Sinn, den die Religionen dem Leben zugeschrieben hatten, sich als unhaltbar erwiesen hat: Gott ist nicht der Sinn des Lebens. Das Leben im Jenseits ist nicht der Sinn des Lebens. Jesus Christus ist nicht der Sinn des Lebens. Das bedeutet aber nicht, dass das Leben sinnlos ist. Wer dies alles für den Sinn des Lebens hielt, wird nun, da dieser plötzlich wegfällt, auf den entgegengesetzten Gedanken verfallen: die Sinnlosigkeit.

Ich will dich an *meinen* Standpunkt erinnern: Ich bin Existenzialist. Und ich sage dir, das Leben ist weder sinnvoll noch sinnlos. Diese Frage ist irrelevant. Das Leben ist einfach eine Gelegenheit, eine offene Möglichkeit. Es kommt darauf an, was du daraus machst. Es kommt ganz auf *dich* an, welchen Sinn, welche Färbung, welche Melodie, welche Poesie, welchen Tanz du zum Leben beiträgst.

Das Leben ist eine kreative Herausforderung, und es ist gut, dass es keinen festgelegten Sinn gibt, sonst wäre es keine Herausforderung. Dann wäre alles schon festgelegt: Du wirst geboren, man gibt dir den Sinn des Lebens, und du trägst ihn dein Leben lang mit dir herum. Und das wäre der Sinn deines Lebens? Nein – die Existenz ist so unergründlich, so viel tiefer als jeder Sinn!

Die Existenz ist eine Herausforderung zur Kreativität. Sie gewährt dir allen Raum, den du brauchst – und du nennst ihn leer? Bemühe dich um die richtigen Worte, denn jedes Wort hat seinen speziellen Kontext. *Leer* ist ein trauriges Wort. Da scheint etwas zu fehlen, etwas, das vorhanden sein sollte, aber nicht da ist. Warum nennst du es leer? Und wie kommst du darauf, irgendetwas speziell für dich zu erwarten? Wer bist du denn?

Finde den richtigen Namen. Es gehört mit zu den Grundlagen der Lebenskunst, die Dinge beim richtigen Namen zu nennen, das richtige Wort zu verwenden, die passende Nuance zu finden … Ein unpassendes Wort bewirkt sofort falsche Assoziationen. Zum Beispiel *leer* … Allein schon der Klang dieses Wortes lässt Vergeblichkeit anklingen. Nein, ich nehme lieber ein anderes Wort, um die Existenz zu beschreiben: *Weiträumigkeit*, durch nichts verstellter, offener Raum.

Die Existenz bietet so viel Raum, dass sie dir absolute Freiheit einräumt, zu sein, was auch immer du sein willst, wozu auch immer du die Fähigkeit besitzt. Sie gibt dir uneingeschränkten Raum, um zu wachsen und zu blühen. Sie zwingt dir nichts auf.

»Gott« zwingt dir vieles auf. Er will, dass du eine bestimmte Art von Mensch bist, mit einer bestimmten Art von Persönlichkeit, Moral, Ethik, Verhaltensweise. Er will dich in einen Käfig sperren. Meinst du, in einem Käfig zu leben bedeutet, den Sinn gefunden zu haben? In einem Käfig zu sein bedeutet, tot zu sein.

Nietzsche entspricht viel mehr der Wahrheit, wenn er (sinngemäß) sagt: »Gott ist tot, und ich verkünde der Menschheit, dass der Mensch jetzt frei ist.« Damit sagt er zweierlei: »Gott ist tot« – der weniger wichtige Teil seiner Aussage, die sämtliche Religionen der Welt sehr verärgert hat. Der wichtigere Teil ist aber der zweite: »Daher ist der Mensch frei.« Denkt einmal ein wenig darüber nach.

Gott ist identisch mit Sklaverei. Ohne Gott ist identisch mit Freiheit. Und Freiheit findet in diesem offenen Raum statt. Nenne ihn nicht leer. Er ist nur leer von jeglicher Beschränkung, leer von jeglicher Struktur, leer von jeglicher Führung. Freiheit zwingt dir keine bestimmte Richtung auf, kein bestimmtes Sein.

Nein, das Leben gibt dir allen Raum, den du brauchst, vielleicht noch mehr Raum, als du brauchst. Dehne dich aus, anstatt darüber nachzugrübeln, warum das Leben so leer ist. Diese

Weiträumigkeit ist wunderbar – dieser Raum ohne Grenzen, ohne Richtlinien, ohne Landkarte. Du kannst wie eine Wolke am Himmel dahinziehen: ungebunden, ungezwungen. Wo auch immer der Wind dich hinträgt, wo auch immer du hinkommst, dort ist das Ziel.

In der Regel lehrt man uns, ein Ziel zu haben, und dann gehen wir in diese Richtung. Wenn du dort ankommst, bist du erfolgreich. Tatsächlich sind dir aber große Möglichkeiten dabei entgangen. Wenn du ein bestimmtes Ziel verfolgst, verpasst du die ungeheure Fülle des Lebens.

Warum erscheint dir das Leben sinnlos? – Weil du von vornherein erwartest, dass es einen Sinn geben muss. Wer hat dir denn gesagt, dass du einen Sinn erwarten kannst?

Ich sage, dies ist das Unrecht, das die Religionen am Menschen begangen haben. Sie haben euch erzählt, es gäbe einen Sinn, und ihr habt es akzeptiert – und wenn ihr ihn nicht findet, seid ihr frustriert und fühlt euch verloren.

So viele intelligente Menschen begehen Selbstmord. Vielleicht die höchste Selbstmordrate gibt es unter den professionellen Philosophen. Mehr Philosophen begehen Selbstmord als jeder Angehörige anderer Berufsstände. Seltsam! Professoren sollten doch weise Menschen sein, insbesondere Philosophen. Was läuft hier falsch? – Sie erwarten, einen Sinn zu finden. Sie strengen sich sehr an, einen Sinn zu finden, aber es gibt keinen. Es hat nie einen gegeben.

Andere ringen erst gar nicht um den Sinn, darum begehen sie auch nicht Selbstmord. Sie können nie so frustriert sein, weil sie nicht nach dem Sinn suchen. Sie fühlen sich eher als Sünder, mit denen etwas nicht stimmt, aber sie kommen nicht auf die Idee, Selbstmord zu begehen, weil das Leben sinnlos ist. Sie suchten nicht nach dem Sinn. Für sie stellte sich diese Frage nicht; es war ihnen egal. Sie hörten nicht auf die Priester, auf die Neunmalklugen, die man überall findet und die freigebig ihre Ratschläge austeilen – obwohl keiner sie befolgt.

Ratschläge sind die einzige Sache auf der Welt, die jeder austeilt und keiner annimmt. Und alle wissen das.

Diese Philosophen – Jaspers, Marcel, Heidegger, Sartre – verlegten sich auf den Gegenpol. Die Religionen sagten: Das Leben ist sinnvoll, weil Gott kein sinnloses Leben erschaffen kann. Das Leben an sich hat eine Bedeutung, einen tieferen Sinn; man muss ihn nur erfüllen, dann wird man dafür belohnt. Die Religionen spendeten diese Hoffnung. Und nun kamen diese Leute, die sagten: Es gibt keinen Gott, niemand hat ein sinnvolles Leben geschaffen, und es gibt keine Vorbestimmung. Der Mensch ist nur Treibholz, das ziellos dahintreibt. Damit bewegten sie sich zum entgegengesetzten Pol:»Das Leben ist sinnlos.«

Seht einfach diesen Punkt: Die Religionen haben gesagt, das Leben sei sinnvoll, und die sogenannten Existenzialisten haben den intelligenten Menschen dieser Welt eingebläut, dass das Leben sinnlos ist. In meinen Augen begehen aber beide Seiten den gleichen Fehler.

Ich sage, dass der Sinn für das Leben irrelevant ist. Lasst mich das erklären. Ein Beispiel: Wie riecht die Farbe Rot? Ihr werdet sagen:»Das ist doch irrelevant – der Geruch hat nichts mit der Farbe zu tun.« Und wenn ihr anfangt, nach einem bestimmten Geruch bei der Farbe Rot zu suchen – weil die Schriften es sagen, die Priester es sagen, die Religionen es sagen und jahrtausendealte Traditionen es sagen:»Die Farbe Rot hat einen bestimmten Duft« – dann werdet ihr keinen Duft finden. Farbe und Geruch sind völlig verschiedene Dimensionen; sie kommen nie zusammen. Weder hat der Geruch eine Farbe noch hat die Farbe einen Geruch. Das heißt aber nicht, dass die Farbe belanglos ist und nicht gebraucht wird.

Leben und Sinn sind völlig verschiedene Dimensionen. Sinn ist ein logischer Begriff, und Leben hat überhaupt nichts mit Logik zu tun. Wer leben will, muss die Logik beiseitetun, sonst ist Leben unmöglich. Die Logik wird sich in alles einmischen und euer Leben verhindern. Entweder – oder. Ihr werdet viel denken, aber ihr werdet nicht viel leben. Und je mehr ihr denkt, umso unmöglicher wird es, zu leben.

Um zu leben, ist es notwendig, das Denken ein wenig zu transzendieren.

Der Grieche Sorbas sagt zu seinem Chef: »Boss, mit dir stimmt nur eines nicht: Du denkst zu viel!« Und er hat recht. Schließlich erkennt sogar sein Chef, dass Sorbas recht hat. Den ganzen Tag lang arbeitet Sorbas schwer, müht sich ab – und dann tanzt er und spielt auf seinem Instrument. Wie heißt das auf Italienisch … Santuri? – oder ist es Griechisch? … Santouri? Ich meine, wie auch immer: *Santouri* ist ein guter Name! Alle Namen sind sowieso frei erfunden. Ich nenne es einfach Santouri.

Er spielt auf der Santouri, er tanzt, er tanzt wie verrückt – und der Chef sitzt nur daneben. Eines Tages sagt Sorbas: »Was sitzt du da herum? Heute ist Vollmond, hier ist der Fluss, der Sand ruft, und es weht ein erfrischendes Lüftchen – komm mit!« Widerstrebend geht der Chef mit, denn Sorbas zieht ihn hinter sich her, und Sorbas ist ein sehr starker Mann.

Dieser Chef ist genau so ein Chef, wie man es von einem Chef erwartet: ein reicher Mann, ein Intellektueller, aber nicht stark. Sorbas zieht ihn einfach mit, und er beginnt zu tanzen und spielt auf seiner Santouri. Der Chef probiert es ein bisschen, und dann packt ihn plötzlich die Begeisterung – diese Brise, der Mond, der Fluss, der Sand und die verrückte Art, wie Sorbas auf seiner Santouri spielt, die verrückte Art, wie er tanzt … Stück für Stück lässt er den Chef fallen und beginnt auch zu tanzen. Es dauert ein bisschen, bis er aus dem Kopf herausschlüpft, aber es passiert. Nur für ein paar Augenblicke … aber jetzt hat auch er einen anderen Geschmack vom Leben bekommen.

Das Leben ist dem Denken nicht zugänglich. Viel eher ist es dem Tanzen, dem Singen zugänglich. Eines ist gewiss: Denken ist die dürrste Dimension deines Lebens. Es ist eine Wüste ohne Oase.

Wenn dir das Leben sinnlos vorkommt, zeigt das nur, dass du nicht weißt, wie man lebt. Du weißt nicht, dass der Sinn mit dem Leben nichts zu tun hat. Dieses grundlegende Prinzip musst du verstehen: Das Leben hat nichts mit Sinn zu schaffen. Es ist nicht Arithmetik, es ist nicht Logik, es ist nicht Philosophie.

Zu leben ist an sich eine solche Ekstase – wen kümmert da der Sinn? Kannst du dir Erfahrungen vorstellen, die von Natur aus so freudvoll sind, dass die ganze Frage nach dem Sinn völlig idiotisch erscheint? Keiner fragt: »Welchen Sinn hat die Liebe?« Aber diese Leute, die fragen: »Welchen Sinn hat das Leben?«, werden zwangsläufig auch fragen: »Welchen Sinn hat die Liebe?«

Es gibt da eine russische Geschichte, eine kleine Erzählung ...

In einem Dorf lebt ein junger Mann, der von allen nur »der Idiot« genannt wird. Von Kindheit an bekam er immer nur zu hören, dass er ein Idiot sei. Und wenn so viele es sagen – sein Vater, seine Mutter, seine Onkel, die Nachbarn und alle anderen –, fängt er natürlich an zu glauben, dass er ein Idiot ist. Können so viele Leute unrecht haben? – Und es sind alles wichtige Leute. Als er älter wird und das immer so weitergeht, ist sein Ruf als Idiot besiegelt; da führt kein Weg heraus. Er versucht alles, aber ganz egal, was er tut – die anderen finden es idiotisch.

Das ist durchaus menschlich. Wenn jemand verrückt geworden ist, kann er wieder normal werden, doch keiner wird es ihm abnehmen. Er kann sich ganz normal verhalten, doch man wird ihm unterstellen, er sei verrückt. Das Misstrauen der anderen macht ihn unsicher, und seine Unsicherheit stärkt wieder das Misstrauen der anderen; es schließt sich ein Teufelskreis. Dieser Mann versuchte also auf jede mögliche Art, klug dazustehen und klug zu handeln, aber was auch immer er tat, hielten die Menschen für idiotisch.

Eines Tages kommt ein Heiliger durch das Dorf. In der Nacht geht der junge Mann zu dem Heiligen, als niemand bei ihm ist, und fragt ihn: »Bitte hilf mir, aus dieser Sackgasse herauszukommen. Ich sitze in der Klemme. Man lässt mich nicht raus. Sie haben mir kein einziges Fenster und keine Tür offen gelassen, wo ich rausspringen könnte. Und egal, was ich mache, selbst wenn ich mich genauso verhalte wie sie, bin ich immer ein Idiot. Was soll ich machen?«

Der Heilige sagte: »Mach eines: Immer wenn jemand sagt: ›Schau, der schöne Sonnenuntergang!‹, dann sagst du einfach:

›Du Idiot, beweise es! Was ist schön daran? Ich sehe keine Schönheit. Beweise es!‹ Wenn jemand sagt: ›Schau diese schöne Rose!‹, dann halte ihn fest und sage ihm: ›Beweise es! Welche Gründe hast du, zu behaupten, dass diese gewöhnliche Blume schön ist? Es gab schon Millionen von Rosenblüten, es gibt Millionen, und auch in Zukunft wird es Millionen geben … was ist denn so Besonderes an dieser Rosenblüte? Und was sind deine wichtigsten Gründe, mit denen du logisch beweisen kannst, dass diese Rose schön ist?‹

Wenn jemand sagt: ›Dieses Buch von Leo Tolstoi ist sehr schön‹, dann halte ihn fest und frage ihn: ›Beweise, dass es schön ist; worin besteht seine Schönheit? Es ist eine ganz gewöhnliche Geschichte – die gleiche Geschichte, die schon millionenfach erzählt wurde. In jeder Geschichte das gleiche Dreieck: entweder zwei Männer und eine Frau oder zwei Frauen und ein Mann, aber das gleiche Dreieck. Alle Liebesgeschichten sind Dreiecksgeschichten. Was ist denn daran neu?‹«

Der Mann sagte: »Das stimmt.«

Der Heilige sagte: »Lass dir keine Gelegenheit entgehen, denn diese Dinge kann keiner beweisen; sie sind nicht beweisbar. Und wenn die Leute sie nicht beweisen können, stehen sie wie Idioten da und werden aufhören, dich einen Idioten zu nennen. Das nächste Mal, wenn ich wiederkomme, lass mich wissen, wie die Dinge sich entwickeln.«

Und als der Heilige das nächste Mal wiederkam, geschah es, dass ihm die Dorfbewohner – noch ehe er den Idioten wiedergesehen hatte – mitteilten: »Ein Wunder ist geschehen! Wir hatten hier einen Idioten, und aus ihm wurde der weiseste Mann. Wir möchten, dass du ihn kennenlernst.«

Und der Heilige wusste, wer dieser »weiseste Mann« war. Er sagte: »Zweifellos würde ich ihn gerne sehen. In der Tat hatte ich gehofft, ihn zu treffen.«

Man brachte den Heiligen zu dem Idioten, und der Idiot sagte: »Du bist ein Zauberer, ein Wundertäter. Dieser Trick hat funktioniert! Ich fing einfach an, jeden einen Idioten zu nennen, einen Dummkopf. Wenn jemand von Liebe sprach oder von Schönheit oder von Kunst, Malerei, Bildhauerei, war mein Standpunkt immer der Gleiche: ›Beweise es!‹ Und weil sie es nicht beweisen konnten, standen sie wie Idioten da. Es ist wirklich seltsam: Ich hätte nie erwartet, dass mir das viel bringen würde. Ich wollte nur dieses Etikett des Idioten loswerden. Es ist komisch, dass ich jetzt kein Idiot mehr bin, sondern der weiseste Mann. Aber ich weiß, dass ich der Gleiche bin – und du weißt es auch.«

Doch der Heilige sagte: »Erzähle niemandem von diesem Geheimnis. Behalte das Geheimnis ganz für dich. Denkst du, ich wäre ein Heiliger? Ja, das ist unser Geheimnis. So bin ich zu einem Heiligen geworden. So bist du zu einem Weisen geworden.«

So läuft das in unserer Welt.

Sobald du fragst: »Was ist der Sinn des Lebens?«, hast du die falsche Frage gestellt. Und dann wird natürlich irgendjemand sagen: »Dies und das ist der Sinn des Lebens« – und es gibt keinen Beweis dafür. Damit wäre automatisch bewiesen, dass das Leben sinnlos ist. Das ist aber ein Trugschluss.

Darum sage ich, dass diese fünf Existenzialisten – alles große Namen, denn ihre Richtung war die einzige bedeutende philosophische Schule der letzten Jahrzehnte – mit demselben Trick alle anderen philosophischen Schulen ausgestochen haben: mit dem Trick, den dieser Idiot angewandt hat. Von jedem Gemälde werden sie sagen: »Sinnlos!« Von jedem Gedicht werden sie sagen: »Sinnlos!« Und Schönheit lässt sich niemals beweisen; entweder man sieht sie oder man sieht sie nicht. Liebe lässt sich niemals beweisen; wenn du sie beweisen musst, bist du erledigt. Oder kannst du deine Liebe beweisen?

Es ist gut, dass die Menschen es für selbstverständlich nehmen, zumindest am Anfang, dass sie einander lieben, ohne zu fragen: »Liebst du mich wirklich? Wo ist die Liebe? Beweise sie mir erst.« Dann würde die Liebe aus der Welt verschwinden, denn niemand kann sie beweisen. Wie wolltest du sie beweisen? Du kannst höchstens sagen: »Hör mal, wie mein Herz klopft.« Der andere kann deinem Herzklopfen lauschen und sagen: »Ich kann hören, wie dein Herz klopft, aber ich höre keine Liebe. Ich höre kein Lied, keinen Tanz, kein Glockengeläute. Es ist bloß ein Herzschlag.« Du kannst dir ein Stethoskop besorgen, um es genauer zu hören, um es lauter zu hören, bis es richtig laut ist – aber Liebe wirst du darin nicht finden können. Liebe ist kein Herzklopfen. Was ist dann Liebe? Hat irgendjemand sie je definieren können? Nein, sie lässt sich unmöglich definieren. Es gibt Dinge, die undefinierbar sind. Darum nenne ich meine Religion reine Mystik. Weil ich akzeptiere, dass sich vieles nicht erklären lässt, nicht definieren lässt, sondern nur leben lässt, nur durch eigene Erfahrung wissen lässt. Wer versucht, darüber nachzudenken, geht daran vorbei.

Diese fünf großen Philosophen sind alle am Leben völlig vorbeigegangen, weil sie die falsche Frage stellten und die falsche Antwort akzeptierten, die falsche Antwort bekämpften und sich zum Gegenpol hinbewegten. Und vergesst eines nicht: Wenn man sich von einer falschen Sache, um sie zu widerlegen, zum genauen Gegenteil hinbewegt, gelangt man nur wieder zu einer falschen Sache – denn das genaue Gegenteil von etwas Falschem kann immer nur etwas anderes Falsches sein, aber nie das Richtige.

Das Leben ist einfach eine Erfahrung.

Deine Geburt ist erst der Anfang davon. Du wirst nicht schon fertig geboren. Bei deiner Geburt stehen dir sämtliche Dimensionen offen. Darin bestehen die Schönheit und die Würde des Menschen.

Ein Hund wird als Hund geboren, und er bleibt immer ein Hund. Er ist ausgestattet mit einem bestimmten Körperbau, einer bestimmten Lebensart, Sitte, Religion, Philosophie. Er bringt alles schon fertig mit; in der Tat stellt ihm die Natur alles bereit. Er fühlt sich niemals sinnlos. Er kümmert sich nie um den Sinn – nur der Mensch tut das. Darum denkt der Mensch, er müsse sich großes philosophisches Verständnis erwerben. Der Hund kommt schon vollendet auf die Welt.

Der Mensch kommt unvollendet zur Welt, in allem noch offen. Es bleibt ihm überlassen, was aus ihm einmal wird, was er aus seinem Leben machen wird. Das schafft Probleme, aber das sind alles Herausforderungen, die es anzunehmen gilt, denen man sich stellen muss.

Ihr müsst euch ständig um euer eigenes Wachstum bemühen. Natürlich werdet ihr euch oft in eine falsche Richtung bewegen, aber keine Sorge: So lernen wir – indem wir Fehler machen.

Mein Vater pflegte mich zu unterbrechen, um mir zu sagen: »Mach das nicht; du machst das falsch.«

Ich sagte: »Eines muss zwischen uns klar sein: Lass mich selbst herausfinden, dass es falsch ist, und unterbrich mich nie, wenn ich dabei bin, einen Fehler zu machen.«

Er sagte: »Wie? Du bist dabei, einen Fehler zu machen, und ich soll dich nicht davor bewahren?«

Ich sagte: »Genau, denn ohne Fehler kann ich nichts lernen. Und wie lange wirst du denn bei mir sein? Wirst du für mich leben, an meiner Stelle? Ich muss mein eigenes Leben leben. Sei also bitte so freundlich: Lass mich hinfallen, lass mich Fehler machen, lass mich in die Irre gehen, lass mich selbst sehen, ob etwas richtig oder falsch ist. Gewiss, ich tappe im Dunkeln, aber nur so kann ich es herausfinden. Und das, was du für dich herausgefunden hast, ist deins.«

Jesus mag die Wahrheit gefunden gehaben, Buddha mag die Wahrheit gefunden haben, aber was dich angeht, ist das alles leeres Gerede, völlig bedeutungslos. Du wirst selbst den Weg gehen müssen, viele Wege, und mancher wird dich in die falsche Richtung führen, und dann wirst du umkehren müssen, um den richtigen zu finden. Wenn du aber weitersuchst, wirst du fündig werden, denn sobald du entdeckst, dass du auf dem falschen Weg bist, ahnst du bereits, was der richtige ist. Es mag noch nicht so klar sein, aber sobald du erkennst, dass etwas falsch ist, hast du parallel dazu innerlich schon einen Blick auf das Richtige erhascht.

Etwas als Lüge zu erkennen bedeutet, schon eine ungefähre Vorstellung von der Wahrheit zu haben. Darum ist es nicht verkehrt, sich in verkehrte Richtungen zu bewegen, weil sich dadurch allmählich die Vorstellung des Richtigen herauskristallisiert. Und sobald du gefunden hast, was richtig ist, wirst du aus deiner Badewanne herausspringen und nackt durch die Straßen laufen und »Heureka! Heureka! Heureka!« rufen.

So geschah es dem Archimedes. Er kam in den Palast des Königs gelaufen, unbekleidet, mitten in den Hofstaat! – Und er rief nur ein einziges Wort: »Heureka! Ich hab's gefunden!«

Doch der König sagte: »Sei nicht so aufgeregt – zumindest hättest du dir etwas anziehen können! Entlang der Straße sind überall die Leute stehen geblieben, und du stehst hier bei Hofe.«

Da erst sah Archimedes, dass er nackt war. Er sagte: »In der Tat. Ich lag in meiner Badewanne, und dort habe ich es gefunden.« – Jemand hatte dem König ein großes Geschenk gemacht, das aus Gold bestand. Der König hatte ihm die Aufgabe übertragen, herauszufinden, ob es reines Gold war oder eine Legierung.

Der König hatte gesagt: »Ich will nicht, dass es kaputt gemacht oder in Stücke geschnitten oder darin herumgestochert wird, um herauszufinden, ob es auch innen aus reinem Gold besteht. Finde eine Methode, um festzustellen, ob es reines Gold ist, ohne es zu beschädigen.« Und das war Archimedes gelungen, als er in seiner Wanne lag.

Die Wanne war voll Wasser, bis obenhin. Als er in die Wanne stieg, bemerkte er, wie Wasser überfloss. Als er sich hinlegte, sah er noch mehr Wasser überfließen. Da hatte er einen Gedankenblitz: Er sprang aus der Wanne und schaute, wie viel Wasser übergeflossen war und um wie viel der Wasserspiegel sich gesenkt hatte. Und er konnte sehen, dass es genau seinem Körpervolumen entsprach. Das war die Methode!

Nun, treibe etwas reines Gold auf und lege es ins Wasser. Die Wanne sollte ganz voll sein, dann würde Wasser überfließen, sobald du das Gold hineinlegst. Jetzt wiege das ausgeflossene Wasser, dann wirst du wissen, wie viel Wasser überfließt, wenn du eine bestimmte Gewichtsmenge an reinem Gold hinzufügst. Nun hole das Geschenk des Königs und lege es ins Wasser, ohne es zu zerstören oder zu beschädigen. Wenn genau die gleiche Wassermenge herausfließt wie bei der entsprechenden gleichen

Gewichtsmenge an reinem Gold, dann besteht das Geschenk aus reinem Gold! Andernfalls ist es unrein, mit einem anderen Metall gemischt.

Nach dieser Entdeckung war er so ekstatisch, dass er sein Bad und die Kleider völlig vergaß und einfach losstürzte. Doch der König zeigte Verständnis. Er sagte:»Ich kann es verstehen: Wenn man etwas selbst herausfindet, ist es sehr ekstatisch.« Es war eine Kleinigkeit, die er fand – weder Gott noch Nirwana oder Erleuchtung. Er hatte bloß eine Methode gefunden, um reines Gold von unreinem Gold zu unterscheiden. Aber selbst das, eine solche blitzartige Entdeckung, macht dir deine innewohnende Intelligenz bewusst. Je größer die Entdeckung, desto größer empfindest du deine Intelligenz.

Wenn du herausfindest, was das Leben ist, indem du es lebst, wirst du nicht von Leere umgeben sein, sondern von Weite, einem weiten Raum, der dir erlaubt, dich in jede Richtung auszudehnen. Existenz ist Freiheit.

Und ja, ich pflichte Nietzsche bei: Der Mensch ist frei. Bisher haben die Religionen versucht, den Menschen zum Sklaven zu machen – spirituell, psychisch, aber in jedem Fall zum Sklaven.

Nietzsche hat aber nicht recht, dass Gott tot ist, weil es Gott nie gegeben hat. Nietzsche hat es nur auf diese Weise ausgedrückt – ich weiß, er war ein Mann von ungeheurer Erkenntnis und konnte einen solchen Fehler nicht machen. Wenn er sagt:»Gott ist tot«, meint er nicht, dass Gott einmal existierte und jetzt tot ist. Vielmehr will er die Tatsache hervorheben, dass es gar keinen Gott gibt: Vergesst Gott und vergesst sämtliche Mythen, nach denen ihr bisher gelebt habt! Von nun an seid ihr frei. Lebt in Freiheit und erschafft euch selbst!

Warum sich von Gott erschaffen lassen? Im Übrigen ist Gott gar nicht kompetent, euch zu erschaffen. Wisst ihr noch, wie er Eva aus Adams Rippe erschuf? – Brillanter Schöpfer! Und ist er überhaupt ein staatlich zugelassener Operateur? Ich glaube nicht, dass er dem Chirurgenverband angehört. Dabei hat er diese Operation ohne Narkose durchgeführt! Während Adam schlief, hat ihm Gott eine Rippe herausgenommen. Aber wenn man dumm genug ist, glaubt man jeden Blödsinn. Und wie hat er es geschafft, aus der Rippe eine Frau zu machen?

Ich sehe keine Möglichkeit, wie man aus einer Rippe eine Frau erschaffen könnte. So ein Schwachsinn! – Und es ist eine solche Beleidigung für die Frauen. Wenigstens die Frauen sollten aufhören, in die Kirchen und Synagogen zu rennen – nach all dem Unrecht, das Gott ihnen zugefügt hat! Das kann man ihm nicht verzeihen! Dafür müsste *er* sich entschuldigen. Was machen diese emanzipierten Frauen dort? Sie sollten vor jeder Kirche, vor jeder Synagoge protestieren und darauf bestehen, dass keine Frau dort hineingeht, solange dieser Satz nicht aus der Bibel gestrichen wird.

Die Frau soll aus einer Rippe Adams geschaffen worden sein? Warum konnte Gott die Frau nicht genauso erschaffen, wie er Adam erschuf? Das Wort *Adam* bedeutet Erde, Lehm. Zuerst erschuf er Adam aus Lehm, und dann hauchte er ihm Leben ein. Als er nun die Frau machen wollte, war da nicht mehr genug Lehm vorhanden? War der ganze Lehm für Adam draufgegangen? Es wäre besser gewesen, auch die Frau aus Lehm zu erschaffen und dem armen Mann seine Rippe zu lassen.

Und wisst ihr, was danach zu geschehen pflegte? Ich habe es nur vom Hörensagen und weiß nicht, ob es stimmt oder nicht. Jeden Abend, wenn Adam nach Hause kam und sich schlafen legte, zählte Eva als Erstes seine Rippen ab. Sie befürchtete, Gott könnte noch eine andere Frau erschaffen. Jeden Abend … Die Befürchtung war naheliegend, denn hätte noch eine Rippe gefehlt, dann wäre Adam in größten Schwierigkeiten gewesen. Gott hat sich aber nie wieder an diesen chirurgischen Eingriff gewagt.

Die Vergangenheit der Menschheit strotzt von Mythen, und ein Mythos ist nichts anderes als eine Geschichte, die erfunden wurde, um euch ein falsches Sinngefühl zu suggerieren. Aber diese Leute, sogar äußerst gebildete, kultivierte Leute …

Es gab da einen Professor, einen Kollegen von mir, an der Universität, der war ein großer Anhänger dieser Gruppe von Søren

Kierkegaard bis Jean-Paul Sartre. Er verstand sich selbst als Existenzialist. Ich fragte ihn: »Glaubst du wirklich, dass es keinen Gott gibt?«

Er sagte: »Ja. Diesen Gott, diesen Heiligen Geist, diesen Jesus Christus gibt es nicht.« Er war früher einmal Christ gewesen.

Ich sagte: »Und wenn es mir gelänge, ein Treffen mit einem von den dreien für dich zu arrangieren?«

Er sagte: »Was? Ein Treffen? Wie willst du ein Treffen arrangieren? Kein Mensch hat sie je zu Gesicht bekommen – es ist alles Aberglaube!«

Ich sagte: »Gut, dann komm heute Abend in mein Haus.«

Da wurde es ihm ein wenig mulmig: »Aber was willst du tun?«

Ich sagte: »Das darfst du nicht fragen. Lass erst das Treffen stattfinden.«

Er sagte: »Mit wem denn?«

Ich sagte: »Mach dir keine Gedanken. Mit dem, den ich bekommen kann. Ich weiß noch nicht, mit wem ich ein Treffen bekomme. Komm heute Abend mit zu mir. Iss bei mir und schlafe in meinem Haus, und ich werde sehen, was ich tun kann.«

Er sagte: »Heute bin ich zu beschäftigt.«

Ich sagte: »Kein Problem, dann eben morgen. An irgendeinem Tag wird es stattfinden. Es hilft dir also gar nichts, wenn du jetzt Geschäftigkeit vortäuschst – du bist gar nicht beschäftigt.«

Er sagte: »Du hast recht, ich bin gar nicht beschäftigt. Ich wollte mich nur davor drücken.«

Ich sagte: »Warum? Ich arrangiere ein Treffen, und du versuchst, dich davor zu drücken? Du leugnest ihre Existenz, und dann behauptest du, das Leben sei sinnlos. Ich werde dein Leben heute Abend sinnvoll machen.«

Er sagte: »Mein Gott! Also gut.«

Als er neben mir in meinem Auto saß, sah er mich immer wieder an und sagte dann: »Mit wem willst du das Treffen arrangieren?«

Ich sagte: »Mach dir keine Gedanken, das ist meine Sache. Und ich habe es schon oft getan, also entspann dich!«

Aber wie konnte der Arme sich entspannen? Nachdem eine oder zwei Minuten vergangen waren, sagte er wieder: »Du kannst es mir sagen. Machst du einen Witz?«

Ich sagte: »Ich bin ein ernsthafter Mensch, und das ist kein Witz. Ich werde ein Treffen mit einem der Kerle aus der Dreifaltigkeit arrangieren.«

Beim Essen war er gar nicht richtig anwesend, er war voller Angst. Und ich hatte ihm gesagt: »Ich gehe jetzt das Treffen arrangieren. Du kannst hier in diesem Zimmer schlafen. Ruh dich aus oder lies etwas, ich bin gegen zehn Uhr wieder da.«

Er sagte: »Wohin gehst du?«

Ich sagte: »Es gibt da einen Ort, wo ich den Kontakt herstellen kann.«

Er sagte: »Einen Ort? Bist du verrückt oder was?«

Ich sagte: »Jetzt warte einfach. Es ist nur eine Frage dieser einen Nacht, dann entscheidet sich alles.«

Ich hatte einen Freund an der Uniklinik, zu dem ging ich nun hin. Er war Professor, und ich erzählte ihm, dass ich mir für eine Nacht ein Skelett ausleihen wolle.

Er sagte: »Was führst du im Schilde?«

Ich sagte: »Mach dir keine Gedanken. Es wird keiner getötet, und du wirst keine Probleme bekommen.«

Er sagte: »Das ist mir nicht erlaubt, ich muss darauf achten … Nur ich habe den Schlüssel. Wenn morgen ein Skelett fehlt, bin ich dran.«

Ich sagte: »Bis morgen ist es wieder da. Ich muss nur ein Treffen mit einem Mann organisieren.«

Er sagte: »Was für ein Treffen?«

Ich sagte: »Mach dir keine Gedanken. Lass es mich einfach tun und verschwende nicht länger meine Zeit. Gib mir einfach ein Skelett.«

Er sagte: »Wenn du darauf bestehst, nimm dir eines. Aber vor morgen früh muss es wieder da sein.«

Ich sagte: »Mach dir keine Gedanken, vielleicht werden es auch zwei sein. Ich weiß nicht, was passieren wird. Zuerst muss ich es organisieren. Es wird ein Treffen stattfinden, und was danach sein wird, weiß keiner. Es gibt ein Treffen mit dem Heiligen Geist.«

Da sagte der Medizinprofessor: »Ich komme mit dir. Es scheint da ein gewisses Risiko zu geben.«

Ich sagte: »Du kannst kommen. Aber es ist nur ein Spaß, eine Unterhaltung – ohne Risiko. Komm mit mir.« – Und das tat er auch.

Ich wohnte in einem großen Bungalow, und so hatte ich dem Philosophieprofessor ein Nebenzimmer mit angeschlossenem Badezimmer und einem kleinen begehbaren Wandschrank gegeben. Als wir zu Hause ankamen, ließ ich das Skelett in der Garage. Ich klopfte an seine Tür, und er kam und öffnete sie. Er schaute ängstlich drein und sagte: »Was ist mit dem Treffen?«

Ich sagte: »Ist alles arrangiert, das Treffen findet statt. Bleib einfach im Bett liegen, und wenn du es dreimal klopfen hörst, geh in dein Badezimmer.«

Er sagte: »Ins Badezimmer?«

Ich sagte: »Was kann ich machen? Ich habe versucht, ihm klarzumachen, dass wir ein schönes Wohnzimmer haben, aber der Heilige Geist ist der Heilige Geist.«

Er sagte: »Ich werde ihn also im Badezimmer treffen, wenn du darauf bestehst.«

Ich sagte: »Ich habe nichts dagegen, und ich glaube, du auch nicht.«

Er sagte: »Heiliger Geist! – Im Badezimmer?«

Es war nur im Badezimmer möglich, weil es dort eine Hintertür gab, durch die ich den Heiligen Geist hereinbringen konnte. Wie hätte ich ihn in sein Zimmer bringen können? In Indien muss das Badezimmer eine Tür nach draußen haben, damit die Leute, die das Bad sauber machen, von außen reinkommen können, weil sie nicht durch das Hausinnere kommen dürfen – das wäre in Indien unmöglich. Also hatte ich von Anfang an diese Hintertür offen gelassen.

Er legte sich ins Bett und deckte sich mit der Decke zu. Ich machte das Licht aus. Er sagte: »Nein, lass das Licht an.«

Ich sagte: »Mach dir keine Gedanken, denn sobald der Heilige

Geist kommt, geht das Licht an. Er ist so erleuchtet. Mach dir keine Gedanken.«

Er sagte: »Aber lass trotzdem das Licht an. Und wo wirst du dann sein?«

Ich sagte: »Ich bin nebenan. Falls es Probleme gibt oder der Heilige Geist mit dir irgendetwas Unheiliges anstellt, kannst du dich entweder im Schrank verstecken und ihn von innen verschließen, damit er dir nichts tun kann – oder wenn du noch bei Stimme bist, kannst du mich rufen, und ich komme sofort. Aber nach meiner Erfahrung – denn wir hatten schon oft ein solches Treffen – verlieren die Leute meistens die Stimme. Sie wollen etwas sagen, sie wollen schreien, aber sie können nicht, sie bleiben stumm – allein durch die Anwesenheit des Heiligen Geistes!«

Er sagte: »Es war idiotisch von mir, mit dir über die Sinnlosigkeit des Lebens zu reden. Vielleicht gibt es doch einen Sinn.«

Ich sagte: »Nicht nötig, deine Philosophie so schnell zu ändern. Warte erst einmal das Treffen ab.«

Und das Treffen passierte. Ich überredete ihn, das Licht zu löschen, weil der Heilige Geist sonst nicht kommen würde. Also drehte ich das Licht ab. Dann brachte ich das Skelett durch die Hintertür herein und platzierte es an der richtigen Stelle im Badezimmer. Gegen Mitternacht – der Medizinprofessor war bei mir im Zimmer – klopften wir bei dem Philosophen an die Tür. Ich hatte ihm gesagt: »Wenn der Heilige Geist an deine Tür klopft, öffne sofort die Tür zum Badezimmer, um ihn zu treffen. Du kannst ihm alle Fragen stellen, die du fragen möchtest. Jetzt liegt alles bei dir. Mit eurem Treffen ist meine Arbeit beendet.«

Wir klopften an seine Tür. Er sprang aus dem Bett und fiel zu Boden! In der Dunkelheit konnte er nicht erkennen, wo er war. Er wollte eigentlich aus dem Zimmer flüchten, ging aber stattdessen ins Bad, wo ich das Licht angelassen hatte. Und dort stand das Skelett. Als er es sah, fiel er bewusstlos um. Ich rief den Medizinprofessor und sagte: »Jetzt kannst du helfen – hier hast du dein zweites Skelett! Ich bringe das erste zurück in mein

Auto, kümmere du dich inzwischen um den Mann. Genau deswegen wollte ich dich dabeihaben. Du dachtest, es wäre aus einem anderen Grund, aber ein Arzt ist immer nötig, wenn solche Begegnungen stattfinden. Schau mal nach ihm!«

Er sagte: »Du machst einem wirklich Probleme. Jetzt muss ich mich um ihn kümmern, und vielleicht stirbt er sogar, oder alles Mögliche kann passieren, und dann bin ich verantwortlich, weil ich ihn ärztlich betreue.«

Er starb aber nicht. Er öffnete die Augen, sah den Professor, sah mich, und dann schloss er wieder die Augen und sagte: »Ist er ... ist er fort?« Das Erste, was er fragte, war: »Ist er fort?«

Ich sagte: »Wer?«

Er sagte: »Der Heilige Geist ... und ich glaube an Gott, den Vater, an den Heiligen Geist und an Jesus Christus, und ich werde nie wieder etwas darüber sagen.«

Ich sagte: »Das ist großartig! Ich habe dich zu einem Christen bekehrt.«

Er sagte: »Mein Gott! Was für eine Erfahrung. Meine Frau wird es mir nicht glauben, niemand wird es mir glauben. Ich hätte es auch nicht geglaubt, wenn ich ihn nicht selbst gesehen hätte! Ist er fort?«

Ich sagte: »Du kannst ins Bad schauen.«

Er öffnete die Badezimmertür, schaute hinein und sagte: »Ja, er ist fort.« Und von da an ging dieser Mann in die Kirche und wurde ein äußerst frommer Mann. Die ganze Universität wunderte sich, was da wohl geschehen war. Ich erzählte es ihnen: »Es ist das Ergebnis einer großartigen Begegnung.«

»Was für eine Begegnung?«, fragten sie. Und so erzählte ich die ganze Geschichte.

Und zu ihm sagte ich: »Sei nicht töricht! Komm mit mir zu diesem Arzt; er wird dir bestätigen, dass ich das Skelett dorthin gebracht habe. Da war kein Heiliger Geist, keine Begegnung. Was bist du nur für ein Angsthase!«

Er sagte: »Du kannst mir nichts mehr vormachen – ich habe ihn mit eigenen Augen gesehen. Soll ich meinen Augen glauben oder deinen Worten – oder irgendeinem Medizinprofessor? Es ist mir egal, was andere sagen. Von jetzt an bleibe ich Christ. Du kannst mir mein Christentum nicht nehmen.«

Er ist bis heute Christ geblieben, äußerst fromm, und er hilft anderen, dass sie zum Christentum finden. Dabei hatte er einfach nur ein Skelett gesehen! Ich erzählte ihm alles – ich brachte den Medizinprofessor mit, und der erzählte ihm alles – »Du kannst mitkommen, und wir zeigen dir genau dasselbe Skelett, sodass du es erkennen kannst.«

Er sagte: »Ich komme nicht mit. Ihr werdet mir nichts mehr zeigen ...« Und er sagte: »Ich traue diesem Kerl nicht: Wenn er ein Treffen, eine Begegnung mit dem Heiligen Geist arrangieren kann, ist er zu allem fähig. Vielleicht ist der Heilige Geist dann wieder da, wo ihr mich hinführen wollt. Ich gehe nicht mehr mit, erst wenn ich sterbe.« Und dabei bekreuzigte er sich, und jedes Mal, wenn er »Heiliger Geist« sagte, machte er das Kreuzzeichen. Was für eine Bekehrung!

Die Menschen leben mit allem möglichen Aberglauben, der in der Vergangenheit seine Berechtigung gehabt haben mag, ohne dass sie den Grund dafür klar verstehen. Es stimmt, dass Jesus nicht am Kreuz starb, doch es stimmt nicht, dass es eine Auferstehung gab. Er wurde vom Kreuz heruntergeholt und flüchtete aus Judäa. Auf seiner Flucht aus Judäa begegneten ihm tatsächlich einige Leute, und ein paar davon waren seine Schüler. Und sie dachten alle, er sei zurückgekehrt, er sei auferstanden!

Er aber floh aus Judäa, weil er genau wusste ... Das war der Hinweis, den Pontius Pilatus ihm gegeben hatte – denn er war es, der ihn entkommen ließ. Das ganze Verdienst gebührt diesem römischen Statthalter von Judäa. Es ist ein komischer Zufall, dass Rom zur Zitadelle der Christenheit wurde. Rom war es, das Jesus kreuzigte, und ein römischer Statthalter war es, der Jesus rettete und ihn entkommen ließ. Doch es wurde Jesus klargemacht, dass er sich in und um Judäa nie mehr sehen lassen durfte, weil sonst Pontius Pilatus dafür Rechenschaft abzulegen hätte. Er solle sich so weit wie möglich aus dem Staub machen. Und Jesus machte sich sehr weit davon: Er starb in Indien, in

Kaschmir. Ich war an seinem Grab. Er lebte ein langes Leben, bis zum Alter von einhundertzwölf Jahren. Doch die sechs Stunden am Kreuz hatten ihm gereicht: Er versuchte nie wieder, zu beweisen, dass er der Messias sei. In Indien hätte sich niemand um ihn gekümmert, denn dort bedeutet ein Messias gar nichts. Dort gibt es jederzeit, jeden Tag, jede Nacht Hunderte von lebenden Inkarnationen Gottes.

Einmal ergab es sich, dass ich mich in Allahabad aufhielt, wo ich eine Weltkonferenz der Hindus besuchte. Jemand hatte mich irrtümlich eingeladen, weil er dachte, ich sei Hindu. Als man dahinterkam, war es schon zu spät. Zu diesem Zeitpunkt hatte ich schon ihre Pläne, die ganze Welt zum Hinduismus zu bekehren, durcheinandergebracht.

Ich war mit Hunderten von Gästen in Zelten am Gangesufer untergebracht, an einem schönen Ort, den man für die Konferenz ausgewählt hatte. In diesen Zelten hielten sich mindestens fünf Inkarnationen Gottes auf. Das ist in Indien nichts Besonderes. Da kann niemand etwas dagegen sagen. Du kannst einfach erklären, eine Inkarnation Gottes zu sein. In dieser Hinsicht ist Indien sehr großzügig. Wen kümmert's? Wen kratzt das schon? Wenn du dich für eine Inkarnation Gottes hältst, ist das deine Sache. Gut, dann sei halt eine Inkarnation Gottes! Damit tust du niemandem weh.

Doch für Jesus war diese *eine* Erfahrung so schlimm gewesen, so furchtbar, dass er den Gedanken, ein Messias zu sein, aufgab, dass er den Gedanken, die Probleme der ganzen Menschheit lösen zu können, aufgab. Er hatte am eigenen Leib erlebt, was mit einem passiert, wenn man versucht, die Menschheit zu erlösen – man wird gekreuzigt!

Seine Flucht erwies sich als hilfreich für die Geburt einer neuen Religion. Nun haben aber die Christen keine Aufzeichnungen von dem, was nach seiner Auferstehung geschah. Er ist also auferstanden, nun gut. Aber was geschah danach? Wann ist er gestorben? Wo ist er gestorben? Wo ist sein Grab? Warum habt ihr sein Grab nicht bewahrt? Das müsste doch das Allerheiligste für euch sein. Alles, was bewahrt wurde – und davon hat

Sheela mir kürzlich berichtet –, war die Vorhaut von Jesus Christus! Denn er war natürlich beschnitten worden.

Aber selbst diese Reliquie wurde gestern aus dem Vatikan gestohlen! Die armen Christen … jetzt haben sie gar nichts mehr! Viel war es sowieso nicht. Was kann man schon mit seiner Vorhaut anfangen? Und ich kann es ohnehin nicht glauben, dass es *seine* Vorhaut war. Dafür könnte man doch jede nehmen, Vorhaut ist Vorhaut. Es steht nicht »Jesus Christus« drauf. Da hat aber jemand einen richtig guten Job gemacht und sie geklaut! Jetzt ist die ganze Christenheit im Aufruhr: Ihr größter Schatz ging verloren!

3

Vorsicht!
Ich bin hier, um eure Träume zu zerstören

? *Ich habe dich sagen hören, dass nur Christen von
Jesus träumen und nur Krishna-Anhänger von Krishna.
Sannyasins träumen von dir, Osho. Möchtest du dazu
etwas sagen?*

Träumen ist ein Ersatz für die Wirklichkeit. Es ist ein Mittel
des Verstandes, um dich zu trösten.
Wenn du eine Zeit lang fastest, wirst du in der Nacht von einem Festbankett träumen. Dein hungriger Magen schreit nach
Essen, und ohne Essen wird der Schlaf schwierig. Der Verstand
muss dir einen Ersatz liefern, und das sind die Träume. Er muss
dir das Gefühl geben, nicht mehr hungrig zu sein. Du hast nicht
nur etwas zu essen, sondern du isst gutes Essen, köstliches Essen,
das du besonders gerne magst. Nun kannst du problemlos schlafen. Durch den Traum hat der Verstand deinen Körper unter
Drogen gesetzt. Ein Traum ist aber nicht die Wirklichkeit. Du
kannst zwar vom Essen träumen, aber nähren wird es dich nicht.
Der Verstand kann den Körper für eine Weile täuschen, aber
der Körper wird darunter leiden. Wirklichkeit ist Wirklichkeit,
und was du brauchst, ist wirkliches Essen.

Ein Christ, der von Christus träumt, ein Hindu, der von Krishna
träumt, oder ein Sannyasin, der von mir träumt, tun alle das
Gleiche. Es spielt keine Rolle, von wem sie träumen; das ist irrelevant. Man kann von Krishna, Christus, Mahavira, Buddha,
Zarathustra träumen, egal … Wovon man träumt, ist irrelevant;
was eine Rolle spielt, ist, *dass* man träumt.

Zunächst ist zu bedenken, dass dahinter ein gewisser Hunger
stecken muss, den der Verstand zu stillen versucht. Darin liegt
eine klare Botschaft: Du bist nicht das, was deiner Natur entspricht; es fehlt dir etwas, das für dich ungeheuer wichtig ist.

Du bist noch nicht dein wahres Selbst. Dass du von Christus, von Krishna oder von mir träumst, ist symbolisch. Dein Traum zeigt, dass du im Dunkeln tappst: Wer bist du? Krishna? Christus? Osho? Du bist keiner von ihnen.

Bedenke also, dass der Traum dich auf einen bestimmten Hunger in dir hinweist. Das ist das Erste, was zu beachten ist. Das ist sehr wichtig, denn nicht jeder träumt von Krishna oder von Christus oder von mir. Millionen träumen vom Geld, Millionen träumen von Macht und Prestige. Männer träumen von Frauen, Frauen träumen von Männern. Und der Markt ist riesig; man kann sich jede beliebige Ware auswählen, von der man träumen will. Der eine träumt davon, Präsident eines Staates zu werden; ein anderer träumt davon, er sei bereits Präsident eines Staates.

Von Tschuangtse gibt es eine schöne Geschichte zu diesem Thema. Und er war jemand, der eine Geschichte nicht bloß erzählte, sondern einen Part darin übernahm:

Tschuangtse ist einer jener äußerst seltenen Menschen auf der Erde, der in jeder Hinsicht einzigartig war. Er erwachte eines Morgens, setzte sich in seinem Bett auf und war ganz traurig. Keiner hatte ihn je traurig erlebt. Er war ein Mann des Lachens, ein ganz und gar unernster Mensch. Nicht nur unernst, er war dafür bekannt, dass er äußerst unbekümmert und absurd war: Er machte ständig Witze über sich selbst, seine Leute, seinen Meister, seine Schüler. Auch das war ein Witz, aber zunächst waren alle verdutzt, denn er war noch nie traurig gewesen. Sie fragten ihn: »Warum bist du traurig?«

Er sagte: »Ich habe ein Riesenproblem, aber ich glaube nicht, dass einer von euch mir helfen kann. Weshalb sollte ich mit euch darüber reden?«

Da wurden sie noch neugieriger. Sie sagten: »Bitte erzähl uns davon. Wer weiß? Vielleicht können wir etwas tun. Vielleicht können wir gemeinsam einen Weg finden. Wenn es ein Problem gibt, muss es auch eine Lösung geben. Wenn es eine Frage gibt, muss es irgendwo auch eine Antwort darauf geben.«

Tschuangtse sagte: »Wenn ihr darauf besteht, will ich euch erzählen, was das Problem ist. Das Problem ist aber keine Frage, auf die man eine Antwort finden kann. Es ist ein Rätsel, für das es keine Lösung gibt, und ich bin in dem Rätsel gefangen, darum bin ich traurig.

Letzte Nacht träumte mir, ich sei ein Schmetterling, der von Pflanze zu Pflanze, von Blüte zu Blüte flog. Ich hatte völlig vergessen, dass ich Tschuangtse war, der berühmte, große Meister: Ich war tatsächlich dieser Schmetterling. Tschuangtse war überhaupt nicht vorhanden.«

Die Schüler sagten: »Das ist doch kein Problem – jeder träumt schon mal. Wir sehen das nicht als ein Rätsel.«

Tschuangtse sagte: »Wartet einen Moment, ich habe noch nicht alles erzählt. Als ich jetzt aufwachte, tauchte das Problem auf: Vielleicht ist der Schmetterling eingeschlafen und träumt jetzt, er sei Tschuangtse. Darin hänge ich nun fest: Wer ist wer? Hat Tschuangtse von einem Schmetterling geträumt? Oder träumt nun der Schmetterling von Tschuangtse?«

Da waren alle stumm. Schließlich sagte einer: »Vielleicht stimmt es, dass wir dir nicht helfen können. Niemand kann dir helfen.«

Damit hatte er eine ungeheuer wichtige Frage gestellt. Sie blieb ohne Antwort, weil ich nicht dabei war! So musste die Frage fünfundzwanzig Jahrhunderte auf mich warten. Es ist ganz einfach: Wäre ich dort gewesen, hätte ich ihm eins auf die Rübe gegeben und ihn aufgeweckt.

Der Schmetterling hatte kein Problem; er machte sich keine Gedanken, was Tschuangtse anging. Er machte sich keine Sorgen um Tschuangtse – aber Tschuangtse machte sich Sorgen. Der Schmetterling war allein, doch du bist nicht allein. Du sitzt auf deinem Bett und fragst dich, was wahr ist, was wirklich ist: Bist du Tschuangtse oder der Schmetterling …? Aber genau das alles beweist, dass du kein Traum bist, sondern Wirklichkeit.

Der Schmetterling war nur ein Traum. In einem Traum schläfst du einfach. Da gibt es keine Fragen, keine Probleme.

Du kommst nicht mal auf die Idee, dass es ein Traum sein könnte: Du *bist* der Traum, bist völlig damit identifiziert. Aber jetzt bist du nicht damit identifiziert. Du kannst unmöglich ein Schmetterling sein, so viel ist sicher, weil Schmetterlinge sich keine Gedanken über große philosophische Probleme machen. Es ist das Vorrecht des Menschen, verdutzt, verwundert oder besorgt zu sein.

Du träumst von Jesus, Krishna, Zarathustra, Mohammed – warum? Da muss ein Hunger in dir sein, der offenbar von Jesus gestillt wird. Man hat den Christen erzählt: Christus ist angekommen, ist erlöst, aber du bist noch nicht erlöst. Irgendwie musst du auch ankommen. Aber du kannst kein zweiter Christus sein. Die Existenz wiederholt sich nicht. Nur die Geschichte wiederholt sich, weil die Geschichte ein Teil der idiotischen Menschheit ist, die sich immer im Kreis bewegt und immer wieder und wieder und wieder dieselben Dummheiten begeht. Sie lernt nie dazu.

Doch die Existenz wiederholt sich nie. Sie bringt immer nur Einzelstücke hervor, jedes einmalig, und das genügt. Wozu wiederholen? Sie ist nicht wie das Fließband einer Autofabrik, wo jede Minute ein Auto herauskommt, das dem vorigen aufs Haar gleicht; sie kommen eines nach dem anderen vom Fließband, alle genau das gleiche Modell. So produziert die Natur nicht die Menschen, Tiere, Vögel, Blumen … Es gibt kein Fließband, kein Modell. Ständig erforscht sie neue Dimensionen.

Offensichtlich seid ihr ausgehungert: Christus ist deine Speise, und für einen anderen ist es Krishna. Nur das Erscheinungsbild der Krankheit unterscheidet sich. Ein Hindu ist an eine bestimmte Speise gewöhnt. Wenn er hungrig ist, wird er nicht von einer Speise träumen, die er nicht kennt. Man kann nur von etwas träumen, was man kennt. Oder kannst du von etwas träumen, was du nicht kennst? Unmöglich, weil ein Traum nur eine Wiederholung ist.

Ein Traum ist nicht kreativ. Ja, ein Traum kann Dinge miteinander kombinieren, aber er kann nichts kreieren. Sieh den Unterschied zwischen den Wörtern *kombinieren* und *kreieren*.

Der Traum kann die Dinge zusammensetzen, kann sie miteinander kombinieren. Er könnte zum Beispiel aus dem Kopf von Jesus und dem Körper von Krishna eine Kombination von Krishna und Christus machen. Das haben Leute wie Mahatma Gandhi ihr Leben lang getan: Dinge miteinander kombiniert. Sie haben etwas aus dem Koran genommen, etwas aus der Bibel, etwas aus der Gita, etwas von Mahavira, etwas von Buddha, und dann haben sie versucht, etwas daraus zu machen, was man in Indien *Khichri* nennt. Im Englischen kommt es dem Ausdruck *hodgepodge*, Mischmasch, am nächsten, aber das ist nichts im Vergleich zu *Khichri*. Mit den Beinen des einen Menschen, den Händen eines anderen, den Haaren eines dritten und Augen von irgendwo anders – daraus lässt sich *Khichri* machen. So kann man auch einen zusammengesetzten Menschen herstellen, der von allem ein bisschen hat – Augen, Nase, Ohren, Kopf, Beine, alles –, aber er wird trotzdem tot sein.

Durch Zusammensetzen kann man kein Leben schaffen, kann man kein Bewusstsein schaffen. Ein Traum kann höchstens eine Zusammensetzung sein. Darin kannst du sogar Pferde fliegen sehen. Kein Pferd fliegt, aber es gibt Dinge, die fliegen: fliegende Untertassen, fliegende Flugzeuge, fliegende Vögel. Darum ist es nicht schwierig, sich ein Pferd, das fliegen kann, zu kombinieren.

Was der Traum für den Menschen, ist die Mythologie für die Gesellschaft.

Die Muslime sagen, Mohammed sei nie gestorben. Doch dann stellt sich die Frage: Wo ist er hin? Jetzt, wo er Millionen von Anhängern hat, sechshundert Millionen Gläubige, wäre es doch an der Zeit, dass er sich mal zeigt. Wo hält er sich versteckt, und was macht er? Nein, das ist der Mythos der Muslime. Ein Mythos ist ein Traum, der von einer ganzen Spezies geträumt wird, ein kollektiver Traum – aber er ist aus vielen Elementen zusammengesetzt.

Mohammed pflegte auf einem wunderschönen Pferd von Ort zu Ort zu ziehen, und die Araberpferde sind die berühmtesten Pferde der Welt. Jesus hätte daneben ärmlich ausgesehen auf seinem Esel. Und es ist gut, dass die Christen nicht den gleichen

Mythos schufen wie die Muslime: Mohammed ist nie gestorben, und eines Tages flog er einfach mit seinem Pferd empor zu Gott. Das Pferd ist mit ihm zusammen in den Himmel gekommen! Es ist viel günstiger, das Pferd von Mohammed zu sein als ein Muslim und Mensch.

Und ich halte es für gut, dass die Christen nicht den gleichen Traum träumen, sonst wäre Jesus auf seinem Esel in den Himmel geflogen. Was würden aber all die Pferde und Esel im Himmel machen? Dort sind schon so viele Esel aus früheren Zeiten. Alle eure Heiligen und Weisen ... was sind sie denn anderes?

Nun, das ist Mythologie. Propheten sterben, aber für ihren Mohammed haben sich die Muslime etwas Besonderes ausgedacht: dass er niemals stirbt, dass er lebt! Alle anderen Propheten kommen nach ihrem Tod in den Himmel. Mohammed kommt als Einziger lebend dorthin. Und er kommt nicht nur lebend hin, sondern nimmt auch noch sein Pferd mit. Natürlich musste dieses Pferd fliegen können.

Darum sieht man an den heiligen Tagen des islamischen *Muharram* Pferde mit Flügeln. Den Pferden wachsen sonst keine Flügel, aber *ein* Pferd hat es geschafft! Mohammed darf nicht abgebildet werden, weil er dagegen war. Also kreieren sie sich einfach ein Pferd mit Flügeln und stellen sich Mohammed darauf vor. Man sieht also nur ein Pferd aus Papier und visualisiert Mohammed auf dem Pferd. Es soll tatsächlich Muslime geben, die ihn sehen können.

Mein Dorf hatte eine zahlreiche muslimische Bevölkerung, und in meiner Kindheit war die spätere Entwicklung noch nicht eingetreten, dass Hindus und Muslime anfingen, sich gegenseitig umzubringen. Das lag an dem Mann, von dem ich euch schon mal erzählt habe: Mirza Allama Iqbal. Er war ein großer Dichter, da gibt es keinen Zweifel. Ich habe seinen Namen schon einmal erwähnt, weil er dieses Gedicht geschrieben hatte: »Mein Land ist das beste auf der ganzen Welt.« *Hindostan hamara sare jehan se achchha.*

Er gebraucht das Urdu-Wort *Hindostan* für Indien, aber später schuf genau derselbe Mann die Idee von *Pakistan*. Von ihm stammte die Idee, Hindus und Muslime zu separieren: Sie sollten nicht zusammenleben, weil ihre Religionen so verschieden waren, ihre Kulturen so verschieden waren, ihre Sprachen so verschieden waren. Es bestünde keine Notwendigkeit, dass sie zusammenlebten, darum sollten sie getrennt leben. Alle fanden das zum Lachen; die ganze Idee war total absurd, donquichottisch, denn Hindus und Muslime hatten seit Jahrhunderten zusammengelebt, und es war kein Problem gewesen.

Doch bald danach griff ein großer Politiker, Muhammad Ali Jinnah, diese Idee des Allama Iqbal auf. Dreißig Jahre lang betonte er immer wieder: »Wir brauchen Pakistan, wir können nicht mit den Hindus zusammenleben.« So schuf er Pakistan, und Indien wurde zweigeteilt – das gleiche Indien, *Hindostan*, welches »das beste Land auf der Welt« war. Und derselbe Mann begründete die Idee und Philosophie von Pakistan. Der Name *Pakistan* bedeutet »heiliges Land«. Natürlich musste er etwas Besseres als Hindostan schaffen. Hindostan war schließlich nur ein Land, aber Pakistan war sozusagen »heiliger Boden«. Millionen von Hindus und Muslime wurden zerstückelt, getötet, niedergemetzelt. In meiner Kindheit war das noch nicht so. Die Hindus gingen ohne Schwierigkeiten zu den muslimischen Heiligen, und die Muslime holten sich problemlos Rat von den heiligen Männern der Hindus.

Für *Muharram*, das jährlich stattfindende heilige Fest der Muslime, werden diese Andenken hergestellt, die auf uralten Erinnerungen, vierzehnhundert Jahre alt, beruhen. Ein Bild von Mohammed darf dafür nicht verwendet werden, das ist verboten. Wir wissen nicht, wie er aussah. Wir haben eine gewisse Vorstellung von Jesus, die wahrscheinlich nicht sehr der Wirklichkeit entspricht, weil man damals noch keine Fotos machen konnte. Vielleicht ist sein Bild mehr Fantasie als Wirklichkeit, denn die Maler dieser Bilder taten bestimmt ihr Bestes, um das Bild eines Propheten zu schaffen. Ob der tatsächliche Mensch wie ein Prophet aussah oder nicht, ist fraglich.

Ich weiß von jüdischen Quellen, in denen Jesus als ein etwa 1,35 Meter großer Mann beschrieben wird. Nicht nur das, er soll sehr hässlich gewesen sein und einen Buckel gehabt haben. Vielleicht ist das schiere Feindseligkeit, vielleicht ist aber auch ein wenig Wahrheit darin enthalten. Vielleicht sind beides nur Fantasien – einerseits das Bild seiner Feinde und andererseits das Bild seiner Freunde – und zwischen diesen beiden ging die Wahrheit verloren.

Ich bin vollkommen überzeugt, dass Buddha nie im Leben wie seine Statuen ausgesehen haben kann. Die ersten Statuen wurden erst fünfhundert Jahre später gemacht, als Buddha schon längst tot war. Erst fünfhundert Jahre später kam Alexander der Große nach Indien. Diese Statuen von Buddha haben mehr Ähnlichkeit mit dem Gesicht von Alexander dem Großen, denn das Gesicht ist griechisch, die Nase ist griechisch, die Augen sind griechisch. Buddhas Statue sieht nicht wie eine Hindu-Statue aus.

Als die Hindu-Bildhauer Alexander erblickten, kamen sie auf die Idee, er könnte ein gutes Modell abgeben. Alexander war wirklich ein schöner Mann. Buddhas Statue nach Alexanders Ebenbild zu schaffen war ein Leichtes, weil es keinen Beweis gab, dass er anders aussah.

In den buddhistischen Klöstern und Tempeln Chinas sieht man einen ganz anderen Buddha, denn die Chinesen haben ihr eigenes Schönheitsideal. Es mag euch nicht so ansprechen, aber das ist euer Problem; ihnen gefällt es. Zum Beispiel darf die Nase nicht so spitz und lang sein, sondern flacher. Kein Mensch mag eine flache Nase, aber was kann man machen? Die Chinesen haben flache Nasen, und sie stellen ein Viertel der Weltbevölkerung: Jeder Vierte ist Chinese.

Ich habe von einem Mann gehört, der drei Söhne hatte, und er sagte zu seiner Frau: »Jetzt müssen wir aufhören.«

Die Frau sagte: »Warum denn?«

Er sagte: »Sonst wird der vierte ein Chinese. Ich habe gelesen, dass jedes vierte neugeborene Kind ein Chinese ist. Das habe ich aus einer zuverlässigen Quelle. Ich will keine Kinder mehr. Drei und damit ist genug – wir wollen doch keinen Chinesen im Haus haben!«

Wer nach Japan fährt, kann dort einen völlig anderen Buddha sehen. Stellt man einen japanischen und einen indischen Buddha nebeneinander, kann man nicht glauben, dass die beiden Figuren denselben Menschen darstellen sollen. So sehr man seine Fantasie auch strapaziert, erscheint es unmöglich, in diesen beiden Statuen denselben Menschen zu erkennen. Beim indischen Buddha ist der Bauch eingezogen und die Brust nach vorne gewölbt. Beim japanischen Buddha ist es genau umgekehrt, die Brust ist eingezogen und der Bauch eine richtig schöne, nach vorne gewölbte Kugel.

Nun, ein Inder kann so was nicht als schön akzeptieren. Alexander war eine Persönlichkeit von athletischer Statur, gut durchtrainiert und auf Hochglanz poliert. Athleten mochten es immer schon, wenn der Bauch rein und die Brust rausgeht wie bei einem Löwen. Doch der japanische Buddha mit seinem dicken Bauch sieht wahrhaft komisch aus; er ist eine lachhafte Figur. Und sein Kopf ist der eines Japaners und sein Gesicht ebenfalls.

Vor ein paar Tagen brachte mir Sheela ein Bild, das ein Sannyasin aus Kalifornien geschickt hat. Diesem Sannyasin war auf der Stirn eine Beule gewachsen. Es muss eine Geschwulst oder etwas Ähnliches gewesen sein, vielleicht ein Tumor oder sogar Krebs. Aber die Leute lieben es, bei solchen Dingen ... Selbst wenn einer Krebs hat, kann er behaupten: »Es ist kein Krebs, es ist ein Zeichen von Erleuchtung« – und dabei vor Freude strahlen. Da gab es einen Swami Ramdas, der auch so eine Art von Geschwulst hatte. Er verbreitete in Amerika die Story, dass jemand, der zum Buddha erwacht, eine solche Beule auf der Stirn bekommt. Und dazu lieferte er ein Bild, auf dem eine Buddhastatue mit einer Beule auf dem Kopf zu sehen war. Ich habe noch nie eine Buddhastatue mit einer Beule auf der Stirn gesehen. Dieses Bild war eine völlig neue Erfahrung für mich. Und keiner weiß, wessen Statue das ist. Man beruft sich auf Swami Ramdas, weil er sagte, es sei eine Buddhastatue. Sie zeigt keinerlei Ähnlichkeit mit Buddha – weder dem indischen noch dem japanischen noch dem chinesischen noch dem tibeti-

schen – aus keinem der buddhistischen Länder. Nirgendwo gibt
es eine solche Statue mit einer Beule auf der Stirn!

Nun, es ist wohl entweder ein fotografischer Trick oder jemand hat eine Gipsstatue von Buddha mit einer Beule fabriziert.
Die hat man dann fotografiert, und dann zeigte Ramdas sie
überall herum und erzählte den Leuten: »Seht ihr, genau so war
es auch bei Buddha.« Und die Leute in Kalifornien glauben sowieso alles. Es ist das religiöseste Land auf der ganzen Welt:
Alle Heiligen werden in Kalifornien geboren.

Nun schickt mir dieser Sannyasin dieses Foto, weil eine ähnliche Beule auf seiner Stirn entstanden ist, und er will wissen:
»Osho, heißt das, ich bin erleuchtet? – Ramdas hat das gesagt.«
Und Ramdas lieferte auch das Bild dazu. Der Sannyasin hat
genau so eine Beule. Er verschickt Bilder von sich von allen
Seiten, damit man seine Beule deutlich sehen kann: von oben,
von links, von rechts, damit ja kein Zweifel an seiner Beule
aufkommt. Und er ist total begeistert.

Ich habe Sheela gesagt, sie möge dem armen Kerl sagen, dass
er zum Arzt gehen und sich untersuchen lassen soll. Möge Gott
verhindern, dass es etwas mit Krebs zu tun hat. Er soll schnell
machen und sich nicht von Leuten wie Ramdas täuschen lassen. Was mich betrifft, falls mir Buddha unterwegs begegnete,
würde ich ihn sofort hier in unsere Klinik bringen. Seine Beule
sollte unverzüglich entfernt werden, auch wenn es ihn die Erleuchtung kostet! Wenn sie wieder verschwindet, so sei es, aber
zuerst muss man sich um diesen Krebs kümmern. Die Erleuchtung kann sich wieder einstellen. Doch Narren sind Narren.
Dieser Sannyasin wird bestimmt verletzt sein über meine Antwort. Ihm wäre es lieber, ich würde sagen: »Ja, du bist erleuchtet worden.« Was für eine sonderbare Welt! Hier wollen die
Menschen tröstende Lügen. Niemand ist bereit für die Wahrheit.

Wir haben zumindest eine vage Vorstellung, wie Jesus ausgesehen haben mag, vielleicht annähernd … Und wie Buddha ausgesehen haben mag, vielleicht annähernd. Nur von Mohammed
haben wir gar keine Vorstellung, weil die Muslime seit fünf-

zehnhundert Jahrhunderten beständig jede mögliche Spur von der Person Mohammeds verwischt haben.

Ein Freund von mir, ein Hindu-Heiliger, hat einen Tempel aller Religionen geschaffen. Es war sein Lebenswerk. Er errichtete einen schönen Tempel, obwohl es sehr schwierig für ihn war, so viel Geld zu sammeln. Er ließ den Tempel ganz aus Marmor erbauen und die Statuen aller Religionsgründer anfertigen. Er vergaß dabei jedoch völlig, dass man von Mohammed keine Statue machen durfte. Er dachte aber, er vollbringe ein großes Werk.

So ließ er Buddha, Mahavira, Laotse, Jesus, Moses, Zarathustra anfertigen. Das war kein Problem. Selbst ohne Foto konnte man doch auf gewisse Beschreibungen zurückgreifen. Ein kreativer Künstler mit genügend Vorstellungskraft konnte das ausführen. Und ein wirklich intuitiver und kreativer Künstler konnte einem Foto sehr nahekommen.

Es gibt solche Künstler bei jeder großen Polizeibehörde ... Man muss ihnen nur das Gesicht des Diebes beschreiben, den man in der Nacht in der Dunkelheit verschwinden sah. Man ist zwar nicht sicher, was das für ein Mann war, aber man beschreibt einfach, was man wahrgenommen hat. Der Künstler kann sich anhand der Beschreibung ein Bild von dem Dieb machen, und er zeichnet das Bild. Ich habe solche Phantombilder gesehen, und als dann die Diebe tatsächlich geschnappt wurden, sahen sie ihrem Bild erstaunlich ähnlich. Der Künstler muss wirklich sehr intuitiv gewesen sein, dass er von der mageren Beschreibung zu dem Bild gelangte.

Nicht einmal der Augenzeuge war sich sicher, ob dieser Mensch einen Schnurrbart trug oder nicht, denn in der Nacht und mitten in der Gefahr ... Der Mann hat eine Waffe, und dein Tresor ist aufgebrochen – wer wird denn darauf achten, ob dieser Mann einen Schnurrbart hat oder nicht? Und wie lang? Wie kurz? Ob es ein Adolf-Hitler-Schnurrbart ist ... Man ist nicht in dem Zustand, dass man an solche Dinge denken kann, wie etwa die Augenfarbe, und dann noch bei Nacht ... Wenn man aber alles beschreibt, was einem noch dazu einfällt, kann der

Künstler etwas damit anfangen. Ich habe wirklich unglaubliche Sachen gesehen. Irgendwie gelingt es dem Künstler, ein Bild zu zeichnen, und dadurch, dass die Zeitung es veröffentlicht, wird der Verbrecher gefangen.

Es ist also möglich ... Und dieser Hindu war ein sehr einflussreicher Mann. Es gelang ihm, jemanden zu finden, der ihm eine Statue von Mohammed anfertigte, doch er ahnte nicht, in was für Schwierigkeiten er dadurch geraten würde! Sein Tempel wurde vollkommen abgefackelt und verwüstet, jede einzelne Statue wurde zerbrochen. Er hatte nach muslimischem Empfinden den profansten Akt begangen, den man nur begehen kann. Das ganze Lebenswerk dieses Mannes wurde innerhalb von Stunden zerstört. Von dem Tempel blieb überhaupt nichts übrig.

Ich habe den Tempel vorher gesehen und bin auch zu dem Ort hingegangen, nachdem der Tempel völlig zerstört worden war. Es gab nur noch Ruinen: zerbrochene Statuen, halb stehen gebliebene Säulen, ein verkohltes Dach. Irgendwie konnte der Erbauer des Tempels entkommen, sonst hätten sie auch ihn getötet, denn es gilt im Islam als eines der größten Verbrechen, Mohammed bildlich darzustellen.

Aber Menschen sind Menschen, und sie brauchen einfach manches als Ersatz. Wenn also einem Muslim im Traum das fliegende Pferd mit Flügeln erscheint, sitzt vermutlich jemand darauf, aber das darf der Träumende keinem erzählen. Es wäre zu gefährlich. So ist das Bild entstanden, die Muslime würden nur eine Strafe kennen: Kopf ab! Als wäre eine Enthauptung für sie eine Kleinigkeit!

Du hast einen gewissen Hunger. Dein Traum weist dich auf diesen Hunger hin, aber der Traum kann ihn nicht stillen. Er ist nur ein Hinweis. Nimm den Hinweis an und dann mach dich ans Werk, deinen Traum aufzulösen, denn er hat seinen Zweck erfüllt. Folge nicht dem Traum, der darin besteht, wie Christus, Buddha oder Zarathustra zu werden. Nein, das ist nicht die Bedeutung des Traumes. Wenn du versuchst, Jesus oder Buddha nachzueifern, ist die fatalste Sache die, dass es dir gelingen könnte! Wenn du scheiterst, entsteht kein Schaden – und aller

Wahrscheinlichkeit nach *wirst* du scheitern. Zweitausend Jahre sind vergangen, aber es ist noch keinem gelungen, ein neuer Christus zu werden. Das genügt doch als Beweis. Es bedeutet aber nicht, dass die Menschen es nicht versuchten.

Millionen von Menschen haben versucht, eine Replik zu werden, aber zum Glück ist es keinem gelungen. Leider gibt es aber eine Möglichkeit, dass es jemandem gelingen könnte: wenn er verrückt wird. Wenn jemand anfängt zu glauben, er sei Christus, heißt das nichts anderes, als dass er verrückt geworden ist. Der Traum hat so sehr von ihm Besitz ergriffen, dass es nicht bloß ein Traum ist, sondern für ihn zu einer Realität wurde.

Verrückt zu werden bedeutet, sich am weitesten von sich selbst zu entfernen. Das ist meine Definition von Verrücktsein. Geistige Gesundheit bedeutet, sich selbst nahe zu sein, sich immer näher und näher zu kommen. Bis einmal der Tag kommt, an dem du im Zentrum deines Seins angekommen bist.

Dann bist du der gesündeste Mensch auf der Welt: Du bist einfach nur du selbst und niemand anderes. Du bist reines, authentisches Sein, ohne dass der Schatten eines anderen auf dich fällt. Im Zentrum deines Seins zu ruhen ist geistige Gesundheit. Dich ganz weit von dir selbst zu entfernen ist Verrücktheit.

Falls es dir gelänge, Christus zu werden, hättest du den Punkt erreicht, an dem du am weitesten von dir selbst entfernt wärst. Oder wenn es dir gelänge, Buddha zu werden, oder ich, Osho, zu werden, dann hättest du den Punkt erreicht, an dem du am weitesten von dir selbst entfernt wärst. Für das Ego kann das äußerst befriedigend sein. Ihr werdet Verrückte nie frustriert sehen, ihr werdet Verrückte nie Selbstmord begehen sehen. Oder habt ihr schon mal davon gehört? Ihr werdet einen Verrückten nie unglücklich sehen. Nein, denn sein Traum ist jetzt seine Realität geworden. Er ist so glücklich, wie man sich einen Menschen nur vorstellen kann.

Der Vater eines meiner Sannyasins durchlief immer wieder verschiedene Phasen: Sechs Monate war er gesund, sechs Monate verrückt; es war ein fester Rhythmus. Und das Seltsamste war –

zumindest in den Augen der Familie, der Ärzte, der ganzen Stadt –, immer wenn er seine verrückte Phase hatte, war er der glücklichste Mensch auf der Welt und auch der gesündeste. Und wenn er wieder geistig normal war, wurde er unglücklich, quengelig und hatte alle möglichen Krankheiten. Dann war ihm nichts recht zu machen, er war griesgrämig und klagte ständig über alles. Seine Familie betete inständig: »Wenn er nur das ganze Jahr verrückt wäre! Das wäre der größte Segen!« – für ihn ebenso wie für die Familie.

Doch er hatte seine Routine: sechs Monate im Wechsel. Wenn er verrückt war, kam die ganze Familie wieder ins Gleichgewicht, weil er niemanden belästigte und sein Leben in vollen Zügen genoss. Ich habe da einiges miterlebt. Sein Sohn Narendra war noch ganz klein, doch wenn der Vater verrückt war, mussten selbst die Jüngsten im Hause ein Auge auf den Laden haben.

Sie hatten ein Juweliergeschäft, in dem es kostbare Dinge gab: Gold, Silber, Diamanten. Und wenn er verrückt war, fing er an zu stehlen. Schließlich war es ja sein Laden! Narendra war noch ganz klein, musste aber schon auf ihn aufpassen, und gelegentlich rief er die Mutter: »Komm ... komm schnell! *Kaka* (deutsch: Onkelchen) hat den Tresor aufgemacht!« Dann kam die Mutter herbeigelaufen und die ganze Kinderschar hinterdrein. Sie hatte viele Kinder, ein Dutzend, glaub ich, und sie kamen alle angerannt. Sogar das Kleinste spionierte ihm nach.

Zum Beispiel wenn er zum Markt ging, lief das Jüngste, gerade mal fünf Jahre alt, hinter ihm her. Wenn ich ihnen begegnete, fragte ich das Kind: »Wo gehst du hin?«

Und es sagte: »Ich laufe *Kaka* nach. Er borgt sich überall Dinge aus, und wir müssen dafür zahlen.«

So ging er zum Süßwarenstand und aß so viel, wie er Lust hatte, und außerdem lud er jeden vorbeikommenden Fremden ein: »Komm, greif zu!«

Und das Kind musste ihm drohen: »*Kaka*, wenn du jetzt nicht mit nach Hause kommst, hol ich die Mutter.«

Der einzige Mensch, vor dem er Muffe hatte, auch in seinem Wahnsinn, war seine Frau. Das hat mir gezeigt, dass sich die

Beziehung zwischen Ehemann und Ehefrau nicht einmal im Wahnsinn ändert. – Und er verschenkte ständig alles Mögliche an andere. Man musste immer hinter ihm her sein, und das taten alle seine Kinder. Es gab sonst niemanden, nur diese zwölf Kinder und die Frau. In diesen sechs Monaten war er sehr glücklich, und alle in der Stadt waren auch glücklich, denn es war eine reine Freude, mit ihm zusammen zu sein. Er lachte immer. Er wurde dann auch gleich dicker, gesünder, stärker. Doch sobald die sechs Monate vorüber waren, wurde er schwach und krank. Er hockte dann in seinem Laden, und niemand musste ihn überwachen – doch er war todunglücklich.

Verrückte sind nie todunglücklich. Sei froh, wenn du todunglücklich bist! Zumindest bist du nicht verrückt. Zumindest bist du noch ein bisschen bei Verstand, und deswegen bist du todunglücklich. Was bedeutet es, todunglücklich zu sein? Es ist das Gefühl, nicht du selbst zu sein. Es ist die Kluft zwischen dem, der du bist, und dem, der du nach deinem Empfinden sein solltest. Diese Kluft macht das ganze Unglück aus. Je größer die Kluft, umso unglücklicher bist du. Idioten sind nicht unglücklich, schon allein deshalb, weil ihnen die Intelligenz fehlt, diese Kluft wahrzunehmen.

Die intelligentesten Menschen auf der Welt sind die unglücklichsten, weil sie die Diskrepanz so deutlich sehen können, dass sie unmöglich darüber hinweggehen und sie beiseiteschieben können. Sie ist immer da, bei allem, was sie tun. Die Diskrepanz ist ihnen immer vor Augen, und das tut weh: »Warum kann ich nicht einfach ich selbst sein?«

Deshalb kann ich sagen, wenn es euch fatalerweise gelänge, ein Christus oder Krishna oder Osho zu werden, würde es nur bedeuten, dass ihr nicht mehr zur Welt der Gesunden gehört, sondern vollkommen verrückt geworden seid. Dann könntet ihr nicht mehr zwischen Traum und Wirklichkeit unterscheiden – und die Unterscheidungsfähigkeit zwischen Traum und Wirklichkeit zu verlieren ist ein großer Verlust. Es ist spiritueller Selbstmord.

Wisst ihr, was ich zu Tschuangtse gesagt hätte: »Ich sehe da kein Problem. Steh einfach auf und verlasse dein Bett.« Ich hätte seine Schüler versammelt und ihnen aufgetragen, eiskaltes Wasser zu holen und über den Mann zu gießen, damit er erkennen kann, dass er kein Schmetterling ist. Und ich weiß genau: Er wäre aus dem Bett gesprungen, noch ehe sie zu schütten begonnen hätten. Und er hätte gesagt: »Wartet! Ich bin Tschuangtse. Ich habe nur einen Witz gemacht.« Nur Tschuangtse sieht den Unterschied zwischen wirklich und unwirklich. Der Schmetterling sieht ihn nicht, denn der Schmetterling ist nur ein Traum.

Ein Traum besitzt keine eigene Intelligenz. Ein Traum ist nur eine Wolke, die euch einhüllt. Und weil ihr schlaft, seid ihr völlig damit identifiziert. Aber auch im Wachzustand seid ihr nicht richtig wach. Darum identifiziert ihr euch mit so vielen Dingen. Ihr haltet euch für einen Christen – das ist eine Identifikation. Ihr haltet euch für einen Hindu, einen Juden – das ist eine Identifikation. Das beweist, dass gar keine Wachheit vorhanden ist. Ihr seid nur dem Begriff nach wach. Eure Wachheit ist nur eine hauchdünne Schicht und kann jederzeit abgelenkt werden, sodass ihr auf der Stelle einschlaft. Eine schöne Frau geht vorbei, und du schläfst ein. Du gleitest in einen Traum, in dem du sie für dich gewinnen und besitzen willst, und vergisst dabei völlig, dass du ja gar nicht schläfst.

In einem von Dostojewskis Romanen, *Schuld und Sühne*, gibt es eine interessante Begebenheit*:

Raskolnikoff, die Hauptfigur des Romans, ist ein verarmter Student an der Universität. Er lebt in einem kleinen Zimmer gegenüber von einem palastähnlichen Gebäude, in dem eine alte Frau lebt, vielleicht achtzig, fünfundachtzig oder sogar neunzig Jahre alt. Raskolnikoff, ein Mensch von philosophischer Denkungsart, beobachtet immer wieder von seinem Fenster aus die alte Frau. Sie hat so viel Geld, dass sie fast die Hälfte

---

* Osho erzählt hier eine von ihm kreativ abgewandelte Version des Romans; seine Aussage ist daher im Kontext zu lesen.

aller Gebäude in der Stadt besitzt. Sie hat sonst niemanden und lebt allein in diesem großen Palast. Sie ist so geizig, dass sie sich noch nicht einmal einen Diener leistet. Ihr ganzes Geschäft besteht darin, den Leuten Geld zu hohen Zinssätzen zu verleihen.

Raskolnikoff sitzt einfach da und sieht, wie die armen Leute dieser Frau Gegenstände bringen, denn sie gibt ihnen nur Geld, wenn sie ein Pfand dalassen. Er sieht all diese armen Menschen, wie sie ihre Dinge bringen und dafür Geld gegen Zinsen erhalten. Sie wissen ganz genau – und Raskolnikoff weiß es auch –, dass keiner von ihnen jemals in der Lage sein wird, auch nur die Zinsen zurückzuzahlen, geschweige denn das aufgenommene Geld. Und was lassen sie dort? – Es kann eine Armbanduhr, eine Standuhr, ein Schmuckstück sein, etwas, das ihnen gehörte und nun verloren ist. Und die alte Frau gibt ihnen immer nur die Hälfte des Wertes von dem, was sie als Unterpfand dagelassen haben.

Während Raskolnikoff den ganzen Tag lang diesem Betrug zuschaut, wird er immer wütender und wütender und wütender. Und er beginnt zu denken: »Welche Absicht verfolgt diese Frau eigentlich? Sie hat nichts, wofür es sich zu leben lohnt. Sie hat schon genug gelebt, aber immer noch beutet sie Tausende von Menschen aus. Wieso hat noch niemand sie getötet?« In ihm setzt sich der Gedanke fest, dass es kein Verbrechen wäre, sie zu töten. Er philosophiert darüber so viel, Monat für Monat, Jahr für Jahr, wie er so dasitzt und sie beobachtet, dass er nach und nach zu dem Schluss kommt: »Keiner wird sie töten. Ich muss das tun.«

Und eines Tages beschließt er: »Jetzt reicht es! Ich kann das nicht mehr tolerieren.« Und da gibt es einen konkreten Anlass, zu ihr zu gehen, denn er muss die Prüfungsformulare ausfüllen und die Gebühren für sein Abschlussseminar bezahlen – aber er hat kein Geld. Er geht also am Abend zu ihr, nimmt seine Armbanduhr mit und wartet, bis alle gegangen sind und es dunkel wird.

Die Dame ist so geizig, dass sie noch nicht einmal Kerzen verwendet. Wenn es dunkel wird, schließt sie die Tür, sperrt die

Tür von innen ab und verschwindet für die Nacht. Er tritt also ein, bevor sie das tut. Sie kommt gerade die Treppe herunter, um die Tür zu verschließen, als er hereinkommt und sagt: »Ich bin in großen Schwierigkeiten. Sie kennen mich, ich lebe in einem Haus direkt gegenüber. Sie können meine Armbanduhr haben, aber Sie müssen mir das Geld jetzt gleich geben. Morgen früh muss ich meine Prüfungsformulare abgeben. Wenn ich das morgen verpasse, waren meine Jahre vergeudet.«

Da sagt sie: »Gut, dann kommen Sie mit mir.«

Er geht hinter ihr, bereit, sie zu töten. Er hat es sich so oft ausgemalt, wie er sie töten wird, denn dazu braucht es nicht viel, weil sie so alt ist: Man muss ihr nur die Kehle zudrücken, das wird genügen. Er hat es sich ausgemalt, hat davon geträumt, hat darüber philosophiert: »Es ist kein Verbrechen, keine Sünde. Im Grunde verhinderst du dadurch, dass eine große Kriminelle jeden Tag so viele Verbrechen gegen die ganze Stadt begeht. Du bist ein Erlöser! Gott kann nicht so verständnislos sein, und wenn er die ganze Geschichte erfährt, wird er dich belohnen.« So hat Raskolnikoff sich selbst überzeugt, dass es kein Verbrechen ist, diese Frau zu ermorden. Und außerdem kann sie ohnehin jeden Tag sterben. Warum zusehen, wie sie weiterhin die Menschen ausbeutet?

Er gibt ihr seine Armbanduhr. Es dunkelt schon, und sie geht ans Fenster, um die Uhr zu betrachten und zu sehen, was sie wert ist – denn extra eine Kerze anzuzünden kommt nicht infrage. Und wie es der Zufall so will, hat sie einen Herzanfall, fällt zu Boden und stirbt. Und weil Raskolnikoff diese Vorstellung, sie zu töten, so oft durchgespielt und so oft davon geträumt hat, glaubt er, dass er es tatsächlich getan hat.

Er macht sich davon und geht auf sein Zimmer, aber er weiß: »Die Polizei wird bald kommen; es ist nicht richtig, hierzubleiben.« Er begibt sich ans andere Ende der Stadt, um bei einem Freund zu bleiben. Doch der Freund versteht gar nichts: »Warum bist du so nervös? Was ist passiert?«

Und er sagt: »Gar nichts ist passiert, ich habe nichts getan. Du musst keinen Verdacht haben.«

Natürlich sagt der Freund: »Ich habe keinen Verdacht, und ich sage auch nicht, dass du etwas getan hast.«

Doch Raskolnikoff sagt: »Gewiss, du sagst es nicht, aber deine Augen zeigen es. Hältst du mich für so dumm, dass ich nicht verstehen kann, was in deinem Kopf vor sich geht? Hältst du mich für einen Mörder?«

Der Mann sagt: »Du spinnst! Warum solltest du ein Mörder sein?«

Raskolnikoff kann nicht schlafen. Er wird immer wieder wach und sagt zu seinem Freund: »Hast du was gehört? Ich meine, die Trillerpfeife der Polizei gehört zu haben.«

Der Freund sagt: »Da ist keiner, keine Polizei. Warum sollten sie auch herkommen und pfeifen?«

Raskolnikoff sagt: »Nun, vielleicht habe ich es bloß geträumt.« Und dann wieder: »Hast du das Klopfen gehört? Ich habe Stiefel gehört, Polizeistiefel, die sich dem Haus nähern.«

Der Mann sagt: »Was bist du so auf die Polizei fixiert?«

Raskolnikoff sagt: »Wer ist fixiert? Du musst fixiert sein. Das ist dein Haus, nicht mein Haus. Außerdem habe ich gar nichts getan. Und die Menschen sterben auch von allein. Das muss nicht heißen, dass jemand sie getötet hat.«

Bis zum Morgen hat er den Freund schier verrückt gemacht, und schließlich bittet er den Freund: »Bring mich zum Polizeirevier, denn sie sind hier überall, sie werden mich schnappen. Sie müssen inzwischen herausgefunden haben, dass die alte Frau ermordet wurde, durch Erdrosseln. Und sie müssen meine Armbanduhr in ihrer Hand gefunden haben, und das ist Beweis genug, denn wie kommt sonst meine Armbanduhr dorthin? Und bestimmt hat mich jemand gesehen, als ich in ihr Haus ging oder aus ihrem Haus herauskam. Es hat keinen Sinn ... Es ist besser, ich stelle mich.«

Er geht zur Polizei. Er versucht, die Polizei zu überzeugen. Die Polizei sagt: »Sie sind verrückt. Die Frau ist an einem Herzanfall gestorben – das ärztliche Attest liegt vor.«

Raskolnikoff sagt: »Versuchen Sie etwa, *mich* zu überzeugen? Ich bin doch der Mann, der sie getötet hat – ich gestehe es.«

Die wahre Bedeutung des russischen Originaltitels lautet
»Verbrechen und Strafe«: Ein Mensch fühlt sich des Verbrechens schuldig und beginnt sich selbst zu bestrafen. Dieser
Traum, den er so oft geträumt hat … Jetzt kann er nicht mehr
unterscheiden, ob es ein Traum war oder ob er es wirklich getan hat. Er hat es *nicht* getan, aber trotzdem belästigt er damit
die Polizei. Er besucht den Arzt und sagt: »Ihr Attest ist falsch.
Ich weiß ganz genau, dass ich sie getötet habe, und die Armbanduhr ist der Beweis.«

Der Arzt sagt: »Die Armbanduhr ist gar kein Beweis. Wir
haben alles untersucht, und sie starb an einem Herzanfall.«
Doch dieser Mann verlangt nach Sühne. Schließlich beschließt
die Polizei, ihn ein bisschen einzusperren, damit er zufrieden ist.
Was konnten sie sonst tun? Und nachdem man ihn eingesperrt
hat, beruhigt er sich.

Das ist Wahnsinn: Wenn ein Traum zur Realität wird, wenn
man nicht mehr unterscheiden kann zwischen Traum und
Wirklichkeit. Doch es gibt Millionen von Menschen, die gehen,
reden, arbeiten und dabei nicht imstande sind, zwischen Wirklichkeit und Unwirklichkeit zu unterscheiden. Wie viele aber-
gläubische Vorstellungen tragt ihr ständig mit euch herum?
Was ist Gott denn anderes als ein Aberglaube? Du persönlich
hast vielleicht nie von ihm geträumt; es ist nicht einmal *dein*
Traum, mit dem du dich identifizierst. Mag sein, dass Jesus ihn
geträumt hat, und für seinen Traum hat er genug gelitten. Aber
warum quälst du dich selbst damit?

Es gibt aber Leute …

Ich habe von einem Mann gehört, der glaubte, der auferstandene Jesus Christus zu sein. Seine Familie versuchte, es ihm aus-
zureden: »Sag so etwas zu niemandem; man wird dich sonst für
verrückt halten.«

Er sagte: »Sollen die Leute doch denken, was sie wollen. Ich
bin, was ich bin. Und ob ich es nun sage oder nicht, sie werden
es herausfinden. Also ist es besser, es selbst zu erklären. Und es

ist keine Schande, es ist ruhmvoll – und ihr solltet alle glücklich sein, dass ich Jesus Christus bin!«

Sie brachten ihn zum Psychiater und sagten: »Dieser arme Kerl hat die Vorstellung, Jesus Christus zu sein. Man muss etwas tun.«

Der Psychiater probierte alles Mögliche. Er wandte alle Tricks an, die er kannte. Aber nichts funktionierte. Wie soll man Gottes Messias psychiatrisch behandeln? Dieser Psychiater, er war ja nur ein armer Psychiater, was konnte er schon ausrichten? Konnte er Jesus Christus deprogrammieren? Unmöglich! Dann wäre ja die Kreuzigung völlig überflüssig gewesen – einmal Deprogrammieren hätte genügt!

Schickt ihn einfach übers Wochenende zu einem Deprogrammierer, dann ist Schluss mit Jesus Christus! Kein Messias, kein Sohn Gottes mehr! Er kommt wieder zurück auf die Erde. Dann weiß er wieder, dass er der Sohn von Josef ist und nicht der Sohn des Heiligen Geistes. Dann erinnert er sich, dass er Zimmermann ist und an seine Arbeit gehen sollte. Was tut er hier überhaupt? Er sollte keine Predigten auf dem Berg halten. Er sollte gefälligst in die Werkstatt seines Vaters gehen, wo der arme Alte nach wie vor Möbel baut. »Zersäge einfach die Balken und tu die Dinge, die nötig sind! Hilf dem alten Mann. Was willst du hier?« Es bedurfte nur einer Deprogrammierung – aber es ist schwierig, Leute wie Jesus Christus zu deprogrammieren.

Dieser Mann war zwar nicht Jesus Christus, aber er glaubte fest daran. Schließlich stellte ihn der Psychiater vor einen Spiegel. Er sagte: »Schauen Sie sich mal im Spiegel an. Sehen Sie etwa so aus wie Jesus Christus?«

Er schaute in den Spiegel und sagte: »Ja, klar. Sehen Sie etwa aus wie Jesus Christus? Sie Schwachkopf. Das kann doch jeder sehen. Der Spiegel lügt nicht.«

Schließlich nimmt der Psychiater einen letzten Anlauf. Er holt sein Messer hervor und schneidet Jesus Christus in den Finger, dass das Blut hervorquillt. Er sagt zu ihm: »Die Kreuzigung war vor zweitausend Jahren, und seither hat man nichts mehr von Jesus Christus gehört. Er muss tot sein; das ist eine einfache

Rechnung. Er kann nicht zweitausend Jahre leben, so lang lebt keiner. Sie können also höchstens der Leichnam von Jesus Christus sein. Doch Leichen bluten nicht, und aus Ihrem Körper kommt Blut. Das beweist, dass Sie leben.«

Doch dieser Pseudo-Jesus-Christus lachte und sagte: »Das beweist nur, dass Leichen *doch* bluten und dass Sie mich nicht richtig gehört haben. Ich bin der auferstandene Jesus Christus. Ich habe den Tod weit hinter mir gelassen, schon vor zweitausend Jahren.«

Einen Verrückten kannst du nicht überzeugen, selbst wenn du ihn in die Hand schneidest, um ihm zu beweisen, dass Tote nicht bluten. Ein Verrückter hat seine eigene Logik. Er sagt: »Das beweist doch nur, dass Tote *doch* bluten.« Mit einem Verrückten kannst du nicht diskutieren. Oder kannst du mit einem Christen diskutieren? Einem wiedergeborenen Christen? Kannst du mit einem Zeugen Jehovas diskutieren? Unmöglich! Kannst du mit Hare-Krishna-Leuten diskutieren? Ich habe mit all diesen Leuten diskutiert. Es ist nicht möglich.

Erstens hören sie überhaupt nicht, was man sagt. Sie sagen, was sie loswerden wollen; sie gehen überhaupt nicht auf das ein, was man ihnen sagt. Sie fangen an, die Bibel zu zitieren. Man kann förmlich den Schleier sehen, der über ihren Augen liegt. Man kann sehen, dass ihre Ohren zu sind. Man kann spüren, dass der andere schläft, dass er überhaupt nicht wach ist. Alle diese frommen Leute schlafen und träumen von tausenderlei Dingen. Diese Träume haben ihre Schriften ihnen geliefert.

Ich bin nicht hier, um euch einen Traum zu liefern, ganz im Gegenteil. Ich bin hier, um all eure Träume zu zerstören.

Selbst wenn ich dir im Traum begegne, solltest du mir sofort den Kopf abschneiden, auf der Stelle. Und frag nicht, wo du das Schwert hernehmen sollst. Wenn du mich in deinem Traum erscheinen lassen kannst, kannst du auch ein Schwert erscheinen lassen, aus derselben Quelle. Wenn du von mir träumen kannst, kannst du auch von einem Schwert träumen.

So geschieht das nämlich ...

Ein Mann war auf Jobsuche. Da hörte er von einer freien Stelle auf einem Schiff, das bald den Hafen verlassen sollte. Er lief schnell hin. Der Kapitän fragte ihn: »Wenn nun ein starker Sturm käme und die See sehr aufgewühlt wäre und Sie hätten das Gefühl, das Schiff könnte untergehen, was würden Sie dann tun?«

Er sagte: »Ich würde den Anker setzen.«

Der Kapitän sagte: »Richtig.« Und dann fragte er weiter: »Und wenn die Wellen immer höher würden und der Sturm immer stärker würde, was würden Sie dann tun?«

Er sagte: »Ich würde noch einen Anker setzen.«

Schließlich sagte der Kapitän: »Und wenn es so aussieht, als wäre das Schiff unmöglich zu retten? Die Wellen türmen sich höher als das Schiff, der Orkan hat die höchste Windstärke erreicht. Was würden Sie jetzt tun?«

Er sagte: »Ich würde einen noch größeren Anker setzen.«

Der Kapitän fragte: »Aber woher wollen Sie all diese Anker nehmen?«

Er sagte: »Von da, wo Sie all die Wellen und den Sturm hernehmen – genau von derselben Stelle.«

Also vergiss nicht: Frag mich nie, wo du das Schwert hernehmen sollst – genau von derselben Stelle. Du weißt genau: Wenn du mich in deinem Traum erschaffen kannst, wird es auch nicht schwer sein, ein Schwert zu finden und mir einfach den Kopf abzuhacken. Und zerbrich dir nicht den Kopf, ob Tote bluten, denn ich werde bluten! Aber es ist nur ein Traum. Das Schwert, Osho, das Blut – alles ist nur ein Traum. Am Morgen, wenn du aufwachst, wird dein Bettlaken nicht voller Blut sein, und keine Leiche wird in deinem Zimmer liegen. Du brauchst nicht durchzudrehen! Gieß dir einfach kaltes Wasser über die Augen, und alles ist in Ordnung.

Träume künden von etwas. Dein innerstes Selbst will dir sagen: »Du bist noch nicht das, was du sein sollst. Dein Schicksal ist noch unerfüllt. Dein Sein ist noch hungrig.« Das ist aber auch schon alles, was dieser Traum bedeutet. Der Traum sagt nicht: »Komm und folge mir. Werde zum Christus, werde zum Buddha, werde zu Krishna.« Nein, das wäre gegen dich.

Sei nur du selbst, ganz und gar du selbst. Und mach dir keine Gedanken, was für eine Blume aus dir wird. Es ist egal, ob du eine Rose oder eine Lotusblume oder ein Gänseblümchen bist. Es spielt keine Rolle. Was allein zählt, ist das Blühen.

Lass es mich noch einmal sagen: Die Blume spielt keine Rolle; was zählt, ist das Blühen. Und das Blühen ist das Gleiche, ob es sich um ein Gänseblümchen handelt oder … Das Gänseblümchen ist eine unscheinbare kleine Blume. Ich weiß nicht, wie es anderswo ist, aber in meinem Land gilt es als das ärmste Blümchen. Rosen sind reich, Lotusse sind superreich, aber das ist völlig egal.

Wenn das Gänseblümchen aufblüht, ist es eingehüllt in die gleiche Ekstase wie eine Rose, die sich öffnet. Die Ekstase kennt keinen Unterschied, denn die Ekstase rührt weder von Farbe noch von Duft noch von Größe. Nein, die Ekstase entströmt demselben Phänomen: dem Wunder des Aufblühens, der Entfaltung. Das Gänseblümchen wird zum Gänseblümchen, wie es ihm bestimmt ist. Die Rose wird zur Rose, wie es ihr bestimmt ist. Beide sind erfüllt. Und die Erfüllung ist genau die Gleiche.

In dem Moment, in dem du ganz du selbst geworden bist, wirst du nicht sein wie ich, wirst du nicht sein wie Christus, wirst du nicht sein wie Krishna. Du wirst du selbst sein. Doch die gleiche Ekstase, die mich umhüllt, wird auch dich umhüllen. Ich kann das nicht mit Sicherheit über Jesus sagen. Absolut sicher kann ich das nur über mich selbst sagen. Ich weiß nicht, ob er wirklich erfüllt war oder nur ein Verrückter. Ich kann das unmöglich entscheiden. Ich kann das auch nicht von Buddha sagen: Er mag ein Erwachter sein oder nur ein großer Philosoph, der über das Erwachen philosophierte, ein großer Träumer, der vom Erwachen träumte.

Hast du nicht auch schon mal geträumt, dass du aufgewacht bist? Ich glaube, jeder hat schon mal geträumt, er sei aufgewacht. Aber erst wenn man tatsächlich aufwacht, entdeckt man: »Mein Gott, es war ja nur ein Traum! Ich dachte, ich sei wach!«

Es ist möglich, einen Traum im Traum im Traum zu träumen ...
Du kannst zum Beispiel träumen, dass du völlig wach bist und
in dein Schlafzimmer gehst. Du gehst in dein Schlafzimmer – im
Traum – und legst dich ins Bett, ziehst dir die Decke hoch,
schläfst ein und träumst, dass du dir im Kino einen Film an-
schaust. Und du siehst den Film. In diesem Film siehst du einen
Menschen, der schläft und einen Traum hat ... Und so kann das
ewig weitergehen, ad infinitum. Du kannst diese Vorstellung immer weiterspinnen: ein Traum im Traum im Traum im Traum ...
das ist gar kein Problem.

Du kannst träumen, dass du erwacht bist – und es gibt viele,
die denken, dass sie erleuchtet sind ... Zumindest denken sie
das! Ich habe solche Menschen getroffen.

Einmal kam ein Mann zu mir, als ich in Raipur war. Dieser
Mann war ein sehr berühmter Hindu-Heiliger namens Jagat-
guru Kripaludasji Maharaj. *Jagatguru* bedeutet »Weltlehrer«,
Kripaludas »Diener des Mitgefühls« und *Maharaj* »der König«!
Er hatte viele, viele Anhänger. Besonders in Raipur war er der
berühmteste Lehrer, und die Leute hielten ihn für erleuchtet.

Jemand hatte mir erzählt: »Kripaludas kommt in die Stadt.
Möchtest du ihn sehen?«

Ich sagte: »Natürlich. Eine solche Gelegenheit lasse ich mir nie
entgehen.«

Ich ging auf die Bühne, näherte mich Kripaludas und zeigte
ihm mit einer Geste, dass ich ihm etwas ins Ohr sagen wollte.
Er schenkte mir Gehör, und ich sagte: »Ich denke, du bist erleuchtet.«

Er sagte: »Wirklich?«

Ich sagte: »Wirklich.«

Das war alles. Er erkundigte sich über mich, und am nächsten
Tag kam er mich besuchen. Er sagte: »Wie bist du darauf gekommen? – Denn ich denke auch, dass ich erleuchtet bin.«

Ich sagte: »Das war nicht schwer – du siehst erleuchtet aus.«

Er sagte: »Stimmt absolut. Das haben mir schon viele gesagt:
›Du siehst erleuchtet aus.‹«

Aber dann sagte ich ihm: »Bitte, die Erleuchtung hat kein bestimmtes Aussehen. Und du bist nicht erleuchtet, sonst wärst du nicht zu mir gekommen. Wofür denn? Nur weil ich sagte: ›Ich denke, du bist erleuchtet‹, habe ich deinen Traum bestärkt. Du bist in einem Traum befangen, denn du hast es selbst gesagt: Du *denkst*, du bist erleuchtet. Niemand, der erleuchtet ist, *denkt*, er sei erleuchtet. Er *ist* es einfach. Was hätte das Denken mit Erleuchtung zu tun? Das Denken kann nur Fantasien hervorbringen. Denken ist ein Vorgang der Imagination.

Denken ist Träumen in Worten, und Träumen ist Denken in Bildern. Das ist der einzige Unterschied.«

Träumen ist eine primitivere Art von Denken. Der primitive Mensch hat noch keine Worte, keine Sprache; er denkt in Bildern. Genauso ist es beim Kind, denn das Kind ist der Mensch in seiner primitiven Phase. Seht euch ein beliebiges Buch für Kinder an: große Bilder, kräftige, bunte Farben, wenig Worte. »Ein großer Apfel« – das Kind versteht es sofort. Und durch diesen Apfel – weil das Kind den Apfel kennt, den Geschmack kennt, den Geruch kennt – wird es, wenn es das Bild eines Apfels sieht, an seinen Geschmack, seinen Geruch erinnert, und durch diese Verknüpfung kann sich das darunter stehende Wort »Apfel« allmählich im Gehirn festsetzen.

In den Büchern der höheren Schulstufen wird der Apfel mit der Zeit immer kleiner, die Wörter werden zahlreicher, der Apfel wird mit mehr Wörtern beschrieben: was für eine Obstsorte er ist, was für einen Geschmack er hat, wo er wächst. Mit der Zeit wird das Bild vom Apfel immer kleiner, bis es eines Tages ganz verschwindet. Dann gibt es überhaupt keine Bilder mehr in dem Buch. Dann habt ihr eine neue Art des Träumens gelernt: das Träumen in Wörtern. Der Wechsel vom Apfel zum Wort »Apfel« ist ein großer Sprung.

Aber wenn ihr unbewusst seid, im tiefen Schlaf, fallt ihr zurück in eure primitive Sprache. Dann vergesst ihr die Sprache, die ihr gelernt habt.

Ein Freund von mir war in Deutschland. Er war mit sieben oder acht Jahren nach Deutschland gekommen, weil sein Vater dort wohnte, und lebte dann dreißig Jahre lang in Deutschland. Er lernte Deutsch in der Schule. Weil er in Maharashtra geboren wurde, war Marathi seine Muttersprache, aber er hatte sie völlig vergessen. Als Siebenjähriger konnte er Marathi nicht richtig verstehen, und er hatte es nie lesen gelernt. Eines Tages hatte er einen Autounfall und verlor das Bewusstsein, und im unbewussten Zustand redete er nur Marathi.

Sein Bruder wurde aus Indien gerufen, als der Vater gestorben war, und man sagte ihm: »Wir können nicht verstehen, was er sagt. Dieser Mann hat nie eine andere Sprache verwendet als Deutsch.« Die Sprache, die er von Geburt gelernt hatte, existierte nur noch im Unterbewusstsein. Diese Schicht der ersten sieben Jahre war noch vorhanden, aber sie lag tiefer, und Deutsch hatte sich darübergelegt. Durch den Unfall war die oberste Schicht bewusstlos, und die tiefere Schicht begann zu reden.

Sooft er wieder bei Bewusstsein war, hatte er vergessen, dass er Marathi gesprochen hatte, und redete nur Deutsch; er konnte dann kein Marathi verstehen. Sein Bruder redete in Marathi mit ihm, aber er konnte nichts verstehen. Er wechselte ständig vom bewussten in den unbewussten Zustand. Immer wieder sank er in die Bewusstlosigkeit, und dann redete er Marathi. Sobald er wieder bei Bewusstsein war, redete er Deutsch.

Im Unbewussten seid ihr noch primitiv. Darum richtete Sigmund Freud sein Augenmerk mehr auf das Unbewusste, denn das Unbewusste ist unschuldiger, kindlicher, urwüchsiger. Es kann nicht lügen, es kann nicht unaufrichtig sein, es wird einfach die Wahrheit sagen. Doch der bewusste Verstand ist schlau. Er wurde dazu gemacht, durch Erziehung, Bildung und soziales Umfeld.

Als Kind spielte ich einmal – ich war etwa vier oder fünf, nicht älter –, während mein Vater sich den Bart rasierte, als es an der Eingangstür klopfte. Mein Vater sagte zu mir: »Geh hin und sag: ›Mein Vater ist nicht zu Hause.‹«

Ich ging hinaus und sagte: »Mein Vater rasiert sich, aber ich soll dir sagen: ›Mein Vater ist nicht zu Hause.‹«

Der Mann sagte: »Wie! Ist er da?«

Ich sagte: »Ja, aber er hat mir gesagt, ich soll das sagen. Ich habe dir die ganze Wahrheit gesagt.«

Der Mann trat ein; mein Vater schaute mich an. »Was ist los?«

Der Mann war sehr ärgerlich und sagte: »Das ist allerhand! Du hast mich für diese Zeit bestellt, und jetzt lässt du mir von dem Jungen ausrichten, du seist nicht da.«

Mein Vater fragte ihn: »Aber woher weißt du, dass ich da bin?«

Er sagte: »Das hat dein Junge gesagt: ›Mein Vater ist zu Hause. Er rasiert sich gerade den Bart, und ich soll dir sagen, dass er ausgegangen ist.‹«

Mein Vater warf mir nur einen Blick zu, aber ich wusste, was das hieß: »Warte nur, bis der Mann weg ist, dann zeig ich's dir!«

Ich sagte: »Ich bleibe aber nicht, bis er weg ist.«

Mein Vater sagte: »Ich habe doch gar nichts gesagt.«

Ich sagte: »Aber ich habe alles verstanden!«

Zu dem Mann sagte ich: »Bleib einfach noch da. Lass mich zuerst gehen, sonst krieg ich Probleme.« Im Hinausgehen sagte ich zu meinem Vater: »Du willst immer, dass ich die Wahrheit sage. Jetzt ist mal eine Gelegenheit, die Wahrheit zu sagen und zu schauen, ob du das wirklich so meinst. Oder versuchst du, mir beizubringen, wie man schlau ist?«

Da hat er begriffen, dass es besser war, still zu sein und jetzt keinen Streit mit mir anzufangen. Später, wenn der Mann weg war, würde ich irgendwann nach Hause kommen … Ich kam erst zwei oder drei Stunden später wieder, damit er sich abkühlen konnte und auch noch andere da waren, damit ich keine Probleme bekam.

Er war allein, als ich hereinkam. Er sagte: »Keine Angst! Ich werde so etwas nie wieder zu dir sagen. Bitte verzeih mir.« Er war auf diese Art sehr fair. Wer würde sonst ein vier- oder fünf-jähriges Kind so respektieren und als Vater um Verzeihung bitten? Und tatsächlich hat er sein Leben lang nie wieder so etwas zu mir gesagt. Er wusste, dass er mit mir anders umgehen musste als mit anderen Kindern.

Während ihr heranwachst und die Gesellschaft euch ständig lehrt, euch so zu benehmen, so zu werden, entwickelt ihr euch allmählich zu Heuchlern und seid mit dieser Heuchelei völlig identifiziert. Meine Funktion hier besteht darin, euch diese ganze Heuchelei auszutreiben. In meinen Augen ist Ehrlichkeit keine Taktik, keine Politik.

Beim Abendessen habe ich zu Vivek gesagt, dass derjenige, der das Sprichwort *Honesty is the best policy* geprägt hat (deutsch etwa: »Ehrlichkeit ist die beste Taktik.«), ein großer Heuchler gewesen sein muss. Ehrlichkeit ist keine Vorgehensweise, keine Politik, und wenn sie Politik ist, dann ist es keine Ehrlichkeit. Dann werdet ihr nur ehrlich sein, wenn es sich lohnt, und unehrlich, wenn es sich mehr lohnt. Ehrlichkeit wäre immer dann die beste Politik, wenn es sich auszahlt, aber wenn es sich mal nicht auszahlt, wäre die beste Politik Unehrlichkeit. Es hängt alles an der Frage: Was zahlt sich aus?

Und Vivek erzählte mir heute, dass sie in einem Buch zwei (englische) Wörter im selben Satz gelesen habe, die sehr aufschlussreich waren. Sie hatte diese Wörter bisher nie miteinander in Verbindung gebracht, nämlich *policy, politics* (Politik) mit *politeness* (Höflichkeit). Was ist *politeness*, Höflichkeit? Eine Form von *politics*, Politik. Sie stammen aus derselben Wurzel. Alle drei Wörter – *policy, politeness, politics* – haben dieselbe Wurzel; sie meinen alle das Gleiche. Nur denkt man bei *politeness*, Höflichkeit, an etwas Nettes. Man würde es nicht für Politik halten, aber es ist Politik. Höflich zu sein ist eine Verteidigungstaktik.

In Europa ist das Händeschütteln üblich. Aber warum gibt man sich die rechte Hand? Warum nicht die linke? Es gehört zur Politik. Sich die Hände zu schütteln ist keine freundliche Geste. Diese Geste besagt nur: »Keine Angst! Meine rechte Hand ist leer. Und lass du mich sehen, ob *deine* rechte Hand ebenfalls leer ist und du kein Messer oder Ähnliches darin verbirgst.« Und während man sich die rechte Hand gibt, kann man schlecht das Schwert aus der Scheide ziehen, denn mit links ... es sei denn, man ist Linkshänder. Das Ganze ist eine Art, dem anderen zu verstehen zu geben, dass man ihm nichts Böses will, und er versichert das Gleiche. Mit der Zeit wurde das zu einer symbolischen Grußformel.

In Indien grüßt man sich mit beiden Händen, aber auch damit zeigt man einfach, dass beide Hände leer sind. Es ist viel besser als Händeschütteln, denn was weiß man, was die Linke tut? Manchmal weiß ja nicht einmal die Rechte, was die Linke tut. Darum zeigt man besser, dass beide Hände leer sind. Das ist viel besser und auch viel höflicher. Man sagt aber damit: »Ich bin völlig ungeschützt. Du brauchst vor mir nicht auf der Hut zu sein und keine Angst zu haben. Du kannst ganz beruhigt sein.« Das sind symbolische Gesten, die die Menschen gelernt haben.

Wer in Indien zu einem sogenannten Guru geht, gibt ihm einen Gruß, der für Indien einzigartig ist. Man nennt es *Satsang dandawat*. Dabei legt man sich auf den Boden, wobei alle Gliedmaßen den Boden berühren – die schutzloseste Position, die es gibt. Und wenn der andere einen tatsächlich töten wollte, wäre es ihm ein Leichtes.

Wenn in Kriegszeiten Gefangene genommen werden, müssen sie sich mit ausgestreckten Armen flach auf den Boden legen. Warum? Weil sie in dieser Stellung nichts tun können und man sie durchsuchen und ihnen alles wegnehmen kann, was sie haben. Oder man befiehlt ihnen, mit ausgestreckten Armen oder mit den Händen gegen die Wand zu stehen, und das ist das Gleiche – vertikal oder horizontal, es ist das Gleiche.

Für den Krieg erscheint dies folgerichtig, aber im Grunde spielt sich ein ähnlicher Krieg ständig zwischen sämtlichen Individuen in der Gesellschaft ab. Eine bestimmte Kultur hat es ursprünglich als Geste großer Ehrerbietung entwickelt. Es ist jedoch keine Geste der Ehrerbietung, sondern eine Geste der Erniedrigung: »Ich liefere mich dir völlig aus; verfüge über mich. Wenn du mir den Kopf abschneiden willst, bitte schön. In dieser Position bin ich wehrlos.« Natürlich fühlt der andere sich dann großartig; sein Ego ist befriedigt.

Unsere Kultur, unsere Erziehung, unsere Religion – sie alle lehren uns, Heuchler zu sein. Und sie tun es auf so subtile Weise, dass man nie dahinterkäme, was man eigentlich macht, wenn man es nicht tiefer hinterfragt. Warum lächelst du, wenn du einem Freund begegnest? Wozu soll das gut sein? Wenn dir nicht nach Lächeln ist, warum tust du es dann? Du musst es tun. Es ist Politik, eine Verhaltensweise, die sich lohnt, wenn du vielleicht eines Tages auf die Hilfe dieses Menschen angewiesen bist: Wenn du immer freundlich gelächelt hast, kann er dich nicht zurückweisen. Wenn du ihn nie angelächelt und ihm noch nicht einmal »Hallo« gesagt hast, kannst du es dir sparen, zu ihm zu gehen, denn er wird dich rauswerfen: »Geh zur Hölle!«

Man muss alle diese Schichten verstehen lernen und sich davon lösen. Werdet zum inneren Beobachter, dann werdet ihr mit keinem Traum mehr identifiziert sein.

Darin besteht meine Arbeit. Wenn du anfängst, von mir zu träumen, machst du meine ganze Arbeit zunichte. Nimm es als Hinweis und dann lass den Traum fallen und finde die echte Nahrung. Von einem Festmahl nur zu träumen ist nicht gut, wenn ein richtiges Fest stattfinden kann. Warum sich mit einem geträumten Fest zufriedengeben? Wenn wahre Freude zu haben ist, wozu ein falsches Lächeln aufsetzen? Wenn echte Ekstase in Reichweite ist, warum sich damit zufriedengeben, dass man unglücklich ist, weint und wehklagt, sich leer fühlt, sich wertlos fühlt?

Dein Schatz ist innen, und du wirst zu einem Bettler. Mein ganzes Bemühen geht dahin, dich aufzuwecken. Vielleicht wird es anfangs schwierig für dich sein, weil du schon so lange ein Bettler bist, dass du meinst, ich würde dir dein Königreich rauben. Nur deshalb ist Sannyas schwierig. An der Oberfläche habe ich es euch leicht gemacht, weil ich weiß, wie schwierig es im Inneren ist. Es auch an der Oberfläche schwierig zu machen wäre unmenschlich. An der Oberfläche habe ich es sehr leicht gemacht – einfacher geht es nicht mehr. Doch die eigentliche Arbeit im Inneren ist schwierig. Sie muss aber getan werden. Wenn sie nicht getan wird, hast du gelebt, ohne zu wissen, was

Leben ist. Dann hast du auf eine Art existiert, die man nicht als Leben bezeichnen kann, nur als Vegetieren.

Sei kein Vegetierer, kein Gemüse wie Kohl oder Blumenkohl. Ja, es gibt diese zwei Klassen von Menschen: die Kohlköpfe, das sind die Ungebildeten, und die Blumenkohlköpfe, das sind die Kohlköpfe mit Universitätsdiplom – aber zwischen ihnen ist kein großer Unterschied.

Das Einzige, was einen Unterschied macht, ist: Aufwachen!

4

Neid – das Prinzip von Teilen und Herrschen

? *Was ist Neid? Ist unser Neid ein Zeichen, dass wir von unserer inneren Unabhängigkeit noch sehr weit entfernt sind?*

Die Gesellschaft hat das Individuum auf so mannigfache Weise ausgebeutet, dass es kaum zu fassen ist. Sie hat dafür so raffinierte, trickreiche Methoden entwickelt, dass sie kaum als gezielte Methoden zu erkennen sind. Sie dienen dazu, das Individuum auszubeuten, seine Integrität zu zerstören, ihm alles zu nehmen, was es hat – ohne auch nur einen Verdacht in ihm zu wecken, ohne den geringsten Zweifel über das, was mit ihm gemacht wird, in ihm aufkommen zu lassen.

Eine der machtvollsten Methoden dieser Art ist der Neid. Jede Gesellschaft, jede Kultur, jede Religion lehrt ihre Mitglieder von frühester Kindheit an, sich mit anderen zu vergleichen. Und das Kind kann nicht anders, als es zu übernehmen. Es kommt als Tabula rasa, als völlig unbeschriebenes Blatt, auf die Welt, und alles, was die Eltern, die Lehrer, die Priester daraufschreiben, erscheint dem Kind als unausweichliches Schicksal, als Bestimmung.

Wenn der Mensch ins Dasein tritt, stehen ihm sämtliche Türen offen, sind alle Richtungen verfügbar, alle Dimensionen für ihn frei wählbar. Aber noch ehe er selbst zu wählen vermag, ehe er überhaupt *ist*, ehe er sein eigenes Wesen wahrnimmt, wird er schon verdorben. Und verdorben von jenen, die ihn zu lieben glauben. Er wird kleingemacht, verkrüppelt, konditioniert – und alles mit den besten Absichten der Welt. Aber was kann man von besten Absichten schon erwarten? Ihr vergiftet den Menschen mit euren besten Absichten. Ich weiß, es ist euch nicht bewusst, dass ihr eure Kinder vergiftet, weil ihr selbst vergiftet worden seid – und so geht das schon seit Adam und Eva.

Was hat Gottvater mit Adam und Eva gemacht? Den Namen
»Vater« trägt er völlig zu Recht. Ob Gott existiert oder nicht,
spielt keine Rolle. Er verdient es, »Vater« genannt zu werden,
denn er erfüllt alle Kriterien eines Vaters. Er befiehlt Adam und
Eva, seinen Kindern, seinen eigenen Geschöpfen: »Von diesen
zwei Bäumen sollt ihr nicht essen: vom Baum der Erkenntnis
und vom Baum des ewigen Lebens.« – Und so jemanden nennt
ihr »Vater«? Er verwehrt euch die beiden wichtigsten Dinge!
Nichts könnte wichtiger sein als die Erforschung eures Lebens
und seiner Ewigkeit. Ohne eine umfassende Erforschung des
Wissens und der Weisheit könnt ihr nicht herausfinden, was das
Leben ist und wo es sich hinbewegt.

Gott verweigert Adam und Eva das Wichtigste, was euch erst
zu Individuen macht, was euch Selbstachtung gibt, euch Integrität, Authentizität, Seinsheit verleiht. Er will euch für immer
unwissend halten. Er will euch am Bewusstwerden eurer eigenen
Lebensquelle hindern. Selbstredend ist dieser Mann euer Vater.
Und seit diesem großen Vater haben alle kleinen Väter es ihm
nachgemacht.

Das kann ich Gott nicht verzeihen. All den anderen, kleinen
Vätern kann ich es verzeihen, denn sie sind arm dran: Sie machen mit euch dasselbe, was man mit ihnen gemacht hat. Sie
reichen nur ihr Erbe weiter. Was bleibt ihnen anderes übrig?
Aber Gott kann ich das nicht verzeihen. Er hat es von keinem
Vater. Er kann nicht die Ausrede verwenden: »Ich tue nur das,
was mir selbst widerfuhr. Ich weiß es nicht anders.« Nein, es ist
seine Erfindung.

Weil Gott nicht existiert, fällt die ganze Last auf die Köpfe
der Priester, der Priesterschaft. Sie fanden Mittel und Wege, um
euch eurem Selbst zu entfremden. Und wenn ihr euch selbst
entfremdet seid, ist garantiert, dass ihr für immer und ewig unglücklich sein werdet. Dann ist euer Leben ein Stolpern von einem Unglück ins nächste. Natürlich werdet ihr hoffen, dass sich
morgen alles ändert, doch das Morgen kommt nie, und alles
wird nur immer schlimmer. Ja, es ändert sich, aber nicht zum
Besseren. Jeden Tag geht es euch ein bisschen schlechter. Nur

die Hoffnung hält euch am Leben, sonst hättet ihr keinen Anlass, auch nur eine Sekunde weiteratmen zu wollen. Alles fehlt, weil *ihr* fehlt. Und selbst wenn alles andere vorhanden wäre – was hätte es für einen Sinn, wenn ihr fehlt.

Der Neid ist eine der wirkungsvollsten Methoden. Nehmt ihn mal unter die Lupe: Was bedeutet Neid? Neid bedeutet, in Vergleichen mit anderen zu leben: Da gibt es jemand über dir, und da gibt es jemand unter dir. Und du bist immer irgendwo in der Mitte dieser Stufenleiter. Vielleicht ist die Leiter sogar ein Kreis, weil niemand ihr Ende findet. Jeder steckt irgendwo in der Mitte fest, *alle* sind in der Mitte. Diese Leiter ist offenbar ein rundes Rad.

Jemand ist über dir – das tut weh. Das lässt dich weiterkämpfen und dich abmühen, lässt dich um *jeden* Preis in Bewegung bleiben. Denn wenn du erfolgreich bist, interessiert es niemanden, ob du deinen Erfolg auf redliche oder krumme Weise erzielt hast. Der Erfolg gibt dir recht; das Scheitern gibt dir unrecht. Was allein zählt, ist der Erfolg – und dafür ist jedes Mittel recht. Der Zweck heiligt die Mittel. Über die Mittel brauchst du dir keine Gedanken zu machen – und in der Tat macht sich niemand Gedanken darüber. Die Frage ist nur, wie man die Leiter erklimmen kann. Du erreichst aber nie ihr Ende. Und jeder, der über dir ist, macht dich neidisch, denn er ist erfolgreich, und du bist ein Versager.

Man sollte meinen, wenn du dein ganzes Leben damit verbringst, von einer Leiter zur nächsten zu klettern, nur um zu entdecken, dass immer schon jemand über dir ist – kannst du nicht einfach von der Leiter abspringen? Nein, du kannst nicht abspringen. Die Gesellschaft hat das sehr schlau eingefädelt, sehr clever. Sie hat ihre Methoden über Tausende von Jahren immer mehr verfeinert und perfektioniert. Warum kannst du aus dem Hamsterrad nicht aussteigen? Weil immer auch jemand unter dir ist, und das verschafft dir eine große Befriedigung.

Erkennst du die Strategie? Dass jemand über dir ist, erzeugt Neid, Unglück, Leiden, Erniedrigung, ein Gefühl von Wertlosigkeit. Du konntest deinen Wert nicht unter Beweis stellen, konntest nicht zeigen, dass du Manns genug bist. Während die anderen immer weiterrennen, steckst du fest. Es gibt dir das Gefühl, wertlos zu sein, bedeutungslos, nutzlos, eine Last für die Erde und sonst nichts.

Wäre es nur so, dann wärst du längst von der Leiter abgesprungen und hättest den anderen auf der Leiter gesagt, sie sollen doch machen, was sie wollen. Du kannst aber nicht abspringen, weil auch Leute unterhalb von dir sind. Du siehst die Leitersprossen unter dir und darunter noch weitere Sprossen. Das gibt dir eine gewisse Befriedigung und ein tolles Gefühl, weil du schon viele überholt hast. Du bist also nicht völlig nutzlos. Du hast deine Willensstärke bewiesen. Du bist kein Versager. Diese Leute unter dir sind ein ausreichender Beweis dafür.

Jetzt bist du in einem Dilemma: Immer wenn du nach oben schaust, befällt dich ein großes Elend, und wenn du nach unten schaust, spürst du diese Befriedigung. Wie könntest du da von der Leiter abspringen? Sobald du abspringst, würdest du beides hinter dir lassen, und dann ist keiner mehr unter dir. Es ist keiner mehr über dir, das ist sicher, aber da ist auch keiner mehr unter dir. Wenn du abspringst, bist du ganz allein.

Solange du auf der Leiter bleibst, gehörst du dazu; du bist Teil der Gesellschaft, der Kultur, der Zivilisation. Du musst dich nur noch ein bisschen mehr anstrengen. Die anderen sagen dir ständig: »Bravo, mach weiter! Sei nicht deprimiert! Sei kein Pessimist, sei ein Optimist! Die Nacht wird nicht ewig dauern!« Man erzählt dir: »Wenn die Nacht am dunkelsten ist, kündet sich bereits die Morgendämmerung an. Darum hab keine Angst vor der Dunkelheit, vor dem Scheitern.« Und sie liefern dir tausend Beispiele.

In der Mittelschule hörte ich erstmals von Mahmud Gaznavi, dem muslimischen Eroberer Indiens. Er hat Indien neunzehn Mal angegriffen und wurde achtzehn Mal besiegt. Nachdem er die achtzehnte Niederlage eingesteckt hatte, verbarg er sich in einer Höhle. Dort sah er, wie eine Spinne versuchte, ihr Netz am Eingang der Höhle zu weben. Weil er sich verstecken musste und nichts anderes zu tun hatte, beobachtete er die Spinne bei ihren Bemühungen. Da es regnete und der Fels sehr schlüpfrig war, fiel die Spinne immer wieder herunter. Und wie es der Zufall wollte, fiel sie achtzehn Mal, aber beim neunzehnten Mal schaffte sie es.

Mahmuds Optimismus kehrte schlagartig zurück. Er hatte sich überlegt, dieses törichte Unternehmen aufzugeben. Achtzehn Mal ... Sein ganzes Leben war dabei draufgegangen, Tausende Menschen waren sinnlos getötet worden. Immer wieder war er geschlagen worden, und das lag an einem einzigen Mann: Prithviraj Chauhan, dem das Grenzland gehörte. Er war der Herrscher über die Grenze zu Indien. Mahmud konnte nie in das Land eindringen, weil er schon an der Grenze abgewehrt wurde – von diesem einen Mann! Das war zu viel. Mahmud dachte an Selbstmord: »Ich kann mich bei meinen Leuten gar nicht mehr blicken lassen.«

Dabei war Mahmud der König in seinem eigenen Königreich und hätte es gar nicht nötig gehabt, Indien zu überfallen. Aber nichts befriedigt, nichts ist je genug. Man will immer mehr, als man hat, und immer gibt es noch viel mehr zu erreichen. Er hatte ein kleines Königreich, gleich angrenzend an dieses riesige Land. Indien war damals unendlich reich, weil es eine geringe Bevölkerung von nur zwanzig Millionen Menschen hatte. Damals wurde Indien »der Goldene Vogel« genannt. Heute müssen es um die 800 Millionen sein.

Es wird geschätzt, dass es bis zur Jahrhundertwende eine Milliarde Menschen sein werden. Indien wird dann das bevölkerungsreichste Land der Welt sein. Es wird China überrunden, denn China hat seine Geburtenzahlen sorgfältig reguliert. Im Moment liegt China bevölkerungsmäßig noch vor Indien, aber zur Jahrhundertwende wird Indien es überrundet haben. Zumindest in dieser Disziplin wird Indien der Olympiasieger sein.

Natürlich war Indien reich, als es einst ein Land von nur zwanzig Millionen war. Es gab keinen Grund für Armut. So viel Land, so viel Gold – alles war in Hülle und Fülle vorhanden. Natürlich war das attraktiv für Invasoren. Seit dreitausend Jahren hat Indien ständig Invasoren angezogen. Heute versucht niemand mehr, Indien zu erobern, denn die letzten Invasoren, die Briten, gelangten schließlich an den Punkt, an dem sie Indien vollkommen ausgeplündert hatten – es war nichts mehr übrig. Ab da war Indien eher eine Belastung für sie als ein Imperium. Man musste so viele Arme versorgen, sonst erntete man Tadel; man musste so viele Kriminelle versorgen, sonst wurde man kritisiert. Für alles, was im Argen lag, machte man das Empire verantwortlich: Die auferlegte Sklaverei war schuld an allen Problemen!

Dieses Argument ist aber nicht stichhaltig. Mahatma Gandhi achtete immer sehr darauf, die Wahrheit zu sagen, aber in der grundlegenden Frage tat er das nicht. Es entsprach nicht der Wahrheit, dass Indiens Probleme allein vom Empire herrührten. Denn heute – seit 1947 bis jetzt (1985) – ist zwar die Versklavung aufgehoben, Indien ist unabhängig, aber das Land ist noch viel tiefer in Elend und Leid abgeglitten.

Ihr werdet euch wundern, aber seit dem Abzug der Briten aus Indien sind die Preise um das Siebenhundertfache gestiegen. Was heute 700 Rupien sind, war 1947 eine Rupie wert. Heute 700 Rupien zu verdienen – und das ist in Indien ein gutes Gehalt – entspricht dem, was 1947 ein Lohn von einer Rupie war. Aber nicht nur das Empire ist verantwortlich für die Probleme Indiens; seit dreitausend Jahren wurde es von so vielen Seiten ausgebeutet.

Mahmud fasste also neuen Mut. Er sagte sich: »Wenn ein kleines Geschöpf wie diese Spinne solch einen unglaublichen Optimismus hat ... Bin ich weniger als diese Spinne? Ich will es noch einmal wagen!« Und – welche Fügung! – beim neunzehnten Mal hatte er Erfolg. Tatsächlich war er erfolgreich, weil der andere Herrscher, Prithviraj Chauhan, es gar nicht mehr für möglich hielt, dass Mahmud noch einmal angreifen würde. Achtzehn Mal besiegt – woher sollte dieser Mann den Mut nehmen, noch einmal wiederzukommen?

Prithviraj Chauhan hielt es nicht mehr für möglich, dass es eine Invasion geben könnte. Alle Vorkehrungen, die er zuvor gegen die achtzehn Invasionen getroffen hatte, waren aufgegeben worden. Der Notstand war aufgehoben. Mahmud war der einzige Feind entlang der Grenzen von Prithviraj Chauhans Land gewesen – und er hatte ihn vernichtend geschlagen. Prithviraj Chauhan muss gedacht haben: »In seiner Lage hätte ich mir das Leben genommen. Jeder Mann, der nur ein bisschen Selbstachtung besitzt, würde lieber sterben, als achtzehn Mal geschlagen zu werden.« Deshalb rechnete er nicht mehr mit der Möglichkeit einer Invasion. Das Heer wurde aufgelöst, die Männer zurück an die Arbeit geschickt – und Mahmud fiel zu einer Zeit ins Land ein, als keiner es erwartete. Und er siegte.

Diese Geschichte hat mir mein Geschichtslehrer im Unterricht erzählt. Er sagte: »So sollte man sein! Ihr dürft nie pessimistisch sein! Man weiß nie, was noch kommt. Wenn es diesmal nicht klappt, macht euch keine Sorgen; vielleicht klappt es beim nächsten Mal – morgen oder übermorgen. Aber verliert nie den Mut; kämpft bis zum letzten Atemzug!«

Da stand ich auf und sagte zu meinem Lehrer: »Bitte verzeihen Sie, aber ich halte diesen Mahmud für einen Idioten. Erstens einmal, jemanden ohne jeden Grund zu überfallen ...«

Dieses Volk hatte kein Verbrechen begangen; es war so stark, dass es *ihn* hätte überfallen können – immerhin hatten sie ihn achtzehn Mal abgewehrt. Doch Prithviraj Chauhan hat seine Grenzen nie überschritten. Er hätte Mahmud besiegen, ihn aus seinem Königreich vertreiben und wieder heimkehren können. Er marschierte aber nie bei ihm ein, obwohl eine Invasion eine leichte Sache für ihn gewesen wäre.

Wenn der Feind geschlagen war, weshalb ihm sein Königreich lassen? Er hätte diesen Mahmud beim allerersten Angriff erledigen und sein Königreich übernehmen können, dann hätte Mahmud gar keine Möglichkeit gehabt, ihn je wieder anzugreifen. Doch Prithviraj Chauhan bewies einen höheren Grad an Menschlichkeit. Mahmud wurde von ihm kein einziges Mal angegriffen. Prithviraj Chauhan musste sich von seinem Premierminister und den Leuten bei Hofe immer wieder sagen lassen: »Am besten wäre es, diesen Mann einfach fertigzumachen und sein Königreich zu übernehmen. Wenn du ihn gewähren lässt, wird er in zwei bis drei Jahren wieder Kräfte sammeln und zurückkommen, und dann müssen wir erneut gegen ihn kämpfen. Seltsam, warum lässt du ihn gewähren?«

Doch Prithviraj Chauhan sagte: »Die Menschen in seinem Königreich haben uns nichts Böses getan und uns in keiner Weise geschadet. Wie könnte ich sie überfallen? Meine Armee hat nicht den Zweck, andere Länder anzugreifen. Sie ist nur für Ausnahmesituationen, wenn uns irgend so ein Narr angreift. Dann dient die Armee zur Verteidigung.« Er war ein Mann von edler Gesinnung, ein Mann, der erkannt hatte, wie idiotisch das Ganze wäre. Er sagte: »Macht euch keine Gedanken. Früher oder später wird er diese Idee fallen lassen.«

Ich sagte meinem Lehrer: »In meinem Beisein sollten Sie diesen Mahmud nicht loben, und erzählen Sie mir nicht: ›Er war solch ein großer Optimist, und ihr solltet wie er sein!‹ Der Spinne kann ich das verzeihen. Von einer Spinne erwartet man keine Intelligenz. Ich bin mir sicher, dass die Spinne nicht gezählt hat, wie oft sie heruntergefallen ist. Sie hat wahrscheinlich gar nicht mitbekommen, was mit ihr geschah.«

Es ist so eine Sache mit Spinnen, Ameisen und derartigen Leuten: Wenn man sie wegschleudert, kommen sie nach einer seltsamen Logik schnurstracks zurück. Das ganze Zimmer steht zur Verfügung, aber sie rennen genau in die Richtung zurück, wo sie herkamen. So eine Hartnäckigkeit! Hätten sie einen Funken Intelligenz, würden sie diese Richtung meiden. Sie könnten doch überallhin flüchten … Aber komisch, man klopft sich eine Spinne ab, und sie kommt sofort wieder angelaufen.

»Diese Spinne hat bestimmt nicht mitgezählt. Und sie war auch nicht optimistisch. Es war Mahmuds altes Ego, das einen neuen Vorwand suchte und wieder einen Weg fand, vor seine Männer zu treten und zu sagen: ›Keine Angst! Diesmal werden wir bestimmt siegen! Man weiß nie, was morgen geschieht. Lasst es uns noch mal versuchen.‹ Aber erzählen Sie mir nicht, dass dieser Mahmud ein Vorbild ist. In meinen Augen ist er hässlich, eine Spinne. Für mich hat er nichts Menschliches. Und wenn so etwas in der Geschichtsstunde unterrichtet wird, dann ist es nichts für mich. Sie bringen uns bei, wie man auf clevere Weise kämpft, zerstört und tötet, um andere Menschen zu erniedrigen.«

Die Eltern lehren euch von Kindheit an: »Sieh dir den Nachbarjungen an: Er ist der Beste in der Schule. Und was hast *du* das ganze Jahr gemacht? Hast du denn gar keinen Grips?« Und in der Klasse sagen sie euch das Gleiche. Sie verleihen sogar Goldmedaillen an die Besten der Schule oder des College oder der ganzen Universität! Meine Eltern und die Lehrer in der Schule pflegten zu sagen: »Du könntest mit Leichtigkeit immer der Beste sein, aber du gibst nichts auf Prüfungen. Dir sind die Prüfungen völlig egal.«

Es war meine Angewohnheit, zu jeder Prüfung fünfzehn Minuten zu spät zu kommen. Ich machte das immer so, während meiner ganzen Karriere in der Schule, im College, an der Universität. Ich kam immer fünfzehn Minuten später, und jeder wusste das. Der Prüfer wusste, dass man mir meinen Platz freihalten musste. Ich würde aufkreuzen, aber exakt fünfzehn Minuten später. Und außerdem verließ ich den Prüfungsraum fünfzehn Minuten vor Schluss, früher als alle anderen. Es standen drei Stunden zur Verfügung, aber mir war klar, dass die ganze Prüfung in zweieinhalb Stunden zu bewältigen war. Wozu unnötig eine halbe Stunde vergeuden?

Der Lehrer, der die Studenten beaufsichtigte, damit keiner abschrieb oder sonst einen Unsinn anstellte, etwa heimlich ein Buch benutzte, sagte jedes Mal: »Es besteht keine Eile. Sie haben noch fünfzehn Minuten Zeit. Warum hören Sie schon auf?«

Und ich sagte: »Ich bin fertig. Ich habe fünfzehn Minuten später angefangen, und ich höre fünfzehn Minuten früher auf. Und das wird immer so sein, weil ich nicht einsehe, dass man drei Stunden dafür braucht. Zweieinhalb Stunden reichen völlig. Und ich habe viel Wichtigeres zu tun.«

Alle sagten: »Warum legst du keinen Wert auf diese Prüfung?«

Ich sagte: »Ich will einfach nicht zu einem Kreis von Konkurrenzneidern gehören. Es ist mir egal, ob ich die Prüfung bestehe oder nicht, es macht für mich keinen Unterschied. Wenn ich der Erste bin, gut; wenn ich der Letzte bin, noch besser. Der Erste zu sein erscheint mir ein wenig gewalttätig, weil man einem anderen die Freude raubt. Mir bringt es keine Freude, und es ist schade um den ersten Platz. Dort könnte ein anderer sitzen, der dann nur Zweiter hinter mir ist, und er würde sich unheimlich freuen. Vielleicht findet er sein Leben lang nichts anderes mehr, worüber er sich so freuen könnte. Dann hätte ich ihm diese Chance verbaut, obwohl es mir gar nichts gibt.

Es wäre besser, wenn ich der Letzte wäre. Zumindest hätte ich den Trost, niemandem die Karriere verdorben und niemanden verletzt zu haben, nicht aggressiv gewesen zu sein. Ich hätte mich nicht vorgedrängt, um einem anderen den Platz streitig zu machen. Hinter mir wäre niemand, dem ich mich überlegen fühlen könnte.«

Darin liegt die ganze Logik, eine einfache Logik: Wer sich nicht überlegen fühlt, kann sich auch nicht unterlegen fühlen. Es gehört zusammen, bedingt sich gegenseitig. Wenn du das eine aufgibst, kannst du das andere nicht bewahren. Wenn du dich niemandem überlegen fühlst, wie kannst du dich irgendwem unterlegen fühlen? Du bist einfach du selbst.

Aber seltsamerweise ist es mir fast immer gelungen, der Erste zu sein. Meine Lehrer wunderten sich, meine Eltern wunderten sich: »Das ist komisch. Deine Prüfung ist dir völlig egal. Du gehst nicht einmal regelmäßig zur Schule, und wenn du hingehst, wirft man dich aus der Klasse, und du stehst den ganzen Tag draußen rum. Du verduftest einfach aus der Schule zu jeder beliebigen Zeit, in jedem beliebigen Moment. Du fragst nie einen Lehrer oder den Direktor um Erlaubnis, ja du teilst es ihnen nicht einmal mit.«

Meine einfach Devise war: »Ich will mein Leben leben. Warum sollte ich andere fragen? Sie können tun, was sie wollen. Sie können mich bestrafen, können mir eine Geldstrafe aufbrummen, können einen Bericht über mich schreiben. Ich bringe euch ihren Bericht nach Hause, aber ihr müsst das dann unter euch ausmachen. Ich habe nichts damit zu tun. Ich tue nur, was ich tun will.«

Wenn ich Lust hatte, zum Fluss zu gehen, wollte ich nicht einem Narren zuhören, der von irgendeinem Mahmud erzählte, der beim neunzehnten Versuch siegreich war, nachdem er achtzehn Mal verloren hatte. Was für ein abscheulicher Mensch! Er benahm sich Prithviraj gegenüber keineswegs so fair, wie Prithviraj zu ihm gewesen war. Prithviraj hatte ihn niemals eingesperrt. Achtzehn Mal hatte Prithviraj ihn besiegt, aber nie ins Gefängnis gesteckt. Er sagte: »Lasst ihn in seinem Königreich. Warum sollen wir uns die Mühe machen, ihn einzusperren? Es genügt, dass er besiegt wurde und seine Armee am Ende ist. Damit ist er genug gestraft.«

Aber Mahmud war kein Mensch, er benahm sich wie ein Tier. Er nahm Prithviraj Chauhan gefangen, aber nicht nur das: Er stach ihm beide Augen aus. Prithviraj war ein sehr schöner Mensch, und das war Mahmuds Rache an dem Mann, der achtzehn Mal über ihn gesiegt hatte: Er blendete ihn.

Doch Prithviraj Chauhan war ein großartiger Bogenschütze. Sein Hofdichter, der sein Freund war, ging freiwillig mit ihm in Gefangenschaft, um ihm beizustehen. Als Chauhan und sein Dichter vor Gericht gebracht wurden, saß Mahmud auf einem Balkon hoch über ihnen. Er hatte immer noch Angst vor diesem Mann, der blind und in Ketten dastand. Was für eine Angst! Dieser Mann hatte ihn achtzehn Mal besiegt und aus seinem Land geworfen, aber er hatte sich nicht die Mühe gemacht, ihn ins Gefängnis zu stecken. Was für ein Löwe!

Der Dichter sprach zu Mahmud: »Du kennst Prithviraj nicht. Ich möchte dir sagen, dass es auf der ganzen Welt keinen solchen Meister im Bogenschießen gibt wie Prithviraj. Ehe du ihn tötest, gib ihm die Möglichkeit, dir seine Kunst vorzuführen.«

Doch Mahmud sagte: »Jetzt ist er blind, wie will er da ein großer Bogenschütze sein? Das *war* er vielleicht einmal.«

Der Dichter sagte: »Keine Sorge! Er ist solch ein guter Bogenschütze, dass ihm ein Geräusch genügt, um das Ziel zu treffen.« Und während sie redeten, konnte Prithviraj mithilfe von Mah-

muds Stimme genau orten, wo dieser saß. Und Prithviraj tötete
Mahmud. Dieser hatte eine Vorführung im Bogenschießen erwartet, doch Prithviraj tötete ihn anhand der Stimme: Er schoss
ihm einen Pfeil direkt ins Herz.

Ich habe mir oft Gedanken über alle diese Leute gemacht:
Alexander der Große, Tamerlan, Dschingis Khan, Napoleon
Bonaparte. Warum erzählt man den Kindern ständig von sol-
chen Leuten? Um in ihnen den Wunsch zu wecken, Eroberer zu
werden, reich zu werden, Präsidenten und Premierminister zu
werden – aber nicht, sie selbst zu sein. Niemand lehrt dich, du
selbst zu sein. Du kannst jeder Beliebige sein, aber sei nur nicht
du selbst! Mit solchen Geschichten erschafft man den Neid.
Alexander der Große – was ist denn das Große an diesem Mann?
Und warum werden die Namen solcher Ungeheuer wie Nadir
Schah und Tamerlan und Dschingis Khan am Leben erhalten?
Das sind alles Mörder, die größten Verbrecher, die die Welt je
sah. Aber die kleinen Verbrecher werden hingerichtet, und die
großen Verbrecher machen Geschichte.

Ich sagte zu meinem Geschichtslehrer: »Ihre Geschichte ist
eine einzige Geschichte des Verbrechens. Sie wollen offenbar jeden Menschen zum Verbrecher machen. Können Sie sich nicht
ein paar harmlosere Leute aussuchen und über die reden? Dann
könnten wir etwas von echten, authentischen Menschen lernen.«
Aber nein, die Geschichte strotzt von all den anderen. Man
sollte die Geschichte der ganzen Welt ins Klo spülen, dann könnten wir wieder bei null anfangen. Und dann können wir einfach
wir selbst sein – wenn dieses Vergleichen aufhört.

Als meine Abschlussprüfungen an der Universität näher rück-
ten, wurde mein Professor, der mich sehr schätzte, wegen meiner
Gewohnheit, immer fünfzehn Minuten zu spät zu kommen und
fünfzehn Minuten früher zu gehen, ziemlich nervös. Das konnte
bedeuten, meiner Rechte verlustig zu gehen. Ich sagte ihm: »Ich
habe nicht das Recht, der Beste zu sein, an der Spitze der Universität zu stehen, eine Goldmedaille zu bekommen. Wenn ich
die Goldmedaille erhalte, werde ich sie umgehend in den Brunnen der Universität werfen, gleich nach der Verleihung, vor

dem Rektor und der ganzen Prozession von Dekanen und Professoren und Studenten – dann können sie alle kommen und sehen, wie ich die Goldmedaille in den Brunnen werfe. Ich lehne diese Vorstellung ab, die Menschen in Kategorien einzuteilen: höher und niedriger, besser und schlechter ... Wenn es nach mir ginge, würden alle einfach nur eine gute Ausbildung erhalten.«

Prüfungen sind völlig unnötig. Wozu braucht man eine Prüfung? Was habt ihr in den letzten zwei Jahren gemacht? Blödsinn getrieben? Was hat euer Lehrer in diesen zwei Jahren gemacht? Er hat euch zwei Jahre lang unterrichtet, und ihr habt zwei Jahre lang gelernt. Das genügt doch. Es besteht kein Bedarf für eine Prüfung, es besteht kein Bedarf, die Menschen als höher und niedriger zu klassifizieren. Da fängt alles an, mit Konkurrenz und Vergleichen. Wer von der Universität abgeht, weiß, wo er auf der Karriereleiter steht.

Mein Lehrer, Doktor S. K. Saxena, kam jedes Mal zu mir ins Studentenheim, um mich abzuholen. Es waren nur zwei Gehminuten vom Studentenheim zum Prüfungssaal, doch er kam mich mit dem Auto abholen, damit er sicher sein konnte, dass ich den Prüfungssaal pünktlich um sieben Uhr betrat. Dann wartete er draußen drei Stunden, damit ich ja nicht fünfzehn Minuten zu früh herauskam. Aber ich habe so meine Art: Als Erstes meditierte ich fünfzehn Minuten, und am Schluss meditierte ich wieder fünfzehn Minuten. Der Prüfer sagte: »Ihr armer Professor wartet draußen drei Stunden, aber Sie haben es trotzdem wieder geschafft ...«

Ich sagte: »Erzählen Sie es ihm nicht, damit er nicht unnötig gekränkt ist. Man braucht es ihm nicht zu sagen. Ich mache einfach mein Ding. Was er tun wollte, hat er getan. Ich habe mich nicht dagegen gesträubt; ich bin mitgekommen ... Er sagte sieben, ich sagte okay. Aber wie kann ich meine Lebensart aufgeben? Ich meditiere fünfzehn Minuten, denn diese Prüfungsaufgabe verdient keine drei Stunden, höchstens zweieinhalb. Und außerdem habe ich Wichtigeres zu tun. Und wenn ich nicht hinausgehen darf, meditiere ich eben. Das ist das Beste, was ich tun kann.«

Der Prüfer sagte zu Doktor Saxena: »Sie versuchen, ihn unnötig zu zwingen. Er wird aber nichts tun, was er nicht tun will.«

Saxena fragte: »Was hat er denn gemacht?«

Der Mann sagte: »Er hat fünfzehn Minuten lang meditiert. In den ersten fünfzehn Minuten hat er sich das Papier nicht einmal angesehen. Er hat es verdeckt hingelegt und fünfzehn Minuten meditiert. Dann nahm er das Papier mit den Prüfungsfragen und schaute es sich an. Genau fünfzehn Minuten vor Schluss hat er seine Arbeit abgeschlossen und mir die Blätter überreicht. Er sagte: ›Jetzt ist es Zeit für meine Meditation.‹«

Saxena sagte zu mir: »Du bist unmöglich! Du lässt dir eine halbe Stunde entgehen? Das wird dich die Goldmedaille kosten!«

Ich sagte: »Was kümmert mich die Goldmedaille? Wenn dir die Goldmedaille so wichtig ist, kannst du mir eine geben. Du willst eine Goldmedaille an meiner Brust sehen? Dann gib mir eine Goldmedaille! Du kannst das arrangieren, du hast genug Geld.«

Er sagte: »Du verstehst das nicht. Es geht nicht bloß um die Goldmedaille. Wenn du der Beste der ganzen Universität bist, hast du deine Karriere in der Tasche!«

Ich sagte: »Meine Karriere hängt von dieser Goldmedaille ab? Glaubst du wirklich, dass eure Prüfung meine Karriere bestimmen wird?«

Er sagte: »Ja, weil ich schon alles arrangiert habe: Wenn du als Bester abschließt, bekommst du ein Stipendium, um zu promovieren. Bist du nicht der Beste, bekommst du es nicht.«

Ich sagte: »Gebongt! Dann bekomme ich halt nicht das Stipendium und keinen Doktorgrad. Wen kümmert dein Doktortitel? Was hast du denn davon? Du hast zwei Doktortitel in Philosophie und einen in Literaturwissenschaft. Was hast du wirklich davon? Mach mir doch nichts vor: Du lebst ein frustriertes Leben. Du wolltest Dekan der philosophischen Fakultät werden, aber du konntest die Wahl nicht gewinnen. Du hast zweimal verloren. Und ich weiß, dass du deswegen geweint hast, richtige Tränen vergossen hast.

Du hast für die Wahl zum Rektor gekämpft, aber nicht einmal zwanzig Stimmen bekommen. Von den tausend Professoren hast du nur zwanzig Stimmen erhalten. Wer gibt schon seine Stimme einem Philosophieprofessor, wenn der Gegenkandidat ein ausgefuchster Vollblutpolitiker ist? Er war Ministerpräsident dieses Bundesstaates. Glaubst du denn wirklich, dass du gegen diesen Kriminellen gewinnen kannst? Unmöglich! Die Leute fürchten ihn sehr, denn es ist mehr als wahrscheinlich, dass er wieder Ministerpräsident wird, und wenn sie ihm jetzt nicht ihre Stimme geben, wird er sich rächen.«

Und genau so war es. Dieser Mann, Dwarika Prasad Mishra, war der Regierungschef meines Staates Madhya Pradesh. Es gab da eine Verschwörung: Morarji Desai war Ministerpräsident von Mumbai und Dwarika Prasad Ministerpräsident von Madhya Pradesh. Einige Ministerpräsidenten anderer Bundesstaaten taten sich zusammen, um gegen Nehrus diktatorisches Regime zu revoltieren. Dwarika Prasad war so töricht, als Erster das Wort zu ergreifen.

Jawaharlal wurde so wütend, dass er ihn auf der Stelle hinauswarf. Es passierte so schnell, dass Morarji und die anderen nicht lange überlegen konnten, ob sie nach ihrem Verschwörungsplan vorpreschen oder sich zurückziehen sollten. Sie sprangen alle ab, sodass nur dieser eine Mann aufflog. Er war aber vom selben Kaliber wie Morarji Desai, ein drittklassiger Schmutzpolitiker. Und so konnte er den Rektorposten an einer Universität ergattern, zumindest vorübergehend. Er wartete auf den richtigen Zeitpunkt.

Und er war schlau. Es schaffte es auf Anhieb, Rektor zu werden, und es gelang ihm, mit Indira (Gandhi) in engen Kontakt zu treten. Indira war zu diesem Zeitpunkt noch nicht Premierministerin, aber sie war Vorsitzende der Kongresspartei, der herrschenden Regierungspartei. Er wurde zu einem so engen Vertrauten von Indira, dass sie ihn sogar »Onkel« nannte. Er überredete ihren Vater Jawaharlal (Nehru), den Premierminister, ihm zu verzeihen und ihn wieder aufzunehmen. Man vergab ihm, er kam zurück, wurde Generalsekretär des Gesamtindischen Kongress-Komitees, und bald danach war er wieder Ministerpräsident von Madhya Pradesh.

Er rächte sich an den zwanzig Leuten, die für S. K. Saxena gestimmt hatten. Er warf sie alle aus der Universität, denn als ranghöchster Minister war er gleichzeitig Präsident der Universität. Jeder Regierungschef wird automatisch Präsident der Universität. Als Ministerpräsident wurde er also auch Universitätspräsident, und er entließ alle diese Leute.

Ich fragte Doktor Saxena: »Was gewinnst du daraus, dass du alles unternimmst, um weiter nach oben zu kommen? Sag bloß, du willst mir beibringen, in dieselbe Falle zu gehen, in der du leidest? Wenn du wirklich zu mir stehst, solltest du mich vor dieser Falle bewahren.«

Er sagte: »Mein Gott! Jetzt willst du sogar, dass ich dir darin recht gebe? Nein, ich werde ihn bekämpfen. Ich werde wieder gegen ihn antreten, und du wirst sehen: Eines Tages werde ich Rektor!«

Ich sagte: »Selbst wenn du Rektor wirst, was heißt das schon? Ich kenne dich: Du wirst genauso unglücklich sein wie jetzt. Zuerst warst du Lehrbeauftragter und warst unglücklich. Dann wurdest du Dozent und warst unglücklich. Dann wurdest du Professor und warst unglücklich. Jetzt bist du Leiter des philosophischen Instituts geworden und bist unglücklich. Ich kenne dich. Glaubst du wirklich, wenn du Dekan der philosophischen Fakultät wirst, verschwindet dein Unglück?

Ich kenne auch den Dekan. Er ist noch viel unglücklicher als du, denn er ist nur noch einen Schritt vom Rektor entfernt. Du bist zwei Schritte entfernt, er nur einen. Er ist viel unglücklicher als du, weil er schon so nahe dran ist. Und jedes Mal, wenn jemand von außen dazwischenspringt und er wieder das Nachsehen hat, leidet er ganz besonders. Man sollte sich nicht wundern, wenn er einen Herzanfall bekäme.«

Aber eines war seltsam: Da ich weder an den Prüfungen noch an den Lehrbüchern interessiert war, sondern mein Interesse der ganzen Welt der Philosophie galt – es war ein universales Interesse –, waren meine Antworten viel reichhaltiger, viel breiter gestreut als die der anderen. Sie konnten nur nachplappern, was im Lehrbuch stand, während ich Dinge sagen konnte, von denen sogar der Prüfer zum ersten Mal hörte. Ansonsten ... Ich kenne die Prüfer, ich war selbst neun Jahre lang Prüfer. Ich habe aber nie gelesen, was irgendein Prüfungskandidat geschrieben hatte.

Einem intelligenten Studenten, der vertrauenswürdig war und niemandem etwas erzählen würde, sagte ich: »Du bekommst die Hälfte des Geldes. Prüfe alle diese Arbeiten, und achte nur darauf, dass keiner durchfällt. Jeder muss mindestens die 33-Marke erreichen. Und keiner bekommt mehr als 60 Prozent, weil ich keinen für so fähig halte. Bewege dich in diesem Rahmen, 33 bis 60. Ansonsten kannst du damit machen, was du willst.« Und ich wusste, dass schon zu meiner Studentenzeit die Forschungs-assistenten meiner Professoren immer die Prüfungsarbeiten korrigiert haben.

Ich sagte zu Doktor Saxena: »Manchmal entwickelt sich alles zu meinen Gunsten. Wart's nur ab.« Und zweifellos war das der Fall, denn meine Antworten waren so tiefgründig und originell, weil ich mich keinen Deut um die Lehrbücher gekümmert hatte. Ich mied alle Lehrbücher, weil sie sich zu sehr im Hirn festsetzen können. Ich habe mir nie welche gekauft.

Ich hatte aber schon zur Highschool-Zeit angefangen, Bücher zu sammeln. Es mag euch erstaunen, dass ich zur Zeit meiner Immatrikulation an der Universität schon Tausende Bücher gelesen und Hunderte von eigenen Büchern gesammelt hatte – darunter viele große Meisterwerke. Ich war schon durch mit Khalil Gibran, Dostojewski, Tolstoi, Tschechow, Gorki, Turgen-jew – all den Größen, was das Schreiben betraf. Zur Zeit des Vordiploms war ich fertig mit Sokrates, Platon, Aristoteles, Bertrand Russell – all den Philosophen, die man in jeder Biblio-thek und jedem Buchladen finden oder sich anderswo ausleihen konnte.

In Jabalpur gab es einen wunderbaren Ort, dem ich täglich ei-nen Besuch abstattete; ich verbrachte mindestens ein bis zwei

Stunden dort. Man nannte ihn den *Thieves' Market*, den »Markt der Diebe«, und dort wurden gestohlene Dinge verkauft. Ich war besonders hinter den gestohlenen Büchern her, weil so viele Leute Bücher stahlen und sie dort hinbrachten, dadurch fand ich großartige Bücher. So bekam ich Gurdjieffs erstes Buch vom Hehlermarkt, und auch Ouspenskys *Auf der Suche nach dem Wunderbaren* war vom Markt der Diebe.

Das Buch war fünfzig Rupien wert, doch ich erstand es für eine halbe Rupie, weil diese Bücher nach Gewicht verkauft wurden. Den Verkäufern war es egal, ob ein Buch von Ouspensky, Platon oder Russell stammte. Für sie war alles Ramsch, ob man nun alte Zeitungen oder Sokrates kaufte – alles zum Einheitspreis. Ich hatte in meiner Bibliothek schon Tausende von Büchern vom Hehlermarkt zusammengetragen. Jeder fragte mich: »Bist du verrückt? Warum gehst du ständig auf diesen Diebesmarkt? Dort sollte man nicht hingehen. Mit dem Diebesmarkt in Verbindung gebracht zu werden ist nicht gut.«

Ich sagte dann: »Das ist mir egal. Selbst wenn sie mich für einen Dieb halten, ist das okay.«

Für mich war der Diebesmarkt die beste Quelle. Selbst Bücher, die nicht in der Universitätsbibliothek zu finden waren, habe ich auf dem Diebesmarkt entdeckt. Alle Händler verkauften gestohlene Bücher und überhaupt alle möglichen gestohlenen Sachen. In Indien gibt es in jeder großen Stadt einen Hehlermarkt. In Mumbai gibt es einen *Thieves' Market*, wo man alles zu Schleuderpreisen finden kann. Es ist aber riskant, weil es Hehlerware ist.

Einmal bekam ich Probleme, weil ich einem Händler an einem Tag dreihundert Bücher auf einmal abkaufte, denn jemandem war die ganze Bibliothek gestohlen worden. Dreihundert Bücher für ganze hundertfünfzig Rupien! Ich konnte kein einziges weglassen. Ich musste mir dafür Geld borgen. Ich sagte dem Mann: »Kein einziges Buch darf von hier wegkommen!«, und beeilte mich, schnell wieder zurück zu sein.

In jedem Buch war ein Stempel mit Namen und Adresse eines bestimmten Mannes, und schließlich kam die Polizei. Ich sagte:

»Ja, das sind die Bücher, und ich habe sie auf dem Diebesmarkt gekauft. Aber der Mann, dem sie gehörten, ist fast neunzig Jahre alt und wird bald sterben.«

Der Polizeiinspektor sagte zu mir: »Keine Diskussionen!«

Ich sagte: »Ich will es Ihnen nur erklären. Früher oder später wird dieser Mann sterben, und dann werden diese Bücher alle verrotten. Ich kann Ihnen die Bücher geben, aber dann müssen Sie der Person, von der ich mir das Geld geborgt habe, hundertfünfzig Rupien geben. Und außerdem können Sie mich nicht festnehmen, weil dieser Verkäufer mir bezeugen wird, dass ihm diese Bücher verkauft wurden. Er kann sich nicht merken, wer ihm all die alten Zeitungen und alten Bücher verkauft hat. Er wird nicht wissen, wer sie gebracht hat.

Gehen Sie also zuerst zu diesem Mann und finden Sie dann den Dieb. Wenn Sie den Dieb gefunden haben, holen Sie sich die hundertfünfzig Rupien von ihm oder irgendwo anders. Diese Bücher sind jetzt hier, und sie könnten nirgendwo besser aufgehoben sein. Dieser Neunzigjährige wird nie mehr in der Lage sein, sie zu lesen – wozu also die ganze Aufregung?«

Der Inspektor sagte: »Das hört sich zwar ganz vernünftig und logisch an, aber es sind trotzdem gestohlene Bücher ... Ich kann nicht gegen das Gesetz verstoßen.«

Ich sagte: »Dann halten Sie sich an das Gesetz. Gehen Sie dorthin, wo ich sie gekauft habe – und ich *habe* sie gekauft, ich habe sie nicht gestohlen. Und dieser Geschäftsmann hat sie ebenfalls gekauft, er hat sie nicht gestohlen. Also finden Sie den Dieb!«

Er erwiderte: »Aber in jedem Buch ist ein Stempel mit einem Namen.«

Ich sagte: »Kein Problem! Wenn Sie das nächste Mal wiederkommen, wird es keinen Stempel mehr geben. Finden Sie zuerst den Dieb, dann können Sie sich immer an mich wenden, zu Ihren Diensten.«

Und als er gegangen war, riss ich aus jedem Buch die erste leere Seite ohne Inhalt heraus und versah die Bücher mit meiner Unterschrift. Von diesem Tag an begann ich, alle meine Bücher zu signieren, denn es könnte sich einmal als nützlich erweisen, falls meine Bücher gestohlen wurden – zumindest trugen sie dann meine Unterschrift und das Datum. Und weil ich die erste Seite herausgenommen hatte, signierte ich auch zwei oder drei Seiten im Buchinnern für den Fall, dass meine Bücher einmal gestohlen wurden, was aber nie eingetreten ist.

Meine Professoren fragten mich oft: »Du liest Tag und Nacht, aber warum bist du so gegen die Lehrbücher?«

Ich sagte: »Ich bin gegen die Lehrbücher, weil ich vom Prüfer nicht für einen Papagei gehalten werden will.« Und genau das hat mir glücklicherweise geholfen. Ich wurde Erster von der ganzen Universität und gewann die Goldmedaille. Aber ich hatte versprochen, dass ich die Goldmedaille vor aller Augen in den Brunnen werfen würde. Die ganze Uni war anwesend, als ich die Goldmedaille in den Brunnen fallen ließ. Dabei sagte ich: »Hiermit lasse ich auch den Gedanken fallen, ich sei der Erste in der Universität. Es soll sich niemand unterlegen fühlen. Ich bin nur ein Niemand.«

Auch der Rektor war anwesend. Am Abend rief er mich zu sich und sagte: »Ich finde das nicht richtig. Diese Goldmedaille ist eine prestigereiche Angelegenheit. Sie haben sich als Bester der ganzen Universität qualifiziert. Und jetzt haben Sie mich in Schwierigkeiten gebracht, denn ich wollte Ihnen ein Promotionsstipendium genehmigen. Nachdem Sie die Goldmedaille vor aller Augen weggeworfen haben, werden jetzt alle sagen: ›Dieser Mann ist sonderbar. Weshalb geben Sie ihm ein Stipendium für drei Jahre?‹«

Ich sagte: »Dann geben Sie es mir nicht.«

Aber er sagte: »Nur weil Sie das getan haben … Sie haben die Goldmedaille weggeworfen und den Leuten dort gesagt: ›Jetzt bin ich nur ein Niemand. Seht mich nicht als den Besten der Universität. Bitte seid nicht neidisch auf mich, ich bin euch in keiner Weise überlegen. Es ist reiner Zufall. Irgendjemand musste ja der Erste sein; rein zufällig bin ich es nun geworden. Aber deswegen ist mir niemand unterlegen.‹ Was Sie da gesagt haben, hat mein Herz berührt. Ich fühle, dass ich das Risiko auf mich nehmen und Ihnen das Stipendium geben will.«

Und er gewährte mir tatsächlich das Stipendium. Doch keiner der Professoren war bereit, mein Doktorvater zu sein, denn ich wollte zum Thema Religion forschen. Einzeln sagten sie mir: »Es wird Probleme geben, und wenn ich Ihr Doktorvater wäre, würden wir ständig im Clinch miteinander liegen. Ich kenne Ihre Thesen und weiß, dass Sie möglicherweise recht haben. Wenn ich Sie aber akzeptiere und meine Unterschrift unter Ihre Doktorarbeit setze, würde es bedeuten, dass ich mit Ihnen weitgehend übereinstimme – und Ihre Thesen sind einfach skandalös! Privat kann ich mit Ihnen übereinstimmen, aber nicht öffentlich.

Und wenn ich an die beiden anderen Prüfer denke, die von anderen Universitäten herkommen werden … Sie werden völlig schockiert sein über Ihre Kritik an Krishna, an Rama, an Buddha, an Jesus. Gibt es denn überhaupt jemanden, den Sie nicht kritisieren?«

Ich sagte: »Falls ich auf jemanden stoße, werde ich ihn erwähnen, aber falls ich niemanden finde, was kann ich dafür? Als Galileo entdeckt hatte, dass die Erde sich um die Sonne bewegt, musste er natürlich alle ohne Ausnahme kritisieren, sämtliche Schriften dieser Welt, denn darauf war bis dahin niemand gekommen. Alle Religionen, alle Schriften, alle Bücher besagten, dass die Sonne sich um die Erde bewegt, wie es den Anschein hat. Aber Anschein ist nicht Wirklichkeit, wie kann man da sicher sein?

Es könnte sein, dass ich in Bezug auf die Religion der Erste bin, der recht hat, denn wenn Galileo der Erste war vor nur dreihundert Jahren … Und vor Galileo waren Jahrtausende vergangen. Wenn er der Erste sein konnte, der recht hatte, und alle anderen vor ihm unrecht hatten, warum denken Sie, ich könnte nicht ebenfalls der Erste sein, der in dieser Hinsicht recht hat?«

Einer der Professoren sagte: »Das ist ja das Problem! Finden Sie einen anderen. Ich kann Ihnen ein paar Namen vorschlagen. Fragen Sie diese Professoren.«

Die Philosophieprofessoren waren nicht bereit, mich anzunehmen. Sie schlugen vor: »Es wäre gut, wenn Ihre Forschung unter den Fittichen der Psychologie stattfinden könnte. Sie sollten das Thema ein wenig ändern in Richtung Psychologie der Religion. Sie können ja trotzdem machen, was Sie wollen, aber den Titel sollten Sie ändern.«

Ich sagte: »Ich werde es versuchen.«

Die Psychologen sagten: »Wenn Ihre Professoren, Ihre eigenen Professoren der Philosophie, nicht bereit sind, Sie anzunehmen, warum sollten wir uns unnötig Schwierigkeiten einhandeln? Sie kritisieren ja Sigmund Freud, kritisieren C. G. Jung, kritisieren Alfred Adler – aber unser ganzes Institut stützt sich auf diese drei. Das ist es, was wir lehren.«

Ich sagte: »Soll ich das Thema noch einmal abwandeln? – Die Politik der Religion? Die Ökonomie der Religion? Ich bin bereit, irgendein Thema zu erfinden.«

Schließlich bat ich den Rektor: »Finden Sie mir einen Doktorvater. Im Titel muss auf jeden Fall *Religion* vorkommen. Was davor steht, ist egal: die Mathematik der Religion, die Ökonomie der Religion, die Geografie der Religion – jedes Gebiet ist mir recht. Ich bekomme das schon irgendwie hin.« Doch es fand sich niemand, der bereit war, mich anzunehmen, darum konnte ich das Stipendium nicht bekommen. Trotzdem war ich äußerst zufrieden. Das sind also eure Professoren, eure intellektuellen Größen: Privat sind sie bereit, etwas zuzugeben, aber öffentlich ist ihre Angst zu groß. Sind sie es wert, dass man sie beneidet? Sind diese Leute etwas Besseres?

Ich verspüre nicht das geringste Bedürfnis, mich irgendwem überlegen zu fühlen. Natürlich kann man in der einen oder anderen Sache mehr wissen als ein anderer. Auf dem einen Gebiet hat man vielleicht eine besondere Begabung, während auf einem anderen Gebiet ein anderer besondere Fähigkeiten hat. Aber das zeigt doch nur, dass jeder Mensch einzigartig ist, dass jeder andere Qualitäten aufweist. Jedes Individuum hat eine besondere Befähigung, jeder ist unvergleichlich. Ich habe nie jemanden für überlegen oder unterlegen gehalten.

Ich bin ich selbst, du bist du selbst. Die Frage des Vergleichs stellt sich gar nicht.

Doch die Kinder werden alle gezwungen, sich zu vergleichen, miteinander zu konkurrieren, und dann entsteht natürlich Neid, wenn ein anderer Erfolg hat und du nicht. Ein anderer bekommt die Dinge, die du nicht bekommst.

Ich habe gehört ...

Ein baptistischer Geistlicher und ein Rabbiner wohnten in einer Straße einander genau gegenüber. Zwischen ihnen war ein ständiger Wettstreit, was verständlich ist: Ein zweitausend Jahre alter Konflikt, der mit Jesus begann und wer weiß mit wem einmal enden wird. Ich habe gehofft, er endet mit dem Polenpapst, aber das ist nur eine Hoffnung. Man kann sich dessen nicht sicher sein. Seit zweitausend Jahren findet dieser Streit statt, und hier wurde er zunehmend auf der persönlichen Ebene ausgetragen.

Wenn der Priester sich ein paar Rosen oder andere Pflanzen für seinen Garten besorgte, holte der Rabbiner gleich zweimal so viele. In einem Jahr geschah es, dass der Baptist sich ein neues Auto kaufte, einen Lincoln Continental. Das ging dem Rabbiner zu weit. Von der Veranda seines Hauses sah er den Priester auf die Straße kommen und ein wenig Wasser über seinen Lincoln Continental spritzen.

Der Rabbiner: »Was tun Sie denn da?«

Der Baptist: »Ich habe ihn getauft. Jetzt ist er ein Christ.«

Der Rabbiner: »Wenn Sie meinen ...«

Tags darauf kaufte sich der Rabbiner einen Cadillac – eine Limousine mit sechs Türen, natürlich eine viel bessere Preisklasse. Nun stand er vor seiner Garage neben dem Schlitten und wartete gespannt darauf, dass der Priester mal herauskam.

Als der Priester auftauchte, ging der Rabbiner ins Haus, kam mit ein paar Werkzeugen zurück und machte sich an seinem Wagen zu schaffen.

Der Priester sagte: »Was tun Sie denn da?«

Der Rabbiner sagte: »Ich beschneide ihn« – und er sägte ein Stück vom Auspuff ab!

Neid und Konkurrenzdenken können die Menschen verrückt machen. Wenn er das Auto taufen kann, kann ich es beschneiden. Und er macht aus dem Cadillac einen Juden. Ich glaube, in Amerika ist der Cadillac ein Jude. Denn als ich Sheela vorschlug, wir könnten für unsere Stiftung und deren Präsidentin doch einen Cadillac kaufen, meinte sie: »Nein! Du weißt offenbar nicht, dass der Cadillac ein Jude ist?«

Da sagte ich: »Mein Gott! Können Autos auch Juden sein?«

Sie sagte: »Ja, der Cadillac ist ein Jude, und ein Cadillac kommt für mich überhaupt nicht infrage!«

Offenbar lassen sich Autos konvertieren.

Diese Leute, und seien sie Priester und Rabbiner, sind genauso dumm wie alle anderen. Und das gilt auch für ihren Gott. An ihrem Gott ist auch nicht viel dran, denn er ist nur ihre eigene Projektion – und eine Projektion ist immer weniger als derjenige, der sie projiziert.

Dazu fällt mir noch eine Geschichte ein …

Ein Rabbi und ein Pfarrer spielen Golf. Jedes Mal wenn der Rabbi danebenschlägt, ruft er: »Scheiße!«

Der Pfarrer sagt: »Du, das gehört sich nicht für einen frommen Mann! Und noch dazu einen Rabbi, einen Priester! Das ist unmanierlich. Du wirst damit Gottes Zorn erregen.«

Aber was tun mit einer Gewohnheit? Wieder schlug der Rabbi daneben, und wieder rief er: »Scheiße!«

Darüber regte sich der Pfarrer ziemlich auf. Er sagte: »Wenn du das noch mal sagst, wette ich drauf, dass dich Gottes Strafe trifft!«

Und als der Rabbi zum dritten Mal danebenschlug und wieder »Scheiße!« rief, folgte die Strafe Gottes. Ein Blitz zuckte herab, und vom Himmel tönte es: »Scheiße!« Der Blitz hatte den Pfarrer getroffen! Aber was kann man von einem jüdischen Gott anderes erwarten?

Ein Rabbi und ein jüdischer Gott können nicht allzu verschieden sein: die gleiche Projektion, das gleiche Denken.

Der Neid übersieht eine einfache Tatsache: Man hat dir beigebracht, dich selbst stets als anderen unterlegen oder überlegen zu sehen. Es ist dir aber kaum bewusst, wie sehr du ständig andere Menschen beurteilst: als überlegen, unterlegen, gut, schlecht, richtig, falsch.

Urteile nicht. Jeder ist einfach er selbst. Akzeptiere jeden, wie er ist. Das ist aber nur möglich, wenn du dich selbst genau so akzeptierst, wie du bist, ohne Scham und Minderwertigkeitsgefühle.

Der Fragesteller möchte wissen, ob Neid bedeutet, dass wir uns zu weit von uns selbst entfernt haben. Ja. Durch das Vergleichen gehst du sehr weit von dir weg, in beide Richtungen. Nach der einen Seite gibt es die endlose Schlange derjenigen, die dir überlegen sind, nach der anderen Seite die andere Schlange von denjenigen, die dir unterlegen sind – und du stehst genau dazwischen.

Du kommst überhaupt nicht dazu, dich selbst zu sehen. Du bist viel zu beschäftigt, dir den Platz desjenigen zu erkämpfen, der vor dir ist, und gleichzeitig den, der hinter dir ist und dir deinen Platz streitig machen will, unten zu halten. Er zieht an deinem Bein, während du am Bein eines anderen ziehst. Es ist eine komische Kette: Jeder zieht dem anderen am Bein, und alle haben Stress, alle sind überfordert. Es ist die reinste Streckfolter.

Als mein Rücken anfing, mir Probleme zu machen, wurde mir Traktionsbehandlung verordnet. Ich fragte meinen Arzt Devaraj: »Weißt du eigentlich, woher das Wort *Traktion* kommt, und was ihr mir da antut?«

Er sagte: »Nein. Aber die Traktion ist eine sehr wirksame medizinische Behandlung, und sie wird überall angewandt.«

Ich sagte: »Sie wurde von den Christen im Mittelalter zur Folterung von Menschen eingeführt. Es war eine christliche Foltermethode! Man zieht die Hände in die eine Richtung und die Füße in die andere, um einem Menschen eine Beichte abzuringen. Wollte man eine Frau zu dem Geständnis zwingen, dass sie eine Hexe war, wurde sie auf die Streckfolter gespannt und kam schnell an den Punkt, an dem ihr klar wurde: ›Gleich reißen sie mir die Hände vom Körper, die Beine vom Körper! Ich gestehe lieber, dass ich eine Hexe bin, damit diese Tortur ein Ende hat.‹ Aber wenn sie dann zugab, eine Hexe zu sein, wurde sie lebendig verbrannt.«

Es war eine Foltermethode. Rein zufällig wurde noch ein anderer Nutzen entdeckt … Ein Mann, der als Ketzer galt, wurde dieser Streckfolter unterzogen. Er hatte immer unter Rückenschmerzen gelitten, und als man mit ihm fertig war, sagte er: »Mein Gott! Meine Rückenschmerzen sind weg!« So fand man durch Zufall heraus, dass sie auch gegen Rückenschmerzen hilft, und seither wird sie in der Medizin verwendet. Vorher war sie ein Monopol der Kirche.

Du kannst dein Leben als psychologische Streckfolter betrachten. Nur deshalb hast du keine Zeit, keine Energie, keinen Raum für dich selbst. Du schaust immer auf die anderen – sei es, um dich gut zu fühlen oder …

Stanley Jones war ein christlicher Priester, der zu seiner Zeit sehr berühmt war – inzwischen ist er verstorben. Er war ein weltbekannter christlicher Lehrer und natürlich auch ein großer Redner. Nicht so ein Schwachkopf wie dieser Billy Graham! Er war wahrlich ein großer Redner, ein Redner mit Tiefgang. Stanley Jones war wirklich eine eindrucksvolle Persönlichkeit und weltweit bekannt. Er zog predigend um die ganze Welt, aber sein Hauptquartier hatte er in Indien. Er gründete im Himalaja einen christlichen Ashram. Er pflegte auch nach Jabalpur zu kommen, wo ich Professor war.

In einer seiner Predigten, der ich beiwohnte, erzählte er eine sehr schöne Anekdote. Er hatte keine Ahnung, was für ein seltsamer Vogel ihm direkt gegenübersaß, als er sagte: »Es gibt zwei Arten von Menschen. Die einen schauen immer auf die hohen Wolkenkratzer der anderen und fühlen sich todunglücklich, weil der Rasen im Nachbargarten immer grüner ist.«

Er ist immer grüner. Aus der Entfernung sehen die Dinge anders aus, und der eigene Rasen erscheint nicht so grün. Das eigene Haus sieht schäbig aus, das andere Haus erscheint wunderschön. Wenn du zu deiner Frau nach Hause kommst, ist sie ständig am Streiten, aber wenn du deine Nachbarn besuchst, lächeln sie alle beide. Du vergisst aber eines: Wenn euer Nachbar zu euch kommt, lächelt ihr auch alle beide. Die Leute schauen immer auf das, was die anderen haben, und dann bekommen sie das Gefühl, dass ihnen etwas fehlt – egal, was!

Stanley Jones erzählte eine Geschichte. Er sagte:»Ich habe einen lebenslangen Freund, der immer zuversichtlich und optimistisch ist. Er sieht wirklich bei jeder dunklen Wolke einen Silberstreifen. Zuerst dachte ich, das sei nur so eine Philosophie von ihm, aber der Zweite Weltkrieg hat schlüssig bewiesen, dass er meinte, was er sagte. Es war nicht bloß eine Philosophie, es war essenzielles Christsein.

Ich besuchte ihn nach dem Zweiten Weltkrieg, denn er hatte im Krieg ein Auge, eine Hand und ein Bein verloren. Auf dem Weg zu ihm fragte ich mich, ob er vielleicht auch seine positive Einstellung verloren habe, doch zu meiner Verwunderung war er noch positiver als je zuvor. Ich fragte ihn nach seinem Geheimnis.

Er sagte: ›Es ist ganz einfach. Das ist die Grundlage des Christentums. Ich danke Gott, dass ich wenigstens ein Auge, eine Hand und ein Bein habe. Es gibt so viele, die beide Beine verloren haben, beide Augen verloren haben, beide Hände verloren haben, und Millionen, die ihr ganzes Leben verloren haben. Ich denke an sie und fühle mich glücklich und gesegnet.‹«

Mit dieser Geschichte wollte Stanley Jones unterstreichen, dass dies die Einstellung jedes Christen sein sollte: Die positive Philosophie sei der größte Beitrag von Jesus Christus.

Da erhob ich mich und sagte zu ihm:»Es ist nicht möglich, sich glücklich zu fühlen, wenn man sich mit denen vergleicht, die schlechter dran sind – aber sich umgekehrt nicht schlechter zu fühlen, wenn man Menschen sieht, die besser dran sind. Man kann unmöglich zwischen schlechter und besser unterscheiden, aber nur eines davon haben wollen. Es sind die beiden Seiten derselben Medaille.«

Das Erstaunlichste war aber, dass dieser große Redner und

Prediger total wütend wurde, seine Notizen hinwarf und ins Haus stürmte. Während er hinausging, sagte ich zu ihm: »Das scheint die wahre christliche Philosophie zu sein. Wütend zu werden und wegzulaufen ist aber kein Argument. Und falls Sie je wieder in diese Stadt kommen, denken Sie daran: Ich werde kommen, um Sie an diese Diskussion zu erinnern – denn Ihre Antwort ist nicht schlüssig.« Tatsächlich kam er nie wieder nach Jabalpur.

Es mag euch überraschen, aber das Vergleichen bezieht sich nicht nur auf Geld oder Macht; es betrifft alles Mögliche. In meiner Kindheit trugen nicht nur die indischen Mädchen Ohrringe, sondern auch die Söhne wohlhabender Eltern. Heute breitet sich diese Krankheit auch im Westen aus. Meine Ohren zeigen immer noch die Narben dieser alten Löcher. Ich habe mich damals sehr gesträubt, aber ich war noch zu klein, und meine Eltern sagten: »Es sieht nicht gut aus, wenn jeder Junge in der Nachbarschaft goldene Ohrringe hat und du hast keine. Dann wird jeder zu unserer Familie sagen: ›Was ist denn los? Könnt ihr euch nicht einmal zwei goldene Ohrringe leisten?‹ Das wäre beleidigend!«

Also, was haben Ohrringe damit zu tun? Ich sagte: »Für euch mag es beleidigend sein, aber mir kommt es einfach so vor, dass ihr meine Ohren kaputt macht. Ihr wollt Löcher in meine Ohren stechen, und ich muss den Schmerz aushalten. Wenn Gott das so gewollt hätte … Wenn er so viele Dinge machen kann, wird er doch zwei Löcher in den Ohren zustande bringen – dazu gehört nicht viel Geschicklichkeit. Sogar der Heilige Geist hätte das fertiggebracht.«

Doch sie wollten nicht auf mich hören, denn es war ein ständiges Ärgernis. Verwandte kamen und sagten: »Wie!? Euer Junge hat keine Ohrringe?« Ohrringe waren zu einer absoluten Notwendigkeit geworden. Auch das gehört zur konkurrierenden Gesellschaft. Und so haben sie mich dazu gezwungen: Vier Leute mussten mich aufs Bett niederdrücken, und dann stachen sie mir Löcher in beide Ohren.

Ich sagte: »Hört mal, ich bin klein und kann mich nicht wehren. Wenn ihr wollt, könnt ihr jeden Blödsinn mit mir anstellen, aber merkt euch eins: Ich werde euch das nie verzeihen. Ihr macht das gegen meinen Willen, und ich werde eure Ohrringe nicht tragen. Wollt ihr mir vierundzwanzig Stunden am Tag hinterherlaufen? Aber wir werden ja sehen ...!« Viele Male haben sie mir Ohrringe drangemacht, aber ich warf sie immer weg. Schließlich waren sie es leid, und es war auch teuer, denn es waren goldene Ohrringe. Ich warf sie einfach weg. Sobald sich die Gelegenheit ergab, warf ich sie fort.

Schließlich sagten sie: »Lasst ihn in Ruhe.«

Ich sagte: »Hättet ihr mich früher in Ruhe gelassen, dann wären meine Ohren verschont geblieben. Ich kann nicht hoffen, vom Leben verschont zu bleiben, aber wenigstens meine Ohren wären verschont geblieben.«

Konkurrenz in jeder Hinsicht, in den seltsamsten Dingen ... Wenn du in einer Hippiekommune oder mit Hippies zusammenlebst, dann gilt: Der Schmutzigste ist der Coolste. Damit will ich sagen, dass es nichts mit Geld oder Macht oder bestimmten Dingen zu tun hat. Alles Mögliche muss dafür herhalten, und man kann alles benutzen, um sich überlegen oder unterlegen zu fühlen. Der Hippie, der nie ein Bad nimmt, hat zweifellos den anderen Hippies etwas voraus, die noch nicht so abgehärtet sind und gelegentlich eine Dusche brauchen. Er ist ihnen weit überlegen, wenn er nie ein Bad nimmt, sich nie die Zähne putzt, keine Seife oder ähnliche abartige Dinge verwendet. Er will völlig natürlich bleiben. Er schwitzt wie die Sau, aber er bleibt natürlich. Er stinkt, aber er bleibt natürlich. Er will für etwas Höheres gehalten werden – ihr anderen seid lange nicht so stark. Hier und da werdet ihr schwach und habt das Bedürfnis zu baden. Doch wenn ein Hippie ein Bad nimmt, macht er es heimlich.

In Indien gibt es solche Mönche. Ein Hindu-Mönch wohnte öfter in unserem Haus. Er war ein Freund meines Vaters, ein Freund aus der Kindheit. Mein Vater hatte einen Tuchladen, und immer wenn dieser Mönch zu Besuch kam, ließ mein Vater ihm etwas Gutes zum Anziehen machen. Wenn es Winter war, dann Winterkleider aus feiner Wolle. Und was tat der Mönch? Als Erstes machte er alles schmutzig, rieb es auf dem Boden, um es alt und schmutzig aussehen zu lassen, denn ein Mönch darf keine schönen Kleider haben und modisch gekleidet sein.

Mein Vater versuchte, ihm das Beste zu geben, was er in seinem Laden hatte. Ich sagte: »Das ist reine Verschwendung. Dieser Mann macht Löcher in die Kleider und zerreißt sie, damit sie alt aussehen« – denn damit war er auf einer höheren Stufe des Mönchseins. Wer sich so schmutzige, alte, zerschlissene Kleider nicht leisten kann, ist offenbar immer noch an weltlichen Dingen interessiert. Es zeigt seine Verhaftung an materiellen Dingen. Selbst darin gibt es Wettbewerb: Wer von allen hat die zerschlissensten Lumpen an?

Es gibt Hindu-Mönche, die das Essen, das man ihnen gibt, nicht einfach essen. Sie tauchen es erst in den Fluss, um es völlig zu verderben, dann vermengen sie alles in ihrer Bettelschale, um Salziges und Süßes und alles andere durcheinanderzumischen – und erst dann essen sie es. Das wird für besonders asketisch gehalten. Und diejenigen, die das nicht tun, gelten als viel weniger weit entwickelt: Sie leben noch für den Genuss und für das Essen. Sie müssen erst ihren Geschmackssinn zerstören.

Natürlich, wenn ihr so weitermacht – voller Neid und in Konkurrenz mit jedem um euch herum –, wie könnt ihr da zu euch selbst finden? Die Welt ist so groß, und es gibt so viele Menschen, und jeder ist ein Konkurrent. Und hier bist *du*. Da ist jemand mit einem schönen Gesicht, schönen Haaren, einem schönen, wohlproportionierten Körper oder ein großer Intellektueller, ein Maler, ein Dichter … Wie willst du das alles geregelt bekommen? Das gibt es alles, und du stehst völlig allein in diesem Wettstreit. Du wirst dich in den Wahnsinn treiben – und genau das hat die ganze Menschheit geschafft.

Gib die Konkurrenz auf, gib den Neid auf. Das ist alles sinnlos. Der Neid ist eine absolut raffinierte Methode, von den Priestern geschaffen, damit ihr niemals zu euch selbst findet – denn das ist es, was die alten Religionen alle am meisten fürchten.

Wenn du ganz du selbst bist, findest du Zufriedenheit, Erfüllung, Ekstase. Was kümmert dich dann noch Gott? Du *bist*
Gott. Du trägst den Geschmack der Göttlichkeit in dir. Dann
kann dich nicht einmal ein König unsicher machen, denn du
hältst ihn nicht mehr für etwas Höheres. Wie könnte er mehr
sein als du? Du hast einen Geschmack von unermesslichen Dimensionen bekommen – was könnte er dir voraushaben? Er
kann dir höchstens leidtun, aber du wirst dich ihm nicht unterlegen fühlen. Nicht einmal einem Bettler gegenüber wirst du das
Gefühl haben, er sei weniger als du. Du weißt, dass er das, was
du gefunden hast, ebenfalls in sich trägt.

Es gibt keinen qualitativen Unterschied zwischen dir, dem
Bettler und dem König. Die Unterschiede bestehen höchstens
im Außen, an der Oberfläche: in den Kleidern, den Titeln, dem
Elefanten, auf dem der König reitet ... Und hier der Bettler in
seinen Lumpen. Aber das sind keine wirklichen Unterschiede.
Es ist kein Unterschied, der wirklich ins Gewicht fällt.

Du wirst in dir selbst eine Ruhe, eine heitere Gelassenheit,
eine Stille, einen unergründbaren Schatz finden. Und wenn du
ihn gefunden hast, wirst du wissen, dass jeder ihn in sich trägt,
ob er es weiß oder nicht. Es zu wissen oder nicht zu wissen
macht den einzigen Unterschied. Was die Existenz des Göttli-
chen angeht, birgt jeder in sich die ganze Schönheit dieser Welt,
dieses Universums, den ganzen ekstatischen Tanz des Universums. Ja, es wird sich auf unterschiedliche Weise ausdrücken.
Man muss nicht denken, jemand, der es durch Tanz ausdrückt,
sei besser als jemand, der es durch Gesang ausdrückt, oder jemand, der es durch seine Stille ausdrückt. Was sich ausdrückt,
ist die gleiche Ekstase.

Du wirst es aber nur finden, wenn du in die Welt deines Alleinseins eintrittst, wo es außer dir niemand anderen gibt. Dort
lässt du die Gesellschaft weit hinter dir – denn diese Gesellschaft hat alles getan, um dich daran zu hindern, du selbst zu
sein. Dort lässt du alle Priester, alle Religionen, alle politischen
Parteien weit hinter dir. Jetzt bist du beinahe ein Niemand.

Ich sage »beinahe«, denn tatsächlich *bist* du zum ersten Mal –

aber auf einer ganz anderen Ebene. Du hast dir nie darüber Gedanken gemacht, dass dies dein wahres Sein ist, so tief und doch dabei so voll und so ewig. Und was hast du schon zu verlieren, wenn du den Neid und das Konkurrenzdenken und das Vergleichen aufgibst? Nichts.

Du hast nichts zu verlieren als deine Fesseln, aber das ganze Reich Gottes zu gewinnen, das in dir liegt.

5

Die Odyssee des Alleinseins

? *Unsere Kommune ist anders als alle traditionellen
Ashrams oder Klöster. Kannst du uns bitte mehr
darüber sagen, was die Aufgabe deiner Kommune ist?*

Zunächst ist es notwendig, die traditionelle Struktur eines
Ashrams zu verstehen und auch die eines Klosters. Nur vor
diesem Hintergrund könnt ihr die wahre Bedeutung meiner
Kommune verstehen.

Ashram ist ein östliches Konzept und beruht auf der Idee, der
Gesellschaft, ihren Annehmlichkeiten und allem Komfort zu
entsagen. Ein Ashram besteht aus einer Gruppe von Menschen,
die zusammenleben, um in Askese und selbst gewählter Armut
zu leben, zu hungern und es »Fasten« zu nennen, den Körper zu
kasteien, um durch den Geist die Kontrolle über den Körper zu
erlangen. Dabei werden verschiedene Übungen durchgeführt,
die zum Ziel haben, ganz in der Konzentration auf Gott aufzu-
gehen, sofern es sich um Hindus handelt, oder in der höchsten
Entfaltung des menschlichen Bewusstseins, sofern es sich um
Buddhisten und Jainas handelt. Bei allen dreien geht es um ein
weit entferntes Ziel – ob sie es nun Gott oder Buddha oder Jina
nennen. Das sind nur verschiedene Begriffe, die im Grunde
nichts bedeuten, aber auf ein anderes, so weit entferntes Ufer
hinweisen, dass es sich jeder Vorstellung entzieht.

Es existiert nur als vage Vorstellung, als eine nebulöse Idee
im Verstand. Um dieser nebulösen Vorstellung willen soll man
alles opfern, was real gegeben ist, konkret vorhanden und an-
fassbar, was man sehen, fühlen, leben kann. Alles Lebendige
soll geopfert werden für etwas, das im Grunde nichts als eine
Utopie ist.

Kennt ihr die genaue, buchstäbliche Bedeutung des Wortes
Utopie? Seine buchstäbliche Bedeutung meint etwas, das sich

nie ereignet, etwas, das man sich erhofft, das aber nie eintritt. Utopien können die Menschen viele Jahrhunderte lang beschäftigen, und in der Tat haben sie Millionen von Menschen jahrhundertelang beschäftigt gehalten. Sie sind bis heute damit beschäftigt mit dem gleichen Anliegen: *das*, was jetzt hier ist, wegen etwas aufzugeben, für das sie keinen Beweis, kein Indiz, nicht einmal ein Argument haben.

Das Wort *Ashram* ist sehr schön, aber es wird in einem völlig falschen Zusammenhang verwendet. *Ashram* bezeichnet einen Ort der Entspannung. Ja, ganz am Anfang, vor fünftausend Jahren, zur Zeit der Vedas, war ein Ashram tatsächlich ein Ort der Entspannung; dort ging es nicht um Askese. Vielleicht erstaunt euch das, denn in diesen fünftausend Jahren hat sich die asketische Einstellung an diesen Orten so stark in den Vordergrund gedrängt, dass die Menschen ganz vergessen haben, wie es ursprünglich gewesen ist. Es war genau das Gegenteil von dem, was heute existiert.

Die *Rishis*, die *Munis* … diese beiden Wörter muss man verstehen. *Rishi* bedeutet »Dichter des Bewusstseins«. Im Osten haben wir zwei verschiedene Wörter für Dichter: *Kavi* und *Rishi*. *Kavi* entspricht buchstäblich dem Dichter, aber für *Rishi* gibt es keine Entsprechung. Der *Rishi* ist der erwachte Dichter. Er singt noch, aber er komponiert seine Gesänge nicht, sondern empfängt sie direkt von der Existenz. So, wie Blumen erblühen, erblühen auch diese Gedichte. Der *Kavi* hingegen komponiert seine Dichtung: Er spielt mit den Worten, mit ihrem Rhythmus, ihrem Klang, und so vermag er bedeutsame rhythmische Lieder zu erschaffen.

Man tut gut daran, einen Dichter nicht persönlich kennenzulernen. Macht es euch zur Regel, keinen Dichter persönlich zu treffen, denn ihr wärt nur enttäuscht. Seine Gedichte sind so wunderbar, doch der Dichter selbst ist extra-gewöhnlich (engl.: *extra-ordinary*). Und ich meine nicht außergewöhnlich als zusammenhängendes Wort. Ich verwende *extra* hier auf andere Weise, mit der Betonung auf *gewöhnlich*: außerordentlich gewöhnlich. Ich weiß nicht, wer dieses Wort *extraordinary* geprägt hat, denn eigentlich bedeutet es das Letzte, das Allerletzte – nicht bloß gewöhnlich, sondern äußerst gewöhnlich. Wer dieses Wort geprägt hat, muss dabei an *außergewöhnlich* im Sinne von »über das Gewöhnliche hinausgehend« gedacht haben, aber *außergewöhnlich* kann beides bedeuten. Eines ist aber klar: Ein Dichter ist nie gewöhnlich – er kann über das Gewöhnliche hinausgehen, er kann aber auch weniger als gewöhnlich sein.

Es gibt viele Wörter, die eine ähnliche Doppeldeutigkeit aufweisen. Zum Beispiel das Wort *abnorm*, das die Psychologen verwenden. Es kann geisteskrank, verrückt, krankhaft, abweichend von der Normalität bedeuten. Abnorm kann aber auch bedeuten, dass jemand über die Norm hinausgeht, zum Beispiel ein Buddha, Jesus, Moses, Zarathustra. Beides ist abnorm in dem Sinn, dass es nicht normal ist, aber es gibt eben beide Möglichkeiten, wie man vom Normalen abweichen kann. Das Wort *außergewöhnlich* wird immer nur für solche Menschen gebraucht, die über das Gewöhnliche hinausgehen. Ich wollte aber immer verstehen, warum man es nicht auch für solche Schwachköpfe verwendet, die unterhalb des Gewöhnlichen bleiben. Auch sie sind außergewöhnlich. Ist das nicht unfair?

Ursprünglich bedeutet Ashram, das Wort *Ashram* an sich, »Zeit zum Entspannen« oder »Ort zum Entspannen«. *Shram* bedeutet Mühe, Arbeit. *Ashram* bedeutet daher, dass man alles getan hat, was zu tun war, und nun bereit ist für den Zustand des Nichttuns. Man war sein Leben lang tätig. Wann wird man endlich die unbekannte, außergewöhnliche Welt der Untätigkeit erleben können? So absolut ruhig, dass nichts sich regt. *Ashram* war ein schönes Wort, und seine Erfinder lebten auch wirklich danach. Das ist aber eine fünftausend Jahre alte Geschichte, die im Laufe dieser fünftausend Jahre kontinuierlich abgebaut wurde.

Schockierend ist vielleicht, dass *Rishi* auch als »Seher« übersetzt werden kann. Während ein gewöhnlicher Dichter blind ist und im Dunkeln tappt, ist der *Rishi* einer, der Augen hat. Na-

türlich kann auch der Blinde schöne Lieder von schönen Son-
nenaufgängen und Sonnenuntergängen singen, von Blumen,
Farben, Regenbogen ... Ja, auch der Blinde kann singen.

Blinde sind wirklich gute Sänger. Normalerweise verbrauchen
die Augen achtzig Prozent unserer Körperenergie, aber bei Blinden verteilen sich die achtzig Prozent auf Ohren, Nase, Mund –
die anderen Sinne, denen sonst nur zwanzig Prozent der Energie
zur Verfügung stehen. Wenn die Augen wegfallen, kommen die
anderen vier Sinne in den Genuss der vollen hundert Prozent der
Energie. So entwickelt ein Blinder ein sehr feinfühliges Gehör.
Ihr könnt nicht hören, was er hört. Sein Gedächtnis orientiert
sich am Hören.

Einmal fuhr ich mit dem Zug und trat mitten in der Nacht in
das Abteil, das für mich reserviert war. Es war ein kleines Abteil
mit zwei Liegebetten. Eines davon, das obere, war schon belegt,
das untere war für mich reserviert. Während ich auf der unteren
Liege saß, den Gepäckträger bezahlte und dem Diener Bescheid
gab, wann ich morgens meinen Tee und mein Frühstück serviert
haben wollte, hatte ich keine Ahnung, wer in der oberen Koje
war. Plötzlich sagte ein Mann: »Bist das nicht du, Osho?«

Ich schaute hoch, aber ich erkannte den Mann nicht. Ich sagte:
»Ja, aber wer bist du?«

Er sagte: »Hast du mich vergessen? Ich bin Sharnananda.« Er
war ein sehr berühmter Hindu-Heiliger, aber er war blind. Ich
hatte ihn zwölf Jahre zuvor kennengelernt. In diesen zwölf
Jahren hatte ich wohl Millionen von Menschen getroffen. Ich
konnte mich unmöglich an ihn erinnern. Wie kam es, dass er
sich an mich erinnerte, wo er doch blind war, blind von Geburt?

Ich sagte: »Sharnananda, du vollbringst ein Wunder! Du
kannst mich nicht sehen, und dennoch hast du mich wiederer-
kannt. Ich kann dich sehen, aber ich konnte dich nicht wieder-
erkennen.«

Er sagte: »Das liegt an deinen Augen. Ich kann nicht sehen,
aber ich erinnere mich mit den Ohren. Der Klang deiner Stimme,
deine Art zu sprechen – das sind die kleinen Dinge, an die ich
mich erinnere. Das Treffen mit dir und die Art, wie du gespro-

chen hast, waren so unvergesslich. Ich hörte genau diese Sprech-
weise, deinen Klang, als du mit dem Diener und dem Träger
gesprochen hast. Daran habe ich dich sofort erkannt. Niemand
redet so wie du.

Als du zu dem Diener sagtest: ›Weck mich nicht auf, denn
mein Morgen beginnt, sobald ich aufwache. Lass den Tee ruhig
warten. Wenn ich aufgewacht bin, werde ich klingeln, und dann
kannst du mir den Tee bringen.‹ In dem Moment, als du gesagt
hast: ›Mein Morgen beginnt, sobald ich aufwache‹, da wusste
ich, das konntest nur du sein! Ich kenne sonst niemanden auf
der ganzen Welt, dessen Morgen beginnt, sobald er aufwacht.
Der Morgen beginnt, wenn er beginnt ... Aber du kannst das
sagen, nur du kannst das sagen!«

Ein Seher ist keiner, der im Dunkeln tappt und sich die Dinge
nur ausmalt. Ja, die Vorstellungskraft eines Blinden wird sehr
machtvoll, weil er nicht sehen kann. Die ganze Energie, die sonst
durch die Augen nach außen strömt, steht ihm innen zur Verfügung. Die Augen sind wie Türen, die sich nach außen öffnen.
Sind die Augen geschlossen, bewegt sich die Energie nach innen.

Darum schließen Meditierende die Augen. Es ist eine einfache
Strategie: Das Schließen der Augen blockiert die Türen. Die
Energie kann nicht mehr nach außen fließen und wendet sich
nach innen. Auf diese Weise entwickeln Blinde ein reiches Vor-
stellungsvermögen. Sie können über Farben reden, auch wenn
sie nie welche gesehen haben. Sie können über Licht reden,
auch wenn sie es nie gesehen haben. Aber so schön ihre imagi-
nären Bilder auch sein mögen: Sie sind nicht wahr, sie sind nicht
wirklich.

In Indien nennen wir sie *Kavis*, Dichter. Aber geht bloß nicht
hin, um sie zu treffen, denn ein Dichter ist ein ganz gewöhnlicher Mensch. Es ist mir schon so oft passiert, dass es sich fast
wie eine Regel anfühlt, die zu befolgen ist. Erst kürzlich sah ich
zum ersten Mal einen Film mit dem Urdu-Sänger Gulam Ali. Er
ist einer der besten Urdu-Sänger im indischen Osten; er hat
seine eigene Art, einen völlig eigenen Stil. Es gibt viele Sänger,
aber Gulam Ali übertrifft sie alle bei Weitem. Ich hatte Gulam

Ali immer nur auf Tonaufnahmen gehört, hatte ihn noch nie gesehen; es hatte sich nie ergeben.

Wir reisten beide ständig durchs ganze Land, aber nie führte uns der Zufall in derselben Stadt zusammen. Er wollte mich treffen. In Indien nennt man einen großen Musiker, einen großen Sänger *Ustad,* »Meister«. Er hat Schüler genau wie ein spiritueller Meister, denn die Musik des Ostens verlangt langjährige Disziplin. Sie ist nicht wie moderne Musik, die jeder Idiot stampfen, plärren und Musik nennen kann. Sie ist auch nicht wie die Musik der Beatles. Sie erfordert zwanzig oder dreißig Jahre Ausbildung, acht bis zehn Stunden täglich. Es ist die Arbeit eines ganzen Lebens. Gulam Ali hat hart dafür gearbeitet und tut es immer noch.

Es heißt, wenn man in der östlichen Musik drei Tage nicht übt, merkt das Publikum, dass etwas fehlt. Wenn man zwei Tage nicht übt, merken nur die eigenen Schüler, dass etwas fehlt. Und wenn man einen Tag nicht übt, merkt man nur selbst, dass es anders war. Man darf keinen einzigen Tag auslassen.

Kürzlich schickte mir nun jemand aus Pakistan einen Videofilm mit Gulam Ali. Und es war leider so, wie ich erwartet hatte: Seine Persönlichkeit ist so blass, dass es schwerfällt, diese wundervolle Stimme mit dem Mann zu verbinden, der aussieht wie ein Postbeamter oder ein Fahrkartenschaffner bei einer Eisenbahngesellschaft oder ein Busfahrer – dieser Typ von Mann. Ich musste die Augen zumachen, denn sein Gesicht, seine Augen, seine Hände, seine Gesten – alles war irritierend. Ich habe schon erwogen, ihm eine Empfehlung zu schicken: »Singen Sie doch hinter einem Vorhang. Ihre Erscheinung ist nicht präsentabel, Sie verderben damit Ihre Musik. Die Musik ist geradezu göttlich, aber wenn man einen Esel dahinterstehen sieht, kann man die Verbindung nicht herstellen.«

Das Gleiche passierte vor ein paar Tagen: Mehdi Hasan hatte ich ebenfalls noch nie zu Gesicht bekommen – auch er ein großer Sänger, aber viel moderner als Gulam Ali, der sehr traditionelle, konventionelle Musik macht. Doch Mehdi Hasan ist äußerst innovativ. Obwohl er traditionell ausgebildet ist, hat er sich nicht darauf beschränkt. Er improvisiert auf völlig neue Weise mit neuen Stilen – ein wirklich kreativer Mann! Gulam Ali ist nicht kreativ; er rezitiert seine Lieder genau so, wie sie seit Jahrtausenden rezitiert werden. Wenn man ihm zuhört, hört man die ganze hinter ihm liegende Tradition von Jahrtausenden.

Diese Sänger haben alle eine sogenannte *Gharana*, was »Familie« bedeutet. Sie gehören nicht zur Familie ihrer Väter und Mütter, sondern zur Familie ihres Meisters, bei dem sie lernen. Das ist ihre *Gharana*, ihre Familie. Sie führen den Namen ihres Meisters, und ihr Meister führt wiederum den Namen seines Meisters. Ihre *Gharanas* sind jahrtausendealt, und jede Generation übernimmt von der älteren genau den gleichen traditionellen Klang, die gleiche Wellenlänge.

Mehdi Hasan ist aber ultramodern und ein kreativer Genius, was viel wichtiger ist. Ich schätze ihn sehr, weil er ein neues Licht hereinbringt, eine völlig neue Art, dieselben alten Lieder zu singen. Er ist so kreativ, dass ein traditionelles Lied völlig neu klingt, frisch geboren wie eine gerade aufgegangene Blüte, auf der noch die Tautropfen sitzen.

Aber welch ein Trauerspiel, ihn zu sehen! Es ist noch schlimmer als bei Gulam Ali. Dieser könnte zumindest als Busschaffner durchgehen, aber Mehdi Hasan gäbe noch nicht einmal einen Schaffner ab! Wenn Gulam Ali nicht zu dem passt, was er singt, dann ist Mehdi Hasan geradezu das Gegenteil von dem, was er singt. Merkwürdig, dass ich die beiden nur auf dem Bildschirm gesehen, aber nie persönlich getroffen habe. So habe ich es während meines ganzen Lebens in Indien gehalten. Ich habe die Dichter gelesen, habe sie im Radio angehört, aber persönlich kennenlernen wollte ich sie nie, weil meine frühen Erfahrungen von Treffen mit Dichtern so katastrophal waren.

Hier sitzt Maitreyaji. Er hat noch den großen indischen Dichter Ramdhari Singh Dinkar gekannt. Sie stammten aus derselben Stadt, Patna, und sie waren Freunde. Ramdhari Singh Dinkar hat ein paar sehr populäre Lieder geschrieben und viel zur indi-

schen Dichtkunst beigetragen. Er war als der »Große Dichter«
bekannt: *Mahakavi*, nicht nur *Kavi*, ein Dichter, sondern der
große Dichter. Er war der Einzige, der so genannt wurde.

Er pflegte mich besuchen zu kommen, unglücklicherweise. Er
liebte mich, und ich liebte ihn, aber *mögen* konnte ich ihn nicht.
Liebe ist spirituell, lieben kann man jeden. Aber jemanden zu
mögen ist viel schwieriger. Wenn er kam, redete er immer so
dummes Zeug, dass ich ihm einmal sagen musste: »Dinkar, von
dir erwartet man etwas Poetisches.«

Er sagte: »Ich bin aber nicht ständig ein Dichter.«

Ich sagte: »Das ist wahr. Aber komm bitte, wenn du's bist!
Sonst komm lieber nicht, denn meine Bekanntschaft besteht mit
dem Dichter Dinkar, nicht mit dir.« Immer wenn er kam, redete
er über Politik – er kandidierte für das Parlament. Oder er redete fortwährend von seiner Krankheit, und das machte mich
krank! Ich sagte zu ihm: »Hör auf, über deine Krankheiten zu
reden. Die Leute kommen zu mir, um mich etwas zu fragen, was
einen Wert hat, aber du kommst, um mir deine Krankheiten zu
beschreiben.«

Wenn ich ihm verbot, über Politik zu sprechen, sprach er über
Krankheiten. Wenn ich ihm verbot, über Krankheiten zu spre-
chen, sprach er über seine Söhne: »Sie ruinieren mir mein Leben.
Keiner hört auf mich! Ich werde sie zu dir schicken.«

Ich sagte ihm: »Du bist unmöglich. Du verdirbst mir die ganze
Freude auf dein neues Buch, wenn es herauskommt. Ich werde
es nicht lesen können, ohne an dich zu denken. Du wirst zwischen den Zeilen stehen und über Diabetes und Politik reden
…«

Er sprach von Diabetes, aber er wollte Süßigkeiten! »Diesen
da«, sagte er, »kann ich nicht widerstehen!« Er starb, weil er
ständig aß, was die Ärzte ihm verboten hatten. Und er wusste
es. Er erzählte mir alles, was ihm die Ärzte verboten hatten, und
fragte mich: »Osho, kannst du mir verraten, wie ich solche Sachen essen kann, auch wenn ich zuckerkrank bin?« Maitreyaji
hat ihn gut gekannt.

In Jabalpur gab es eine berühmte Dichterin, Shubhadra Kumari Chauhan. Von Kindheit an kannte ich ihre Gedichte. Sie kämpfte ständig für Freiheit und Revolution. Ihre Lieder wurden durch den Freiheitskampf so populär, dass schon die kleinen Kinder sie sangen. Bevor ich lesen konnte, kannte ich schon einige ihrer Lieder. Als ich an die Universität kam, erfuhr ich, dass sie ebenfalls nach Jabalpur gezogen war. Es war nicht ihr Geburtsort; ursprünglich stammte sie aus meiner Gegend. Das fand ich aber erst später heraus: Sie hatte nur zwanzig Meilen von meinem Dorf gelebt und war erst zwei Jahre vor mir nach Jabalpur gezogen.

Als ich diese Frau zu Gesicht bekam, sagte ich: »Mein Gott! So wunderbare Gedichte, und so eine heimatlose (*homeless*) – nein, ich meine *homely* (unscheinbare, hausbackene) ...« Sie hatte mich so sehr irritiert, dass ich das Wort *homely* verwechselt habe! Aber sie war noch schlimmer – ich weiß gar nicht, mit welchem Wort ich das beschreiben könnte. Es fühlt sich nicht richtig an, jemanden *hässlich* zu nennen. Das ist ein Urteil; aber ich will sie ja gar nicht verurteilen, nur beschreiben – darum *homely*: das heißt, man muss ihr nicht viel Aufmerksamkeit geben, man kann sie einfach übergehen, übersehen.

Dann gab es da noch einen anderen Dichter, den in ganz Indien berühmten Bhavani Prasad Tiwari, der von mir sehr angetan war. Ich war noch ganz jung, als ich anfing, öffentliche Vorträge zu geben. Ich muss etwa zwanzig gewesen sein, als ich meinen ersten öffentlichen Vortrag hielt, das war 1950. Und dieser Mann führte den Vorsitz. Als er mich reden hörte, konnte er es nicht fassen. Er war so überwältigt, dass er als Vorsitzender der Veranstaltung nicht seine von allen erwartete Rede hielt, sondern stattdessen sagte: »Was dieser junge Mann eben gesagt hat, möchte ich nicht verwässern. Ich möchte, dass Sie mit dem, was er gesagt hat, nach Hause gehen und darüber nachsinnen. Ich werde meine Ansprache als Vorsitzender nicht halten. Im Grunde hätte *ihm* der Vorsitz gebührt, während ich meinen Redebeitrag abliefere.« Und damit schloss er die Veranstaltung. Alle waren schockiert, denn er war ein alter Herr und sehr berühmt. Er nahm mich in seinem Auto mit und fragte, wo er mich hinbringen könne. An diesem Tag lernte ich ihn kennen. Ich sagte: »Es ist ein Schock für mich. Sie sind zweifellos ein liebevoller und auch sehr verständnisvoller Mensch. Ich habe Ihre Gedichte gelesen und immer sehr geschätzt, denn sie sind schlicht, aber von der Qualität roher, ungeschliffener Diamanten. Man muss das Auge eines Juweliers haben, um die Schönheit eines ungeschliffenen Rohdiamanten zu erkennen, der frisch von der Mine kommt – neu geboren.

Ich kann auch sagen, dass ich beim Lesen Ihrer Gedichte immer ein Gefühl habe, als würde die Regenzeit in Indien beginnen, und die Wolken beginnen sich zu ergießen, und die Erde hat den süßen Geruch von frischem, durstigem Erdreich; und dieser Geruch von feuchter Erde vermittelt einem das Gefühl, dass der Durst gelöscht wird.

So fühle ich mich immer, wenn ich Ihre Gedichte lese. Doch jetzt, wo ich Sie sehe, bin ich desillusioniert.« Denn dieser Mann kaute *Pan* und hatte im Mund zwei Betelblätter, deren roter, blutähnlicher Saft ihm aus beiden Mundwinkeln rann und auf die Kleider tropfte. Das war bei ihm wie Kettenrauchen. Er war ständig damit beschäftigt, sich neue *Pans* zuzubereiten. Dazu trug er stets einen kleinen Beutel bei sich, in dem er alles Nötige aufbewahrte. Und sooft ich ihn ansah, war es immer dasselbe Bild: Er hielt den Tabak in der Hand, rieb ihn, bereitete und kaute den *Pan* – und überall war dieser rote Saft.

Ich sagte: »Sie haben mir mein ganzes Bild von einem Dichter ruiniert.« Seither habe ich die Dichter gemieden, weil ich so enttäuscht war, was für blinde Menschen sie sind, die nur gelegentlich in ihrer Fantasie einen Höhenflug haben. Doch vor fünftausend Jahren muss der Osten genau verstanden haben, dass man unterscheiden muss zwischen einem Dichter, der blind ist, und einem Dichter, der Augen hat.

Ein *Rishi* ist einer, der redet, weil er *sieht*. Seine Dichtung trägt auch einen eigenen Namen; sie heißt *Richa*, weil sie von einem *Rishi* stammt. *Richa* bezeichnet Dichtung, die aus einem erwachten Bewusstsein kommt.

Diese Menschen waren keine Asketen. Sie hatten Frauen, sie hatten Kinder, und sie hatten wunderschöne *Ashrams* – so schön, dass sogar Könige dort Urlaub machten. Die Herrscher schickten ihre Kinder dorthin, damit sie mit der Familie eines Rishi in einem Ashram leben konnten, denn es gab nichts Schöneres als einen Ashram.

Die Ashrams lagen tief in den Wäldern, in den Bergen, in der Nähe der großen indischen Flüsse – und es gab dort immer einen Erwachten. Er hatte eine Frau und Kinder und war genauso schlicht und gewöhnlich wie ihr; er war auf keinem Machttrip. Und er sorgte sich weder um Gott noch Paradies, sondern genoss einfach das diesseitige Leben.

Selbst die Herrscher beneideten die *Rishis* und suchten ihren Rat, denn diese Menschen waren nicht bloß spirituelle Führer. Sie konnten ihr hohes Sehvermögen auf alles anwenden. Und sie waren Reichtümern keineswegs abgeneigt. Alle Ashrams waren am Anfang ungeheuer reich, weil die Herrscher sie mit Geld und Gold überschütteten. Und es kam nicht nur ein König zu einem *Rishi*, denn die *Rishis* und ihre Ashrams gehörten zu keinem Königreich.

Solchen Respekt kannte der Osten: Der Ashram eines *Rishi* konnte nicht als Teil eines Königreichs beansprucht werden. Der *Rishi* war also unabhängig; auch andere Herrscher kamen zu ihm. Er gehörte zu niemandem, und kein König konnte ihm sagen: »Du darfst nur mich beraten. Ich habe dir das Land gegeben, und ich habe dir so viel Geld gegeben und solchen Luxus, Komfort und Schutz – darum kannst du nur mein Ratgeber sein.« Nein, so etwas war undenkbar.

Wenn der *Rishi* alles annahm, was man ihm darbot, konnte man sich glücklich schätzen. Er hätte auch ablehnen können. Man konnte ihm dankbar sein, dass man nicht abgewiesen wurde. Man stand in seiner Schuld, wenn er einem die Ehre erwies, ihm zu dienen. Er gehörte niemandem. Sein Territorium war unabhängig, und jedermann konnte darin Zuflucht nehmen, selbst wenn er ein Verbrecher war. Er war dann dem Machteinfluss der Herrscher entzogen, vor denen er geflohen war. Er konnte dort weder gefangen genommen werden, noch konnten Polizei und Militär das Gelände des *Rishi* betreten. Dieses Gelände war heilig.

Der ursprüngliche Ashram des Ostens war also buchstäblich mit nichts vergleichbar, nicht einmal mit einem Königspalast. Zu jedem besonderen Anlass begab sich der König dorthin, um den Segen des *Rishi* zu empfangen. Er berührte seine Füße, weil ihm bewusst war, dass er selbst blind war und dass es gut war, von einem, der Augen hatte, gesegnet und geleitet zu werden. Und es kam häufig vor, dass ein Krieg vermieden wurde, weil beide Herrscher zum selben *Rishi* gingen, um ihn zu fragen: »Unsere Heere stehen sich gegenüber – was sollen wir tun?«

Der Rishi sagte dann: »Ihr fragt mich, was ihr tun sollt? Holt eure Heere einfach zurück nach Hause! Es wird keinen Kampf geben. Solange ich noch am Leben bin, werden eure Heere sich nicht noch einmal gegenüberstehen.« Und so war es dann auch. Der Krieg wurde aufgeschoben, bis der Rishi gestorben war. Vorher konnte der Krieg nicht stattfinden. Es stand überhaupt nicht zur Debatte, dem Rishi nicht Folge zu leisten. Er hatte keine politische Macht, keine Armee, aber beide Parteien wussten, dass er sehen konnte. Und wenn er sah, dass es beiden Parteien zum Segen gereichen würde, dann sollte es so sein. »Wir sind blind, wir werden einen Schritt zurückgehen.«

Mit der Geburt von Buddhismus und Jainismus, den beiden anderen großen Religionen Indiens, kamen die Probleme. Sie haben den ganzen Charakter des Ashrams verändert. Zunächst fällt auf, dass Buddhisten und Jainas keine Ashrams haben. Sie lehnten den Gedanken des Ashrams ab. Der Ashram war die Bastion des hinduistischen Brahmanentums – allerdings ohne dass es einen Papst gab, der gewählt wurde, gekürt wurde …

Einen Buddha kann man nicht wählen Wie kann man überhaupt auf den Gedanken kommen, einen Buddha zu wählen? Welche Gründe, welche Kriterien wollte man dafür hernehmen? Stellt euch vor, Blinde würden jemanden wählen, der Augen hat. Wie wollen sie feststellen, ob er Augen hat? Sie haben selbst keine Augen, um ihn zu sehen. Zwei Personen stehen als

Kandidaten zur Verfügung und sagen: »Wir haben Augen – gebt uns eure Stimmen.« Könnt ihr die Absurdität sehen? Nun werden die Blinden sagen: »Wie sollen wir das entscheiden? Wir haben keine Augen, wir können also nicht sehen, ob ihr beide blind seid oder Augen habt oder ob einer hat Augen hat und der andere blind ist. Wir können das nicht feststellen.«

Ein Buddha, ein erwachter Mensch, kann sich nur selbst kundtun. Es steht völlig außer Frage, dass er von irgendwem ausgewählt oder nominiert wird. Wer könnte ihn auswählen? Wer könnte ihn nominieren? Wer könnte für ihn stimmen?

Es gibt ein Lied dieses Sängers Mehdi Hasan, den ich erwähnt habe. Darin kommt der Satz vor: *Ich bin ein Mann mit Augen, verkaufe Brillen in der Stadt der Blinden.* Als ich diese Zeile hörte: *Ich bin ein Mann mit Augen, verkaufe Brillen in der Stadt der Blinden,* da sagte ich mir: »Du kannst keine Augen haben. Dass du keine Augen hast, ist sicher. Ein Mann mit Augen, der Augengläser in der Stadt der Blinden verkauft ... Das beweist doch nur, dass er viel blinder ist als die Leute, denen er die Gläser verkaufen will! Blinde können gar nicht wissen, wer Augen hat und wer nicht.«

Diese *Rishis* waren alles andere als Päpste. Der Papst ist eine gewählte Figur, von zweihundert Kardinälen gekürt. Und alle zweihundert Kardinäle kandidieren insgeheim dafür, selbst gewählt zu werden. Das Ganze läuft streng geheim ab. Die Türen zu einem bestimmten Saal im Vatikan schließen sich, und diese zweihundert werden von der Welt weggesperrt, damit niemand erfährt, wie diese Wahl abgelaufen ist und wie der Papst gefunden wird. Im Grunde kandidieren sie alle für sich selbst. Jeder kandidiert für sich oder für jemanden, der ihm seine Unterstützung gibt. Und es dauert lange, bis die eine Person gefunden wird, denn die Wahl muss einstimmig sein. Manchmal bleiben zwei Kandidaten übrig, dann muss darüber abgestimmt werden. Manchmal gibt es drei Kandidaten, und keiner will zurücktreten. Durch ihre Stimmabgabe entscheiden zweihundert fehlbare Kardinäle – und wählen einen unfehlbaren Papst! Diese Welt ist wirklich absurd.

Bei den *Rishis* war das ganz anders. Doch Jainismus und Buddhismus veränderten den gesamten Charakter der östlichen Lebensart. Um die Ashrams aus der Welt zu schaffen, beschlossen sie, dass es bei ihnen keine Ashrams geben würde. Deshalb sind die Mönche der Jainas und Buddhisten umherziehende Mönche; sie haben keine Ashrams. Denn in einem Ashram besteht immer die Möglichkeit, dass man sich an gewisse Annehmlichkeiten gewöhnt, sich einen gewissen Komfort oder Luxus verschafft. Das ist ganz natürlich.

Wenn man von den Menschen geliebt und geschätzt wird, bekommt man von ihnen alle möglichen Dinge. Dann fängt man an, Dinge für die verschiedenen Jahreszeiten aufzubewahren: In der Regenzeit braucht man einen Schirm, also sammelt man Schirme, sogar im Winter, wenn sie nicht gebraucht werden. Man sammelt Besitz an. Während der Regenzeit kann man nicht immer vor die Tür gehen, also sammelt man Dinge zum Essen, Lebensmittel. Im Winter braucht man Kleider, wollene Kleidungsstücke, also sammelt man warme Kleidung.

Auf diese Weise ist Besitz unvermeidbar, doch darüber waren sich Jainismus und Buddhismus im Klaren: Ein Mönch sollte keinen Besitz haben, und ein Jaina-Mönch durfte überhaupt nichts besitzen. Er musste nackt sein, sogar ohne Bettelschale – was zuvor akzeptiert worden war. Keiner hatte gefragt, ob eine Bettelschale als Besitz zu betrachten sei.

Der Jainismus erlaubte nicht einmal eine Bettelschale. Man durfte nur noch aus den bloßen Händen essen. Wenn alle Tiere ohne Bettelschalen auskamen ... Ihr seid doch Menschen und viel intelligenter – also könnt ihr das auch! Deshalb müssen sie aus den Händen trinken, aus den Händen essen; das ist ihre Bettelschale. Und Ashrams waren nicht erlaubt, denn Ashrams führten zum Besitz, zum Eigentum. Die Mönche mussten ständig unterwegs sein. Ein Jaina-Mönch darf sich nicht länger als drei Tage an einem Ort aufhalten.

Natürlich steht dahinter eine bestimmte Vorstellung, und ich habe es selbst beobachtet: Wenn man an einen neuen Ort kommt, dauert es eine gewisse Zeit, bis man sich wohlfühlt. Vielleicht kann man in der ersten Nacht gar nicht schlafen – ein neuer Ort, ein neues Zuhause ... Es ist zwar nicht unbequem, aber alles ist neu. Vielleicht bist du gewohnt, in einem runden Bett zu schlafen, und hier ist ein eckiges Bett; das genügt schon! Oder du bist es gewohnt, in einem viereckigen Zimmer zu schlafen, und dieses Zimmer ist rund – du kommst dir vor, als wärst du in einen Brunnen gefallen oder so ähnlich. Selbst im Schlaf wachst du immer wieder auf.

Die erste Nacht ist am schwierigsten, in der zweiten Nacht geht es schon etwas besser, und ab der dritten Nacht findest du es bequem. Das ist meine Erfahrung, und ich bin dreißig Jahre lang herumgereist und habe an vielen fremden Orten und in vielen fremden Häusern gewohnt. Ihr würdet es nicht glauben ... von der verkommensten Hütte, die ihr euch vorstellen könnt, bis zum schönsten Palast der Welt – überall war ich zu Gast.

Es war wirklich ein Problem, denn ich war ständig auf Achse, nicht einmal drei Tage am selben Ort. Ich bin kein Jaina-Mönch, aber ich konnte nicht einmal drei Tage bleiben. Morgens war ich in Kolkata, abends in Mumbai und nachts schon unterwegs nach Delhi. Die meiste Zeit verbrachte ich in Zügen, Flugzeugen, Autos, aber selten in Häusern. In der Tat muss ich euch gestehen, dass ich mich so sehr daran gewöhnt hatte, in klimatisierten Zügen zu schlafen, dass ich mich in Häusern am wenigsten wohlfühlte. Ich fühlte mich nur im Zug wohl mit all dem Lärm, der Bewegung, dem Gewühl und der Hektik an jeder Bahnstation, dem ständigen Rein und Raus der Reisenden. All das gehörte mit der Zeit zu meinem Wohlbefinden.

Wenn ich in einem Zimmer schlief, wachte ich mehrmals auf: »Keine Bahnstation?« Indische Bahnhöfe sind sehr laut. Alle möglichen Dinge werden verkauft, sogar mitten in der Nacht. Der ganze Bahnhof ist in heller Aufregung, ein einziges Gewimmel, wohin man schaut, sind Menschen. Außer den Wagen mit Klimaanlage sind die Abteile für die anderen Klassen total vollgestopft. In der dritten Klasse, in der die große Masse reist, ist es immer überfüllt. Im Wagen steht angeschrieben, dass das Abteil nur für dreißig Personen zugelassen ist – aber tatsächlich findet man darin sechzig, neunzig Personen. Wie schaffen sie das nur ... ?

Ich bin ein oder zwei Mal in der dritten Klasse gefahren, weil ich das mal erleben wollte. Und es ist ein unglaubliches Erlebnis, in Indien dritter Klasse zu reisen! Ein Abteil mit Platz für dreißig Leute, in dem sich neunzig bis hundert zusammendrängen ... Da ist kein freier Zentimeter, um sich zu bewegen. Man kann nicht aufs WC gehen; selbst dort ist alles voller Leute, ja man kommt überhaupt nicht hin. Und selbst wenn man hinkommt, indem man einfach über die Leute drübersteigt, ist auf der Toilette kein Platz; sie ist voll belegt. Die Leute reisen sogar auf dem Dach des Zuges. Sie hängen aus den Türen, aus den Fenstern.

Einmal reiste ich dritter Klasse von Gwalior nach Delhi, aus Spaß an der Freud. Ich hatte gut geschlafen und deshalb keinen Schlaf nötig. Es war Nacht, noch dazu Vollmond, also sagte ich mir: »Mach dir den Spaß und fahr dritter Klasse.«

Ich hatte ein Ticket für das klimatisierte Abteil. Der Fahrkartenschaffner schaute auf mein Ticket für die Air-Conditioned-Class, dann auf mich, und er dachte wohl, ich sei verrückt. Ich sagte: »Sie haben recht.«

Er gab mir das Ticket zurück und sagte: »Das ist seltsam. Was machen Sie denn hier? Sie haben drüben einen reservierten Platz, und er ist leer.«

Ich sagte: »Soll er ruhig leer sein. Wenn ich die Nase voll habe von diesem Happening, komme ich rüber.«

Er sagte: »Was für ein Happening?«

Ich sagte: »Sie haben ja keine Ahnung, was sich hier abspielt. Wenn Sie wollen, leisten Sie mir bis zur nächsten Station Gesellschaft.«

Er blieb da, und dann sagte er: »Mensch! Was für ein Happening!«

Was sich da abspielte, war, dass das Deckenlicht erst kurz vor jeder Station anging – und beim Hinausfahren aus der Station ging es wieder aus. Neunzig Leute auf engstem Raum – wer zog da wem ans Bein? Sie machten sich einen Spaß daraus, sich gegenseitig zu necken. Es war zum Schreien. Ich genoss es wie kaum etwas in meinem Leben.

Neben mir saß ein Hindu-Mönch. Als ich ihm einen Klaps auf den Kopf gab, sagte er: »Mich hat grad' einer gehauen!«

Ich sagte: »Im Dunkeln ist das schwierig. Bleib ganz ruhig. Und wenn du auch jemanden hauen willst, tu's einfach! Hier spielt es keine Rolle, wer wen haut.«

Jemand zog am Bein einer Frau, die oben auf einem Liegebett gesessen hatte, und sie fiel herunter. Sie sagte: »Wie gemein! – einer Frau so was anzutun! Wer ist dieser fiese Kerl?« Doch im Dunkeln konnte keiner ausmachen, wer so fies gewesen war. Und als wir zur nächsten Station kamen und das Licht wieder anging, saßen alle ganz gesittet da. Hätte man das mit dem Licht umgekehrt geregelt, wäre es einfacher gewesen: Wenn die Zugbeleuchtung nur beim Halt im Bahnhof erloschen wäre, hätte es kein Problem gegeben, weil die Bahnhöfe alle hell erleuchtet waren.

Im Zug herrschte der reinste Zirkus. Die Leute riefen im Dunkeln: »He, wer zieht da an meinem Bein?« Oder: »Wo ist dieser Kerl?« Und: »Wart's nur ab, ich krieg dich schon! Aber es ist schwierig!« »He du, lass mein Bein in Ruh!« Doch es kam keine Antwort.

Im Zug in der dritten Klasse begegnet man dem wahren Indien. Das klimatisierte Abteil gehört nicht dazu.

Als die indischen Jaina-Mönche diese drei Tage festlegten, haben sie eine psychologisch richtige Entscheidung getroffen. Es ist auch meine Erfahrung: Ab dem dritten Tag beginnt man sich heimisch zu fühlen. Um zu verhindern, dass ihre Leute sich heimisch fühlten, beschränkten sie es auf drei Tage. Jemand von ihnen musste schon einmal diese Erfahrung gemacht haben. Es ist tatsächlich so, denn ich habe einigen meiner Freunde aufgetragen, es auszuprobieren, und sie berichteten alle: »Es stimmt: Ab dem dritten Tag fängst du an, dich zu entspannen, und fühlst dich wie zu Hause. Der neue Ort ist nicht mehr neu. So lange braucht es, um sich damit vertraut zu machen und einen Bezug zu bekommen.«

Ja, man braucht einen Bezug – sogar zu den Wänden, den Möbeln, den Leuten, dem Essen. Eine gewisse Vertrautheit, und das benötigt etwas Zeit. Was damals für die Mönche festgelegt wurde, war völlig richtig. Sie haben es richtig bemessen: dass der Jaina-Mönch nicht länger als drei Tage an einem Ort bleiben darf, damit keine Anhaftung entsteht. Denn sobald man sich an einem Ort wohlfühlt, beginnt die Anhaftung, der Wunsch nach Dauer. Dann möchte man länger bleiben, und dann ...

Das erinnert mich an eine Geschichte:

Ein großer Meister lag im Sterben. Er ließ seinen Lieblingsschüler rufen und flüsterte ihm ins Ohr: »Merke dir eines: Lass niemals, niemals eine Katze ins Haus!« – Und damit starb er.

»Was soll diese Botschaft ...? ›Lass niemals eine Katze ins Haus.‹ Und dafür hast du mich rufen lassen?« Der Schüler erkundigte sich bei ein paar älteren Leuten, was für eine Bewandtnis es damit haben könnte. »Möglicherweise ist es eine verschlüsselte Botschaft? Warum sollte er das sonst sagen? Und er starb ohne jede Erklärung. Ich wollte ihn noch fragen: ›Was hast du gegen Katzen? Nach deinem ganzen langen Leben ist das der letzte Schluss aus all der Disziplin, den Übungen, Schriften, der Gelehrsamkeit: Lass keine Katze ins Haus!‹«

Ein alter Mann sagte: »Ich weiß, was das soll. Das ist die Botschaft, die ihm sein eigener Meister auch gegeben hat, denn sein Meister geriet wegen einer Katze in große Schwierigkeiten.« Der alte Meister hatte außerhalb des Dorfes gelebt. Er besaß nur zwei ... das lässt sich schlecht übersetzen, weil es das in eurer Sprache nicht gibt. Ihr habt Unterwäsche, aber in Indien haben sie *Langoti* – das ist ein langer Stoffstreifen, den man mit ein wenig Übung um sich herumwickelt und der als Unterwäsche dient, als einziges Stück Unterwäsche. Für einen Mönch ist das die einzige Wäsche.

Er hatte nur zwei Stück Einzigwäsche – das ist meine Übersetzung für *Langoti* –, und das Problem war, dass es da ein paar Ratten gab, die ihm seine Einzigwäsche kaputt machten. Er fragte jemanden aus dem Dorf: »Was soll ich nur mit diesen Ratten anfangen? Sie sind sehr schlau.«

Der Mann sagte: »Das ist ganz einfach. Im Dorf halten wir uns dafür eine Katze. Halte dir eine Katze – ich bringe dir eine Katze! Sie wird diesen Ratten den Garaus machen, und so wird deine Einzigwäsche gerettet.«

Der alte Meister sagte: »Das ist eine einfache Lösung.« Man brachte ihm die Katze. Sie machte gute Arbeit und räumte unter den Ratten auf. Doch das Problem war, dass die Katze hungrig war und Milch brauchte. Sie setzte sich immer vor den Mönch, hungrig. Wenn Katzen hungrig sind, sehen sie wirklich armselig aus. Sie hatte ihre Arbeit getan, und ohne etwas zu sagen, sagte sie: »Ich habe deine ganze Arbeit erledigt, die Ratten sind alle tot, aber jetzt bin ich hungrig.«

Der alte Meister fragte wieder: »Was soll ich jetzt tun? Diese Katze sitzt vor mir und schaut mich mit hungrigen Augen an: ›Gib mir etwas zu fressen, sonst verschwinde ich, und die Ratten kommen wieder.‹ Das sagt sie nicht, aber ihren Augen kann ich ablesen, dass sie das verlangt, mir das androht. Ich brauche Milch.«

Der Mann sagte: »Du wirst jeden Tag Milch brauchen, darum gebe ich dir meine Kuh. Ich habe viele Kühe, du kannst eine davon haben.«

Er nahm also die Kuh, aber seine Probleme wurden nicht weniger: Jetzt brauchte die Kuh Gras. Er ging wieder in den Ort, und die Ortsbewohner sagten: »Du bist ein seltsamer Kerl – ein Problem nach dem anderen, Probleme über Probleme. Warum fängst du nicht an, um deine Hütte herum etwas anzubauen? Dort liegt so viel Land brach. Wir geben dir Samen; hier, nimm die Samen und baue etwas an. Das wird auch dir guttun; dann hast du etwas zu essen und die Kuh auch.«

Also begann der Arme, ein paar Samen zu säen. Doch nun gab es große Probleme: Nun musste die Ernte geschnitten werden. Und er war doch ein Mönch; er war nicht dafür bestimmt, alle diese Dinge zu tun. Aber nun führte eines zum anderen. Er ging wieder ins Dorf und sagte: »Das ist schwierig. Jetzt muss das

Getreide geschnitten werden, und ich habe kein Werkzeug. Ich brauche Helfer.«

Die Leute sagten: »Hör zu, wir sind es müde, ständig deine Klagen zu hören. Du bist zu nichts zu gebrauchen; für nichts kannst du eine Lösung finden. Müssen wir denn alles für dich regeln? Es gibt eine einfache Lösung: Da ist eine Frau, die ist Witwe geworden, und sie ist sehr tüchtig. Sie kann sich um alles kümmern: um dich, deine Kuh, deine Ernte, deine Küche, alles – die Katze, die Ratten … Sie ist eine sehr erfahrene Frau.«

»Aber ich bin ein Mönch«, sagte er.

Sie sagten: »Vergiss doch das Ganze! Und was bist du überhaupt für ein Mönch? Du hast eine Katze, eine Kuh, ein Feld, eine Ernte – und hältst dich für einen Mönch! Vergiss es. Außerdem wäre eine Ehe mit dieser Frau ohnehin nur eine Scheinehe; du brauchst mit ihr überhaupt keine Beziehung zu haben. Aber sie ist arm und in Schwierigkeiten, und du bist auch in Schwierigkeiten – also wäre es doch gut, wenn ihr euch zusammentut!«

Da sagte der Mann: »Das stimmt. Wenn es nur eine formale Sache ist, dann schadet es nicht. Mein Meister hat auch nie etwas dagegen gesagt. Er sagte nur: ›Heirate nicht‹, aber ich heirate ja nicht wirklich. Es ist nur zum Schein, für das Dorf, damit keiner etwas dagegen sagen kann, dass ich mit einer Frau zusammenlebe. Ich kann sagen, sie sei meine Frau, aber ich muss nicht wirklich ihr Ehemann sein, und sie muss auch nicht meine Ehefrau sein.«

Er redete mit der Frau. Die Frau sagte: »Ich habe kein Interesse an einem Ehemann – einer hat mir genügt. Aber ich bin in Schwierigkeiten, und du bist auch in Schwierigkeiten. Das passt doch gut, wir könnten einander helfen.«

So heirateten sie. Nun wuchsen die Dinge immer mehr … Manchmal war er krank, und die Frau massierte ihm die Füße. Nach und nach fing er an, die Frau zu mögen. Ein Mann ist schließlich ein Mann, und eine Frau ist schließlich eine Frau. Die Frau fing an, den Mann zu mögen. Sie fühlten sich beide einsam. In den kalten Winternächten wartete jeder darauf, dass einer sagte: »Es ist so kalt – warum können wir nicht zusammenrücken?«

Schließlich sagte die Frau: »Hier ist es so kalt.«

Der Mönch sagte: »Hier ist es auch so kalt.«

Die Frau sagte: »Dir fehlt offenbar jeder Mumm.«

Er sagte: »Das stimmt. Komm du her, mir fehlt der Mumm. Ich bin nur ein armer Mönch, und du bist eine erfahrene Frau. Komm her zu mir. Zusammen haben wir es wärmer.«

Natürlich war es wärmer. Und damit ging sein ganzes Mönchsein den Bach runter. Und als er starb, sagte er zu seinen Schülern: »Lasst niemals eine Katze bei euch wohnen.«

Und der alte Mann, um seine Geschichte abzuschließen, sagte dem Schüler: »Seit damals gibt es diese Tradition auf deinem Pfad, dass jeder Meister seinem Schüler diese Botschaft hinterlässt: ›Hüte dich vor der Katze.‹«

Es ist aber äußerst schwierig, sich vor der Katze zu hüten. Die Katze schleicht sich auf die eine oder andere Weise ein. Das Leben ist sehr seltsam.

Die Jainas und die Buddhisten bemühen sich seit jeher, die Katzen zu vermeiden, alle Arten von Katzen: »Bleibt an keinem Ort länger als drei Tage. Bleibt in keiner Familie, denn die Wärme und Geborgenheit einer Familie könnten euch vom Weg ablenken. Bleibt immer schön im Tempel« – wo es ständig kalt und nie warm ist. Jaina-Mönche dürfen kein Holz verbrennen, um sich in der Nacht ein Feuerchen zu machen, wie es den Hindu-Mönchen erlaubt ist. Jede Erfahrung von Wärme stellt offenbar eine Gefahr dar. Und außerdem ist es gewalttätig, weil man dafür Bäume tötet, Bäume zersägt und das Holz verbrennt. Beim Verbrennen des Holzes könnten außerdem ein paar Insekten, Fliegen oder Ähnliches verbrennen. Darum können sie kein Feuer machen und dürfen im Tempel nicht einmal eine Lampe verwenden.

Manchmal ging ich Jaina-Mönche besuchen, die mich eingeladen hatten. Ich sagte ihnen aber: »Tagsüber habe ich keine Zeit, ich kann nur abends kommen.« Und abends wurde mir bewusst, dass sie weder Lampen noch Kerzen haben, überhaupt kein Licht. Ich musste mit ihnen im Dunkeln sitzen und reden. Das fühlte sich sehr seltsam an. Ich sagte ihnen: »Aber es könnte doch jemand anders für euch den Schalter betätigen. Ich kann das Licht einschalten; ihr habt nichts damit zu tun.«

Zuerst lehnten sie das ab und sagten: »Nein, das ist nicht recht. Dann hätten wir Licht, und das ist verboten.«

Aber ich behämmerte sie ständig mit dem Vorschlag: »Wenn nicht *ihr* es tut, dann macht es doch nichts.« Und ein Jaina-Mönch, das Oberhaupt einer großen Sekte, gab schließlich nach. Und zwar deshalb, weil ich am selben Tag eine Rede gehalten hatte und er anschließend seine Rede hielt, doch er konnte kein Mikrofon benutzen – Elektrizität! Zu Mahaviras Zeiten gab es noch keinen Strom. Natürlich hatte er es nicht verboten, aber er hatte auch nicht gesagt, dass man es verwenden könne. Mahavira war aber immerhin so clever, dass er sagte: »Auch Dinge, die nicht erwähnt sind, sollen nicht verwendet werden. Nur Dinge, die eigens erwähnt sind, können verwendet werden.« Obwohl er also noch nichts davon wusste, war er vorausschauend genug, zu sagen: »Viele Dinge werden erst später kommen, und ich kann sie nicht verbieten, weil ich nichts davon weiß.«

Das sagte ich zu diesem Mönch, aber er sagte: »Mahavira hat es verboten.«

Als ich meine Rede hielt, waren mindestens zwanzigtausend Leute anwesend, und alle konnten mich hören. Sie klatschten und lachten und hatten ihren Spaß daran. Als aber dann der Mönch sprach, wer konnte ihn schon hören? Höchstens die vorderen zwei oder drei Reihen. Die zwanzigtausend Leute gähnten bloß. Da sagte ich: »Schau, das geht auf Mahaviras Konto. Jetzt erlaube mir bitte …«, und ich nahm das Mikrofon, stellte es vor ihm auf und sagte: »Sprich einfach weiter. Es ist nicht deine Sache, wenn dir jemand irgendetwas vor die Nase setzt. Wer bist du, mich daran zu hindern? Fang einfach an!«

Das kapierte er, denn offensichtlich hielt er es für eine gute Idee, und so fing dieser Narr zu reden an. Dafür habe ich ihn nachher kritisiert, als ich sagte: »Du bist in die Falle gegangen.

Du hast gesehen, wie ich dir das Mikrofon vor die Nase setzte, und du wusstest auch, was es war und dass jeder dich nun hören konnte. Jetzt kannst du die Täuschung nicht mehr aufrechterhalten. Meinst du etwa, Mahavira täuschen zu können, der doch allwissend, allmächtig und allgegenwärtig ist? Er war ebenfalls anwesend und hat gesehen, was du gemacht hast. Du bist ein Gefallener.«

Der Jainismus hat die Wandermönche ins Leben gerufen und den Ashrams das Wasser abgegraben. Es ist schon eine merkwürdige Sache mit dem menschlichen Verstand, dass er enorm zu beeindrucken ist, wenn sich jemand Selbstverzicht und strenge Disziplin auferlegt. Dahinter steht aber eine sadistische, masochistische Seelenverfassung. Weshalb solltet ihr Ehrfurcht für einen Menschen empfinden, der sich selbst quält? Seltsamerweise wird jedoch überall auf der Welt der Märtyrer verehrt. Wenn jemand hungert und fastet um eines hehren Zieles willen, dann erweckt das in euch besondere Ehrfurcht. Einen Menschen, der um eines hehren Zieles willen ein Festmahl genießt, werdet ihr wohl kaum verehren.

Das hehre Ziel ist euch egal, vergesst das nicht, denn sonst würdet ihr auch Ehrfurcht empfinden, wenn ein Festmahl für ein hehres Ziel veranstaltet wird. An der Sache selbst liegt euch gar nichts; die Sache ist nur ein Vorwand, eine Rationalisierung. Was euch am meisten interessiert, das ist das Fasten: dass es da einen Menschen gibt, der in der Lage ist, die Kontrolle über seinen Körper zu erlangen.

Mahatma Gandhi war der ungekrönte König Indiens, allein deshalb, weil er wie kein anderer imstande war, sich selbst zu quälen. Aus jedem kleinen Anlass unternahm er einen Hungerstreik »bis in den Tod«. Jeder Hungerstreik war »bis in den Tod«, aber innerhalb von drei oder vier Tagen wurde er wieder gebrochen – und es gab Methoden, um das Fasten zu brechen (*break-fast*), und das nächste Frühstück (*breakfast*) stand bereit. Alles war inszeniert.

So leicht lassen sich die Leute täuschen. Gandhi geht in den Hungerstreik, und das ganze Land betet zu Gott, dass er nicht stirbt. Alle großen Führer eilen in seinen Ashram und beknien ihn, das Fasten zu unterbrechen. Doch er will dem nicht nachgeben, solange man seine Bedingungen nicht erfüllt – irgendwelche undemokratischen, diktatorischen, idiotischen Bedingungen. Zum Beispiel trat er aus Protest gegen Doktor Ambedkar, den Anführer der Kaste der Unberührbaren, in den Hungerstreik. Ambedkar hatte sich dafür eingesetzt, dass die Unberührbaren eigene Wahlkreise und eigene Kandidaten bekommen sollten, weil sie sonst nie in irgendeinem regionalen indischen Parlament vertreten sein würden. Wer gibt schon seine Stimme einem Schuster? In Indien gehört ein Schuster zu den Unberührbaren … Wer würde ihn denn jemals wählen?

Ambedkar hatte unbedingt recht. Ein Viertel des Landes machen die Unberührbaren aus. Sie dürfen keine Schulen besuchen, weil keine anderen Schüler neben ihnen sitzen wollen, kein Lehrer sie unterrichten will. Die Regierung behauptet, die Schulen stünden allen offen, doch in Wirklichkeit ist kein Schüler bereit … Sobald ein Unberührbarer die Klasse betritt, gehen alle dreißig Schüler hinaus, und auch der Lehrer verlässt das Klassenzimmer. Wie sollen dann diese armen Menschen – ein Viertel des Landes! – jemals eine Vertretung bekommen? Man sollte für sie getrennte Wahlkreise schaffen, in denen nur sie kandidieren und wählen können.

Was Ambedkar sagte, war vollkommen logisch und völlig human. Doch Gandhi begann einen Hungerstreik mit der Begründung: »Er versucht, eine Spaltung innerhalb der Hindu-Gesellschaft herbeizuführen.« Die Spaltung hatte schon seit zehntausend Jahren existiert. Dieser bedauernswerte Ambedkar war nicht für die Spaltung verantwortlich, er machte nur deutlich, dass ein Viertel der Bevölkerung des Landes seit Tausenden von Jahren unterdrückt worden war. Jetzt endlich sollten sie wenigstens eine Chance bekommen, sich voranzubringen. Gebt ihnen wenigstens die Möglichkeit, zu ihren Problemen im Parlament, in den Volksvertretungen die Stimme zu erheben. Doch Gandhi sagte: »Ich werde das nicht erlauben, solange ich am Leben bin. Sie sind ein Teil der Hindu-Gesellschaft, darum können sie kein getrenntes Wahlsystem bekommen« – und er ging in den Hungerstreik.

Einundzwanzig Tage lang blieb Ambedkar zurückhaltend, doch der Druck, den das ganze Land auf ihn ausübte, nahm von Tag zu Tag zu. Allmählich hatte er das Gefühl, dass es zu einem großen Blutvergießen kommen würde, wenn der alte Mann stürbe. Ihm war klar, dass man ihn selbst sofort töten würde, und Millionen von Unberührbaren überall im ganzen Land würden ebenfalls getötet werden: »Deinetwegen ist Gandhi gestorben!« Als man Ambedkar seine Chancen vorrechnete: »Entscheide dich schnell, es ist nicht mehr viel Zeit. Er kann höchstens noch drei Tage leben« – da zauderte er.

Er war völlig im Recht; Gandhi lag völlig daneben. Aber was sollte er machen? Sollte er dieses Risiko eingehen? Er sorgte sich nicht um das eigene Leben – falls er getötet wurde, war es okay. Doch er sorgte sich um die Millionen von armen Menschen, die überhaupt nicht wussten, was da vor sich ging. Man würde ihre Hütten anzünden, ihre Frauen vergewaltigen, ihre Kinder niedermetzeln. Etwas noch nie Dagewesenes würde geschehen.

Schließlich akzeptierte er Gandhis Bedingungen. Er brachte Gandhi selbst das Frühstück (*breakfast*) mit den Worten: »Ich akzeptiere Ihre Bedingungen. Wir werden keine separate Abstimmung und keine separaten Kandidaten verlangen. Bitte nehmen Sie diesen Orangensaft an.« Und Gandhi nahm den Orangensaft an. Doch dieser Orangensaft, dieses eine Glas Orangensaft, enthält das Blut von Millionen Menschen.

Ich habe Doktor Ambedkar persönlich kennengelernt. Er war einer der intelligentesten Menschen, die ich je traf. Aber ich sagte: »Sie haben sich schwach gezeigt.«

Er sagte: »Sie verstehen nicht: Die Situation war so, dass ich genau wusste, dass ich im Recht war und er im Unrecht. Aber was konnte man machen mit diesem starrköpfigen Alten? Er wäre gestorben, und wenn er gestorben wäre, wäre ich schuld an seinem Tod gewesen, und die Unberührbaren hätten unsäglich gelitten.«

Ich sagte: »Das ist nicht der Punkt. Selbst ein Schwachkopf hätte Ihnen einen einfachen Rat geben können: Auch *Sie* hätten einen Hungerstreik bis in den Tod beginnen sollen. Und Sie sind so übergewichtig …« – Er war ein dicker Mann, vier bis fünf Mal schwerer als Gandhi. »Wenn man mich gefragt hätte, wäre das die einfachste Lösung gewesen: Stellen Sie ein zweites Feldbett neben das von Mahatma Gandhi, legen Sie sich daneben und treten Sie in den Hungerstreik. Dann wollen wir doch mal sehen! Ich wette, dass Gandhi alle Ihre Bedingungen nach spätestens drei Tagen akzeptiert hätte.«

Ambedkar sagte: »Aber diese Idee ist mir nie gekommen.«

Ich sagte: »Sie sind ein Narr, wenn Ihnen diese Idee nie gekommen ist! Das war die Idee, mit der dieser Mann das ganze Land erpressen konnte – und Sie sind nie darauf gekommen! Die einzige Schwierigkeit wäre gewesen, das Fasten durchzustehen – insbesondere für einen so dicken Mann wie Sie, der vier Mahlzeiten am Tag isst. Das hätten Sie natürlich nicht durchgehalten. Gandhi hat es sein Leben lang praktiziert, er ist ein erfahrener Fastenanhänger, während Sie vielleicht noch nie auch nur ein einziges Frühstück ausgelassen haben.«

Er sagte: »Das stimmt.«

Ich sagte: »Im Übrigen, wenn es mein Problem gewesen wäre und Gandhi sich so unlogisch verhielt: Ich hätte mich einfach hingelegt, selbst auf die Gefahr, dass ich dabei sterbe, und hätte ihm die Verantwortung überlassen. Er hätte das niemals zugelassen, weil mein Tod ihm seine ganze Heiligkeit genommen hätte, seine ganze Aura des Mahatma, seine ganze Führerschaft über das Volk. Er hätte mich niemals sterben lassen; er hätte meine Bedingungen akzeptieren müssen.

Aber leider bin ich kein Unberührbarer. Und warum sollte ich mich mit euch zwei Schwachköpfen abgeben? In meinen Augen seid ihr beide Schwachköpfe. *Sie* hatten ein Viertel des Landes in Ihrer Hand und waren nicht in der Lage, etwas zu tun; und dieser Mann hatte gar nichts in der Hand – nur sein Fasten … Er hat einen weiblichen Trick gelernt. Ja, ich nenne seine ganze Philosophie einen weiblichen Trick.«

Die Frauen machen das tagtäglich so. Gandhi muss es seiner Ehefrau abgeschaut haben. In Indien machen das die Frauen jeden Tag: Die Frau fängt an zu fasten; sie hört auf zu essen, legt sich ins Bett. Es geht nicht mehr um Richtig oder Falsch, es geht nur noch darum, wie er sie zum Essen überreden kann. Weil sie nichts isst, essen auch die Kinder nichts – und wer kümmert sich um das Kochen? Muss er jetzt womöglich auch fasten? Und die Kinder schreien und wollen etwas zu essen, und die Frau fastet – also gibst du klein bei. Sie will einen neuen Sari, und du bringst ihn ihr. Zuerst bringst du den Sari, und dann geht sie wieder in die Küche. Gandhi muss es seiner Frau abgeguckt haben, und er hat es wirklich sehr raffiniert eingesetzt.

Es gibt aber diese merkwürdige Seite des menschlichen Verstandes, dass er sich von jedem x-Beliebigen beeindrucken lässt, der imstande ist, sich selbst zu foltern. Ich weiß auch, warum. Der Grund ist eure eigene Angst, denn ihr seid dazu nicht imstande. Ihr geht in den Zirkus, um zu erleben, wie ein Mann aus zwanzig Metern Höhe runterspringt, nachdem er sich mit Spiritus übergossen und angezündet hat. Brennend fällt er aus zwanzig Metern Höhe tief in ein kleines Wasserbecken, und ihr schaut mit angehaltenem Atem zu. In diesem Moment atmet keiner im Publikum.

Ich habe das beobachtet: Während die Leute einem armen Zirkuskünstler zuschauten, habe ich die Leute beobachtet. Blinzeln sie dabei mit den Augenlidern, atmen sie? Nein, keiner blinzelt mit den Lidern; sie vergessen alles. Selbst dieser unwillkürliche Vorgang, der automatisch abläuft – du brauchst nicht zu blinzeln, deine Augen blinzeln von allein. Du brauchst nicht zu atmen, deine Brust atmet von allein. Selbst diese automatischen Vorgänge des Blinzelns und des Atmens standen still – die Menschen waren vor Staunen starr.

Dabei ist es gar nichts Besonderes. Diese zwanzig Meter sind genau berechnet. Der Mann hat das ständig trainiert. Es ist genau kalkuliert, dass er während seines Falls aus zwanzig Metern Höhe keine Verbrennungen erleidet. Und es ist kein Kerosin, kein Benzin, es ist reiner Spiritus. Sobald er ins Wasser fällt, geht in Sekundenschnelle das Feuer aus, und der Mann taucht wieder auf. Jetzt ist er ein Held – weil *du* das nicht tun kannst. Nur etwas Übung ist nötig und eine genaue Berechnung, wie lange es dauert, bis der Spiritus dich verbrennt. Das Zeitlimit muss darunter liegen. Aber dann musst du den Mut haben, zu springen.

Ich habe es immer geliebt, in den Fluss zu springen – von der Eisenbahnbrücke, denn die Eisenbahnbrücke über meinen Fluss war der höchste Punkt, von dem man springen konnte. Ich habe mich langsam hochgearbeitet von kleineren zu immer größeren und höheren Hügeln, bis ich schließlich von der Brücke springen konnte. Die Brücke wurde ständig von Soldaten bewacht, denn das war noch zu Zeiten der britischen Herrschaft, und irgendein Revolutionär hätte die Brücke sprengen können. Sie haben mich angehalten, und ich habe ihnen gesagt: »Ich will nicht die Brücke sprengen. Seht her, ich habe gar nichts bei mir. Ihr braucht euch keine Sorgen zu machen. Ich will, dass diese Brücke hier ist, und ich bin froh, dass ihr sie bewacht, weil ich sie jeden Tag brauche.«

Einmal sagten sie: »Wofür brauchst du sie?«

Ich sagte: »Das werdet ihr gleich sehen« – und ich sprang. Und sie standen einfach da und waren vor Staunen baff. Sobald sie wussten, dass dieser Junge nur zum Springen herkam, kümmerten sie sich nicht mehr darum. Ich sagte den Revolutionären meiner Stadt: »Falls es irgendwann einmal nötig sein sollte … Ich wäre der beste Mann dafür, weil die Wächter mich überhaupt nicht mehr beachten. Sie sagten nur: ›Der Junge spinnt. Eines Tages wird er sich noch umbringen. Aber offenbar wird er immer besser damit vertraut. Es wird immer unwahrscheinlicher, dass er zu Tode kommt; dafür ist die Brücke zu klein. Dazu würde er eine Brücke brauchen, die mindestens viermal so hoch ist – dann ginge es vielleicht.‹«

Ich erzählte es den Revolutionären, die ich kannte. Sie gingen in unserem Haus ein und aus, weil meine Onkel zu ihrer Verschwörung gehörten. Ich sagte: »Falls es je nötig wird, die Brücke zu sprengen, bin ich der Beste dafür. Keiner wird mich verdächtigen, keiner wird mich daran hindern. Ich kann eure Bomben hinbringen, wo ihr sie haben wollt, und dann springe ich einfach in den Fluss und schwimme stromabwärts. Ihr könnt dann damit machen, was ihr wollt.«

Sie sagten: »Du bist nicht zuverlässig. Du könntest hingehen und die Bomben den Wächtern geben. Du könntest ihnen zeigen, wo wir uns verstecken, und dann springst du und schwimmst flussabwärts.« Sie haben mir nie die Bomben gegeben. Ich habe es immer wieder angeboten. Sie sagten: »Wir glauben dir nicht. Wir wissen schon, dass du am besten geeignet wärst, an die Brücke ranzukommen, weil kein anderer hinkommt; sie ist zu gut bewacht.«

Ein Wächter patrouillierte ständig auf und ab, und auf beiden Seiten gab es Wächterhäuschen. Es war eine wichtige Brücke: Alle wichtigen Züge fuhren darüber. Im Falle einer Sprengung wäre eine Hälfte des Landes von der anderen abgeschnitten. Doch sie fragten mich nie.

Ich sagte: »Ihr könnt mir vertrauen. Selbst die Wächter vertrauen mir.«

Sie sagten: »Genau das befürchten wir. Sie vertrauen dir, wir vertrauen dir – aber was du tun wirst, weißt nur du allein.«

Wer Askese üben will, braucht dafür etwas Praxis. Fasten ist relativ einfach – nur die ersten fünf Tage sind schwierig. Ich habe gefastet. Die ersten fünf Tage sind die schwierigsten; der fünfte ist am schlimmsten: Da möchte man am liebsten das Ganze abblasen. Doch wenn man den fünften Tag überstanden hat, ist die gefährlichste, heikelste Phase überstanden. Vom sechsten Tag an beginnt der Körper, sich auf eine neue Funktionsweise einzustellen. Er beginnt, seine Reserven aufzubrauchen. Vom sechsten Tag an wird alles einfacher. Am fünfzehnten Tag ist man völlig gleichgültig gegenüber dem Essen; man hat keinen Hunger mehr. Der Körper absorbiert sein eigenes Fett, darum entsteht kein Hunger.

Ein völlig gesunder Mensch kann neunzig Tage fasten, ohne zu sterben. Natürlich wird er dann fast zum Skelett abgemagert sein, aber er kann neunzig Tage überleben, weil ein gesunder Körper genug Fett für den Notfall gespeichert hat. In dieser Notsituation greift der Körper auf sein Notfallsystem zurück. Wenn kein Essen von außen zugeführt wird, fängt der Körper an, sich von innen zu ernähren. Daher verliert man dann täglich an Gewicht.

Am Anfang verlierst du etwa zwei Pfund pro Tag. Dann merkt der Körper, dass die Notlage vielleicht noch länger andauern wird, und verliert nur noch eineinhalb Pfund pro Tag. Seltsam, wie der Körper seiner eigenen Weisheit folgt. Dann verliert man ein Pfund pro Tag, dann ein halbes Pfund pro Tag, denn der Körper wird versuchen, so viel wie möglich einzusparen und mit so wenig wie möglich auszukommen, um so lange wie möglich am Leben zu bleiben.

Es ist also nicht so etwas wie ein Wunder, aber die Leute lassen sich davon beeindrucken, weil sie insgeheim fühlen: »Wir können das nicht.« Wenn jemand ein Festessen genießt, habt ihr dieses Gefühl nicht, denn das könnt ihr auch. Ihr seid nur nicht eingeladen, darum werdet ihr wütend auf diesen Menschen, der sich eine Freude gönnt: »Er ist ein Schlemmer. Für ihn gibt es nur Essen, Trinken, Fröhlichsein. Das ist kein spiritueller Mensch!« Ihr seid neidisch und wütend, weil ihr nicht eingeladen seid. Ein Festessen genießen könnt ihr auch – aber Fasten? Das habt ihr noch nie versucht.

Am Anfang ist Fasten kein Spaß. Fünf Tage kommen dir vor wie fünf Monate. Die Uhr scheint stillzustehen, und der Hunger wird immer größer. Es schmerzt der Bauch; die Eingeweide fühlen sich an, als würden sie schrumpfen. Der ganze Körper ist im Aufruhr, weil er seine Tagesration nicht bekommt. Alle Körperteile sind in einem Ausnahmezustand; sie können nicht verstehen, was geschehen ist, warum der Nachschub ausbleibt. Du hast sie nicht informiert, und das kannst du gar nicht, denn du kennst ihre Sprache nicht, und sie kennen deine Sprache nicht.

Im Körper herrscht Chaos – aber nur fünf Tage lang. Danach schaltet der Körper automatisch auf das Notfallsystem um; dann ist es kein Problem mehr. Und alle diese Mahatmas haben nur eines gelernt: die Strategie der fünf Tage. Wenn man das beherrscht, ist es nicht mehr so schwierig, fünf Tage lang durchzuhalten.

Die Mönche des Jainismus und des Buddhismus hatten im ganzen Osten einen so starken Einfluss, dass der Hindu-Ashram, der ursprünglich ein paradiesischer Ort war, in ein schiefes Licht geriet. Die hinduistischen Seher und Weisen wurden von den eigenen Leuten verurteilt: »Sie sind genauso materialistisch wie wir! Wahre Mahatmas und Heilige findet man nur bei den Jainas und Buddhisten. Unsere Leute können ihnen nicht das Wasser reichen.« Auf diese Weise musste der Hinduismus seine ganze Struktur ändern.

In dieser Welt herrscht der Wettbewerb: Um weiterexistieren zu können, änderte der Hinduismus seine ganze Kultur des Ashrams. Der Ashram wurde zu einem Ort der Askese, behielt aber den alten Namen bei. Sie vergaßen, auch den Namen zu ändern, und so war es gar kein Ashram mehr, weil die Entspannung, die Ruhe, die Freude, die Ekstase verloren gingen.

Wenn ihr heute in einen Ashram geht, findet ihr dort sich selbst kasteiende, psychologisch kranke, masochistische, selbstmörderisch veranlagte Menschen – aber große Egoisten, denn die ganze Selbstquälerei bringt ihnen nur eines: die Hochachtung der Leute. Das ganze Land zollt ihnen ungeheuren Respekt für das, was sie tun. Doch die Schönheit des ursprünglichen, wahren Ashrams ist verschwunden.

Das Kloster ist das westliche Gegenstück zum modernen Hindu-Ashram, denn zu der Zeit, als die wahren Hindu-Ashrams noch existierten, war der Westen noch absolut barbarisch: ohne Religion, ohne Kultur, ohne Zivilisation. Der bedeutendste Mensch des Westens wurde erst vor zweitausend Jahren geboren. In Indien lässt sich das schwer entscheiden, denn Mahavira, der vor zweitausendfünfhundert Jahren geboren wurde, ist der letzte und bedeutendste der Jaina-*Tirthankaras*, der vierundzwanzigste. Vor ihm muss es schon dreiundzwanzig Tirthankaras gegeben haben in einem Zeitraum von mindestens zehntausend Jahren, da es in fünfundzwanzig Jahrhunderten nur einen einzigen gab. Und man hat die Überreste von Städten in Mohenjo-Daro und Harappa ausgegraben, in denen Jaina-Statuen gefunden wurden.

Eine Jaina-Statue ist auf Anhieb zu erkennen – sie ist nackt –, denn die Jainas sind die Einzigen, die solche Statuen haben. Auch die Römer haben nackte Statuen hergestellt, aber sie sind sinnlicher, erotischer, provozierender. Es sind *Playboy*-Ausgaben in Marmor. Man sieht sofort, dass dies eine sinnliche, erotische Statue ist – wie fast alle römischen Statuen. Die *Tirthankara*-Statuen der Jainas sind nackt, aber nicht unschicklich. Gewiss, sie sind unbekleidet, aber es gibt nicht die geringste Andeutung, nicht den geringsten Anflug von Sexualität oder Sinnlichkeit. Nein, ganz im Gegenteil.

Eine Jaina-Statue ist vom Aufbau her völlig unerotisch und unsexuell. Die Augen sind geschlossen, die Hände hängen locker an den Seiten herab, der Körper steht aufrecht. In den Ohren haben die Vögel ihre Nester gebaut, weil dieser Typ schon seit sechs Monaten in derselben Position dasteht; nicht einmal den Kopf hat er bewegt. Er wird nicht die Vögel verjagen und sagen: »He, was macht ihr da? Das ist mein Ohr, und ihr baut euer Nest darin!« Kletterpflanzen ranken sich an seinem Körper hoch. Es hat seine eigene Schönheit. Die grünen Ranken sind bis zum Hals und zum Kopf hochgewachsen und aufgeblüht – ihre Blütezeit ist gekommen.

Nun, eine solche Statue ist nicht die römische Variante. Sie hat auf der ganzen Welt nicht ihresgleichen. Diese Art von Statuen wurde in Mohenjo-Daro gefunden und anhand strenger, herkömmlicher wissenschaftlicher Verfahren auf mindestens siebentausend Jahre vor Christus datiert. Wenn man von heute zehntausend Jahre zurückrechnet, käme man also ungefähr hin.

Das westliche Kloster ist eine Kopie des Ashrams, wie er heute im Osten existiert. Westliche Reisende und Philosophen brachten diese Form mit in den Westen. Jesus hatte selbst buddhistische Universitäten und Lama-Klöster in Tibet und Ladakh besucht. Pythagoras war tief in den Osten gereist. Leute wie sie brachten diese Vorstellungen in den Westen mit. Das westliche Kloster ist daher im Grunde nichts anderes als eine Nachahmung des östlichen Ashrams. Es hat nichts Einzigartiges beizutragen.

Meine Kommune ist ein völlig anderes Phänomen.

Sie ist kein Ashram – weder ein heutiger noch ein antiker – und sie ist auch kein Kloster – weder ein christliches noch islamisches. Meine Kommune ist vor allem kein Ort der Askese. Sie dient dazu, grundsätzlich alle psychischen Krankheiten in euch aufzulösen – wozu auch alle sadomasochistischen Tendenzen gehören. Sie lehrt euch, gesund zu sein und euch nicht schuldig zu fühlen, dass ihr gesund seid. Sie lehrt euch, menschlich zu sein, denn meine Erfahrung ist, dass die Menschen, die versuchten, göttlich zu werden, nicht göttlich geworden, sondern weit unter die menschliche Ebene zurückgefallen sind. Sie wollten das Menschliche überwinden – und das ist ihnen gelungen, aber auf einer tieferen Ebene.

In den Klöstern gibt es Menschen, die den Tieren näher sind, weil die menschliche Intelligenz verloren geht, wenn man sich zu sehr kasteit. Intelligenz braucht einen gewissen Luxus, um zu gedeihen. Intelligenz ist eine sehr zarte Blume.

Man darf nicht versuchen, in der Wüste Rosen zum Blühen zu bringen. Die Intelligenz ist eine ganz zarte Blume, die am besten im Luxus gedeiht. Sie braucht einen reichen, fruchtbaren, kreativen Boden voller Saft und Kraft – nur so kommt sie zum Blühen. Und was wärt ihr ohne Intelligenz?

Mein Anliegen ist, als Erstes eure Intelligenz zu entfachen und dann dafür zu sorgen, dass in dieser Flamme alles verbrennt, was nicht zu eurem authentischen Selbst gehört. Ihr werdet zu einem Feuer, in dem der ganze Müll verbrennt, den andere über euch ausgekippt haben.

Das Erste ist also Intelligenz und das Zweite Meditation.

Meditation kommt aus der Intelligenz. Sie verbrennt alle Schlacken aus eurem Sein, bis ihr völlig geläutert seid und allein übrig bleibt – so wie die Existenz euch haben will.

Die Kommune ist ein Ort, an dem Menschen zusammenleben, die an dieser Reise interessiert sind, an dieser Odyssee nach innen. Und sie helfen jedem, er selbst zu sein, gewähren jedem genügend Freiraum, ohne sich in irgendeiner Form einzumischen, ohne sich in irgendeiner Form aufzudrängen. Wenn sie dich unterstützen können, ist es gut. Wenn aber die Unterstützung selbst zum Hindernis wird, werden sie dich nicht einmal unterstützen, sondern sich zurücknehmen. Sie achten deine Integrität, deine Individualität, deine Freiheit. Das Wort *Kommune* habe ich deshalb gewählt, weil es eine »Kommunion« ist – eine Kommunion rebellischer Geister.

Die Kommune ist keine alternative Gesellschaft, kein Kloster, kein Ashram. Sie besteht aus Individuen, die ihre Individualität bewahren, aber dennoch zusammen sind – allein und zugleich im Austausch, im gemeinsamen Dialog, und doch lässt jeder jedem sein Alleinsein. Für mich ist das Alleinsein die höchste religiöse Qualität.

Wir sind also zusammen, aber ganz lose, in keiner wie auch immer gearteten Abhängigkeit. In meiner Kommune ist keine Beziehung bindend. Jede Beziehung ist in Wirklichkeit keine Beziehung, sondern ein Sich-Beziehen, ein Prozess. Solange er im Fluss bleibt, ist es gut, und wenn die Wege sich trennen und ihre Richtung ändern, ist auch das in Ordnung, denn vielleicht wird auf diesem Weg euer Sein wachsen. Man weiß das nie. Wir können zusammen ein paar Schritte gehen, ein paar Meilen, und uns dann in Dankbarkeit verabschieden: »Es war eine solche Freude, zusammen zu sein. Jetzt wollen wir unsere Trennung feiern. Du hast mir geholfen, ich habe dir geholfen. Nun wollen wir uns gegenseitig helfen, die Richtung einzuschlagen, die unser Sein uns gebietet.«

Die Kommune ist ein vollkommen neues Phänomen. Sie knüpft an überhaupt nichts an, was ihr vorausging. Die alten, traditionellen Ashrams waren wunderbar, aber sie existierten innerhalb der Gesellschaft und setzten dieselben Strukturen wie die Gesellschaft fort: das Vierkastensystem. Der Unberührbare war unberührbar. Der ursprüngliche Hindu-Ashram war kein

Platz für Unberührbare. Nur Brahmanen konnten die Sehenden sein. Es ist absurd, dass nur die Brahmanen Augen haben konnten. Das war die Strategie der Brahmanenkaste, um ihre Macht zu bewahren, und sie *waren* wirklich machtvoll. Sie waren gute Menschen, wenn auch keine Revolutionäre – nette Leute, aber keine Rebellen.

Der Rebell ist beides: Er ist ein Schwert und auch ein Gesang. Abhängig von der Situation kann er zu einem Lied oder zu einem Schwert werden.

Dies ist eine Kommunion von Rebellen. Wir unterstützen keine Gesellschaft, keine Politik, keine Nation, keine Rasse, keine Religion. Das alles haben wir weit hinter uns gelassen. Wir sind allein hierhergekommen, um mit anderen zusammen zu sein, die aus demselben Grund gekommen sind: um allein zu sein.

Darum vergesst nicht: Alleinsein ist etwas Heiliges. Verletzt nie die Grenzen eines anderen in Bezug auf sein Alleinsein, seine Freiheit, seine Individualität. Vereint euch, liebt euch, seid zusammen, erfreut euch, doch vergisst dabei nie, dass ihr allein seid.

Allein bist du geboren, allein wirst du sterben und allein musst du dein Leben leben. Und alle, die hier sind, sind Individuen und allein. Sie folgen keiner Lehre und keinem Dogma, sie folgen nur ihrer eigenen inneren Stimme. Bemüht euch, sie zu hören und ihr zu folgen.

Ja, es ist eine ganz stille, leise Stimme, aber wenn du sie einmal vernommen hast, kannst du nicht anders, als das zu tun, was sie dir zu tun gebietet.

6

Seelenqual oder Qual der Wahl?

? *Was ist Seelenqual? Ist sie so etwas wie*
Ängstlichkeit oder Besorgnis?

In der Seelenqual steckt zwar auch eine gewisse ängstliche Besorgnis, aber sie ist sehr viel mehr als das, sie reicht viel tiefer. Ängstlichkeit (engl.: *anxiety*) bedeutet, dass dich ein bestimmtes Problem verunsichert; du bist unschlüssig, was du tun sollst. Du kannst zu keiner Entscheidung kommen, ob du etwas Bestimmtes tun sollst oder nicht: »Was wäre der richtige Weg? Welchen soll ich wählen?« Es gibt so viele Möglichkeiten, und du stehst immer am Scheideweg. Alle Wege ähneln sich; freilich führt jeder woandershin, aber wer weiß, welcher dich ans erhoffte Ziel bringen wird? *Anxiety* ist dieser Zustand von Unentschlossenheit: die Angst, unter verschiedenen Möglichkeiten die falsche zu wählen. Doch der Auslöser dieser Besorgnis ist eindeutig: Du hast die Qual der Wahl unter verschiedenen Möglichkeiten, schwankst hin und her, etwa zwischen zwei Menschen oder zwei Jobs.

Seelenqual (*anguish*) ist auf nichts Bestimmtes gerichtet. Seelenqual empfinden nur ganz seltene Menschen, während die ängstliche Besorgnis eine alltägliche Erfahrung ist, die jeder kennt. Die Seelenqual ist genialen Menschen vorbehalten und setzt ein Höchstmaß an Intelligenz voraus. Sie bezieht sich auf nichts Bestimmtes, es geht nicht darum, sich für oder gegen etwas zu entscheiden. Es ist keine Qual der Wahl. Worin besteht also das Problem bei der Seelenqual? Dazu sollte erst ein bestimmtes Phänomen angesprochen werden ...

Es gibt viele Wesen auf dieser Welt – Tiere, Vögel, Menschen ... und alle erleben sie Ängstlichkeit –, die Bäume genauso wie die Vögel, die Tiere, die Menschen. Die sorgenvolle Ungewissheit ist ein universelles Phänomen. Hingegen wird Seelenqual nur von wenigen Menschen empfunden, die zur Crème de la Crème, zum höchsten menschlichen Bewusstsein, zählen. Für sie ist es ein zutiefst existenzielles Problem.

Betrachten wir einmal den Fels: Auch er ist lebendig, auch er wächst. Der Himalaja wächst immer noch weiter, dreißig Zentimeter im Jahr. Man sollte ihm klarmachen: »Das ist sinnlos, du bist doch schon das höchste Gebirge. Streng dich nicht so an!« Es muss sehr mühsam sein: Tausende Kilometer, Tausende Gipfel – was für ein enormer Job! Selbst ein jährliches Wachstum von nur dreißig Zentimetern ist keine Kleinigkeit für den Himalaja. »Du brauchst das nicht mehr zu tun. Egal, wie groß du noch wirst: Du bleibst immer das höchste Gebirge der Welt! Du hast alle anderen Berge übertroffen, hast sie weit hinter dir gelassen.« Berge begreifen so etwas nicht. Wenn schon die Menschen es nicht begreifen, wie dann erst die Berge? Der Himalaja wächst weiter, er ist ein lebendiges Wesen.

Auch ein Fels wird geboren, ein Baum, ein Löwe, ein Adler – aber sie unterscheiden sich vom Menschen. Was ist der Unterschied? Ihr Sein geht ihrer Existenz voraus. Das hört sich etwas kompliziert an, aber ich will versuchen, es euch zu erklären:

Ein Fels, ein Baum, ein Löwe, ein Adler – ihre Essenz geht ihrer Existenz voraus. Was aus ihnen werden soll, ist schon in ihnen vorprogrammiert. Ihre Essenz, das ist ihr Sein, ihr Wesen. Eine Rose wird zu einer Rose werden. Noch bevor sich ihre Blüten entwickeln, kann man schon wissen, dass es keine Blüten von Ringelblumen sein werden. Der Strauch ist ein Rosenstrauch, und er enthält bereits die Essenz der Rose; sie muss aber erst ins Dasein treten. Die Natur liefert das Grundprogramm schon mit, es muss sich aber erst manifestieren.

An dieser Stelle möchte ich an etwas erinnern, was in der früheren Sowjetunion schon vor Jahrzehnten entdeckt wurde. Ein Amateurfotograf, der ein sehr kreatives Genie war, experimentierte mit Kameras, Studio, Chemikalien und Fotoaufnahmen und versuchte, neue Wege in der Fotografie zu gehen. Durch Zufall gelangte er zur Kirlian-Fotografie, einer der großartigsten Entdeckungen der Menschheitsgeschichte.

Er machte zum Beispiel ein Foto von einer Rosenknospe: Mithilfe seiner verfeinerten Technik konnte er ein Foto der Rosenknospe aufnehmen, das die Rosenblüte genau so zeigte, wie sie aus der Knospe hervorgehen würde. Es gelang ihm, die noch unmanifestierte Essenz der Rose mit der Kamera einzufangen und aufs Papier zu bannen. Unsere Augen können das nicht wahrnehmen. Und als die Rose aufgeblüht war, zeigte sich, dass sie erstaunlicherweise genauso aussah wie die Blüte auf dem Foto, das er von der Knospe aufgenommen hatte.

Irgendwie folgt die Energie der Rose, die für unsere Augen erst später sichtbar wird, genau demselben Muster wie die spätere Blüte. Das Foto zeigte eine Energieblüte, ganz aus Strahlen von Licht und Farben, aber exakt mit den gleichen Umrissen, die die Grundlage für die Manifestation bildet. Seine Kamera fing diese Strahlen ein und lieferte einen Bauplan der zukünftigen Rose. Ihre Form wird dann vielleicht am nächsten oder übernächsten Tag auch für unsere Augen sichtbar. Dies bedeutet, dass die Rose, ehe sie in die Existenz tritt, in ihrer Essenz bereits vorhanden ist. So ist dieser Satz zu verstehen: Die Essenz geht der Existenz voraus.

Während des Zweiten Weltkriegs vollbrachte die Kirlian-Fotografie wahre Wunder. Sie wird in der Medizin der Zukunft eine wichtige Rolle spielen. Es ist bedauerlich, dass auch die Wissenschaftler in politische Lager gespalten sind. Was in der Forschung in Russland passiert, wird geheim gehalten; was in der Forschung in Amerika passiert, wird geheim gehalten. Es ist schiere Vergeudung von Genie, Energie und Zeit – und die Zeit ist knapp.

Ehe der letzte Vorhang fällt und die menschliche Tragödie ein Ende nimmt, sollten die Wissenschaftler der ganzen Welt sich aufraffen und erklären: »Wir sind international.« Unsere Kommune kann ihnen internationale Reisepässe ausstellen, die zu keiner Nationalität gehören. Wenn die Wissenschaftler diesen Mut aufbringen, können sie eine ganz neue Dimension öffnen und internationale Pässe verwenden – keine russischen oder amerikanischen, britischen oder indischen, sondern internationale Pässe. Dabei würden natürlich viele verfolgt und eingesperrt werden, aber keine Sorge! Wie lange kann das schon gehen?

Wenn sich alle Wissenschaftler der Welt dazu entscheiden könnten, würden ihnen die Nobelpreisträger folgen, dann die Dichter, Ingenieure, Ärzte, die gesamte Intelligenz der Welt ... Wie sollte man denn alle diese Menschen ins Gefängnis stecken? Was würde man denn ohne sie machen? Was würden eure dummen Politiker machen? Ohne sie wären sie gar nichts.

Unsere Stadt Rajneeshpuram hier in Oregon könnte die Zentrale sein. Wir wären bereit, internationale Pässe auszustellen. Das gäbe eine Revolution. Macht euch keine Gedanken um nationale Grenzen. Irgendjemand sollte einfach damit anfangen. Lasst die Dichter der ganzen Welt zusammenkommen, lasst die Wissenschaftler der ganzen Welt zusammenkommen und ihre Energien in einem einzigen Pool zusammenführen.

Nun, bis heute wird die Kirlian-Fotografie außerhalb Russlands kaum eingesetzt. In Russland zeigt sie wunderbare Ergebnisse. Als sie während des Zweiten Weltkriegs entdeckt wurde, erhielt Kirlian den Auftrag, mehr darüber herauszufinden. Wenn es mit einer Rosenblüte funktioniert, wie funktioniert es dann beim Menschen?

Zum Beispiel hatte ein Mann durch eine Kriegsverletzung eine Hand verloren. Kirlian machte ein Foto davon, und seltsamerweise zeigte das Foto eine schwächere Energie-Hand, an der alle fünf Finger intakt waren, obwohl die Hand physisch gar nicht mehr vorhanden war! Sie zeigte sich aber auf dem Foto, ein wenig blasser als der übrige Körper. Die Hand ist nicht mehr da, doch die Energie, die darin geflossen ist, fließt immer noch. Sie ist mit bloßem Auge nicht sichtbar, aber eine empfindliche Kamera kann sie einfangen.

So entstand die Idee, man könne vielleicht – da die Energie immer noch fließt – eine Hand, eine wirkliche Hand erschaffen, in der die Energie weiterhin fließt. Keine hölzerne Hand, keine Plastikhand oder so etwas, sondern eine reale Hand. Worin besteht eigentlich die Realität einer Hand? Was macht ihre Lebendigkeit aus? Warum bewegt sie sich? Sie bewegt sich, weil Energie in ihr fließt.

Und was geschieht, wenn man gelähmt wird? Nicht die Hand wird gelähmt, sondern der Energiefluss im Innern wird unterbrochen. Die Hand ist noch da, die Knochen sind da, das Blut ist da, alles ist noch da. Was fehlt also? Was ist Lähmung? Die Energie fließt nicht mehr, die Energie ist aus irgendeinem Grund zum Stillstand gekommen. Wenn wir die Energie irgendwie wieder ins Fließen bringen könnten …

Genau darum bemüht sich die Akupunktur in China seit fünftausend Jahren: Sie bringt die Energie wieder in Fluss. Die Akupunktur hat großartige Erfolge erzielt: Ein Gelähmter hört auf, gelähmt zu sein. Und was dabei gemacht wird, sieht ziemlich primitiv aus. Beim Beobachter erweckt es nicht gerade den Eindruck einer großartigen Sache: Man sticht Nadeln an bestimmten Punkten in den Körper. Wenn eine Hand gelähmt ist, wird die Hand vom Akupunkteur eventuell gar nicht berührt. Vielleicht setzt er seine Nadeln ganz woanders, weil er weiß, an welchen Stellen der Energiefluss in der Hand blockiert sein kann. Wird die Blockade durch die Nadeln aufgehoben, kann die Energie wieder fließen: Die Hand wird wieder lebendig.

Außerdem hat die Kirlian-Fotografie entdeckt, dass nicht nur eine Blüte schon als Knospe aufs Foto gebannt werden kann, noch ehe sich die Blütenblätter öffnen. Auch beim Fotografieren eines gesunden Menschen können körperliche Veränderungen auf dem Foto Rückschlüsse auf gesundheitliche Gefahren in der Zukunft ermöglichen.

So sagte ein Mann: »Ich bin völlig gesund.« Sechs Monate später jedoch zeigte sich genau an der Stelle, wo im Foto Abweichungen zu erkennen waren, eine Gefahr: Eine Veränderung hatte sich energetisch bereits angekündigt, etwa eine krebsartige Entwicklung. Die Kirlian-Fotografie eröffnet hier ungeahnte Möglichkeiten: Wenn der Krebs erkannt wird, ehe er sich materialisiert hat, lässt er sich ohne Operation beseitigen. Man muss nur das Energiemuster stoppen, die Energie verändern, das Programm verändern, sodass der Krebs gar nicht erst entsteht.

Im Osten ist es ein weit verbreiteter Glaube, dass man sechs Monate, bevor man stirbt, aufhört, die eigene Nasenspitze sehen zu können. Und ich habe das selbst überprüft. Für mich ist das also keine Frage des Glaubens, denn ich glaube nie etwas, ohne es selbst erfahren zu haben. Die Augen verlieren die Fähigkeit, so weit nach unten zu schauen, dass die Nasenspitze zu sehen ist. Das geht irgendwann nicht mehr und ist ein Hinweis, dass der Mensch innerhalb von sechs Monaten sterben wird. Dies ist eine uralte, vielleicht zehntausend Jahre alte Erkenntnis von Ayurveda. Wenn ein ayurvedischer Arzt einen Patienten im letzten Stadium besucht, wird er ihn fragen: »Bitte, können Sie Ihre Nasenspitze sehen?«

Wenn das ein Schulmediziner hört, wird er denken: »So ein Quatsch! Was hat denn das Sehen der Nasenspitze mit dem Tod zu tun? Er stirbt, und Sie machen dumme Witze? Was soll das?« Doch dieser Doktor weiß nichts von dem seltsamen Phänomen, dass die Augen allmählich aufhören, nach unten zu schauen. Wenn der Mensch stirbt, drehen sich seine Augen komplett nach oben. Man sieht nur noch das Weiße von den Augen. Deshalb werden nach allen Traditionen der Welt die Augen eines Verstorbenen sofort geschlossen, um niemanden in Panik zu versetzen. Man sieht sonst nur das Weiße des Auges, das Schwarze hat sich nach oben gekehrt.

Vermutlich ließ diese Erfahrung schon vor zehntausend Jahren die Idee aufkommen, dass dieses beim Sterben beobachtete Nach-oben-Drehen der Augen sich schon einige Zeit vorher ankündigt. Das Leben ist ein allmähliches Geschehen, nichts passiert schlagartig. Die Existenz kennt keine Plötzlichkeit. So hat man dann nach und nach durch Beobachten herausgefunden, dass ab einem Zeitpunkt etwa sechs Monate vor dem Tod die Augen immer weniger beweglich sind und immer starrer werden; sie schauen immer öfter nach oben und weniger nach unten. Und wenn der Mensch seine Nasenspitze nicht mehr sehen kann, gibt der Arzt der Familie den Rat: »Verschwenden Sie nicht unnötig Zeit. Fangen Sie an, ihn auf den Tod vorzubereiten. Helfen Sie ihm, dass er friedlich, still und meditativ sterben kann, voller Dankbarkeit.« Nur der Osten hat es ermöglicht, sich so auf den Tod vorzubereiten.

Die Menschen bereiten sich nicht einmal auf das Leben vor. Sie erkennen erst, wenn sie im Sterben liegen, dass sie gelebt haben – oder vielleicht sogar erst danach! Dann trifft sie plötzlich der Schock: »Mein Gott! Was ist passiert? Ich war am Leben, und jetzt bin ich es nicht mehr! Achtzig, neunzig Jahre sind vergangen, und ich habe gar nichts vollbracht! Keinen einzigen Moment habe ich mich wirklich erfüllt und zufrieden gefühlt. In keinem einzigen Moment hätte ich sagen können: ›Ich fühle mich gesegnet.‹«

Mit Ausnahme des Menschen existieren alle Lebewesen – jede Pflanze, jeder Vogel, jedes Tier – nach dem gleichen Prinzip: Die Essenz geht der Manifestation voraus. Sie sind von Natur aus vorprogrammiert; ihr ganzes Leben ist ein Sich-Entfalten, keine Evolution. Alles, was aus ihnen werden soll, ist im Grundprogramm schon angelegt, und davon können sie keinen Zollbreit abweichen. Es liegt nicht in ihrer Macht, zu entscheiden, ob sie lieber eine Rose oder eine Ringelblume sein wollen. Sie kennen deswegen auch keine Besorgnis. Es wird ihnen nie abverlangt, über ihre Essenz eine Entscheidung zu treffen. Sie stehen nie am Scheideweg, folgen immer derselben Route. Sie haben keine Wahl über ihr Sein.

Büffel, Pferde, Esel, Elefanten – in ihrem Programm gibt es kein Gefühl von Besorgnis. Ja, sie können Wut empfinden, wenn sich ihnen etwas in den Weg stellt. Sie können destruktiv werden, gewalttätig werden, wenn sich einer mit ihnen anlegt. Sie leben nach einem bestimmten Verhaltenskodex. Wenn man bei sich bleibt und nicht in ihr Territorium eindringt … Beispielsweise hat jeder Elefant sein eigenes Territorium. Wer dort eindringt, bringt sich in Gefahr. Wenn man einfach sein Territorium meidet – aber der Mensch kennt es nicht, nur der Elefant … Sobald man in sein Territorium eindringt, bringt man sich in Gefahr, weil man die Grenze überschritten hat.

Sie empfinden Wut, sie empfinden Überlegenheit oder Unterlegenheit. Wenn ihr eine Affenhorde auf den Bäumen sitzen seht, könnt ihr euch nur wundern: Der Chef sitzt auf dem höchsten Ast, und auf den unteren Ästen sitzen seine Untergebenen. Der Chef hat all die schönen Damen, auch wenn er schon alt und nicht mehr zeugungsfähig ist: Chef bleibt Chef.

Oftmals töten die Jüngeren den Alten nur deshalb, weil er sie daran hindert, an die Damen heranzukommen. Aber solange er am Leben ist, lässt er keinen anderen zum Zug kommen. Es ist *sein* Harem, egal, ob er noch potent ist oder nicht. Sein Königreich, seine Häuptlingsrolle, hängt davon ab, wie viele Ladys ihm gehören.

Es waren wohl die Affen, die Sigmund Freud auf die Idee brachten, dass irgendwann einmal eine jüngere Generation einen alten Mann tötete, der all die schönen Ladys besaß. Die Jüngeren waren natürlich empört: »Es wird Zeit, dass der Alte abkratzt!« Doch er starb und starb nicht und natürlich ließ er sie auch nicht gewähren. Sigmund Freud hat sich die Sache mit Gott so vorgestellt, dass die Jüngeren sich schuldig gefühlt haben mussten, weil sie den Vater töteten … Er war schließlich ihr Vater, ihr Oberhaupt, und sie hatten ihn getötet – nur wegen der Frauen! Daraus ließen sich zwei Schlüsse ziehen, aber Sigmund Freud zog nur einen … Es wundert mich, wie er den zweiten übersehen konnte, weil dieser ihm eigentlich mehr entsprochen hätte. Aber selbst ein Genie kann sich irren.

Sigmund Freud kam zu folgender Schlussfolgerung: Weil sie den Vater töteten, hatten sie Schuldgefühle, und um diese zu kompensieren, nur um die Schuldgefühle loszuwerden, fingen sie an, die Reliquien des Vaters zu verehren, etwa seine Knochen und seinen Leichnam, den sie begraben hatten. Sie bauten eine kleine Gedenkstätte und fingen an, ihn anzubeten, weil sonst sein Geist Rache nehmen könnte. Da sie wussten, dass er ein strenger Mann und sehr eifersüchtig gewesen war, zumal wenn man sich an seine Ladys heranmachte … Sie fürchteten, sein Geist könne Schwierigkeiten machen. Also musste man ihm etwas opfern, musste ihn anbeten, ihn um Vergebung bitten und seine Sünde beichten.

Sigmund Freud leitete die ganze christliche Religion, im Grunde sogar jede Religion, von der Idee ab, dass Gott der Vater in Wirklichkeit Vater der Gott war. Zuerst töteten sie den Vater, und dann, um seinen Geist zu besänftigen, machten sie aus ihm Gottvater. Damit ließen sie ihn verstehen: »Du bist immer noch unser Oberhaupt, selbst von hier aus gesehen, und wir stehen unter dir, sind deine Diener, deine Anbeter. Vergib uns unsere Schuld, wir waren töricht, aber junge Leute sind nun einmal töricht. Du aber bist erfahren, du weißt alles. Wir hoffen auf deine Vergebung.« Freuds Schlussfolgerung war, dass auf diese Weise die Religion entstanden sein muss. Es lässt sich zwar nicht durch historische Fakten belegen, aber es besteht durchaus die Möglichkeit, dass er recht hat.

Die zweite Schlussfolgerung – und ich habe mich immer gewundert, wie er das nur übersehen konnte! – ist: Sie hatten den Vater nur wegen der jungen Frauen getötet. Diese zweite Schlussfolgerung ist so simpel: Um den Vater zu besänftigen, haben sich alle Religionen gegen die Frauen gewandt. Die Frau war schuld, dass der Vater getötet wurde! Der Zusammenhang ist doch eindeutig; wie konnte Sigmund Freud ihn übersehen? Nicht einmal ein Blinder hätte das übersehen können! Es leuchtet völlig ein, dass die Männer ihn aus keinem anderen Grund töteten: Sie wollten an die jungen Frauen herankommen, die der Alte, dieser Schmutzfink, in seinem Besitz hielt. Es war mit Sicherheit wegen der Ladys.

Daraus lassen sich folgerichtig die zwei Seiten der Religion ableiten: einerseits die Verehrung, Anbetung, Lobpreisung des Herrn – und andererseits die Verachtung der Frau. Als ich anfing, Freud zu lesen, suchte ich in allen seinen Büchern nach der zweiten Schlussfolgerung – die Freud mehr entsprochen hätte –, doch sie war nirgends zu finden. Die erste ist eine an den Haaren herbeigezogene philosophische Erklärung, während die zweite ein schlüssiges freudsches Konzept darstellt. Da aber Freud heute nicht mehr lebt, können wir dies nur ergänzend hinzufügen.

Ich möchte betonen, dass die Tatsache, dass der Vatermord wegen der Frauen stattfand, eine plausible Erklärung für die Frauenfeindlichkeit sämtlicher Religionen liefert. Wäre es nicht wegen der Frauen gewesen, hätten die Männer den Vater nicht getötet. Die Geschichte von Adam und Eva besagt das Gleiche: Nur wegen der Frau kam es zum Sündenfall des Mannes. Das können die Religionen der Frau niemals verzeihen. Sie verurteilen sie schon seit vielen Jahrhunderten. Freud hätte diese beiden Seiten klar sehen können: Die Leute, die an Gott glauben und Gott anbeten, glauben nicht an die Frau und halten sie für eine Agentin der Schlange, des Teufels und damit für die wahre Ursache des Sündenfalls. Und dafür haben sie die Frau verteufelt.

Ein ähnliches hierarchisches Verhalten, wie es bei den Affen vorkommt, kann man bei vielen Tieren sehen. Es ist aber vorprogrammiert und hat nichts mit dem zu tun, was wir Ängstlichkeit nennen. Habt ihr schon mal beobachtet, wie zwei Hunde sich anbellen und aussehen, als würden sie gleich aufeinander losgehen? Aber noch ehe der Kampf begonnen hat, ist er schon wieder beigelegt. Das logische Ende bleibt aus. Wozu dann all das Bellen und Knurren, Anspringen und Zähnefletschen? Es diente nur dazu, dass jeder dem anderen zeigte: »Schau, ich bin viel stärker als du!« Hunde sind ein intelligentes Völkchen. Wozu kämpfen? Sie testen nur ihre Stärke gegeneinander, und dann weiß jeder, wer der Stärkere ist.

Wenn es erst einmal klar ist, wer der Stärkere ist, dann sind sie sich einig: Derjenige, der verstanden hat, dass er der Schwächere ist, nimmt den Schwanz zwischen die Beine und zieht sich zurück. Das ist das Signal für: »Du bist der Stärkere« – aber es ist keine Feigheit, es ist nur eine Anerkennung der Tatsache: »Was kann ich machen? Ich bin schwach, du bist stärker. Du bellst lauter, springst heftiger, siehst größer aus. Welchen Sinn hätte es, zu kämpfen? Wozu unnötig Blut vergießen?« Er gibt einfach das Zeichen, zieht den Schwanz ein – und sofort ist der andere kein Feind mehr. Der Kampf ist zu Ende. Noch bevor er überhaupt begonnen hat, ist der Kampf schon beendet.

Von Kindheit an war ich an allem interessiert, und in Indien gibt es so viele Hunde. Die Stadtverwaltungen können sie nicht töten, weil es gewalttätig wäre und sofort Widerstand aus der Bevölkerung hervorrufen würde: »Ihr tötet!« – darum werden es immer mehr. So, wie die Zahl der Menschen in Indien ständig zunimmt, nimmt auch die Zahl der Hunde ständig zu. Wenn ich im Winter vor meinem Haus saß, beobachtete ich immer die Hunde, und dieses Verhalten war sehr auffallend. Immer wieder konnte ich es beobachten. Ich erkannte darin die erstaunliche Intelligenz der Hunde. Sie sind viel intelligenter als die Menschen.

Selbst wenn ihr kapiert habt, dass ihr schwächer seid als der andere, werdet ihr trotzdem kämpfen, weil ihr nicht akzeptieren könnt, schwach zu sein. Ihr wollt es versuchen. Vielleicht habt ihr eine Chance, den anderen zu besiegen. Zumindest kann euch niemand nachsagen, ihr hättet es nicht versucht. Ihr werdet kämpfen und ihr werdet geschlagen werden. Das ist doch absolut sinnlos! Von eurer Seite und auch von der Seite des anderen ist es nur dumm. Aber das Problem ist: Ihr seid eben nicht vorprogrammiert, ihr habt die Wahl.

Ihr seid unentschlossen, weil ihr nicht sicher sein könnt, zu gewinnen. Gewiss, der andere sieht vielleicht größer aus, aber ein kleinerer Mann könnte intelligenter, gerissener, schlauer sein, er könnte vielleicht Aikido, Judo, Jiu-Jitsu und weiß Gott was beherrschen. Der Stärkere hat davon vielleicht keine Ahnung und ist nur ein Brocken, aber kein Schwergewichtsboxer, den der Kleinere ganz leicht aufs Kreuz legen kann.

Wir sind nicht vorprogrammiert. Hunde sind vorprogrammiert und können gegenseitig ihre Programmierung leicht ablesen. Sie präsentieren sämtliche Signale ihres Programms: »Das ist es, was ich alles kann: Hier sind meine Zähne, siehst du? Hier ist mein Bellen, mein Springen, mein Zubeißen. Jetzt zeig du, was du hast!« Jeder legt alle seine Karten auf den Tisch. Und wenn sie sehen, dass der andere die besseren Karten hat, wozu dann kämpfen? Dann ist Schluss. Doch der Mensch ist nicht so gemacht; das ist der einzige Unterschied zwischen dem Menschen und der ganzen übrigen Schöpfung.

Beim Menschen geht die Existenz der Essenz voraus. Er wird zuerst geboren, und dann beginnt er zu entdecken, was er sein könnte. Das bedeutet Seelenqual.

Er hat kein Programm, keine bestimmten Richtlinien, die ihm die Natur vorgibt, keine Landkarte, nach der er sich richten kann. Ihm bleibt nichts als die reine Existenz. Alles andere muss er selbst herausfinden. In jedem Augenblick ist das Leben für ihn eine große Herausforderung; in jedem Augenblick muss er sich entscheiden. Und jedes Mal, wenn er die Qual der Wahl hat, kommt die ängstliche Besorgnis auf, das Falsche zu wählen. Doch diese Angst (*anxiety*) richtet sich immer auf etwas Konkretes, während Seelenqual (*anguish*) ein allgemeiner Seelenzustand des Menschen ist.

Der Mensch lebt von Geburt bis zum Tod in diesem Zustand, weil er sein Schicksal nicht kennt und nicht wissen kann, wo er einmal landen wird. Dieser Zustand der Seelenqual ist nur wenigen Menschen bewusst, weil nur ganz wenige so viel Bewusstheit über sich selbst und ihre Existenz haben. Nur wenige machen sich darüber Gedanken, wo es hingeht, was aus ihnen werden wird und was ihnen bevorsteht. Die meisten sind viel zu sehr beschäftigt mit trivialen Dingen. Aber alle kennen angstvolle, sorgenvolle Momente.

Die Beschäftigung mit trivialen Dingen schafft Sorge und Beunruhigung: In einem bestimmten Job könntest du viel mehr verdienen, aber er ist nicht seriös, nicht ehrenwert. Genau deshalb ist er so gut bezahlt: weil es eine unseriöse Tätigkeit ist. In einem anderen, ehrenwerteren Beruf ist das Gehalt dementsprechend niedriger. Jetzt bist du unentschlossen und ängstlich – was sollst du machen? Du hättest am liebsten beides, die Seriosität und das höhere Gehalt – aber beides zusammen, das geht nicht.

Die Gesellschaft besteht aus einer engen Verflechtung von Interessen, und das ist sehr raffiniert eingefädelt. Professor an einer Universität zu sein ist ein ehrenwerter Beruf, aber das Gehalt ist nicht besonders hoch. Ein Zuhälter kann viel mehr verdienen als ein Professor. Aber ein Zuhälter ist schließlich ein Zuhälter. Ihn wird niemand mit »Professor« titulieren. Sprachlich gesehen wäre es aber nicht falsch, sich »Professor Zuhälter« zu nennen, zumindest ist es professionell. Es gibt alle möglichen

Leute, die sich »Professor« nennen, aber mit einer Lehrtätigkeit an der Uni nichts zu schaffen haben. Es gibt sogar Zauberer, die sich »Professor« nennen und damit einfach »professioneller Zauberer« meinen.

In Indien gab es einmal einen großen, weltberühmten Zauberer, Professor Sarkar. Er war ein Gentleman aus Bengalen und zu seiner Zeit der vielleicht bekannteste Magier der Welt. Ich fragte ihn: »Ich habe keine Fragen über Ihre Magie, aber ich habe eine Frage über Ihre Professur. Was hat dieser ›Professor‹ zu besagen? Wo unterrichten Sie, an welcher Universität? Ich habe noch nie von einer Universität gehört, die einen Lehrstuhl für Magie hat, oder von einem College, an dem man das Zaubern lernen kann. Wo unterrichten Sie denn?«

Er sagte: »Es hat nichts mit Unterrichten zu tun. Es ist aber so, dass es traditionell von uns Magiern verwendet wird. Es ist unser Beruf, unsere Profession. Professor heißt einfach ›Profi‹.«

Ich sagte: »Das finde ich eine großartige Idee. Dann kann sich also jeder ›Professor‹ nennen! Egal, zu welcher Profession er gehört, ist er ein Professor.«

Aber eines ist sicher: Ein Zuhälter kann sehr viel mehr Kohle machen als ein Professor. Natürlich wird man als Professor sehr geehrt, aber man bleibt arm, gehört höchstens zum Mittelstand. Es erhebt sich also die Frage der Wahl. Und überall, wo es die Qual der Wahl gibt, gibt es Stress. Jeder Mensch ist also bei jedem Schritt, in jedem Augenblick seines Lebens mit Gefühlen von Stress und Besorgnis konfrontiert, die durch die Qual der Wahl entstehen. *Anxiety* ist also eine allgemein verbreitete, alltägliche Sache. *Anguish* hingegen bedeutet tiefste Seelenqual.

Diese beiden Wörter, *anguish* und *anxiety*, stammen natürlich aus derselben Wurzel, daher die Frage. In der Seelenqual steckt auch eine gewisse ängstliche Besorgnis, weil man Angst hat und sich Sorgen macht. Es ist aber keine Sorge um bestimmte Dinge, einen Job oder eine bestimmte Entscheidung. Nein, die Seelenqual betrifft das allgemeine vage Gefühl von »Wer bin ich?«.

Gurdjieff* hat das Argument konsequent zu Ende gedacht. Ich mag den Mann, auch wenn ich in vielen Punkten nicht mit ihm übereinstimme. Er hatte erstaunliche Einsichten in viele Dinge, doch er fiel einer logischen Krankheit zum Opfer: ein Argument logisch bis zur letzten Konsequenz zu verfolgen. Das Problem ist, dass man dabei immer zu einem falschen Schluss gelangt. Wenn man die Logik in eine Richtung zu weit strapaziert, kommt man zu einem falschen Ergebnis; und wenn man sie nach der anderen Richtung zu weit strapaziert, kommt man ebenfalls zu einem falschen Ergebnis. Extreme sind immer falsch. Meidet die Extreme. Viel wahrscheinlicher liegt die Wahrheit irgendwo genau in der Mitte zwischen den zwei entgegengesetzten Extremen.

Gurdjieff hat die Idee der Seelenqual ad absurdum geführt, indem er sagte: »Der Mensch hat keine Seele.« Das ist eine einfache Schlussfolgerung: Wenn die Existenz zuerst kommt und die Essenz erst später entdeckt werden muss, bedeutet es, dass der Mensch ohne Seele geboren wird. Die Seele ist euer Sein, eure Essenz. Ihr werdet demnach nur als leerer Behälter ohne Inhalt geboren. Natürlich werdet ihr Seelenqual fühlen, denn ihr seid innen hohl, ohne Inhalt. Jede Rose ist viel reicher als ihr. Jeder Hund ist viel reicher als ihr. Er hat zumindest ein Programm und eine Gewissheit, was er einmal sein wird. Er ist vorhersehbar.

Ich stelle mir oft vor, dass es unter den Hunden Astrologen, Handleser, Gesichtsleser, Gedankenleser und allerlei Esoteriker geben müsste, denn bei ihnen wäre alles abzulesen. Man könnte die Zukunft bis ins Detail vorhersagen. Doch seltsamerweise gibt es all diese Astrologen, Handleser, Gesichtsleser, Gedankenleser, Tarotkartenleser, I-Ging-Leser – und was nicht noch alles – in der Welt der Menschen. Aber im Grunde ist es nicht verwunderlich, denn was hätten sie in der Welt der Hunde, Elefanten und Kamele schon zu tun?

Kein Kamel leidet unter Seelenqual. Es folgt ganz natürlich seinem Programm und macht sich keine Sorgen wegen morgen.

---

* Georg I. Gurdjieff, spiritueller Meister des 20. Jh.

Es weiß, es wird auch morgen ein Kamel sein und übermorgen ebenfalls. So, wie seine Ahnen Kamele waren, wird es ein Kamel sein. Keine Chance, ein Elefant zu werden! Keine Frage wie: »Was will ich einmal werden?« Es stellt sich nie die Frage von Sein oder Nichtsein. Es gibt keine Alternativen; das Wesen ist schon festgelegt. Bei den Kamelen würde das Geschäft der Astrologen und Handleser nicht florieren. Außerhalb der Welt der Menschen würden sie alle bankrottgehen.

Wie kommt es aber, dass in der Welt der Menschen diese Astrologen und Handleser so florieren können? In Indien habe ich so viele von ihnen gesehen, aber im Grunde machten sie alle das Gleiche. In Srinagar, einem Ort in Kaschmir, brachte man einen Pandit zu mir, einen alten Gelehrten, der in Kaschmir für seine Prognosen sehr berühmt war. Ich leitete gerade ein Meditationscamp in Srinagar, und einer der Teilnehmer kannte den alten Mann und sagte zu ihm: »Komm und lerne Osho kennen. Vielleicht kannst du etwas über seine Zukunft voraussagen.«

Ich dachte, er würde meine Hände sehen wollen, darum sagte ich: »Hier, wenn Sie meine Hände sehen wollen …«

Er sagte: »Nein, ich sehe mir nie die Hände an. Ich betrachte die Füße, die Fußlinien.« Das war vielleicht eine Offenbarung! Davon hatte ich noch nie etwas gehört. Er sagte: »Es ist eine Spezialität hier in Kaschmir. Die Fußlinien sind zuverlässiger als die Handlinien.«

Und er hatte dafür einen bestimmten Grund. Er sagte: »Die Handlinien verändern sich, aber die Fußlinien bleiben nahezu unverändert, und das liegt daran, dass die Haut an den Füßen härter ist.« Sie muss härter sein, weil man darauf geht und das ganze Gewicht darauf ruht. Die Haut an den Händen ist nicht so fest, weil es nicht nötig ist. In der weicheren Haut können sich die Linien leichter verändern; in der härteren Haut sehen die Linien beinahe so aus wie in Stein geritzt. Er sagte: »Es ist unsere Tradition in Kaschmir, die Fußlinien zu lesen.«

Ich sagte: »Nun gut, dann lesen Sie meine Fußlinien. Aber eines müssen Sie wissen: Egal, was Sie sagen – ich werde es nicht geschehen lassen. Es wird genau das Gegenteil eintreten.«

Er sagte: »Das ist das erste Mal, dass mir jemand so etwas sagt. Die Leute wollen von mir meistens wissen, was sich ereignen wird – und Sie sagen mir, Sie würden alles ins Gegenteil verkehren?«

Ich sagte: »Ja genau, denn ich will Ihnen beweisen, dass Sie völlig falsch liegen.«

Das Handlesen und die Astrologie ziehen nur ihren Profit aus der menschlichen Seelenqual. Weil die Menschen so verzweifelt sind, wollen sie irgendwie, in irgendeiner Form von irgendjemandem hören, was mit ihnen ist, was aus ihnen werden wird, was die Zukunft ihnen bringen wird. Aus der existenziellen Leere des Menschen sind alle diese Wissenschaften entstanden. Und sie beuten die Menschen schon seit Jahrtausenden aus, denn irgendwann im Leben wird sich der Mensch die Frage stellen, was das Leben überhaupt soll: »Was mache ich hier? Ist es eigentlich sinnvoll oder sinnlos, dass ich hier bin? Bringt es mich irgendwohin oder gehe ich nur im Kreis? Und wenn es irgendwo hinführt, gehe ich in die richtige oder falsche Richtung?«

Einer meiner Professoren war Dr. S. N. L. Shrivastava, der mich in Logik unterrichtete; er war mein Logikprofessor. Und er wurde sehr ärgerlich über mich, weil er mir nicht verbieten konnte, mit ihm zu argumentieren, denn wir waren ja in einer Logikvorlesung. Ich hatte es ihm von Anfang an klargemacht, dass er mich in einer Logikvorlesung nicht daran hindern könne, mit ihm zu argumentieren. »Ich bin doch eigentlich hier, um das Argumentieren zu lernen, denn was ist denn sonst die Logik?« Er konnte mich also nicht daran hindern. Und wegen jedes einzelnen Punktes machte ich ihm Probleme. Er hatte meine Einwürfe so satt, dass die anderen Studenten mich schon anflehten: »Du bist schuld, dass wir überhaupt nichts aus den Lehrbüchern durchnehmen. Bei jedem Thema dauert es Wochen, bis wir mit dem Stoff weitermachen. Wenn es so weitergeht, verbringen wir unser ganzes Leben damit, dieses Buch durchzuarbeiten!«

Nach zwei Monaten war Dr. Shrivastava es so leid, dass er um einen Monat Urlaub ansuchte – er war schon ein alter Mann. Er wollte in die Berge fahren, um sich ein wenig von der ganzen Logik und Argumentiererei auszuruhen. Und wie es der Zufall wollte ... Ich hatte keine Ahnung, dass er in die Berge fuhr. Es war Samstag, und ich hatte einen Freund auf seiner Farm besucht.

Dort gab es schöne Mangos, aber ich hatte ihm erzählt: »In meinem Dorf gibt es viel bessere Mangos. Dort lernst du zum ersten Mal richtige Mangos kennen, so, wie sie sein sollten. Das hier sind nur wilde Mangos, klein und nicht so saftig.«

Da sagte er: »Ja, wie wär's mit heute?«

Ich sagte: »Ich bin immer für heute.« Wir ließen alles liegen und stehen und eilten zum Bahnhof, der nicht weit weg war. Der Zug war kurz vor der Abfahrt, und ich sprang gerade noch hinein, aber mein Freund mit seinem Koffer und anderen Sachen blieb auf dem Bahnsteig zurück. Und in meinem Abteil saß Dr. Shrivastava.

Er sagte: »Wie! Fahren Sie etwa auch in die Berge?«

Ich wollte in mein Dorf, das auch auf dieser Strecke lag, und die Sommerfrische in den Bergen war noch hundertfünfzig Meilen weiter als mein Dorf. Nur so zum Scherz sagte ich: »Dieser Zug fährt aber nicht in die Berge, sondern in die andere Richtung. Was machen Sie denn hier?«

Er sagte: »Helfen Sie mir« – denn er hatte sich schon sein Bett gemacht und alles gut verstaut in dem Erster-Klasse-Abteil. Wir schafften es gerade noch, dass ich ihn mit seiner Tasche aus dem Zug bugsieren konnte. Als er draußen stand, kam mein Freund angelaufen, und während der Zug davonrollte, fragte er Dr. Shrivastava: »Warum sind Sie denn ausgestiegen? Ich habe nur den Zug verpasst, weil ich zu viel Gepäck hatte. Mein Freund ist allein eingestiegen, er hatte nichts dabei. Wir wollten zu seinem Haus fahren, dort hat er alles, was er braucht, aber ich brauche ein paar Kleider und andere Sachen. Aber warum sind Sie ausgestiegen?«

Dr. Shrivastava sagte: »Dieser Zug fährt nicht in die Berge.«

Der junge Mann sagte: »Was sagen Sie da? *Natürlich* fährt er in die Berge!«

Als ich nach zwei Tagen zurückkehrte, werde ich nie den Blick vergessen, den Dr. Shrivastava mir zuwarf. Ich muss nur die Augen zumachen ... Er schaute mich lange eindringlich an. Ich sagte: »Werden Sie auch etwas sagen oder schauen Sie nur?«

Er sagte: »Was gibt es da zu sagen? Ich hatte mir einen Monat Urlaub genommen. Ich hatte ein Hotel gebucht und mit großen Schwierigkeiten meine Frau überredet, auch hinzufahren – und dann sind Sie in meinem Abteil aufgetaucht. Ich hätte Sie dort nie erwartet. Und es ist gar nicht schön, was Sie mir angetan haben!«

Ich sagte: »Was habe ich denn gemacht?«

Er sagte: »Sie haben gesagt, der Zug führe in die andere Richtung.«

Ich sagte: »Genau das habe ich geglaubt, denn ich musste an der nächsten Haltestelle umkehren. Ich wollte auch in die Berge fahren, und dieser Zug fuhr zweifellos in die falsche Richtung.«

Er sagte: »Wollen Sie mich foppen? Ich habe den Stationsvorsteher gefragt, und Ihr Freund hat mir auch gesagt, dass der Zug in Richtung Berge fuhr.«

Ich sagte: »Da scheint es eine Verwirrung zu geben. Entweder man hat mir etwas Falsches erzählt ... Denn ich fragte einen anderen Fahrgast, und er sagte: ›Dieser Zug fährt nicht dorthin, wo Sie hinwollen, also steigen Sie an der nächsten Station wieder aus und fahren Sie zurück, um den anderen Zug zu nehmen, der bald kommen wird.‹ Kann sein, dass Sie recht haben, kann sein, dass dieser Mann recht hatte, aber das lässt sich jetzt nicht mehr feststellen.«

Da sagte er: »Sie sind vielleicht eine Nervensäge! Früher hatte ich so viele Ängste, jetzt kenne ich nur noch Verzweiflung. Und es liegt an Ihnen, dass alle meine Ängste verschwunden sind und ich nur noch Seelenqual empfinde, Tag und Nacht. Sogar in der Nacht träume ich von Ihnen. Sie streiten mit mir und schaffen mir nichts als Probleme. Ich habe Schwierigkeiten, Ihnen zu antworten.«

Damals gebrauchte er das Wort *anguish*, darum erinnere ich mich jetzt an ihn. Er sagte: »Sie sind mein *anguish* (deutsch sinngemäß: Peiniger, Sargnagel, Anm. d. Übers.).«

Ich sagte: »Das ist absolut falsch.« Und weiter sagte ich: »Hier beginnt ein neuer Disput: *Anguish* (Seelenqual) ist etwas Inneres, es kann nichts Äußeres sein. Wenn es etwas Äußeres ist, dann ist es *anxiety* (Sorge). Wenn ich Ihre Seelenqual bin, dann verwenden Sie das falsche Wort; ich kann höchstens Ihre Sorge sein. Seelenqual, lieber Professor S. N. L. Shrivastava, ist das, was Sie mit Ihrem Inneren ausmachen müssen: Wer sind Sie? Glauben Sie, dass Sie Doktor S. N. L. Shrivastava sind? Glauben Sie, dass Sie ein Hindu sind? Glauben Sie, dass Sie ein Mann sind?«

Er sagte: »Wenn ich kein Mann bin, wenn ich kein Hindu bin, wenn ich nicht Doktor S. N. L. Shrivastava bin – wer bin ich dann?«

Ich sagte: »Genau *das* ist Seelenqual! Meditieren Sie darüber. Und wenn Sie die Antwort finden, wird Ihre Seelenqual verschwinden.«

Doch ehe seine Seelenqual verschwand, drohte er mit seinem Rücktritt vom College. Er sagte: »Urlaub hilft auch nichts. Schließlich muss ich ja wiederkommen. Und selbst in der Sommerfrische hätte ich über dieses Problem nachgegrübelt, das da aufgetaucht ist und das ich nicht zu lösen vermag.« Er war ein alter Mann, der in aristotelischer Logik ausgebildet war, und ich beschäftigte mich ständig mit Dingen, die Aristoteles aufhoben, von denen er aber noch nie gehört hatte. Er war also ständig in einem Dilemma. Er brachte es aber nicht über sich, zu sagen: »Ich weiß davon nichts«, denn vor allen anderen zuzugeben, dass er etwas nicht wusste, wäre ihm sehr erniedrigend vorgekommen.

Er musste also vorgeben, dass er davon wusste, aber dann geriet er in Schwierigkeiten, weil er keine Ahnung hatte, worauf er sich einließ – und dann war er mir völlig ausgeliefert. Ich sagte zum Direktor des College: »Dieser S. N. L. Shrivastava ist ein sehr bekannter und angesehener Professor, der viele Bücher geschrieben, hohe Auszeichnungen und Ehrentitel erworben hat – aber er ist kein aufrichtiger Mensch.«

Der Direktor sagte: »Wie können Sie so etwas behaupten? Ich habe nie das Gefühl gehabt, dass er lügt. Er ist ein wahrhaft religiöser Mann – nicht nur Professor der Philosophie, sondern wirklich religiös.«

Ich sagte: »Ich habe es hundert Mal getestet: Er lügt.«

Er sagte: »Dafür werden Sie mir einen Beweis erbringen müssen.«

Ich sagte: »Dazu bin ich jederzeit bereit, aber genau da liegt das Problem: Ich verlange ja von *ihm* Beweise ... Aber ich bin gerne bereit, Ihnen Beweise zu liefern. Nennen Sie mir irgendeinen erfundenen Titel von einem Buch, das es gar nicht gibt.«

Er sagte: »Was soll das denn bringen?«

Ich sagte: »Schreiben Sie irgendetwas auf.« Also schrieb er auf: *Principia Logica*. Nun gibt es Bücher, die *Principia Mathematica* und *Principia Ethica* heißen, aber es gibt kein Buch namens *Principia Logica*. Es klingt aber völlig logisch, als wäre es aus derselben Reihe dieser berühmten Bücher, also musste es doch auch *Principia Logica* geben! Ich sagte: »Perfekt. Ich bin gleich wieder da.«

Dann ging ich in die Vorlesung von S. N. L. Shrivastava und fragte ihn: »Ich habe diesen Satz ... in *Principia Logica* gelesen ... Was halten Sie davon?«

Er sagte: »*Principia Logica*? Ja, aber ich erinnere mich nicht mehr genau, weil ich das Buch schon vor zwanzig oder dreißig Jahren gelesen habe.«

Ich sagte: »Bitte kommen Sie mit mir ins Büro des Direktors.«

Er sagte: »Wozu denn?«

Ich sagte: »Kommen Sie einfach. Er hat mich gebeten, Sie in sein Büro zu bringen.«

Ich ging mit ihm dorthin und sagte: »Professor S. N. L. Shrivastava sagt, er habe dieses Buch *Principia Logica* vor dreißig Jahren gelesen; er erinnert sich genau an den Titel des Buches, aber er kann sich nicht mehr an das genaue Zitat erinnern, über das ich ihn befragt habe.«

Der Direktor fragte ihn: »Shrivastava, haben Sie das Buch gelesen?«

Er sagte: »Ja, natürlich.«

Der Direktor sagte zu mir: »Ich bitte um Verzeihung – Sie haben recht.«

S. N. L. Shrivastava hatte keinen blassen Schimmer, was da zwischen mir und dem Direktor ablief. Er sagte: »Womit hat er recht? Wo gibt es ein Problem?«

Der Direktor sagte: »Gar keins. Dieser junge Mann wollte mir nur beweisen, dass Sie ein Lügner sind, und Sie haben sich soeben als solcher erwiesen. Diesen Titel habe ich frei erfunden. Es gibt kein Buch dieses Namens – wie hätten Sie es vor dreißig Jahren lesen können? Sie haben vielleicht Nerven, so etwas zu sagen – und das vor diesen Studenten, die gekommen sind, um bei Ihnen zu studieren. Sie erzählen krasse Lügen.«

S. N. L. . Shrivastava reichte seinen Rücktritt ein, denn nun hatte er völlig sein Gesicht verloren. Ich ging zu ihm nach Hause, um ihm Trost zuzusprechen, aber er sagte: »Bitte verschonen Sie mich mit Ihrem Trost.«

Ich sagte: »Hier und da werde ich Sie besuchen, ob Sie es wollen oder nicht. Ich weiß, dass Sie das brauchen.«

Er sagte: »Wird das denn je aufhören, oder muss ich Selbstmord begehen? Jetzt sage ich Ihnen, dass ich das nicht will, und Sie sagen: ›Wollen tun Sie's vielleicht nicht, aber Sie brauchen es.‹ Damit werfen Sie folgendes Problem auf: Besteht ein Unterschied zwischen Wollen und Brauchen?«

Ich sagte ihm: »Ja. Brauchen ist etwas anderes. Man muss sich dessen, was man braucht, überhaupt nicht bewusst sein. Man mag wissen, was man will, aber das, was man will, ist nicht unbedingt das, was man braucht. Wenn Sie den schönen Hut von jemand anders sehen, kann es sein, dass Sie ihn wollen. Es muss aber nicht das sein, was Sie brauchen – vielleicht brauchen Sie eher neue Schuhe. Wollen und Brauchen sind zwei völlig verschiedene Dinge.«

Er sagte: »Also gut, sie sind völlig verschieden. Aber bitte, kommen Sie nicht mehr hierher.«

Es gibt wirklich seltsame Zufälle ... Als ich Professor wurde, berief man mich an eine Universität, deren Leiter der philosophischen Fakultät S. N. L. Shrivastava war. Als ich zum ersten Mal ins philosophische Institut kam, sagte er: »Herrje! Was wollen Sie denn hier?«

Ich sagte: »Man hat mich zu Ihrem Assistenten ernannt.«

Er sagte: »Wann werden Sie mich endlich in Frieden lassen? Es hat mir gereicht, dass Sie mein Student waren. Jetzt sind Sie Professor – und mein Assistent?« Und dann gebrauchte er wieder dieses Wort *anguish*: »Es scheint, Sie bleiben mein *anguish*.«

Ich sagte: »S. N. L. Shrivastava, nun sind sechs Jahre vergangen, aber Sie haben nichts dazugelernt. Wieder nennen Sie es *anguish*? Sie sollten *anxiety* sagen. *Anxiety* hat ein Objekt, eine bestimmte Situation; *anguish* ist etwas Inneres; Sie müssen dafür nach innen schauen.«

Er sagte: »Ganz klar, jetzt, wo wir im selben Lehrerzimmer sitzen, bin ich gezwungen, nach innen zu schauen, sonst müsste ich Sie anschauen. Aber wenn ich Sie sehe, verliere ich schon den Verstand. Sie haben mich aus dem College vertrieben. Jetzt sind Sie hierhergekommen, und ich weiß, dass wir beide in diesem Lehrerzimmer nicht gemeinsam sein können. Sie sind aber keiner, der wieder geht. Ich nehme an, ich werde einen Antrag an die Regierung stellen müssen, dass man mich woandershin versetzt.

Und das Denken meiner Frau haben Sie auch völlig verdorben. Sie sagt, ich hätte bloß Angst vor Ihnen, weil ich überall weglaufe, wo Sie sind. Sie sagt zu mir: ›Wie lange willst du noch vor diesem Mann weglaufen? Wenn er entschlossen ist, dich zu verfolgen, wird er es tun.‹«

Ich hatte sämtliche Qualifikationen, um ihm überallhin folgen zu können, an jede Universität, egal wo er hinging. Aber ich sagte: »Wenn ich es wollte, könnte ich Ihnen folgen, aber ich will nicht Ihr Plagegeist sein. Ich möchte, dass Sie endlich erfahren, was Seelenqual wirklich ist. Ihr Tod rückt näher, Sie werden alt; da ist keine Zeit mehr für Angst und Besorgnis. Ängstliche Unruhe ist etwas für junge Leute, die zwischen Alternativen wählen, zwischen A und B die Qual der Wahl haben. Aber was Sie betrifft: Lösen Sie Ihr Grundproblem, ehe der Tod kommt!«

Seelenqual ist, kurz gefasst, die Suche nach dem, der du bist.

Einer der größten indischen Seher unserer Zeit, Ramana Maharshi, hatte eine einzige Botschaft für alle. Er war ein schlichter Mensch, kein Gelehrter. Er verließ sein Zuhause mit siebzehn ohne eine richtige Schulbildung. Seine Botschaft war einfach. Jedem, der zu ihm kam – und die Menschen kamen aus der ganzen Welt –, sagte er immer nur: »Setz dich in eine Ecke, irgendwohin ...« Er lebte auf einem Berg, dem Arunachala. Und er sagte seinen Schülern, sie sollten sich Höhlen in den Bergen machen; es gab dort viele Höhlen. »Geht hin und setzt euch in eine Höhle und meditiert darüber: ›Wer bin ich?‹ Alles andere sind nur Erklärungen, Erfahrungen und Versuche, die Erfahrungen in Sprache zu übersetzen. Das Einzige, was zählt, ist diese Frage ›Wer bin ich?‹.«

Ich bin mit vielen Menschen in Berührung gekommen, aber ich war nie bei Ramana Maharshi. Er starb, als ich noch zu jung war. Ich wollte zu ihm, und ich hätte ihn auch erreicht, aber er war sehr weit weg von meinem Zuhause, fast fünfzehnhundert Meilen.

Ich fragte meinen Vater viele Male: »Dieser Mann wird alt, und ich bin noch so jung. Er spricht nicht Hindi, meine Sprache; und ich spreche nicht Tamil, seine Sprache. Selbst wenn ich irgendwie hinkäme – aber das ist schwer ...«

Von meinem Ort nach Arunachala war es fast eine Dreitagesreise, und man musste oft den Zug wechseln. Und bei jedem Umsteigen wechselt auch die Sprache. Wenn man das Gebiet verlässt, in dem Hindi gesprochen wird – und es ist das größte in Indien –, kommt man in das Gebiet, in dem Marathi die Sprache ist. Wenn man Marathi verlässt, kommt man in den Staat des Nizam von Hyderabad, wo Urdu gesprochen wird. Wenn man weiterfährt, kommt man in Gegenden, wo Telugu und Malayalam gesprochen wird, bis man schließlich zu Ramana Maharshi kommt, der Tamil sprach.

Ich sagte: »Allein dort hinzufahren wird für mich schwierig sein ... Und du unterstützt mich nicht einmal mit einer Fahrkarte. Ich werde ohne Fahrkarte reisen müssen. Hundert Meilen kann ich schaffen, das *habe* ich schon gemacht. Wenn du mir kein Ticket gibst, werde ich einfach zum Schaffner gehen und sagen: ›Ich habe ein Problem: Mein Vater gibt mir keine Fahrkarte, aber ich will unbedingt fahren, also werde ich ohne Fahrkarte fahren müssen. Ich will aber nicht wie ein Dieb reisen, darum sage ich Ihnen Bescheid.‹«

Und jedes Mal geschah es, dass der Mann wohl dachte: »Kein Mensch, der ohne Fahrkarte reist, kommt zum Schaffner, um es ihm zu sagen.« Doch der Schaffner sagte dann immer zu mir: »Okay. Nimm Platz, ich werde mich darum kümmern. Nach hundert Meilen werde ich auf dich an der Schranke warten, um dich aus dem Bahnhof rauszulassen, sonst würde man dich dort schnappen – wenn du schon nicht im Zug geschnappt wirst. Ich bin der Schaffner für die nächsten hundert Meilen, aber am Bahnhof könnte man dich schnappen, also werde ich dort auf dich warten.«

Ich bin in meiner frühen Kindheit oft ohne Fahrkarte gereist, denn mein Vater dachte, wenn er mir keine Karte gab, wo könnte ich schon hinfahren? Aber er erkannte bald, dass ich so meine Mittel und Wege fand. Er fragte mich: »Kannst du mir sagen, wie du es schaffst, nicht geschnappt zu werden?«

Ich sagte: »Das kann ich dir nicht sagen, es ist ein Geheimnis. Aber ich habe es Großvater erzählt; du kannst ihn fragen.«

Die Menschen auf der ganzen Welt leben alle in Angst und Sorge. Aber selbst wenn man euch sagt ... Und das tat Ramana, er sagte es jedem: »Tritt ein in die Seelenqual ...«

Es war mir also nicht möglich, Ramana zu sehen, aber ich traf viele, die seine Schüler gewesen waren – später, als ich ständig durchs Land reiste. Als ich einmal nach Arunachala fuhr, traf ich seine engsten Schüler, die damals schon ziemlich alt waren, aber ich fand keinen einzigen, der die Botschaft dieses Mannes verstanden hatte.

Es war keine Sache der Sprache, denn sie konnten alle Tamil. Es war die Sache einer anderen Sehweise, eines anderen Verständnisses. Ramana hatte gesagt: »Schau nach innen und finde heraus, wer du bist.« Und was taten diese Leute, als ich dort war? Sie hatten daraus ein Mantra gemacht! Sie setzten sich hin und begannen zu rezitieren: »Wer bin ich? Wer bin ich? Wer bin ich?« – wie irgendein anderes Mantra.

Es gibt Leute, die als ihr *Japa* ständig »Rama, Rama, Rama« oder »Hare Krishna, Hare Krishna, Hare Krishna …« wiederholen. In Arunachala nahmen die Schüler die gleiche Technik her und wandten sie auf etwas völlig anderes an, was Ramana ganz und gar nicht gemeint haben konnte. Ich sagte ihnen: »Was ihr da macht, ist nicht das, was er gemeint hat. Wenn ihr ständig ›Wer bin ich?‹ wiederholt – glaubt ihr wirklich, dass von irgendwoher eine Antwort kommt? Ihr könnt es euer ganzes Leben lang wiederholen, ohne dass eine Antwort kommt!«

Sie sagten: »Einerseits machen wir es genau so, wie wir verstanden haben, dass er es meinte. Andererseits hast du nicht ganz unrecht, denn wir vertun unser ganzes Leben damit, ›Wer bin ich? Wer bin ich? Wer bin ich?‹ zu rezitieren« – natürlich in Tamil, in ihrer Sprache – »aber nichts ist passiert.«

Ich sagte: »Ihr könnt noch so viele Leben weiterrezitieren, es wird überhaupt nichts passieren. Es geht nicht darum, dass man ›Wer bin ich?‹ singt. Ihr sollt überhaupt kein Wort sagen, sondern einfach still sein und lauschen. Am Anfang werdet ihr sehen, dass Tausende von Gedanken, Wünschen und Träumen euch wie Fliegen umschwirren – zusammenhanglos, unwichtig, bedeutungslos. Es ist, als wärt ihr mitten in einer großen Menschenmenge, die euch umsurrt. Bleibt einfach ganz still und setzt euch hin mitten im Basar eurer Gedanken.«

Basar ist ein schönes Wort. Die englische (und deutsche) Sprache hat es vom Osten übernommen, aber vielleicht wissen die wenigsten, dass es mit *buzzing* zusammenhängt (dessen erste Silbe wie in »Basar« ausgesprochen wird – Anm. d. Übers.). Ein Basar ist ein Ort, an dem ein ununterbrochenes Gesurre herrscht: »bzbzbz«.

Dein Verstand ist der allergrößte Basar, den es gibt. In jedem einzelnen Hirn, in diesem kleinen Schädel, trägt jeder einen riesigen Basar mit sich herum. Und du wirst dich wundern, wie viele Leute darin wohnen – mit so vielen Ideen, so vielen Gedanken, so vielen Wünschen, so vielen Träumen. Fahre einfach fort, zu beobachten und still dazusitzen mitten in diesem Basar. Sobald du anfängst zu fragen: »Wer bin ich?«, bist du ein Teil des Basars geworden, dann hast du dich mit dem »bzbzbz« identifiziert. Hör auf, zu *buzzen,* sei kein *Buzzer,* sei einfach still. Lass den ganzen Basar ruhig weitermachen, während du selbst im Zentrum des Zyklons ruhst. Ja, es wird ein bisschen Geduld nötig sein. Es ist nicht vorherzusehen, wann das *Buzzing* in dir zum Stillstand kommt, aber eines kann mit Sicherheit gesagt werden: Es hört früher oder später einmal auf.

Es hängt davon ab, wie viel Basar in dir ist, wie viele Jahre du ihn schon in dir trägst, wie viele Leben du ihn schon mit dir herumschleppst, wie viel Nahrung du ihm bisher gegeben hast und wie viel Geduld du aufbringen kannst, um einfach still dazusitzen inmitten dieser verrückten Menge – die dich schier zum Wahnsinn treibt und von allen Seiten an dir herumzerrt.

Warst du schon einmal in einem Irrenhaus? Wer sich einfach dort hineinsetzt, bekommt einen Geschmack von dem, was im eigenen Kopf vor sich geht. Irgendein Verrückter zieht dich an der Hand, ein anderer macht sich daran, dir den Bart zu rasieren, der nächste Irre fängt an, dir deine Kleider wegzunehmen. Um dich herum wird sich enorm viel abspielen. Du bleibst einfach ganz still sitzen. Wie lange wird dir das gelingen?

Einer meiner Sannyasins, der Vater von Narendra, wurde jedes Jahr für sechs Monate verrückt. Und wenn er seine irre Phase hatte, war er so guter Stimmung, dass er die tollsten Dinge tat. Er machte eine Reise, pilgerte zu heiligen Stätten … was weiß ich noch alles. Einmal, als er wieder verrückt wurde, lief er von zu Hause fort. Man suchte nach ihm, konnte ihn aber nicht finden. Überall suchte man nach ihm, auch ziemlich weit weg von daheim. Er hatte aber einen sehr schnellen Zug nach Agra genommen. Vielleicht wollte er den Taj Mahal besuchen oder etwas dergleichen; man weiß ja nie bei Verrückten. Und als er in Agra ankam, war er sehr hungrig. Er hatte kein Geld, also ging er in einen Süßwarenladen.

In Indien gibt es einen sehr leckeren biskuitähnlichen Kuchen, der *Khaja* heißt. Dieser Name sollte sich für Narendras Vater als Problem erweisen, denn *Khaja* hat zwei Bedeutungen: einerseits »Weichheit«, denn der Kuchen ist ganz weich: Wenn man ein bisschen darauf drückt, zerfällt er in viele kleine Stücke. Aber *Khaja* hat auch noch die Bedeutung »Iss das«.

Als Narendras Vater fragte: »Was ist das?«, sagte der Ladenbesitzer: »Khaja.« Und so fing er an, ihn zu essen.

Der Mann sagte: »Was machst du denn?«

Er sagte: »Essen. Hast du doch gesagt.«

Eine Gruppe von Leuten versammelte sich, aber er aß immer noch weiter. Und er war ein starker Mann. Er sagte: »Wenn er zu mir sagt: ›Iss!‹, dann tu ich das – den ganzen Berg, den er hier im Laden hat.«

Der Ladenbesitzer sagte: »Dieser Mann scheint verrückt zu sein! Ich verkaufe schon mein Leben lang *Khaja*, aber es ist mir noch nie untergekommen, dass es einer so versteht: ›Iss das‹. An diese Möglichkeit habe ich noch nie gedacht.«

Und Narendras Vater sagte: »Du hast gesagt: ›Iss das‹, also habe ich einfach angefangen, es zu essen.« Man brachte ihn vor den Polizeirichter, und dieser befand, dass er verrückt sei. Also wurde er für sechs Monate ins Irrenhaus nach Lahore gebracht. Lahore war ganz weit weg – heute ist das in Pakistan, nicht einmal mehr in Indien –, in der entlegensten Ecke des Landes. Narendras Familie machte sich weiter Sorgen um ihn. Es gab nicht den geringsten Hinweis, wohin er verschwunden sein könnte, weil das Gericht ihn nach Lahore geschickt hatte. In Lahore gab es eine der größten Irrenanstalten Indiens.

Narendras Vater war immer sehr freundlich mit mir gewesen, weil ich vielleicht der Einzige in der ganzen Stadt war, der seine Verrücktheit zu schätzen wusste. Wir unterhielten uns oft – und so wurde Narendra nach und nach mit mir bekannt, nur wegen seines Vaters. Der Vater und ich gingen oft zusammen schwimmen oder auf den Markt. Mit ihm zusammen zu sein war reine Freude, denn ich brauchte mir überhaupt keine Streiche auszudenken – er ließ sich so viel Unsinn einfallen, dass es mit ihm total unterhaltsam war.

Er erzählte mir, dass in den ersten vier Monaten alles so weit gut gelaufen war in der Irrenanstalt von Lahore, wo mindestens dreitausend Verrückte gewesen sein mussten. »Diese vier Monate«, sagte er, »habe ich überhaupt nicht in Erinnerung – sie gingen so schnell vorüber, als wäre ich im Paradies gewesen. Aber nach vier Monaten passierte ein Unfall, der ziemliche Probleme verursachte.«

Er war ins Badezimmer gegangen und hatte dort einen Behälter gefunden, der mit irgendeiner seifenartigen Flüssigkeit gefüllt war, mit der Toiletten und Bäder gereinigt wurden. Weil er verrückt war, hielt er es für Milch und trank den ganzen Behälter leer. Davon bekam er solchen Durchfall, dass die Ärzte fünfzehn Tage lang alles unternahmen, um ihn zu stoppen. Aber nichts funktionierte – dieses chemische Zeug war nicht für den menschlichen Körper gedacht! Und er hatte gleich den ganzen Behälter ausgetrunken – keine geringe Menge, da sie zur Reinigung aller Bäder im Irrenhaus vorgesehen war. Nun, sein *inneres* Irrenhaus wurde davon perfekt gereinigt: Nach fünfzehn Tagen mit fortwährendem Durchfall wurde er wieder normal. Es war eine totale Reinigungskur.

Aber dann kam der tragische Abschnitt: die letzten zwei Monate. Er unternahm es immer wieder, zum Leiter der Anstalt zu gehen und ihm zu sagen: »Ich bin nicht mehr verrückt. Jetzt ist alles die reinste Folter für mich. Die ersten vier Monate waren völlig in Ordnung. Egal, ob die anderen mich schlugen oder ob ich sie schlug – es spielte keine Rolle. Wir haben uns gekloppt und herumgeschubst, haben geschrien und gebrüllt und gebissen. Alles war erlaubt – das reinste Freistilringen. Aber jetzt bin ich nicht mehr verrückt.

Das ist eine echte Schwierigkeit: Ich kann niemanden mehr schlagen – sie tun mir nur leid, dass sie verrückt sind. Aber sie schlagen mich ständig, hauen mir eins rüber, zerren mich runter von meinem Bett. Oder es kommt einer und setzt sich auf meinen Brustkorb ... Ein Mann hat mir den halben Schädel rasiert, während vier andere Irre mich festhielten, damit ich nicht weglaufen konnte. Ich hab sie immer wieder gebeten: ›Macht wenigstens die ganze Arbeit‹, aber mehr wollten sie nicht machen, und sie gingen zum Nächsten, den sie rasieren konnten. Dieser Verrückte muss ein Barbier gewesen sein, er war also sehr geübt, und er praktiziert immer noch seinen alten Beruf aus alter Gewohnheit. Diese zwei Monate ...«

Doch der Leiter sagte: »Ich kann da gar nichts machen. Gerichtliche Anordnungen sind zu befolgen – und das Gericht legte sechs Monate fest. Außerdem sagt hier jeder: ›Ich bin nicht verrückt.‹ Wem soll ich glauben? Welchen Beweis hast du, dass du nicht verrückt bist?«

Welchen Beweis hast *du* denn? Falls man dich eines Tages ins Irrenhaus sperrt und dich fragt: »Welchen Beweis haben Sie, dass Sie nicht verrückt sind?«, kannst du unmöglich beweisen, dass du nicht verrückt bist. Wenn sie entschlossen sind, dich als verrückt zu betrachten, wenn sie das entschieden haben, wird jeder Beweis, den du ihnen lieferst, nur beweisen, dass du verrückt bist.

»In diesen zwei Monaten«, sagte Narendras Vater, »drängte sich mir zum ersten Mal die Frage auf: ›Wer bin ich?‹ Manchmal bin ich verrückt, manchmal bin ich nicht verrückt, aber das sind nur Phasen, in denen ich mich befinde. Wer bin ich also wirklich? Wer geht hinein in den Wahnsinn, wer kommt wieder heraus aus dem Wahnsinn?«

Ich sagte ihm: »Diese zwei Monate haben dir einen Geschmack der Seelenqual gegeben. Vergiss nie diese Augenblicke. Jetzt, wo du draußen bist, nutze diesen Zustand für die Meditation. Bemühe dich, herauszufinden, wer du bist ... Denn du kannst wieder verrückt werden, und bevor du wieder verrückt wirst, sieh zu, dass du etwas herausfindest, an das du dich halten kannst: Wer bist du?« – Das von diesem armen Mann zu erwarten war aber zu viel, innerhalb eines Monats war er wieder verrückt.

Doch was soll man erst von der ganzen Menschheit sagen? Ihr kennt die Qual der Wahl mit all der damit verbundenen Ängstlichkeit, Besorgnis und Unruhe. Aber ihr kennt noch nicht die Seelenqual.

Wenn du von der Seelenqual ergriffen wirst, zutiefst aufgewühlt, in einer abgrundtiefen Depression … dann wird sich vor dir plötzlich ein unermesslicher Schlund auftun, in den du hineinfällst. Das ist anfangs furchtbar, aber eben nur am Anfang.

Wenn du Geduld aufbringst, nur ein wenig Geduld, und es einfach geschehen lässt, wirst du sehr bald eine neue Eigenschaft in dir wahrnehmen. Alles, was jetzt geschieht, spielt sich in deinem *Umfeld* ab, nicht in deinem Innern. Es ist etwas Äußerliches, nichts Innerliches. Selbst deine eigenen Denkprozesse spielen sich irgendwo da draußen ab!

Im innersten Zentrum gibt es nur eins: das Gewahrsein, den inneren Zeugen, der wahrnimmt, zuschaut, aufmerksam beobachtet. Und genau das ist es, was ich Meditation nenne.

Ohne Seelenqual kannst du nicht meditieren. Dazu must du aber erst durch das Feuer der Seelenqual hindurch. Es wird viel Abfall verbrennen und dich mehr geläutert und frisch zurücklassen. Und dein Sein ist nicht weit entfernt. Es ist da, ganz in der Nähe, nur verhindert das Gesumme der vielen Gedanken, dass du es hören, sehen, spüren kannst.

Seelenqual ist die Erforschung des eigenen Selbst, indem du dich selbst infrage stellst. Bisher wolltest du Antworten auf Fragen wie »Wer ist Gott?« und »Wer hat die Welt erschaffen?«. Solche Fragen sind aber nur für den beschränkten Geist. Ein gereifter, klarer Verstand hat *eine* Frage, nicht einmal zwei, sondern nur noch eine einzige Frage: »Wer bin ich?« Und selbst das sollst du nicht buchstäblich fragen; du bleibst einfach nur in der Haltung des Wissenwollens. Du darfst also nicht herleiern: »Wer bin ich?«, sondern du brauchst nur da zu sein, mit offenen, wachen Sinnen. Ohne die Frage verbal zu stellen, sondern mit deinem ganzen Sein zu fragen. Dieses existenzielle Fragen ist anfangs schrecklich, anfangs unerträglich, aber letztlich bringt es dir allen Segen.

Gautama Buddha sagte: »Mein Weg ist am Anfang bitter, aber am Ende ausgesprochen süß.« Welcher Weg? Er spricht hier nicht von der buddhistischen Religion, auch wenn die buddhistischen Mönche es so verstehen. Er spricht hier von demselben Weg, den ich euch ans Herz lege – dem Weg, der euch nach innen führt.

Ja, er ist am Anfang bitter, am Ende aber süß. Er ist am Anfang wie der Tod – und bringt am Ende ewiges Leben. Alle Segnungen der Existenz sind euer. Ihr seid so gesegnet, dass ihr die gesamte Existenz segnen könnt. Das bedeutet das Wort *Bhagwan:* der Gesegnete.

Unter den Wehen der Seelenqual wird der Gesegnete geboren.

7

Der erleuchtete Duft der Revolution

? *Ist J. Krishnamurti erleuchtet?*

Ja, er ist erleuchtet, doch es fehlt ihm etwas in seiner Erleuchtung. Es ist, als würde man nach einer langen Reise auf einem Flughafen ankommen, und nach der Ankunft entdeckt man plötzlich, dass einem das Gepäck abhandengekommen ist. Mit J. Krishnamurti ist etwas noch Schlimmeres passiert: Sein Gepäck ist angekommen, aber er selbst ist abhandengekommen!

Es ist ein bisschen kompliziert, aber nicht ungewöhnlich. Es ist schon oft vorgekommen, aber aus anderen Gründen. Bei Krishnamurti ist der Grund zweifellos neu, aber nicht die Situation. Es gab Menschen, die erleuchtet wurden, aber weiterhin Christen, Hindus, Jainas, Buddhisten blieben. Für mich ist das unfassbar. Wer erleuchtet ist, hat mit sämtlichen Konditionierungen des Verstandes abgeschlossen. Wie kann er weiterhin Christ sein?

Was war euer Christentum? Es war ein Zufall, dass ihr in eine bestimmte Familie geboren wurdet und diese Menschen euer Denken auf eine bestimmte Weise geprägt haben. Sie vermittelten euch eine bestimmte Ideologie, gaben euch eine bestimmte religiöse Perspektive, eine bestimmte theologische Ausdrucksweise, und ihr habt sie nachgeplappert wie ein Papagei.

Ich weiß, ein Kind kann sich nicht dagegen wehren, es ist hilflos; es lernt das, was man ihm beibringt. Selbst das, was man ihm nicht beibringt, schnappt es aus seiner Umgebung auf – von den Eltern, den Freunden, der Nachbarschaft. Es geht mit den Eltern in die Kirche, in die Synagoge, in den Tempel und nimmt wie ein Schwamm alles auf. Unabhängig davon, ob ihr ihm direkt etwas beibringt oder nicht, wird es indirekt geprägt.

Doch die Eltern, die Lehrer wollen kein Risiko eingehen; sie überlassen das Kind nicht einfach den zufälligen Einflüssen. Sie unternehmen alle Anstrengungen, um das unschuldige Kind, das ohne jede Prägung auf die Welt kam, als ein reiner Spiegel, der alles reflektieren kann, mit ihrem Weltbild zu imprägnieren. Und so fängt die Gesellschaft, die Kultur, die Religion an, den leeren Spiegel zu bemalen. Sie können einen Krishna darauf malen, einen Christus, einen Moses, sie können alles Mögliche darauf malen. Sie können Karl Marx darauf malen, das Christentum, den Kommunismus, den Faschismus – alles, was sie wollen. Und das Kind ist allem ausgeliefert, weil es hoffnungslos abhängig ist und nicht Nein sagen kann. Es hat noch gar keine Vorstellung von Nein.

Das Kind glaubt und vertraut einfach den Menschen, die ihm alles geben, ihm helfen, ihm Unterstützung geben: der Mutter, dem Vater, der Familie – ihrer Wärme und Geborgenheit. Sie ermöglichen ihm alles, was sein Wachstum fördert. Warum sollte das Kind ihnen misstrauen? Es kommt gar nicht auf diese Idee, und das ist nur natürlich.

Vor dem Hintergrund dieser naturgegebenen Situation haben sich alle Religionen des größten Verbrechens der Menschheitsgeschichte schuldig gemacht: Sie haben die Kinder zu Christen, Muslimen, Juden, Hindus, Kommunisten gemacht – ohne das freiwillige Einverständnis der Kinder, ohne ihre Bereitschaft, ohne ihre Einwilligung. Freilich haben die Kinder nicht Nein gesagt, aber sie haben auch nicht Ja gesagt.

Wenn ihr einfühlsame Menschen seid, werdet ihr das Ja des Kindes abwarten. Wenn ihr das Kind wirklich liebt, werdet ihr warten, bis es fragt: »Was ist diese Kirche?« Ihr solltet alles tun, um zu verhindern, dass das Kind indirekt beeinflusst wird. Direkte Beeinflussung darf überhaupt kein Thema sein. Das Kind sollte rein und unverdorben, wie es von Geburt ist, aufwachsen können, bis die Zeit kommt, dass seine Intelligenz sich entfaltet.

Wachstum braucht ein bisschen Zeit; nur ein wenig Geduld ist nötig. Das Kind wird von sich aus anfangen, Fragen zu stellen, weil jeder Mensch mit einem Potenzial für das Suchen und Forschen geboren wird. Das Kind *wird* mit Fragen zu euch kommen. Aber selbst wenn ihr aufmerksam, liebevoll und mitfühlend mit dem jungen Reisegefährten umgeht, vergesst nicht: Das Kind ist *nicht* euer Besitz, es ist nur durch euch hierhergekommen. Ihr wart nur ein Kanal, vergesst das nie. Es gehört euch nicht, es gehört der ganzen Existenz. Ihr wart nur der Durchgangspfad für es, um in diesen Körper zu gelangen.

Zerstört nicht die natürlichen Potenziale des Kindes. Lenkt das Kind nicht von sich selbst ab, um eure persönlichen Interessen zu verfolgen. Seid keine Politiker, am wenigsten bei eurem eigenen Kind. Es ist aber überall auf der Welt so, dass Eltern und Lehrer alle überhaupt nicht wissen, was sie tun. Im Namen der Religion begehen sie eine große Sünde. Normalerweise verwende ich dieses Wort überhaupt nicht. Nach meiner Sicht kann es im Leben höchstens Fehler und Irrtümer geben, aber keine Sünden. Denn der Mensch ist dazu da, Fehler zu machen. Er wird nicht allwissend geboren. Er ist nicht von Geburt unfehlbar wie der Papst. Er wird viele Male hinfallen und wieder aufstehen. Nur so lernt er zu gehen, nur so lernt er zu sehen, nachzufragen.

Ja, er wird viele Male einen falschen Weg einschlagen, aber daran ist nichts verkehrt. Indem man einen falschen Weg einschlägt, erkennt man, dass er falsch ist. Wenn du in die falsche Richtung gehst, fühlst du dich unbehaglich; das ist der natürliche Hinweis. Du fühlst dich unwohl, der Magen verkrampft sich, du fühlst dich angespannt – weil die Richtung, die du eingeschlagen hast, nicht der natürliche Weg für dich ist. Das sind alles Hinweise, die Route zu ändern und dir bewusst zu werden, dass dieser Weg für dich nicht der richtige ist.

Was aber die Religion angeht, kann ich nicht so harmlose Wörter wie *Fehler* und *Irrtum* gebrauchen. Nein, hier sind drastischere Begriffe nötig. Ich behaupte daher: Die sogenannte Religion ist die einzige Sünde in dieser Welt. Sie begeht ein Verbrechen an absolut hilflosen, schutzlos ausgelieferten Wesen. Es ist ein Verbrechen von riesenhaften Ausmaßen.

Dass ihr Hindus geworden seid, Christen geworden seid, Buddhisten geworden seid, ist nachvollziehbar. Was aber bedeutet es, wenn ein Mensch erleuchtet wird? Es ist das Rückgängigmachen all dessen, was Gesellschaft, Kultur, Staat, Schulsystem und Eltern in einer gemeinsamen Verschwörung gegen das kleine Kind angerichtet haben. Diese ganze Konditionierung aufzulösen heißt, erleuchtet zu sein. Es bedeutet, euch eure Kindheit zurückzuholen, die gleiche Frische und spiegelgleiche Qualität wiederzugewinnen: ein Bewusstsein, das spiegelt, ohne zu beurteilen.

Ein Spiegel reflektiert einfach nur. Wenn ihr vor dem Spiegel steht, fällt der Spiegel kein Urteil über euch – gut, schlecht, schön, hässlich … Der Spiegel urteilt nicht, er spiegelt nur. Er mischt sich überhaupt nicht ein.

Ich erinnere mich an meine Kindheit. Als mir bewusst wurde, was da passierte – ich muss etwa vier oder fünf Jahre alt gewesen sein –, dass ich nämlich in eine bestimmte Richtung gedrängt wurde, die ich mir nicht selbst ausgesucht hatte, da fragte ich meinen Vater: »Was meinst du: Muss ich, nur weil ich als dein Sohn geboren wurde, deiner Religion und deiner Politik folgen? Muss ich Mitglied im Lions Club werden, muss ich dein Geschäft übernehmen? Heißt das, dass ich, nur weil ich unglücklicherweise dein Sohn bin, alle diese Dinge werde tun müssen?«

Er sagte: »Wer hat dir denn gesagt, dass du Mitglied im Lions Club oder in der politischen Partei, zu der ich gehöre, werden musst? Wer sagt das?«

Ich sagte: »Das braucht mir keiner zu *sagen*, denn seit fünf Jahren *tust* du das ständig. Warum nimmst du mich mit in den Jaina-Tempel? Wer bist du, dass du darüber entscheidest? Warum hast du gesagt, dass ich mich vor der Mahavira-Statue verbeugen muss und vor bestimmten Schriften, von denen ich gar nichts weiß?« Ich konnte damals noch nicht einmal lesen. Diese Schriften sahen aus wie irgendwelche Bücher, aber alle verbeugten sich davor.

Ich sagte: »Du hast dich verbeugt und mir ein Zeichen gegeben, dass ich mich ebenfalls verbeugen soll. Ich kam mir sehr komisch vor, als ich so dastand, während alle anderen so viel Ehrerbietung zeigten. Du hattest mich nicht gefragt, hast mich ohne meine Zustimmung in den Tempel mitgenommen. Gleich daneben ist die Moschee, und mein Freund wird dorthin mitgenommen. Warum gehst du nicht mit mir dorthin? Warum gehen die Eltern meines Freundes nicht mit ihm in den Jaina-Tempel?

Ist das keine Politik? Du gibst mir bestimmte Ideen, fütterst mich mit bestimmten Einstellungen. Und du hast schon so früh damit angefangen, dass ich überhaupt nichts geschnallt habe.« Und dann sagte ich: »Von jetzt an hör damit auf. Lass mich in Ruhe. Ich bin jetzt in der Lage, Nein zu sagen. Und vergiss nicht, solange ich nicht in der Lage bin, Nein zu sagen, wie könnte ich da Ja sagen? Erst wenn man das eine sagen kann, ist man auch fähig, das andere zu sagen; das gehört zusammen.

Sei also bitte nicht verletzt durch mein Nein. Ich *werde* Ja sagen, aber darauf wirst du noch warten müssen. Vielleicht wird es kein Ja zu diesem Tempel sein, aber zu einem anderen Tempel, kein Ja zu diesem Buch, aber zu einem anderen Buch. Aber das kann man jetzt noch nicht voraussehen. Ich bin kein Ding, nicht vorhersehbar. Morgen wird dieser Stuhl immer noch ein Stuhl sein, der Tisch wird immer noch ein Tisch sein. Sie sind vorhersehbar. Was kann man über ein Menschenkind sagen? – Ich bin nicht vorhersehbar.«

Ein Betrunkener, völlig blau, kommt in einen Süßwarenladen. Er gibt dem Ladeninhaber eine Rupie, kauft sich Süßigkeiten für eine halbe Rupie und verlangt das restliche Kleingeld. Der Ladeninhaber sagt: »Im Moment habe ich gar kein Wechselgeld. Komm morgen früh vorbei, um es dir abzuholen. Oder du nimmst deine Rupie wieder mit und bringst mir morgen früh eine halbe Rupie – wie du magst.«

Der Betrunkene sagt: »Gut, dann hole ich mir morgen früh das Restgeld.« Aber er denkt sich dabei: »Und was ist, wenn der Inhaber die Adresse wechselt? Die Welt ist so hinterlistig. Ich sollte mich vorsehen, dass er nicht ohne mein Wissen die Adresse ändert.« Er schaut sich um und sieht einen Stier genau vor dem Laden sitzen. »Das ist gut«, sagt er. »Der Besitzer hat vielleicht keine Ahnung, dass dieser Stier vor seinem Geschäft sitzt.«

Alles, was er am nächsten Morgen noch weiß, ist, dass ein Stier vor dem Laden sitzt, wo er sich seine halbe Rupie abholen kann. Und so hält er nach dem Stier Ausschau, denn das ist der einzige Beweis, den er hat. Ein Stier ist aber kein Denkmal, der Stier sitzt vor einem Barbierladen.

Der Trinker geht hinein, packt den Mann am Kragen und sagt: »Du Hurensohn! Wegen einer halben Rupie wechselst du deinen Beruf und die Kaste, und über Nacht ist dein Süßwarenladen verschwunden, und du bist Barbier!«

Der Mann sagt: »Wovon redest du? Gestern war mein Geschäft zu.«

Der Betrunkene sagt: »Na toll! Aber mich kannst du nicht täuschen! Schau, da ist der Stier. Ich bin zwar besoffen, aber nicht blöd. Ich hab schon geahnt, dass es Probleme geben wird. Deswegen hab ich mir extra gemerkt, wo der Stier sitzt. Die ganze Nacht musste ich immer wieder daran denken. Und der Stier sitzt noch an genau demselben Platz vor deinem Geschäft.«

Der Barbier sagt: »Jetzt versteh ich, was los ist! Ich hab den Stier gestern Abend vor dem Süßwarenladen sitzen sehen. Geh doch mal dorthin. Ein Stier bleibt doch nicht immer an der gleichen Stelle sitzen, er bewegt sich. Und er *hat* sich bewegt. Was kann ich dafür?«

Die Leute denken, ihr Kind würde genau so bleiben, wie sie es erzogen haben. Das stimmt schon, die meisten Leute bleiben genau so, weil das bequem ist, praktisch ist. Wozu sich Gedanken machen? Wenn man schon alle Antworten bekommen hat, wozu skeptisch sein?

Die Skepsis wird von allen Religionen verurteilt. In Wahrheit steht die Skepsis am Anfang eines wirklich religiösen Menschen. Skeptisch zu sein bedeutet, die Dinge zu hinterfragen. Skepsis bedeutet: »Was du mir erzählst, kann ich erst akzeptieren, wenn ich selbst die Erfahrung gemacht habe.« Das ist jedoch unbequem. Man muss eine lange Strecke hinter sich bringen, und man weiß nie, ob man jemals an den Punkt kommt, selbst die Antwort zu finden.

Die meisten, die große Masse der Menschen, wollen es lieber bequem haben, sie wollen alles fix und fertig serviert bekommen, wollen fertige Antworten hören. Das ist verständlich. Es ist aber eine hässliche Tatsache über die Menschen, dass sie nicht einmal für die Wahrheit bereit sind, ein wenig Mühe und Unannehmlichkeiten auf sich zu nehmen.

Selbst die Wahrheit wollen die Menschen möglichst billig haben. Und weil ihr die Wahrheit so billig haben wollt, gibt es Leute, die damit hausieren gehen. Sie verkaufen euch die Wahrheit nicht nur billig; sie verlangen gar nichts dafür. Und nicht nur das, sie belohnen euch sogar noch dafür. Wenn ihr ihnen die Wahrheit abkauft, werdet ihr sogar noch dafür belohnt. Die Christen nennen euch einen Heiligen, die Hindus nennen euch einen Mahatma, einen Weisen. Ohne jegliche Anstrengung, ohne einen Preis dafür zu bezahlen, gelangt ihr zu höchstem Ansehen. Alles, was ihr dafür tun müsst: Tut so, als ob. Seid Heuchler.

Die ganze menschliche Gesellschaft täuscht etwas vor. Was wisst ihr wirklich über die Erfahrung Christi? Und ohne jemals einen Geschmack davon bekommen zu haben, nennt ihr euch Christen? Wenn das keine Heuchelei ist, was dann? Ohne wirklich etwas von Gott zu wissen, glaubt ihr an Gott? Wenn das nicht unehrlich ist, was dann? Nicht einmal Gott gegenüber seid ihr ehrlich.

Ein ehrlicher, aufrichtiger Mensch wird die Skepsis als Ausgangspunkt nehmen. Er wird nachforschen, alles hinterfragen. Er wird jeden übernommenen Glaubenssatz, jede ankonditionierte Überzeugung, die ihm von seinen Eltern und der Gesellschaft aufgedrängt wurde, mit einem Fragezeichen versehen.

Was die breite Masse angeht, ist es verständlich; man kann es ihr nachsehen. Aber wie kann man es jemandem nachsehen, der zur Erleuchtung gekommen ist? Seine Erleuchtung bedeutet doch, dass er mit allen Täuschungen, allen Konditionierungen, allen sozialen Programmen aufgeräumt hat, sich ihrer entledigt hat. Er ist ein deprogrammierter Mensch, ein enthypnotisierter Mensch. Wenn aber ein Erleuchteter sagt, er sei nach wie vor

Christ, dann ist das unverzeihlich. Dennoch ist es in der Geschichte immer wieder geschehen.

Nur ganz selten kam es vor, dass einzelne Menschen kundtaten, in ihrer absoluten inneren Unabhängigkeit, in ihrem Alleinsein, dazustehen. Sie haben ihren eigenen, schmalen Fußpfad beschritten, haben den Superhighway verlassen, auf dem sich alle dahinbewegen, tunlichst bequem. Wer die Sechsspurautobahn verlässt, muss sich seinen Weg erst selbst bahnen, indem er ihn beschreitet. Ihm stehen keine ausgetretenen, markierten Pfade zur Verfügung. Deshalb sage ich: Die Wahrheit ist kostspielig. Man muss einen Preis dafür bezahlen.

Wenn du einen pfadlosen Weg einschlägst, werden deine Füße bluten. Dein Verstand wird dir zureden, auf die Autobahn zurückzukehren, wo alle anderen unterwegs sind. Er wird sagen: »Sei kein Narr! Hier kannst du leicht verloren gehen. Dort warst du einer unter vielen, und es war wärmer. Wenn so viele Leute in eine Richtung gehen, kann man sicher sein, dass es die richtige ist – so viele Menschen können sich nicht irren!«

Wenn du allein gehst, welche Garantie hast du, dass die Richtung stimmt? Du hast keine Beweise. Auf der Autobahn sind Millionen vor dir, Millionen hinter dir und Millionen neben dir. Brauchst du noch mehr Beweise? Ich kann verstehen, dass der Normalbürger den Superhighway bevorzugt. Ob er Christ oder Hindu oder Jaina oder Muslim ist, spielt keine Rolle – Hauptsache, man läuft mit der Masse. So weit der Blick reicht, sieht man nur Massen und noch mehr Massen. Das gibt einem die tiefe Überzeugung, auf dem richtigen Weg zu sein.

Euch kann ich das nachsehen, aber wie könnte ich es dem heiligen Franziskus nachsehen? Er war erleuchtet, aber dennoch war er Christ und ging hin, um dem Papst den Ring zu küssen! Das ist abstoßend: dem Papst! – der nicht erleuchtet ist, nur eine gewählte Figur … Jeder, der listig und raffiniert genug ist, sich in diesem Wahlkampf zu präsentieren, kann Papst werden.

Aber warum ist der heilige Franziskus überhaupt hingegangen? Die Leute im ganzen Land hatten angefangen, Franziskus zu verehren, ihn zu lieben und sich nach dem zu richten, was er sagte. Für den Papst, dem diese Nachricht ständig zugetragen wurde, war das schockierend. Ein Mann, den der Papst nicht heiliggesprochen hatte, wurde vom Volk als Heiliger verehrt! Der Papst wurde schlicht umgangen – das konnte man nicht dulden! Dieser Mann sabotierte das ganze katholische System, und eine derartige Sabotage kann keine Bürokratie zulassen. Nach den Regeln der Kirche musste sich ein Erleuchteter als Erstes zum Papst begeben. Und nur wenn ihm der Papst mit einem Zertifikat seine Heiligkeit bestätigte, wenn er ihm sozusagen die Erleuchtung sanktifizierte – denn das ist die christliche Bedeutung eines Heiligen: vom Papst sanktifiziert, heiliggesprochen.

Werdet alles andere, nur keine christlichen Heiligen! Ein christlicher Heiliger zu sein bedeutet nur, »vom Papst heiliggesprochen« zu sein. Und insbesondere in dieser Zeit, werdet keine christlichen Heiligen, egal, welchen Preis ihr dafür zahlen müsst! Heiliggesprochen von einem Papst! Was für eine Sorte von Heiligen könnt ihr da schon werden?

Als aber der heilige Franziskus sah, dass der Papst immer wütender wurde und ihm Botschaften schickte, die lauteten: »Komme sofort zum Papst«, da begab er sich zu ihm, huldigte dem Papst und betete mit gefalteten Händen: »Gebt mir Euren Segen und sagt mir, wie ich Christus, seiner Kirche, der Christenheit und Euch am besten dienen kann.« Da war der Papst es zufrieden. Franziskus wurde als Heiliger anerkannt und sanktifiziert.

Den Papst und seine Stupidität kann ich ja noch verstehen, denn von einem Papst erwartet man nichts anderes. Aber was war mit dem heiligen Franziskus los? Seiner Erleuchtung fehlt etwas. Er *war* erleuchtet, aber immer noch im Gefängnis seiner alten Konditionierung gefangen. Obwohl er nun wusste: »Ich bin nicht diese Konditionierung«, fand er nicht den Mut, aus dem Gefängnis herauszuspringen. Im Gegenteil, er beschloss, das Gefängnis selbst, die Konditionierung und die Sprache der Konditionierung zu benutzen, um seine Botschaft unters Volk zu bringen. Das ist feige.

Und genau deshalb haben so viele Heilige der Vergangenheit aus allen Religionen meinen ganzen Respekt verloren. Ich weiß, dass sie zur Erkenntnis gelangt waren, aber ihrer Erkenntnis fehlte das Feuer, sie war sehr lau. Sie war nicht revolutionär, sie war orthodox. Vielleicht waren es Normalbürger, denen die Ängste des kleinen Mannes immer noch in den Knochen saßen und ihre Handlungen beeinflussten. Ihre Sprache, ihr Verhalten, ihre Taten deuten darauf hin, dass sie zwar erleuchtet waren, aber nicht ihre gesamte Konditionierung über Bord werfen konnten. Vielleicht befürchteten sie, wenn sie das täten, mit dem Volk dann nicht mehr kommunizieren zu können, denn das Volk hatte natürlich dieselbe Konditionierung.

Eine solche Denkweise passt zu einem Geschäftsmann, aber nicht zu einem Erleuchteten. Wen kümmert's, ob es das Volk versteht oder nicht? Wenn sie's verstehen, ist es gut für sie; wenn sie's nicht verstehen: »Hol's der Teufel!« – es ist ihre Angelegenheit. Warum sollte ich mich mit unnötigem Gepäck abplagen, das ich für Schrott halte, nur euretwegen?

Durch diesen Umstand haben viele Erleuchtete der Vergangenheit meinen Respekt verloren. Ich kann nicht leugnen, dass sie das Bewusstsein erlangt hatten, das ich mir für euch alle wünsche. Sie *waren* angekommen, blieben aber Knospen und entfalteten nie ihre Blüten. Sie waren so ängstlich, dass sie Knospen blieben. Sie hatten Angst, sich zu öffnen. Sich zu öffnen ist immer riskant. Wer weiß, was geschehen wird, wenn du dich öffnest? Eines ist sicher: Dein Duft wird freigesetzt, und das kann dir Probleme bereiten.

Der Duft eines Erleuchteten ist Revolution, Rebellion. Mag sein, dass es besser ist, eine geschlossene Knospe zu bleiben wie jene, die nicht diesen Mut aufbrachten. Die Erleuchtung war bei ihnen in falschen Händen.

Bei J. Krishnamurti haben wir eine völlig neue Situation. Er ist erleuchtet, und er ist nicht orthodox – aber er ist ins andere Extrem gegangen: Er ist anti-orthodox. Das Anti sollte wirklich unterstrichen sein.

Als ich Student im Abschlussjahr war, gab es außer mir zwei Mädchen im Doktorandenstudium. Wir drei waren die Einzigen, die Religion studierten. Es ist wohl einleuchtend, dass der Professor ein frommer Mann war, und wie es von einem frommen Mann zu erwarten ist, hatte er eine Schwäche für eines der beiden Mädchen. Er lebte zölibatär ganz nach der Hindu-Tradition, weil er eines Tages Mönch werden wollte und sich bereits darauf vorbereitete – mit Yogapraxis, Konzentrations- und Visualisierungsübungen und ständigem Rezitieren von Mantras. Mit all diesen Dingen auf der einen und der Biologie des Körpers auf der anderen Seite – ihr könnt euch sicher denken, was schwerer wog.

Stellt euch vor, ihr legt alle Schriften auf eine Waage: sämtliche religiösen Schriften in die eine Waagschale und die Biologie in die andere. Die Waagschale mit der Biologie würde den Boden berühren, und alle eure Schriften würden in den Himmel fliegen. Sie haben überhaupt kein Gewicht. Man braucht Idioten als Briefbeschwerer, um sie auf dem Boden zu halten.

Dieser Professor war also in größten Schwierigkeiten. Die eine Studentin war so unscheinbar, dass man sie leicht übersah. Nun, unscheinbar stimmt nicht ganz, denn sie hatte einen kleinen Schnurrbart an der Oberlippe, den sie sich wegrasieren musste – was blieb ihr anderes übrig? Sie stammte aus dem Punjab, einer Gegend Indiens, wo kräftige, hart arbeitende Punjabi-Frauen fast wie Männer auf den Feldern ackern. Bei so viel Arbeit und körperlicher Anstrengung bekäme vielleicht jede Frau einen Schnurrbart oder einen Bart.

Etwas Ähnliches habe ich auch im Shri-Aurobindo-Ashram beobachtet. In Aurobindos Ashram mussten alle bestimmte Übungen machen, die sehr anstrengend waren. Die meisten Bewohner in Aurobindos Ashrams waren junge Mädchen, die von den Eltern – alles Aurobindo-Anhänger – hingeschickt wurden, um auf ein spirituelles Leben vorbereitet zu werden. Es hat mich damals sehr erstaunt, dass sie fast alle einen kleinen Schnurrbart hatten. Seltsam, dachte ich mir: »Wenn dies das Ergebnis eines Ashrams ist, sollte man die Ashrams alle abschaffen!«

Ich befragte dazu den Mann, der die Leitung hatte. Er sagte: »Mir ist das ein bisschen peinlich, weil fast jeder diese Frage stellt. Ich weiß auch nicht, was da los ist.«

Ich sagte: »Drei Stunden Morgentraining und drei Stunden Abendtraining – es müssen die Übungen sein!« Und die Übungen liefen ab wie beim Militär. Es hatte ganz sicher etwas damit zu tun. Vielleicht verändert sich der Hormonhaushalt im Körper durch so viel körperliche Anstrengung und Training, und dann wachsen den jungen Mädchen Schnurrbärte und Haare am Kinn. Nun, ich kannte also diese eine Studentin, und sie war mehr als unscheinbar. Beim Vorbeigehen hat man sie nicht einmal angeschaut, und ich kann mir nicht vorstellen, dass ihr jemals einer hinterhergeschaut hat.

Das andere Mädchen jedoch war eine seltene Schönheit. Sie stammte aus Kaschmir, und Kaschmir bringt vielleicht die schönsten Frauen der Welt hervor. Mein zölibatärer Professor war am Flattern und Beben. Das größte Problem für ihn war aber, dass dieses Mädchen sich für mich interessierte, aber nicht für ihn. Er war also voller Wut auf mich, weil er sich auf jede erdenkliche Weise bemühte, das Interesse des Mädchens zu erwecken, doch es schenkte ihm überhaupt keine Beachtung.

Ich war an dem Mädchen nicht interessiert, aber es zweifellos an mir. Sie kam immer wieder, um mich dieses und jenes zu fragen oder ein Buch zu holen … Und immer wenn sie kam, war es selbstverständlich, dass ich ihr half, wo ich konnte. Und dieser Mann brannte lichterloh!

Eines Tages kulminierte das Ganze, als das Mädchen mich zum Abendessen nach Hause einlud – denn sie lebte in der Stadt –, und der zölibatäre, fromme Professor hatte irgendwie mitbekommen, dass ich bei dem Mädchen eingeladen war. Sie war die Tochter eines hohen Stadtbeamten und wollte mich ihren Eltern vorstellen, ihrem Vater und ihrer Mutter. Was sie da ausgeheckt hatte, damit hatte ich nichts zu tun.

Ich sagte zu ihr: »Erstens sollst du wissen, dass ich überhaupt nicht an einer Beziehung interessiert bin. Bitte verschwende nicht unnötig ein Abendessen. Falls du mit deinen Eltern etwas im Schilde führst, weiß ich nichts davon und spiele auch nicht mit. Ich kann aber gerne zum Abendessen kommen. Wenn du mich einlädst, werde ich nicht ablehnen, aber das ist alles.«

Sie war schockiert. Ich sagte: »Du kannst die Einladung wieder zurückziehen, das ist kein Problem. Das würde mich nicht verletzen. Tatsächlich verletze ich ja dich.« Aber darauf wollte ich jetzt nicht hinaus. Als der Professor von dem Abendessen hörte, und dass das Mädchen vorhatte, mich seinem Vater und seiner Mutter und der Familie vorzustellen, wollte er mich in der Bibliothek in die Ecke treiben.

Ich hatte dort meine eigene Ecke, einen kleinen Raum in der Bibliothek, den ich mir ausgesucht hatte. Er war mir mit spezieller Erlaubnis des Rektors zugeteilt worden, damit ich nicht dort sitzen musste, wo ständig viele Leute ein und aus gingen. So hatte ich meinen eigenen Platz, und weil ich ungestört allein sein wollte, schloss ich von innen ab. Ich hatte schon immer ein enormes Interesse an Büchern. Vielleicht habe ich mehr gelesen als sonst jemand auf der ganzen Welt, denn ich tat nichts anderes als Lesen. Ich schlief immer nur drei bis vier Stunden, das war alles; die übrige Zeit habe ich ständig gelesen.

Es klopfte an der Tür. Das war noch nie vorgekommen, denn ich hatte allen meinen Professoren gesagt, selbst wenn die Universität in Flammen stünde, würde ich mich nicht darum kümmern. Niemand durfte mich stören. Dem Bibliothekar hatte ich aufgetragen: »Wenn Sie zuschließen wollen, können Sie das gerne tun – dann bleibe ich die ganze Nacht hier. Aber klopfen Sie bitte nie an meine Tür. Ich mag keine Vertraulichkeiten dieser Art.«

Es klopfte also, und das geschah zum ersten Mal. Ich dachte: »Wer kann das sein?«, und öffnete die Tür. Davor stand der zölibatäre Professor, hochrot vor Wut. Er machte die Tür hinter sich zu und fragte mich: »Lieben Sie dieses Mädchen?«

Ich sagte: »Ich hasse sie noch nicht einmal.«

Er sagte: »Wie meinen Sie das?«

Ich sagte: »Genau wie ich sage: Ich hasse sie noch nicht einmal; die Frage von Liebe stellt sich also gar nicht. Zwischen mir

und ihr gibt es nicht einmal eine Hassbeziehung. Sie sind ganz
unnötig so rot und heiß gelaufen. Verlassen Sie jetzt bitte das
Zimmer. Und was dieses Abendessen angeht, so habe ich es ab-
gesagt. Machen Sie sich keine Gedanken. Falls Sie aber gerne in
das Haus zum Abendessen eingeladen werden möchten, kann
ich das arrangieren.«

Er sagte: »Nein, ich will überhaupt kein Abendessen, und speziell nicht, wenn Sie es arrangieren.« Und dann fragte er wieder:
»Aber wie meinen Sie das: ›Ich hasse sie noch nicht einmal‹?«

Ich sagte: »Das ist ganz einfach. Sie sind doch Professor für
Religionswissenschaft; können Sie eine so einfache Sache nicht
verstehen? Weil Liebe eine Beziehung ist, ist auch Hass eine
Beziehung. Aus Liebe kann irgendwann Hass werden, und das
geschieht auch – nicht irgendwann, sondern tagtäglich. Umgekehrt ist es genauso wahr: Aus Hass kann Liebe werden. Es ist
seltener, aber auch das geschieht. Liebe und Hass sind die gleiche Energie, nur unterschiedlich arrangiert. Man kann dasselbe
Sofa, dieselben Stühle, denselben Tisch auf tausendfache Weise
arrangieren. Und das tun die Menschen ständig. Deshalb sagte
ich, um das ganze Problem an der Wurzel zu kappen: ›Ich hasse
sie noch nicht einmal.‹ Sie können also völlig beruhigt sein.«

Wieso habe ich mich an diese Begebenheit erinnert? Es ist mir
wegen J. Krishnamurti wieder eingefallen. Er hasst alles Orthodoxe; er hasst alles, was im Namen von Religion geschehen ist.
Achtet auf den Unterschied: Ich kritisiere es, aber ich hasse es
nicht. Ich kann es noch nicht einmal hassen! Ich bin in keiner
Beziehung damit, doch Krishnamurti hat damit eine Beziehung.
Und genau da ist sein blinder Fleck.

Er wuchs in einer sehr merkwürdigen Situation auf: Er wurde
von Theosophen aufgezogen, die ihn zum Weltlehrer proklamieren wollten. Nun kann man einen Weltlehrer nicht einfach
fabrizieren. Weltlehrer werden geboren, nicht erzwungen. Und
Weltlehrer brauchen sich als Weltlehrer nicht selbst zu proklamieren, sie *sind* es einfach. Es ist keine Sache, die zu proklamieren wäre, sondern eine Sache, die von Seiten der Welt anerkannt
wird. Es ist nicht die Angelegenheit des Betreffenden.

Wenn ein Mensch auftritt, der die Fähigkeit hat, Menschen aus der ganzen Welt anzuziehen – intelligente Menschen, suchende Menschen, forschende Menschen, die bereit sind, ein Risiko einzugehen und etwas aufs Spiel zu setzen –, ein solcher Mensch braucht nicht zu proklamieren: »Ich bin der Weltlehrer.« Man würde ihn auf der ganzen Welt auslachen. Der Weltlehrer hat nichts damit zu tun; das muss die Welt entscheiden.

Die Theosophen haben aber genau das Gegenteil gemacht: Sie versuchten, einen Weltlehrer hervorzubringen. So haben sie J. Krishnamurti im Alter von neun Jahren zu disziplinieren begonnen – jetzt ist er neunzig. (J. Krishnamurti starb 1986 – Anm. d. Übers.) Er wurde von ein paar Theosophen entdeckt, als er nackt in einem Fluss badete, der durch Adyar in Indien fließt, wo sich das Hauptquartier, die Weltzentrale der theosophischen Bewegung, befindet. Zu jener Zeit war es eine große Bewegung, für die sich Tausende interessierten. Alles, was fehlte, war der Weltlehrer.

Es gab da einige sehr kluge Leute wie Leadbeater, Annie Besant, Colonel Olcott, aber keiner von ihnen hatte Charisma. Um ein Meister zu sein, ist eines unabdinglich: Die Person sollte eine magische Ausstrahlung besitzen, ein gewisses Charisma. Nicht nur seine Worte, sondern seine ganze Präsenz sollte die Menschen wie ein Magnet anziehen. Das hatte niemand.

Annie Besant war eine nette Dame, aber was soll man mit einer netten Dame anfangen? Es gibt Millionen davon. Leadbeater war ein großer Schriftsteller, aber kein Weltlehrer war je ein Schriftsteller. Kein einziger Weltlehrer, der diesen Namen verdient, hat etwas niedergeschrieben, denn das gesprochene Wort trägt einen Zauber in sich, den das geschriebene Wort nicht haben kann. Das geschriebene Wort kann jeder schreiben. Meint ihr, es macht einen Unterschied, ob Jesus es schreibt oder ob ihr es schreibt? Vielleicht habt ihr eine schönere Handschrift. Es hat jedoch keine charismatische Wirkung, nur weil Jesus es geschrieben hat. Hingegen das gesprochene Wort … Das Wort, das Jesus spricht, hat eine bestimmte Wirkung. Selbst wenn ihr das gleiche Wort sagt, hat es nicht die gleiche Wirkung.

All die christlichen Missionare wiederholen ständig die gleichen Worte. Jesus hat nicht viel hinterlassen. Im Grunde enthält
eine einzige Predigt, die Bergpredigt, seine ganze Lehre. Er war
kein gebildeter Mann, darum ist die Sprache, die er gebraucht,
keine gehobene Sprache; sie ist einfach, unverfälscht, ungeschlif-
fen. Was sonst kann man von einem Zimmermannssohn erwarten? Doch ihre Wirkung muss gewaltig gewesen sein. Man
kreuzigt keine Menschen einfach so.

Wenn die Juden und die Römer sich einig waren, diesen Mann
zu kreuzigen, kann man davon ausgehen, dass dieser Mann etwas an sich hatte, was den König Herodes auf seinem Thron
erzittern ließ. Als der Hohepriester der Juden, der die ganze
religiöse Macht in Händen hielt, Jesus reden hörte, begriff er
augenblicklich, dass keine Gelehrsamkeit diesen Mann besiegen konnte.

Es ist nicht, *was* er sagt, es ist die ganze Art, *wie* er es sagt –
oder vielmehr seine Präsenz, der Bewusstseinszustand, aus dem
er spricht. Sie erzeugen einen gewissen Duft, eine gewisse ein-
dringliche Qualität, die einem direkt ins Herz geht. Und es lässt
sich auch nicht verhindern. Im Nachhinein fallen einem vielleicht tausenderlei Argumente zur Entkräftung ein, aber in seiner Präsenz – ob er nun recht hat oder nicht – hat er eine
enorme Wirkkraft. In seiner Gegenwart ist kein Zweifel an ihm
möglich.

Einen solchen Menschen kann man nicht hervorbringen, indem man ihm Unterricht in Rhetorik gibt, seine Sprech- und
Ausdrucksweise, seine sprachlichen Fähigkeiten verbessert und
in jeder Hinsicht seine Kompetenz steigert. Die Theosophen ar-
beiteten hart an J. Krishnamurti, bis er fünfundzwanzig Jahre
alt war, und dann dachten sie: »Jetzt ist es Zeit, den Weltlehrer
zu proklamieren – er ist bereit.« Sie hatten wirklich einen großen Mann ausgesucht.

Es waren auch noch einige andere Knaben ausgewählt worden, weil es dem Zufall überlassen war, welcher sich als der
Richtige erweisen würde. Sie bildeten also mindestens ein halbes Dutzend Knaben aus, aber in ihren Augen erwies sich

Krishnamurti als der Beste. Und tatsächlich *war* er der Beste – wenn auch nicht für ihre Absichten. Für ihre Absichten hätte jeder von den fünf anderen völlig genügt.

Einer von ihnen, Raj Gopal, ist noch am Leben (1985). Er war sein Leben lang der Privatsekretär von J. Krishnamurti gewesen, aber vor ein paar Jahren hat er ihn verraten, wirklich schlimm betrogen. Sämtliche Angelegenheiten – Rechtsvollmacht, Tantiemen, alle Buchrechte – wurden im Namen von Raj Gopal erledigt, damit Krishnamurti sich um nichts zu kümmern brauchte. Als Krishnamurti achtzig war – das war vor zehn Jahren –, hat Raj Gopal einfach alles in seinen Besitz übernommen: Millionen von Dollars, alle künftigen Tantiemen, die Bücher und alle Spenden, die während der fünfzigjährigen Periode zusammengekommen waren. Es war ein riesiges Vermögen. Er hat es Krishnamurti einfach vorenthalten, indem er sagte: »Ich bin nicht länger dein Sekretär. Vergiss alle diese Dinge – aber wenn du vor Gericht gehen willst, kannst du das tun.«

Dieser Mann, Raj Gopal, wäre für die Zwecke der theosophischen Bewegung viel besser geeignet gewesen. Er erwies sich als äußerst clever, ausgefuchst und überaus geduldig, wirklich als willensstarker Mann. Er hatte lange genug zugewartet, bis er Krishnamurti verriet. Er trug sich wohl schon fünfzig Jahre mit diesem Gedanken, ohne dass ihm irgendjemand etwas anmerkte. Selbst Krishnamurti war völlig nichtsahnend. Wie hätte man auch vermuten können, dass jemand, der einem seit fünfzig Jahren diente, einem plötzlich eines Tages den Kopf abschneidet? Jemand, der nie auch nur eine einzige Frage, einen einzigen Zweifel an Krishnamurti erhoben hatte. Raj Gopal wäre für die Theosophen viel besser geeignet gewesen.

J. Krishnamurti war zweifellos der Beste, aber nicht für ihre Zwecke. Das sollte sich bald zeigen, und zwar an dem Tag, an dem er sich selbst zum Weltlehrer proklamieren sollte. Man hatte jedes Wort seiner Rede vorbereitet, war diese mit ihm immer wieder wortwörtlich durchgegangen, denn es würde ein Dokument von historischer Wichtigkeit sein. So etwas hatte noch nie zuvor jemand getan.

In Holland hatten sich sechstausend Vertreter aus der ganzen Welt zusammengefunden. Eine alte Dame aus der königlichen Familie hatte ihr Schloss und mehr als zweitausend Hektar Land gespendet; das sollte Krishnamurtis Weltzentrale werden. Alles war in großem Stil vorbereitet worden.

Krishnamurti erhob sich, und dann sagte er: »Ich bin der Meister von niemandem, und niemand ist mein Schüler. Die einzige Proklamation, die ich heute abzugeben habe, ist die, dass ich die Bewegung, die um mich herum geschaffen wurde, hiermit verlasse. Ich löse die Organisation mit dem Namen ›Stern des Ostens‹ auf, die speziell für meine Arbeit ins Leben gerufen wurde, und ich gebe das Schloss und das Geld, die Spenden und Ländereien den Eigentümern zurück.«

Annie Besant weinte, sie traute ihren Augen nicht. Es war ein solcher Schock: »Wie konnte das geschehen? Wir sind aus der ganzen Welt hierhergekommen, und dieser Mann sagt einfach, er sei kein Meister von irgendjemandem, und dafür bestehe auch gar keine Notwendigkeit.« Aber für jeden, der die Funktionsweise der menschlichen Psyche versteht, war eigentlich nichts anderes zu erwarten.

Die Theosophen hatten ihm das alles aufgezwungen. Dies war nun die erste Gelegenheit, bei der er aufstehen und öffentlich reden sollte. Das wollte er sich nicht entgehen lassen. Bis dahin hielt man ihn vor der Welt verborgen, und überall wurden Gerüchte ausgestreut, er erhielte Einweihungen in immer höhere Grade von Spiritualität. »Jetzt hat er den Drei-Stern-Grad erreicht, jetzt den Fünf-Stern-Grad, jetzt sieben Sterne, jetzt hat er alle neun Sterne errungen! Jetzt ist es so weit!« Nur deswegen hatte man die Organisation, die speziell für den Weltlehrer geschaffen wurde, »Stern des Ostens« getauft: Er war der erste Mensch, der den höchsten Gipfel des Bewusstseins erreicht hatte: neun Sterne!

Klingt wie ein Fünf-Sterne-Hotel – ein Neun-Sterne-Hotel! Und wenn man natürlich aus einem Neun-Sterne-Hotel abstürzt... Die ganze Bewegung war am Boden zerstört. Nicht nur, dass die Organisation »Stern des Ostens« aufgelöst wurde,

der Schock war so groß, dass die theosophische Bewegung aus-
einanderzubrechen drohte und allmählich dahinschwand. Heute
ist sie nur noch Geschichte.

Das Problem mit Krishnamurti ist, dass seither fünfundsechzig
Jahre vergangen sind und er den Menschen unentwegt erzählt:
»Seid tot für die Vergangenheit, lebt im Augenblick!« Es ist eine
Besessenheit. Nach meiner Wahrnehmung ist es ihm aber nicht
gelungen, für *seine* Vergangenheit tot zu sein: für all die Jahre
von Disziplin, Zucht und Heuchelei. Diese Leute, die ihn geradezu folterten mit ihrer Yogadisziplin: Aufwachen um drei Uhr
morgens, ein kaltes Bad nehmen, unzählige Übungen machen,
sämtliche Mantras rezitieren – das alles hat wohl Narben bei
ihm hinterlassen.

Er sagt zu euch: »Seid tot für die Vergangenheit«, aber ihm
selbst ist es nicht gelungen, diesen Leuten zu vergeben, die schon
so lange tot sind. Und es ist ihm nicht gelungen, die frühen
Jahre der Folter zu vergessen, die man ihm im Namen von Ausbildung und Disziplin angetan hat.

Ein seltsamer Zufall wollte es, dass ich J. Krishnamurti heute
zum ersten Mal im Fernsehen gesehen habe. Als ich früher einmal in Mumbai war, und er war auch in Mumbai, da wollte er
mich treffen. Einer seiner wichtigsten indischen Schüler kam zu
mir – er kannte mich und hatte mich oft reden gehört – und er
sagte: »J. Krishnamurti möchte dich sehen.«

Ich sagte: »Kein Problem – bring ihn her.«

Doch er sagte: »Das ist nicht die indische Art.«

Ich sagte: »Krishnamurti glaubt aber nicht an eine indische
oder europäische oder amerikanische Art.«

Er sagt: »Er vielleicht nicht, aber alle anderen.«

Ich sagte: »Ich werde aber nicht alle anderen treffen. Du sagst,
dass J. Krishnamurti mich treffen will. Also bring ihn her. Wenn
ich ihn treffen wollte, würde ich zu ihm gehen, aber so halte ich
es nicht für nötig.«

Doch er betonte immer wieder: »Aber er ist der Ältere, und
du bist der Jüngere.« Ich muss damals erst vierzig gewesen sein,
und Krishnamurti war fast doppelt so alt wie ich.

Ich sagte: »Das ist richtig, aber ich halte es nicht für nötig, ihn zu treffen. Was würde ich denn zu ihm sagen? Ich habe keine Fragen zu stellen, ich habe nur Antworten zu geben. Es wäre peinlich, wenn ich anfange, ihm zu antworten, wenn er gar nichts gefragt hat. Er wird aber von mir eine Frage erwarten. Das geht nicht – ich habe nie Fragen gestellt. Ich habe nur Antworten, was kann ich machen? Und er ist zweifellos erleuchtet. Wozu soll das gut sein? Wir könnten höchstens schweigend zusammensitzen. Warum sollte ich also unnötig zehn oder zwölf Meilen weit fahren?«

In Mumbai braucht man manchmal für zehn oder zwölf Meilen zwei oder drei Stunden. Die Straßen sind total verstopft mit allen möglichen Fahrzeugen. Mumbai ist eine Stadt, wo selbst das älteste Automodell noch fährt – das, mit dem Gott Adam und Eva aus dem Paradies hinausbefördert hat (Wortspiel mit *drive*, das »vertreiben« ebenso wie »fahren« bedeutet – Anm. d. Übers.). Das gibt es alles in Mumbai; man findet das sonst nirgendwo.

Ich sagte: »Ich habe kein Interesse, drei Stunden zu vertun und mir unnötig Gedanken zu machen ... Ich hatte solche Erfahrungen schon, und es war völlig sinnlos. Geh und frage ihn: Falls er etwas von mir wissen will, könnte ich mir vorstellen, hinzufahren, wegen seines Alters. Ich habe ihn aber nichts zu fragen. Wenn er mich einfach nur sehen will, sollte er die Mühe auf sich nehmen, herzukommen.« Natürlich war Krishnamurti ziemlich wütend, als er das hörte. Er wird schnell wütend. Es liegt an seiner Vergangenheit; er ist noch wütend auf die Vergangenheit.

Gerade heute sah ich also ein BBC-Interview mit Krishnamurti – das war meine erste Bekanntschaft mit seinem Aussehen – und es war ziemlich erschütternd für mich. Es war wieder die gleiche Geschichte wie gestern, genau das Gleiche: Er hat überhaupt kein Charisma, nicht die geringste Ausstrahlung! Es tat mir leid, dieses Interview zu sehen. Ich weiß, dass er erleuchtet ist, aber es wäre mir lieber gewesen, wenn ich nicht sein Gesicht, seine Gesten, seine Augen gesehen hätte. Man kann nicht einen Funken von Erleuchtung darin spüren. Das Gepäck ist angekommen, aber der Passagier ist irgendwo unterwegs verloren gegangen.

Trotzdem sage ich, dass er erleuchtet ist, denn ich habe die Worte von Tausenden von Erleuchteten gelesen – und Krishnamurti beschreibt diese Erfahrung sehr viel präziser als jeder andere. Und so, wie er revoltierte, passt es völlig mit der Erleuchtung zusammen. Es ist aber ein Unterschied zwischen Revolte und Rebellion, ein ganz feiner Unterschied. Revolte ist eine Reaktion. Rebellion ist keine Reaktion, sie ist Aktion.

Erkennt bitte den Unterschied: Eine Reaktion bleibt zwangsläufig an die Situation geknüpft, auf die reagiert wird. Genau das zieht ihn zurück in die Vergangenheit. Er kann die Schatten nicht fallen lassen – und es sind nur Schatten –, aber sie hängen ihm noch nach, und er reagiert immer noch darauf. Während er zu einem spricht, meint er einen gar nicht: Die Zuhörer sind nur ein Anlass, um die längst verstorbenen Leute zu verurteilen, die ihm dieses Unrecht angetan haben.

Ich glaube, er wäre in jedem Fall erleuchtet worden – wenn nicht in diesem, dann im nächsten Leben. Wenn er aber allein dahin gekommen wäre, so hätte es eine ganz andere Qualität gehabt. Es wäre Aktion und nicht Reaktion. Es wäre eine Rebellion gewesen.

Ich handle nie als Reaktion auf etwas. Alles, was ich sage, sage ich nicht als Reaktion auf etwas, sondern aus eigener Erfahrung. Falls es sich gegen etwas richtet, ist es aber etwas anderes, nur eine Nebenwirkung. Bei Krishnamurti ist aber das, was er sagt, die Nebenwirkung, während es sein ursprüngliches Anliegen ist, mit diesen Leuten und dem, was sie ihm angetan haben, abzurechnen. Er ist jetzt neunzig Jahre alt, doch die Schatten hängen immer noch an ihm, und wegen dieser Schatten ist er nicht zu einem charismatischen Wesen erblüht. Das konnte ich heute gesehen: Er hat überhaupt kein Charisma.

Neunzig Jahre sind ein langes Leben. Und da er seine Karriere mit neun Jahren begann, ist er seit einundachtzig Jahren in der spirituellen Welt. Vielleicht war noch nie ein Mensch so lang in der spirituellen Welt tätig wie er. Einundachtzig Jahre ...! Und immer noch fehlt es an Magnetismus.

Er hält Vorträge auf der ganzen Welt und ist wohl einer der prominentesten Redner in der Geschichte der Menschheit. Jesus war auf Judäa beschränkt, Buddha war auf Bihar beschränkt, doch Krishnamurti zog in all diesen Jahren um den ganzen Globus. Er spricht nur an ganz bestimmten Orten – in Indien zum Beispiel in Neu Delhi, Mumbai, Varanasi und Adyar.

Ich weiß von seinen Veranstaltungen in Mumbai, weil ich vier Jahre in Mumbai gewohnt habe. Meine Sannyasins sind zu seinen Vorträgen hingegangen und haben mir darüber berichtet. Zum einen: Er hat in Mumbai nie mehr als dreitausend Zuhörer. Er redet dort schon sein Leben lang und kommt nur einmal im Jahr für zwei bis drei Wochen. In einer Woche hält er höchstens zwei oder drei Vorträge. Trotzdem sind es nie mehr als dreitausend. Und außerdem trifft man dort fast immer dieselben Leute, und die meisten sind schon ziemlich alt und hören ihm schon seit vierzig Jahren zu – immer dieselben Fossilien.

Seltsam: Seit vierzig Jahren hört man diesem Mann zu, aber weder er noch seine Zuhörer scheinen sich irgendwo hinzuentwickeln. Sein jährlicher Besuch in Mumbai ist offenbar zur Routine geworden und auch, dass man hingeht, um ihn zu hören. Mit der Zeit sterben die Älteren weg und ein paar Neue kommen hinzu, aber die Zahl war nie mehr als dreitausend. Das Gleiche in Neu Delhi, in Varanasi ... denn dort habe ich an seiner Schule Vorträge gehalten.

In Varanasi fragte ich: »Wie viele Menschen kommen hierher?«

Sie sagten: »Höchstens fünfzehnhundert, aber immer dieselben Leute.«

Schöne Zugkraft! Dabei hat dieser Mann so große Anstrengungen unternommen! Jesus legte in nur drei Jahren die Grundlagen für die ganze christliche Religion – eine der größten Weltreligionen, ob zu Recht oder zu Unrecht. Doch wenn Krishnamurti stirbt, wird sein Name bald verschwinden. Und heute konnte ich auch sehen, warum: Er vermag die Menschen nicht im Inneren zu erreichen, indem er ihren Intellekt umgeht, der zwar noch kämpft, während das Herz bereits gewonnen ist. Er kann euch nicht im Herzen abholen – dort, wo ihr seid. Der Intellekt mag sich noch ein wenig sträuben, mag dies und das bezweifeln, doch sobald das Herz gewonnen ist, hat der Intellekt nichts mehr auszurichten.

Der Intellekt muss dem Herzen folgen. Ja, er kann eine Sache sogar gehörig verderben, wenn er sich auf etwas stürzt, das noch nicht im Herzen angekommen ist. Eine charismatische Persönlichkeit vermag euer Herz direkt zu erreichen, ohne dass der Kopf überhaupt mitbekommt, was abläuft, was sich da überträgt. Bis der Verstand geschnallt hat, dass das Herz vor Freude hüpft, ist es schon zu spät. Der Intellekt kann nichts ungeschehen machen, was schon im Herzen angekommen ist, das ist unmöglich. Der Intellekt kann nichts rückgängig machen. Ebenso wie die Zeit sich nicht zurückdrehen lässt, kann der Intellekt nicht zurück ins Herz; er kommt nur bis zur Schwelle.

Die charismatische Persönlichkeit versteht es irgendwie, sich durch die Hintertür hineinzumogeln, während der Türhüter abwesend oder im Tiefschlaf oder in Gedanken verloren ist. Sobald im Herzen Glöckchen erklingen, schreckt der Türhüter auf – aber dann ist es bereits zu spät: Es hat sich schon jemand eingeschlichen, doch der Türhüter kann nicht hinein. Es geht gegen die Natur des Intellekts, rückwärtszugehen. Doch wenn es dem Intellekt gelingt, den Eindringling schon an der Tür abzufangen, wird es das Herz nie erfahren. Es ist aber das Herz, das euch verwandelt, euch verbindet und euch eine goldene Brücke baut. Der Intellekt ist eine ziemlich oberflächliche Sache.

Als ich heute das Interview mit Krishnamurti sah, empfand ich nur Traurigkeit für den Mann. Sein ganzes Leben hat er daran gearbeitet und enorme Schwierigkeiten auf sich genommen, aber das Ergebnis ist gleich null. Der Grund ist nicht schwer zu finden: Er hat keine charismatische Ausstrahlung, keine strahlende Aura. Er ist umgeben von Schatten der Vergangenheit, scheint wie von ihnen überschattet. Er ist gegen alles Orthodoxe, gegen alle Tradition, gegen alle Konvention, aber seine ganze Energie hat sich in diesen Hass verwickelt. Er lebt in einer Hassbeziehung mit der Vergangenheit, aber eine Beziehung ist es dennoch. Er hat es nicht geschafft, sich von seiner Vergangenheit völlig zu lösen. Vielleicht hätte das seine Energie befreit, vielleicht hätte es seine charismatischen Schwingungen freigesetzt, aber das war leider nicht der Fall.

Die Menschen, die sich für ihn interessieren, sind bloße Intellektuelle. Beachtet, ich sage: *bloße* Intellektuelle, weil ihnen nicht bewusst ist, dass sie auch ein Herz haben. Intellektuelle finden Interesse an ihm, aber das sind nicht die Menschen, die dadurch transformiert werden können. Intellektuelle sind lediglich Sophisten, Disputierer, Argumentierer, und Krishnamurti vergeudet unnötig seine Zeit mit den intellektuellen Menschen dieser Welt.

Wohlgemerkt, nicht mit intelligenten Menschen – sie gehören in eine andere Kategorie. Ich sage *bloße* Intellektuelle, weil sie es lieben, mit Worten und Logik zu spielen. Für sie ist es eine Art Gehirnakrobatik. Und Krishnamurti gibt ihnen ständig nur Nahrung für den Intellekt. Er vermeint, ihre orthodoxe Denkungsart damit abzubauen, ihre Traditionsgebundenheit abzubauen, ihre Persönlichkeit abzubauen und ihnen auf diese Weise zu helfen, ihre Individualität zu entdecken. Darin liegt er falsch, denn er baut gar nichts ab. Er befriedigt nur ihre Zweifel, nährt ihren Skeptizismus, fördert ihre Redegewandtheit – sie können Streitgespräche über alles führen. Ihr mögt imstande sein, gegen alles auf dieser Welt zu argumentieren – aber ist euer Herz *für* irgendetwas und sei es nur eine einzige Sache?

Ihr könnt gegen alles sein – aber das wird euch nicht verwandeln. Seid ihr auch *für* etwas? Dieses *Etwas* wird von Krishnamurti nicht angeboten. Er bietet nur Argumentation an. Und das Problem ist – und darum fühle ich Bedauern für ihn –, dass das, was er tut, eine große Hilfe sein könnte, und dennoch hat es niemandem geholfen. Ich bin keinem Einzigen begegnet ... und ich habe Tausende von Krishnamurtis Anhängern getroffen, aber kein Einziger ist transformiert worden. Ja, sie sind alle sehr wortreich. Man kann aber mit ihnen nicht argumentieren, kann sie mit Argumenten nicht überzeugen. Krishnamurti hat ihren Intellekt über viele Jahre geschärft, und jetzt sind sie wie Papageien, die Krishnamurti nachplappern.

Darin besteht das Paradox von Krishnamurtis ganzem Leben. Er wollte, dass sie eigenständige Individuen sind, und was sind sie geworden? Er hat es geschafft, dass sie Papageien sind, intellektuelle Papageien.

Dieser Mann, der mich zu Krishnamurti bringen wollte, war ein alter Kollege von ihm. Er lernte mich 1965 kennen, bei einem meiner Vorträge in Pune, wo er damals lebte. Er ist heute nicht mehr am Leben. Ich fragte also Raosaheb Patvardhan, der ein sehr angesehener Mann war: »Du hast Krishnamurti dein ganzes Leben lang so nahe gestanden – was hast du daraus gewonnen? Aber ich will jetzt bitte nicht hören, dass Tradition schlecht ist, dass Konditionierung schlecht ist und dass man beides aufgeben muss – das weiß ich selbst. Lass das mal beiseite und sag mir einfach: Was hast du daraus gewonnen?«

Und dieser alte Mann, der etwa sechs oder sieben Monate später verstarb, sagte mir: »Was ich daraus gewonnen habe? Darüber habe ich noch nie nachgedacht, und keiner hat mich das je gefragt.«

Aber ich sagte: »Worum ging es denn überhaupt? Ob du nun für oder gegen die Tradition bist – du bist auf jeden Fall noch an sie gebunden. Wann wirst du deine Flügel öffnen und fliegen? Der eine sitzt auf dem Baum, weil er ihn liebt; der andere sitzt auf dem Baum, weil er ihn hasst, und wird den Baum nicht verlassen, ehe er ihn nicht zerstört hat. Der eine bewässert ständig den Baum, der andere sabotiert ihn ständig, aber beide sind an diesen Baum gebunden, durch ihn begrenzt, an ihn gekettet.«

Ich fragte ihn: »Wann wirst du endlich deine Flügel öffnen und fliegen? Der Himmel ist offen. Ihr habt beide den Himmel vergessen. Und was hat überhaupt der Baum damit zu tun?«

Das ist die Querverbindung, wieso ich mich an die Begebenheit mit meinem zölibatären Professor erinnert habe, als ich zu ihm sagte: »Ich hasse sie noch nicht einmal.«

Ich hasse keine einzige Religion, ich konstatiere nur eine Tatsache: Die Religionen sind ein Verbrechen gegen die Menschlichkeit. Das sage ich völlig ohne Hass. Ich empfinde weder Liebe noch Hass für die Religionen. Ich konstatiere nur die Tatsachen.

Du wirst also viele Ähnlichkeiten finden zwischen mir und J. Krishnamurti – in dem, was wir sagen. Dennoch gibt es einen Riesenunterschied. Er besteht darin, dass ich zwar zu eurem Intellekt spreche, aber gleichzeitig auf einer völlig anderen Ebene mit euch arbeite – daher meine langen Pausen. Jeder Vortrag wird deshalb viel zu lang! Jeder Idiot könnte meinen Vortrag in einer Stunde wiedergeben. Ich aber nicht, weil ich dabei noch etwas anderes zustande bringen muss.

Während ihr auf meine nächsten Worte wartet ... das ist genau die richtige Zeit: Im Kopf seid ihr beschäftigt und wartet – und währenddessen stehle ich euer Herz.

Ich bin ein Dieb!

8

Ein Nährboden für Transformation

? *Kannst du bitte einen orthodoxen Rajneeshee* beschreiben?*

Das ist ein Widerspruch in sich, aber es liegt mir fern, die Frage damit einfach abzutun. Ich will vielmehr versuchen, aus deiner Frage so viel wie möglich herauszuholen.

Ja, es lässt sich eine Definition für den orthodoxen Rajneeshee geben. Aber eigentlich ist eine solche Definition absurd, weil hier zwei Begriffe miteinander kombiniert werden, die sich gegenseitig ausschließen. Trotzdem finde ich es bedeutsam.

Als erste Eigenschaft eines orthodoxen Rajneeshee ist zu nennen, dass er nicht orthodox sein wird – in keinem Sinne, in keiner Dimension. Er wird sich völlig dem Geist der Rebellion verschreiben.

Er wird alles Tote, Unlebendige bekämpfen, das eine fortwährende Bürde für das menschliche Bewusstsein darstellt – untragbare Konzepte, die schon längst hätten über Bord geworfen werden müssen. Der menschliche Verstand hat aber die seltsame Angewohnheit, sich an jede Menge toten Ballast zu klammern, und je älter die Glaubenssätze und Überzeugungen, umso tiefer und stärker halten sie euch in ihrem Griff. Man muss verstehen, warum das so ist.

Bevor so etwas wie Schulbildung aufkam, gab es nur eine Art zu lernen, nämlich von Menschen mit entsprechender Erfahrung. Auf natürliche Weise haben die Älteren den Jüngeren beigebracht, was sie wussten. Die ältere Generation hatte die Erfahrung, und das war die einzige Schule, die es gab. Die jüngere Generation musste von der älteren alles annehmen, was diese

---

* Schüler von Osho Rajneesh; Rajneesh ist Oshos bürgerlicher Vorname

an sie weitergab; es war unumgänglich, der älteren Generation zu folgen. Die ältere Generation war die einzige Quelle von Wissen, und dafür zollte man den Älteren Respekt. Je älter sie waren, umso größer war der Respekt, denn umso größer und älter war ihre Erfahrung – und das verlieh ihnen eine gewisse Autorität.

Eine andere Autorität, die damit hätte konkurrieren können, gab es nicht. Die ältere Generation hatte das absolute Wissensmonopol inne. Aufgrund dieser Situation, die jahrtausendelang vorgeherrscht haben muss, hat sich der Verstand daran gewöhnt, am Alten festzuhalten. Und wie man weiß, lassen sich alte Gewohnheiten nur schwer überwinden. Insbesondere Gewohnheiten, die über Jahrtausende hinweg entstanden sind und sich tief eingegraben haben. Sie sind zu einem fest eingebauten Programm geworden.

Ich habe mein Leben lang Mahatma Gandhi kritisiert, aber kein einziger Gandhi-Anhänger ist auf meine Argumente eingegangen. Ich kann es ihnen nicht verargen, denn es gab von ihrer Seite kein Argument, das mich widerlegt hätte. Alles, was sie hätten vorbringen können, hätte sie dumm dastehen lassen – und das wussten sie. Unter vier Augen gaben sie zu: »Was du sagst, ist richtig, aber dass du es sagst, ist nicht richtig. Etwas gegen einen Mann zu sagen, den Millionen von Menschen anbeten, ist nicht richtig. Du verletzt damit ihre Gefühle.«

Ich sagte: »Wollt ihr damit sagen, dass ich lügen soll, um ihre Gefühle nicht zu verletzen? Wollt ihr damit sagen, dass ich aufhören soll, die Wahrheit auszusprechen? Wo man doch Gandhis Leben als eine tiefe Suche nach der Wahrheit bezeichnen kann? Er nannte seine Autobiografie *Die Geschichte meiner Experimente mit der Wahrheit* ... Ein Mensch, der sein ganzes Leben als Experiment mit der Wahrheit versteht! Und ihr seid seine intimen Anhänger, ihr habt mit ihm zusammengelebt. Ihr habt vielleicht Nerven, mir zu sagen, dass ich diese Dinge nicht aussprechen sollte, obwohl sie wahr sind!«

In der Öffentlichkeit hatte kein einziger Gandhi-Anhänger den Mut, zuzugeben, dass es stimmte, was ich sagte, aber sie konnten kein Argument finden, das mich widerlegt hätte. Sie fanden dann etwas, was man in Indien besonders gerne hernimmt: Die Ghandi-Anhänger im ganzen Land fingen an zu behaupten, ich sei noch viel zu jung und unerfahren; wenn ich erst älter wäre, würde ich solche Dinge nicht mehr sagen. Sogar Morarji Desai ...

Er hält sich inzwischen für den einzigen lebenden Nachfolger von Mahatma Gandhi, und dabei genießt er eine Sache ganz besonders ... Gandhi wurde in ganz Indien *Bapu* genannt. *Bapu* bedeutet Vater, aber es klingt viel inniger als Vater, eher wie Vati oder Papi. Wenn man es exakt übersetzen will, würde ich das Wort nehmen, das Jesus für »Vater« verwendet hat: *Abba*. Das ist Aramäisch und meint genau das Gleiche wie *Bapu*. *Bapu* ist ein Wort in Gujarati. Morarji Desai stammt ebenfalls aus Gujarat und ist inzwischen alt genug – neunzig –, um *Bapu* genannt zu werden. Seine Anhänger haben angefangen, ihn *Bapu* zu nennen. Er genießt es sehr, so genannt zu werden, weil Gandhi vom ganzen Land ebenfalls so genannt wurde.

Morarji Desai war stellvertretender Premierminister, als er mich kritisierte, und seine einzige Kritik bestand darin, ich sei zu jung. Ein paar Jahre später, als er nicht mehr in der Regierung war, wünschte er ein Treffen mit mir. Ich sollte ihm helfen, Indira Gandhi zu entmachten, und er wollte meinen Rat, wie das am besten zu bewerkstelligen wäre. Als ich ihn besuchen ging, stand er am Tor, um mich zu empfangen – was für ihn völlig unüblich war, aber er war gerade in einer schwierigen Lage. Es war sonst nicht seine Art. Ich hatte ihn früher schon einmal besucht, als er noch an der Macht war.

Er führte mich an der Hand in sein Haus und machte es mir angenehm. Ich hatte ein paar graue Haare bekommen, und so sagte er: »Beim letzten Mal waren Ihre Haare noch nicht grau.«

Ich sagte: »Was kann ich machen? Um zu beweisen, dass ich recht habe, gebe ich mir alle Mühe, mir graue Haare wachsen zu lassen. Solange meine Haare nicht grau sind, bin ich im Irrtum.«

Er verstand nicht, was ich meinte. Ich sagte: »Darf ich Ihrem Gedächtnis ein bisschen nachhelfen? Als stellvertretender Premierminister haben Sie einmal Ihre Kritik an mir damit begründet, ich sei noch zu jung. Seither tue ich alles, um älter zu werden. Meine Argumente sind immer noch die Gleichen – aber noch stärker, weil ich jetzt mehr Erfahrung habe. In gewisser Weise hatten Sie recht, aber soweit ich es jetzt sehe, werden meine Argumente mit zunehmendem Alter scharfsinniger. Es besteht also keine Hoffnung, dass ich jemals irgendeinen Blödsinn werde akzeptieren können – ob er nun von Mahatma Gandhi oder von Gott höchstpersönlich stammt.«

Morarji Desai fühlte sich sichtlich unwohl, und ich sagte: »Wenn das Alter ein gültiges Argument ist, frage ich Sie: Haben Sie meine Antwort darauf gehört? Ich sagte: ›Morarji Desai ist senil geworden. Wäre er ein bisschen jünger, könnte er vielleicht verstehen, was ich sage. Dazu ist Intelligenz nötig, und er ist senil. Und je seniler er wird, umso idiotischer und dümmer werden die Ideen, die sein Denken beherrschen.‹«

Lustigerweise haben Kaka Kalelkar, Morarji Desai, Vinoba Bhave, Dada Dharmadhikari, Shankar Rao Deo – alle großen Ghandi-Anhänger Indiens – genau dasselbe Argument verwendet: Ich sei noch zu jung. Als ob Jungsein ein Verbrechen wäre. Als ob jung zu sein allein schon genügt, um im Irrtum zu sein. Dadurch erübrigen sich alle weiteren Argumente.

Ich fragte Shankar Rao Deo: »Wie alt war denn Jesus Christus, als er gekreuzigt wurde? Ich bin älter als er; er war erst dreiunddreißig. Wenn es nach Ihrem Argument ginge, müsste man alles, was Jesus Christus gesagt hat, als bedeutungslos verwerfen. Welche Bedeutung kann es schon haben? Ein Mann von dreiunddreißig – welche Autorität kann er schon haben, unerfahren wie er war?«

Ich sagte: »Falls Sie aber Jesus Christus nicht gelten lassen wollen, weil Sie kein Christ sind, möchte ich Sie an Shankara, den bedeutendsten Philosophen des Hinduismus, erinnern. Auch er war dreiunddreißig, als er starb. Wenn das Alter ein entscheidendes Kriterium ist, sollte man Shankara nie mehr erwähnen. Doch in der Tat hatte Shankara den allergrößten Einfluss auf das hinduistische Denken.«

Aber nein, wenn es in ihrem Interesse ist und die Jungen einfach tun, was die Alten sagen, ohne die geringste Skepsis, wird
niemand ihr jugendliches Alter erwähnen. Ihre Jugend wird erst
dann in die Waagschale geworfen, wenn die Jungen sich skeptisch zeigen und beginnen, ihre Zweifel an den Älteren zu äu
ßern.

In früheren Zeiten wäre das völlig unmöglich gewesen. Die
Jungen konnten dem, was sie zu sagen hatten, nicht dasselbe
Gewicht verleihen, weil sie zu wenig Erfahrung hatten. Inzwischen hat sich die Situation sehr verändert, und zwar so sehr,
dass ich behaupte, sie hat sich um hundertachtzig Grad gedreht.
Durch die modernen Bildungssysteme ist die Erfahrung heute
nicht mehr die einzige Möglichkeit, sich Wissen anzueignen;
tatsächlich ist es eine sehr umständliche Methode, Wissen zu
erwerben. Durch Bildung lässt sich der Wissenserwerb abkürzen. Was ein Mensch früher in neunzig Jahren seines Lebens an
Wissen erwerben konnte, kann man heute in einem Jahr lernen.

Alles, was Bertrand Russell während seines langen Lebens von
fast einem Jahrhundert geschrieben hat, kann man heute innerhalb von sechs Monaten lesen. Und das ist wirklich geschehen:
Ludwig Wittgenstein, ein Schüler Bertrand Russells, ging sämtliche Bücher Russells durch. Bertrand Russell hatte im Laufe
seines ganzen langen Lebens alles niedergeschrieben, was ihm
in den Sinn kam. Er war einer der hervorragendsten Köpfe aller
Zeiten.

Ludwig Wittgenstein war noch ganz jung, als er alle Bücher
von Bertrand Russell studierte, weil Russell sein Lehrer an der
Universität sein würde und Wittgenstein sich mit allem, was
dem Geiste dieses Mannes entsprungen war, völlig vertraut
machen wollte. An dem Tag, als er zum ersten Mal in Russells
Vorlesung kam, wusste er bereits viel mehr als Bertrand Russell.
Russell war schon uralt, Wittgenstein noch ganz jung, aber er
wusste schon mehr, denn er kannte alles, was Bertrand Russell
geschrieben hatte, und noch viel mehr, was andere, auch Russells Gegner, geschrieben hatten. Und so entdeckte er in Bertrand Russells Schriften zahlreiche Irrtümer und Lücken.

Bertrand Russell war darüber ziemlich schockiert, aber er war authentisch, ein aufrichtiger Mensch. Er sah ein: »Ludwig Wittgenstein ist zwar mein Student, aber er weiß viel mehr als ich, denn er hat eine Abkürzung genommen, während ich den langen Weg nehmen musste. Er konnte eine Abkürzung benutzen, machte sich vertraut mit allem, was ich geschrieben habe, und begann in einer Art und Weise gegen mich zu argumentieren, wie es nur einem äußerst erfahrenen Menschen möglich ist.«

Bertrand Russell war so sehr beeindruckt von Ludwig Wittgenstein, den er erst seit ein paar Tagen kannte, dass er zu ihm sagte: »Verschwenden Sie nicht Ihre Zeit, Sie können von mir nichts lernen. Sie wissen bereits mehr.«

Wittgenstein pflegte sich in den Vorlesungen ein paar Notizen zu machen. Bertrand Russell fragte ihn: »Ich würde gerne Ihre Notizen sehen.« Und als er die Notizen gesehen hatte, sagte er: »Diese Notizen sind so bedeutsam, dass man sie veröffentlichen sollte.«

Doch Wittgenstein sagte: »Ich schreibe das nicht, um es zu veröffentlichen. Ich wollte nur jeden Gedanken festhalten, der mir kam. Dieser Text ist roh; er eignet sich nicht zur Veröffentlichung.«

Bertrand Russell sagte: »Veröffentlichen Sie ihn so, wie er ist, und ich werde die Einführung dazu schreiben.«

Diese Notizen wurden veröffentlicht und erwiesen sich als revolutionär. Es sind nur Fragmente, denn sie waren nicht als Essay oder Aufsatz konzipiert worden; es waren einfach nur Gedankensplitter, die er festhielt. Doch weil dieses Buch *Tractatus logico-philosophicus* so berühmt wurde – es war nur eine logisch-philosophische Abhandlung, erlangte aber größere Berühmtheit als jedes andere Philosophiebuch des zwanzigsten Jahrhunderts – und weil es so tiefsinnig war, kam Wittgenstein auf die Idee, alle seine Bücher in dieser Art zu schreiben. Es wurde zu seinem Markenzeichen, nur in Notizen, in Aphorismen zu schreiben.

Der durchschlagende Erfolg dieses Buches hat eines gezeigt: Beim Verfassen eines herkömmlichen Aufsatzes muss das Grundthema den ganzen Text durchziehen, worunter allerdings dessen Intensität und sprachliche Prägnanz leidet. Der Text ist dadurch zwar leichter verständlich, aber weniger eindringlich. Ein Buch wie dieses, das in Maximen geschrieben ist, in klaren, unverhüllten Aussagen ohne jede Ausschmückung, trifft den Leser viel tiefer, auch wenn nur wenige es verstehen – jene, die im Samenkorn schon den ganzen Baum sehen können, der zwar noch nicht real vorhanden ist, aber als Potenzial.

Ein Mensch vermag im Samen den ganzen Baum zu sehen.

Wittgensteins Aphorismen sind wie Samenkörner. Man muss sich ihr Potenzial selbst erschließen. Er gibt euch keinen Hinweis, setzt euch einfach den Samen vor die Nase und geht weiter, um noch andere Samen zu setzen. Er versucht gar nicht, eine Verbindung zwischen ihnen herzustellen; das überlässt er dem Leser. Wittgenstein zu lesen ist eine Erfahrung für sich. Wenn man andere liest, ist es, als würde einem das Essen vorgekaut, und man braucht es nur noch zu schlucken. Bei Wittgenstein hat man das Gefühl, das Essen vor sich hingestellt zu bekommen, aber kauen und verdauen muss man es selbst. Man muss selbst herausfinden, was es bedeutet.

Üblicherweise versucht euch der Philosoph von dem zu überzeugen, was er meint. Er versucht zu verhindern, dass ihr von seiner Bedeutung abweicht, und liefert euch das ganze Paket mit sämtlichen Einzelheiten. Er überlässt nichts dem Leser und gibt euch keine Hausaufgaben. Er fordert nicht eure Intelligenz heraus, was euch im Grunde schadet. Wer anfängt, von flüssiger Nahrung zu leben, verliert schnell die Fähigkeit, feste Nahrung zu verdauen. Die flüssige Nahrung raubt euch die Fähigkeit, feste Nahrung zu verdauen.

Bertrand Russell hat nicht zu Wittgenstein gesagt: »Sie sind noch zu jung.« Keineswegs. Eine solche Einstellung sollte ein echter Denker haben.

Das akademische Bildungssystem führte zu einer neuen Vorgehensweise: In einer Universitätsbibliothek könnt ihr innerhalb weniger Tage all das Wissen nachlesen, das Pythagoras sein ganzes Leben lang zusammentrug; das alles ist euch verfügbar.

Wenn ein junger Mann von der Universität zurückkommt, gibt es heutzutage Probleme. In der Vergangenheit hatte immer der Vater recht, und der Großvater vor ihm hatte noch mehr recht. Das hat sich geändert: Jetzt hat der junge Mann recht, denn selbst wenn sein Vater die Universität besuchte, ist es dreißig Jahre her, und seither hat sich alles verändert.

Als ich an der Universität Psychologie zu studieren begann, war mein Professor ein hochgelehrter alter Herr, aber alles, was er wusste und studiert hatte, war schon ein halbes Jahrhundert alt. Die Namen, die er zu zitieren pflegte, waren in der psychologischen Welt längst in Vergessenheit geraten. Wer kennt denn heute noch einen (Robert S.) Woodworth? Und als ich ihm sagte: »Woodworth? Leben Sie hinter dem Mond oder was? Der spielte eine Rolle vor dem Ersten Weltkrieg, aber seither gab es zwei Weltkriege. Haben Sie geschlafen oder was? Woodworth ist heute keine Autorität mehr.« Doch als mein Professor die Universität besuchte, war Woodworth *die* Autorität. Also sagte ich ihm: »Sie sollten Assagioli lesen.«

Er meinte: »Assagioli? Wer ist dieser Knabe?«

Ich sagte: »Wenn Sie Assagioli nicht kennen, sollten Sie Ihre Stellung aufgeben! Die Psychologie hat sich weiterbewegt, von Freud zu Adler und Jung und Reich, und nun ist Assagioli an der Reihe. Assagioli predigt die Psychosynthese. Freud lehrte die Psychoanalyse, das war das genaue Gegenteil.« Und dann sagte ich ihm: »Als ich mich entschieden habe, Psychologie zu studieren, bin ich nicht hierhergekommen, um irgendwelches altes Zeug zu lernen, das nicht mehr relevant ist. Sie sind mit Woodworth gestorben! Was machen Sie eigentlich hier? Sie kennen nicht einmal den Namen Assagioli? Wenn Sie noch nichts von der Psychosynthese gehört haben, haben Sie das Ablaufdatum überschritten.«

Ich sagte ihm: »Sie erinnern mich an einen Verrückten, der gegenüber von meinem Haus wohnt. Er kommt immer frühmorgens, während ich gerade meinen Tee trinke, und fragt nach der Zeitung. Ich gebe ihm dann irgendeine Zeitung – vom letzten

Monat, vorletzten Monat – und er nimmt sie voller Freude und ist glücklich, sie zu lesen. Das Datum ist ihm völlig egal.

Einmal fragte ich diesen Verrückten: ›Sie interessieren sich so sehr für die Zeitung, aber komischerweise scheint Ihnen das Datum egal zu sein.‹ Und dieser Verrückte sagte: ›Ich interessiere mich für die Neuigkeiten – aber ist das wichtig, *wann* sie passiert sind? Spielt es eine Rolle, ob etwas letztes Jahr passiert ist oder vor zwei Jahren? Es ist passiert, und das genügt mir. Ich habe meinen Spaß daran.‹«

Ich sagte zu diesem alten Professor: »Ich werde zu Ihnen nach Hause kommen und den ganzen alten Schrott aussortieren, den Sie lesen.«

Er sagte: »Nein, das sollten Sie nicht tun. So, wie Sie reden, werden Sie mir alles wegwerfen. Ich mache mir Sorgen um mein Studierzimmer, denn Sie werden alle meine Bücher wegwerfen. Ich habe sie noch aus meiner Studentenzeit.«

Ich sagte ihm: »Dann sehen Sie zu, dass Sie auf den neuesten Stand kommen. Oder setzen *Sie* sich hin, und ich fange an zu unterrichten. Wenn Sie nicht bereit sind, Ihr Wissen auf den neusten Stand zu bringen, was soll das Ganze? Setzen *Sie* sich hin – wenigstens lernen Sie etwas dazu. Ich kann mir nicht vorstellen, dass ich irgendetwas von Ihnen lernen kann. Wenn die Psychologie für Sie bei Woodworth aufhört ...«

Er sagte: »Ich werde mein Bestes versuchen.« Er war ein netter Mensch, und er akzeptierte die Tatsache, dass ich recht hatte. Es täte vielen Professoren gut, wenn sie zugeben könnten, dass sie seit ihrem Universitätsabschluss nichts mehr lesen und nie die Bibliothek besuchen.

Einmal ging ich in die Bibliothek und habe nachgefragt: »Wie viele Professoren kommen in die Bibliothek?« Und ich war völlig perplex, als der Bibliothekar sagte: »Professoren? Die Bibliothek ist für die Studenten da. Professoren kommen hier nicht hin!«

Ich sagte: »Das ist aber merkwürdig. Die Professoren müssten sich täglich aktuell auf dem Laufenden halten, denn die

Dinge ändern sich so schnell, und sie sind vor dreißig, vierzig Jahre stehen geblieben.«

In diesen dreißig Jahren hat ein solcher Fortschritt im Hinblick auf Wissen stattgefunden wie in den letzten dreitausend Jahren nicht. Was in dreitausend Jahren nicht geschah, ist in den letzten dreißig Jahren geschehen, und was in den letzten drei Jahren geschah, ist in den letzten dreißig Jahren nicht geschehen.

Man sieht es auch daran, dass neue wissenschaftliche Entdeckungen nicht mehr in Buchform publiziert werden, sondern als Aufsätze in Fachzeitschriften erscheinen, allein schon deshalb, weil ein Buch, bis man es fertig geschrieben hat, längst schon überholt ist. Ein Buch braucht Zeit, vielleicht ein, zwei Jahre, bis es im alten Format sorgfältig verfasst ist– mit sämtlichen Anmerkungen, Fußnoten, Literaturangaben, Anhängen. In der Zwischenzeit haben andere vielleicht schon irgendwelche Fachartikel geschrieben, die das Thema viel eingehender behandeln. Darum beeilt sich heute ein Wissenschaftler, sobald er etwas entdeckt hat, alles möglichst schnell zu publizieren, und sei es im kleinsten Blättchen, in einer periodischen Fachzeitschrift. Man weiß ja nicht, was morgen geschieht.

Ein jüngerer Mensch weiß also heutzutage mehr als ein älterer. Je frischer das Wissen, desto besser. Das war nicht immer so. Und in Ländern mit weniger hohem Bildungsstandard ist es bis heute nicht der Fall – zum Beispiel in Indien, wo nur etwa zwei Prozent der Bevölkerung eine gute Schulbildung genießen. Angeblich sind acht Prozent der Bevölkerung gebildet, aber sechs Prozent gelten schon als »gebildet«, wenn sie nur mit ihrem Namen unterschreiben können, sonst nichts. Auch wenn wir diese mitzählen, sind zweiundneunzig Prozent der Landbevölkerung ohne Bildung.

Auf dem Dorf ist es immer noch die Regel: Der Vater weiß Bescheid, und der Sohn hat das zu akzeptieren – und der Großvater weiß am meisten. Je älter ein Mensch ist, umso mehr Ansehen genießt er, weil er weise ist. Nicht von ungefähr haben alle Religionen Gott als uralten, weißbärtigen Mann abgebildet.

Oder ist euch Gott schon mal als junger Mann in Bluejeans untergekommen? Das geziemt ihm nicht und wäre beleidigend, aber eigentlich wäre dieses Bild heute zutreffender.

So, wie ihr Gott in der Vergangenheit gemalt habt, war es in Ordnung, denn das Alter besaß die Weisheit. Natürlich konntet ihr Gott nicht als Jüngling darstellen. Heute ist das Ältere schlicht überholt; das Jüngere ist das, was aktueller und richtiger ist, näher an der Wahrheit. Wenn ihr Gott näher an die Wahrheit heranrücken wollt, zieht ihm Bluejeans an. Es wird ungewöhnlich aussehen, weil er nie in Bluejeans zu sehen war. Für ihn wird es vielleicht ein bisschen unbequem sein, aber was soll's? Die Zeiten ändern sich. Doch der Verstand, das Denken, hält innerlich am Altvertrauten fest.

Mein Sannyasin hat ganz und gar unorthodox zu sein. Ich sage nicht anti-orthodox, denn wer sich hier als anti-orthodox bezeichnet ... Zumindest in Amerika sollte ich nicht anti-orthodox sagen, denn sie sprechen es hier aus wie »ant-eye-orthodox«! Das bringe ich nicht über die Lippen, das ist zu lächerlich. Oder »sem-eye-automatische Waffen« ... Diese Yankees stellen mit ihrer schönen Sprache die seltsamsten Dinge an. Nein, ich bleibe bei meiner Art.

Ich will meine Leute nicht anti-orthodox nennen, denn wer »anti« ist, bleibt darin gefangen. Es klingt, als wäre man ein Feind und kein Freund, aber auch das ist eine Beziehung. Keine Liebes-, aber eine Hassbeziehung, und Hass bindet viel stärker als Liebe.

Habt ihr beobachtet, wie flüchtig die Liebe ist? Sie kommt und geht wie ein Lufthauch. Wenn sie da ist, empfindet ihr so viel Liebe für jemanden, dass es unvorstellbar erscheint, sie könnte je wieder verschwinden. In solchen Momenten werden die Leute romantisch und sagen Dinge, die sonst nur Verrückte und Dichter sagen dürfen. Vom Augenblick überwältigt, sagen sie: »Ich werde dich immer und ewig lieben.« Und es ist wahr – für den Augenblick. Sie lügen nicht, denn in diesem Moment fühlen sie so: »Wenn es noch weitere Leben gibt, kann ich mir nicht vorstellen, jemand anders als dich zu lieben.«

Trotzdem ist es keine Lüge; dieser Mensch meint es total ehrlich. Er ist so voller Liebe, dass er das Gefühl hat, es wird immer so sein. Dieses eine Leben wird nicht ausreichen, um diese Liebe zu vollenden, diese Liebe miteinander zu teilen. Er ist sich nicht bewusst, dass die Liebe wie ein Lüftchen von der Seite durch die Tür hereinweht und auf der anderen Seite durch die andere Tür wieder hinaus. Und sie lässt dich im selben Zustand zurück, in dem du vorher warst – wieder zurück auf der Erde.

Mit einem Mal hattest du Flügel und bist emporgeschwebt: »Höher und höher, Osho, höher und höher!« Diese Flügel … Dann schaust du dich um, und sie sind nicht mehr da. Plötzlich spürst du: »Tiefer und tiefer, tiefer und tiefer« – und du landest nicht einmal auf ebenem Boden, sondern fällst in einen Graben!

Liebe ist unbeständig, eine Phase, die vorübergeht und verblasst. Der Hass erscheint viel beständiger. Man fällt in die Liebe und fällt wieder heraus. Du ver-liebst dich und du ent-liebst dich wieder. Aber wehe, du fällst in den Hass …! Man hört selten, dass ein Mensch aus dem Hass wieder herausgefallen ist. Er bleibt darin stecken, wie festgeklebt. Hass hat eine gewisse Klebkraft, er hält dich daran festgeklebt. Feinde können viele Generationen Feinde bleiben.

Die Nachbarn sind die ärgsten Feinde. Wo könnt ihr sonst bessere Feinde finden als unter euren Nachbarn? Vielleicht hat Jesus es sich noch einmal anders überlegt, denn zuerst hatte er gesagt: »Liebe deine Feinde wie dich selbst.« Aber später sagte er dann: »Liebe deine Nächsten wie dich selbst.« Das ist eine Schlussfolgerung, denn die Nachbarn, die Nächsten, sind in Wirklichkeit die Feinde. Nach Feinden muss man nicht weit suchen; man findet sie direkt nebenan.

Die Familie, die in meiner Kindheit nebenan wohnte, war seit Generationen mit meiner Familie verfeindet. Ich durfte nicht auf ihr Grundstück, in ihren Garten, und ich durfte nicht mit ihren Kindern spielen, denn »Das sind unsere Feinde«.

Ich sagte: »Das mögen *eure* Feinde sein. Ich war aber noch nicht einmal ihr Freund, wie kann ich da ihr Feind sein? Zuerst lasst mich wenigstens ihre Bekanntschaft machen.«

Mein Vater sagte: »Daran ist nicht zu rütteln. Wir haben vor Gericht mit ihnen gestritten, wir haben körperlich mit ihnen gekämpft ... Und das geht schon lange so. Diese Feindschaft ist uns fast heilig geworden.«

Ich sagte: »Ich mache da nicht mehr mit. Ich werde mit ihren Kindern spielen, und ich werde auch in ihren Garten gehen, denn sie haben viel schönere Mangos als ihr. Und sie haben einen wunderbaren Brunnen ...«

Es gibt in Indien eine besondere Art von Brunnen. Ich weiß nicht, ob es so etwas in irgendeinem anderen Land gibt. Es ist ein ganz alter Brunnen; man nennt ihn *Bawdi*. Auf der einen Seite kann man mit Eimer und Seil das Wasser hochholen, und auf der anderen Seite gibt es Stufen. Wenn man keinen Eimer mit Seil hat, kann man die Stufen hinuntergehen, um an das Wasser zu kommen.

Besonders an bestimmten Stellen im Dschungel hat man am Straßenrand statt eines gewöhnlichen Brunnens einen *Bawdi* gebaut, damit vorbeikommende Reisende ihren Durst stillen können, auch wenn sie keine Hilfsmittel haben, um ans Wasser zu kommen. Man hat beide Möglichkeiten bereitgestellt. Am besten ist es, das Wasser mit dem Seil hochzuholen, das wird bevorzugt. Die andere Möglichkeit ist nur für den Notfall, denn das Wasser wird leicht verunreinigt, wenn Leute zu nah herankommen oder direkt aus der Hand trinken. Man sieht das nicht so gern. Mir hat das aber sehr gefallen, denn auf diese Weise konnte ich im Brunnen unseres Nachbarn ein schönes Bad nehmen.

Ich sagte zu meinem Vater: »Euer Brunnen ist ein ganz gewöhnlicher Brunnen, aber sie haben einen *Bawdi*! Pflegt ihr nur eure Feindschaft, wie eure Vorväter sie gepflegt haben – ich bin daran nicht interessiert. Und sie haben so nette Kinder, und es sind gute Leute, warum sollte ich sie als Feinde betrachten? Wir wissen ja gar nicht, was der Grund war, dass eure Vorväter und deren Vorväter Feinde wurden. Was hat das überhaupt mit uns zu tun? Wir haben uns noch nie gestritten. Und jedes Mal, wenn ich zu ihnen rübergegangen bin, haben sie mich freudig begrüßt, schon allein weil sie es gar nicht glauben konnten: ›Das hat es seit Jahrhunderten nicht mehr zwischen den beiden Familien gegeben!‹« Ich war der Erste, der die Barriere durchbrach.

Die Nachbarn waren darüber sehr glücklich. Sie sagten: »Wir wollten die Barriere durchbrechen, aber wer sollte die Initiative ergreifen? Das konnte als Schwäche ausgelegt werden.«

Ich sagte: »Ich komme nicht aus Schwäche zu euch. Ich kann nicht begreifen, was für eine Intelligenz meine und eure Familie habt. Ihr kennt ja nicht einmal die Namen der Leute, die diesen Streit angefangen haben.« Weder mein Vater wusste es, noch wussten sie, wer der Erste gewesen war. »Und ihr setzt diesen Streit fort. Das ist fast wie eine Religion!

Ich komme nicht aus Schwäche, ich komme aus Stärke. Ich bin gekommen, um euch zu sagen, dass es schiere Dummheit ist, diesen Hass so lang fortzusetzen. Kein Mensch setzt die Liebe so lang fort, warum dann den Hass? Und außerdem komme ich nicht euretwegen, sondern wegen der Mangos und eures *Bawdi*. Deshalb *muss* ich dieses Grundstück betreten. Ob ihr meine Feinde oder Freunde seid, ist eure Sache.«

Ich sagte meinem Vater: »Keiner kann mich daran hindern, dort hinzugehen. Und sie haben mich empfangen und willkommen geheißen! Sie sagten: ›Wir wollten schon längst damit Schluss machen, aber wer sollte die Initiative ergreifen?‹ Ich meine, dass derjenige, der ein bisschen intelligenter ist, die Initiative ergreifen sollte. Die Dummen werden dann schon hinterherkommen.«

Nach und nach, weil mich meine Familie nicht zwingen konnte … Sie wussten, je mehr Druck sie auf mich ausübten, desto öfter würde ich hingehen. Ich sagte meinem Vater: »Wenn du zu sehr darauf bestehst, werde ich anfangen, dort zu schlafen, dort zu essen. Sie haben mir schon etwas angeboten.«

Er sagte: »Also gut, ich bestehe auf gar nichts. Aber iss nichts von dem, was sie dir anbieten. Es sind unsere Feinde – sie könnten dich vergiften.«

Ich sagte: »Vergiss es. Sie sind wirklich nette Leute. Ich kenne sie besser als du oder deine Vorväter. Ich gehe jeden Tag hin, weil sie so nett sind. Sie haben mich sogar in ihren Brunnen springen lassen – aber nur, weil ich als Erster aus unserer Familie ihr Grundstück betreten habe. ›Lasst ihn doch im *Bawdi* baden! Hindert ihn nicht daran – es würde nicht gut aussehen! Er ist der Erste nach so vielen Generationen, der es gewagt hat, zu kommen!‹ Und macht euch keine Gedanken, dass man mich vergiften könnte! Ich habe schon bei ihnen gegessen. Ich habe es dir nur nicht erzählt, weil ich wusste, dass du das sagen würdest. Ich musste erst mit ihnen essen, um sagen zu können, dass da kein Gift im Spiel ist und keiner irgendwen vergiften will. Sie haben auch nichts dagegen, wenn ich ihre Mangos oder andere Früchte pflücke, weil ich der Erste aus unserer Familie bin, der auf ihr Grundstück gekommen ist. Ich werde ihre Kinder auf unser Grundstück und in unseren Garten einladen, und ich würde erwarten, dass du dich wenigstens wie ein Gentleman benimmst.«

Als ich anfing, ihre Kinder mitzubringen, war meine Familie natürlich nett zu ihnen. Wie kann man anders sein bei kleinen Kindern, die nichts angestellt haben und erst so kurz auf der Welt sind?

Doch der Hass hat eine lange Lebensdauer. Die Liebe hat eine sehr kurze Lebensdauer. Vielleicht ist das einfach so. Am Morgen gibt es so viele Rosen, aber bis zum Abend sind schon etliche Blütenblätter abgefallen und verschwunden. Und der Fels? Er war am Morgen hier, wird am Abend hier sein, und am nächsten Morgen ist er immer noch hier. Viele Rosen werden kommen und vergehen, aber der Fels bleibt bestehen. Dem Hass wohnt etwas Felsiges inne, der Liebe etwas Blumiges.

Ich werde also nicht sagen, dass meine Leute anti-orthodox, anti-traditionell, anti-konventionell sein sollen. Nein – unorthodox, unkonventionell, untraditionell sollen sie sein! Unorthodox zu sein bedeutet, in keiner Weise, weder positiv noch negativ, in einer Beziehung zum Orthodoxen zu stehen. Es bedeutet, indifferent zu sein; es ist einem gleichgültig. Man ist desinteressiert, weder dafür noch dagegen, denn »für« oder »gegen« etwas zu sein zeigt nur, dass man auf die eine oder andere Art ein Interesse daran hat.

Ein orthodoxer Rajneesh wird in jeder möglichen Hinsicht unorthodox sein. Sein Leben ist eine kontinuierliche Rebellion. Ich wiederhole: eine kontinuierliche Rebellion.

Rebellion ist ein Kontinuum.

Sie ist wie ein Fluss, der unablässig fließt, nicht wie ein Wassertank. Das ist der Unterschied zwischen Rebellion und Revolution. Die Revolution gleicht einem Wassertank – nehmt die Französische Revolution, die Russische Revolution, die Chinesische Revolution … Seht doch, was geschah: Die Russische Revolution war ein Ereignis, aber kein Kontinuum. Sie fand 1917 statt, aber was geschah dann mit ihr? 1917 ist sie auch gestorben. Danach gab es in Russland keine Revolution mehr. Danach wurde aus der Revolution eine orthodoxe Tradition, sie wurde zum Status quo. Es war nichts mehr im Fluss, es bewegte sich nichts weiter. Sie ist 1917 stecken geblieben. Alljährlich gedenkt man dieses Datums und feiert die große Revolution, die sich 1917 ereignete. Was sind das für Revolutionäre, die nur rückwärts schauen? Nicht einmal Gott ist so reaktionär wie die russischen Kommunisten heute (1985!).

Es ist doch offensichtlich: Gott hat euch nicht zwei Augen am Hinterkopf gegeben. Was ein rechter Gott ist – nach allen orthodoxen Vorstellungen –, der hätte euch eigentlich Augen hinten am Kopf und nicht vorne geben müssen. Wozu braucht ihr denn vorne Augen? Ihr sollt rückwärts und nicht vorwärts blicken!

Es geschah einmal in Indien …

Ein Mann fuhr einmal auf dem Motorrad mit seinem Freund von Jabalpur nach Nagpur. Es war kalt, und der Fahrtwind blies ihnen entgegen. Da kam dem Fahrer die Idee, seinen Mantel verkehrt herum anzuziehen, um sich vor dem kalten Wind ein bisschen zu schützen. Doch sie hatten einen Unfall, möglicherweise war der Mantel schuld …

Ein Lkw kam ihnen entgegen, und der Fahrer war ein Sikh, ein *Sardarji*. Neunzig Prozent der Berufsfahrer in Indien sind Sikhs. Warum sie sich gerade diesen Beruf ausgesucht haben, weiß ich nicht. Als der *Sardar* in der Dunkelheit ein Motorrad entgegenkommen sah, auf dem der Fahrer verkehrt herum saß, verlor er die Nerven. Er verriss sein Lenkrad, und es kam zu dem Unfall. Das ist aber nicht das Ende der Geschichte, es geht noch weiter. Das ist erst der Anfang!

Der *Sardar* stieg aus, um nachzusehen, was passiert war. Er fand den Motorradfahrer und dachte: »Mein Gott! Sein Kopf hat sich bei dem Sturz herumgedreht!« Und was ein rechter *Sardar* ist, packte er den Kopf des Mannes und drehte ihn mit Gewalt zurück, damit er wieder richtig auf dem Mantel saß. Zuvor war der Mann noch am Leben gewesen, aber jetzt nicht mehr. Er hatte noch versucht, den Händen des *Sardar* zu entgehen, doch einem *Sardar* entgeht niemand. Es sind starke Leute und absolute Idioten – und der *Sardar* hörte nicht auf den Motorradfahrer. Er sagte nur: »Halt die Klappe!«, und drehte den Kopf des Mannes herum – und dann war er komplett still.

In diesem Moment kam ich vorbei – ich kam aus Nagpur – und als ich sah, was geschehen war, fragte ich den *Sardar*: »Was ist passiert, *Sardarji*?«

Er sagte: »Komisch! Der Mann saß verkehrt herum auf seinem Motorrad. Dadurch ist der Unfall passiert, weil ich völlig in Panik war. Es geschah im Bruchteil einer Sekunde. Und als ich aus meinem Laster ausstieg, um den Leuten zu helfen, sah ich, dass der eine bewusstlos war und dieser da ... sein Kopf war total verdreht.«

Ich sah mir das an. Ich sagte: »*Sardarji*, du hast diesen Mann getötet! Nicht sein Kopf war verdreht, sondern sein Mantel. Und das ist einfach zu erklären, denn es ist sehr windig, und der Fahrtwind blies ihm entgegen. Der arme Mann hat sich seinen Mantel verkehrt herum angezogen.«

Der *Sardar* sagte: »Tatsächlich? Dann hätte ich bloß den Mantel herumdrehen müssen statt den Kopf? Er lebte noch, aber ich sagte, er soll den Mund halten. Und dann versuchte ich, ihm zu sagen: ›Jetzt kannst du den Mund wieder aufmachen, du kannst reden. Sag mir, was du willst. Wo kann ich dich mit meinem Laster hinbringen? Ich kann dich überallhin mitnehmen. Und sei mir nicht böse, dass ich gesagt habe, du sollst den Mund halten.‹ Aber da hat er gar nichts mehr gesagt.«

Ich sagte: »Jetzt ist er tot. Lass ihn in Frieden. Und erzähl keinem diese Geschichte, sonst sperrt man dich ein wegen dieser zwei Dinge: dem Unfall und dann dem noch größeren Unfall, dass du ihm den Kopf herumgedreht hast.«

Gott hat uns Augen gegeben, um nach vorne zu schauen. Doch die Leute, die für oder gegen die Tradition sind, schauen immer nach hinten.

J. Krishnamurti ist anti-orthodox, anti-traditionell, anti-konventionell. Darin unterscheide ich mich grundlegend von ihm: Ich bin unorthodox, untraditionell, unkonventionell.

Ein »orthodoxer Rajneeshee« – und vergesst nicht, das in Anführungszeichen zu setzen, denn ein »orthodoxer Rajneeshee« ist ein Widerspruch in sich –, er ist eine kontinuierliche Rebellion. Nicht bloß eine Revolution, die einmal stattfindet, und damit ist es erledigt. Und daraus wird dann selbst eine Tradition.

Jesus war ein Revolutionär, aber die Christenheit ist es nicht. Buddha war ein Revolutionär, aber der Buddhismus ist es nicht, denn seine Revolution passierte vor fünfundzwanzig Jahrhunderten. Sie liegt weit hinter uns. Die Christen sind heute ebenso orthodox wie die damaligen Juden, die Jesus kreuzigten. Falls Jesus wiederkommt, wird er mit Sicherheit vom Vatikan gekreuzigt. Diesmal wird sich die Szene nicht in Jerusalem abspielen, sondern sie wird im Vatikan stattfinden – aber eine Kreuzigung ist sicher.

Es geschah einmal …

Ich wohnte einmal bei einer christlichen Familie in Hyderabad. Den ganzen Tag war ich sehr beschäftigt mit Treffen und Interviews. Als ich mich abends gerade schlafen legen wollte, sagte mein Freund, der um einiges älter war als ich: »Ich konnte dich den ganzen Tag nicht finden und wollte deine Verabredungen nicht stören, aber ich habe ein Problem. Verzeih mir, es ist schon spät in der Nacht, und du brauchst deine Ruhe, aber ich muss dir etwas sagen. Mein junger Sohn war ein Jesus-Freak. Keiner von uns hat das allzu ernst genommen, und es war ja nichts verkehrt daran, dass er ständig die Bibel las und die Bibel zitierte. Wir hielten es für eine vorübergehende Phase. Aber zu unserem größten Unglück ist der Jesus-Freak kein Jesus-Freak mehr – er ist jetzt Jesus Christus!

Seit zwei Monaten machen wir uns ernsthaft Sorgen. Bis dahin war es kein Problem, ein Jesus-Anhänger zu sein – wir sind Christen. Man liest die Aussprüche von Jesus, man betet zu Jesus ... Das ist alles in Ordnung, aber es wurde ein bisschen unheimlich, als er anfing, vierundzwanzig Stunden am Tag ›Jesus, Jesus ...‹ zu beten. Wir sind ja auch Christen – wir gehen jeden Sonntag zur Kirche, für eine Stunde, das genügt. Jesus ist damit zufrieden, jeden Sonntag eine Stunde. Man muss ihm nicht sein ganzes Leben widmen, es gibt ja noch andere Dinge zu tun. Und da wir keine Wunder vollbringen können – Steine in Brot und Wasser in Wein verwandeln –, müssen wir unser tägliches Brot verdienen und uns auch anderen Dingen widmen. Eine Stunde genügt; mehr Zeit können wir nicht widmen.

Trotzdem haben wir es toleriert, weil wir dachten, diese Phase würde vorbeigehen. Wir hielten es nur für die Spinnereien eines jungen Mannes, der von einer Idee besessen war. Doch jetzt ist es keine Phase mehr: Er ist Jesus Christus geworden. Er zitiert ihn nicht mehr, sondern redet aus seiner eigenen Autorität. Jetzt ist er zu einer Lachnummer geworden.

Er stellt sich mitten auf die Kreuzung und verkündet, er sei Jesus Christus. Die Leute lachen ihn aus, und die Straßenkinder werfen mit Steinen nach ihm. Jetzt machen wir uns echte Sorgen und sind sehr traurig. Er hat sich seine ganze Zukunft verbaut, denn als Jesus Christus kann man keine Karriere machen. Jeder weiß doch, was mit Jesus passierte! Nicht einmal *er* schaffte damit eine Karriere, wie soll da mein Sohn in einem Beruf landen? Wer wird ihm eine Anstellung geben? Dabei hat er studiert mit ausgezeichneten Abschlüssen. Er könnte einen guten Job bekommen, wenn da nicht Jesus Christus wäre! Aber selbst mit Auszeichnung wird ihn keiner nehmen. Wenn einer hört, dass er sich für Jesus Christus hält, wird er sagen: ›Das wird schwierig. Wir brauchen einen Direktionsassistenten, aber Jesus Christus als Direktionsassistent? Eine solche Position ist seiner nicht würdig!‹ Was sollen wir nur tun?«

Ich sagte: »Morgen früh werde ich mit Jesus Christus reden – was kann man sonst tun? Lass mich mit ihm reden.«

Ich kannte den jungen Mann, denn ich hatte schon früher bei dieser Familie gewohnt. Ich wusste, dass er ein Spinner war, aber er hatte mich nie behelligt, obwohl ich dort wohnte. Er wusste: Wenn er ein Spinner war, so war ich ein doppelter Spinner! Ich hatte ihm ein für alle Mal klar gemacht: »Pass auf: Bei mir kannst du mit dieser Bibel und diesem Jesus Christus nicht landen. Damit quälst du besser andere. Außerdem bin ich zu Gast in eurem Haus, also benimm dich wie ein Gastgeber.« Das hatte er sehr genau verstanden, doch damals war er nur ein Spinner gewesen – jetzt war er Jesus Christus.

Ich sagte zu seinem Vater: »Ich will mir erst ein Bild von der Situation machen.« Am nächsten Morgen ging ich, statt zu warten, bis sein Vater ihn zu mir brachte, persönlich in sein Zimmer und sagte: »Hallo, Jesus Christus!«

Er sagte: »Du sagst: ›Jesus Christus!‹«

Ich sagte: »Ja.«

Er sagte: »Aber das glaubt mir keiner – mein Vater nicht, meine Mutter nicht, sogar meine Freunde haben mich verlassen. Seit ich Jesus Christus geworden bin, habe ich keine Freunde mehr.«

Ich sagte: »Auf mich kannst du dich verlassen. Ich mag keine Spinner, aber Jesus Christus … Das ist eine ganz tolle Idee! Komm mit mir. Jetzt können wir reden, jetzt sitzen wir im selben Boot.«

Er sagte: »Wie meinst du das?«

Ich sagte: »Komm einfach. Wir sitzen im selben Boot. Du wirst gleich verstehen, was ich meine.« Ich probierte alles Mögliche, aber er war übervorsichtig und sehr misstrauisch, weil er seinen Vater dahinter vermutete, dass ich ihm zureden solle, von seinem Trip runterzukommen und einfach wieder ein Jesus-

Freak zu sein. Ich sagte: »Das geht jetzt zu weit. Wir sind im zwanzigsten Jahrhundert, und es wird schwer sein ... Selbst zu Zeiten von Jesus war es sehr schwer, aber diesmal wird es noch viel schwerer sein.«

Er wollte davon aber nichts hören. Als dann sein Vater kam, sagte ich zu seinem Vater: »Ich glaube tatsächlich, er *ist* Jesus Christus. Was er jetzt braucht, ist eine Kreuzigung.«

Der junge Mann sagte: »Was?!«

Ich sagte: »Ohne Kreuzigung kommst du nicht zur Vernunft.«

Er sagte: »Kreuzigung!«

Der Vater war ebenfalls sehr schockiert, als ich eine Kreuzigung ansprach. Und ich sagte: »Triff die entsprechenden Maßnahmen.«

Der junge Mann fragte: »Meinst du das im Ernst?«

Ich sagte: »Ich meine es immer im Ernst. Ich hab dir ja gesagt, wenn du ein Jesus-Freak bist, dann bin ich ein doppelter. Und wenn du Jesus Christus bist, dann bin ich ein doppelter. Ich werde zusehen, dass du gekreuzigt wirst, und ich bleibe hier bis zu deiner Auferstehung.«

Da stellte er sich vor seinen Vater und sagte: »Verzeih mir, ich bin nur ein Jesus-Freak. Ich will nicht gekreuzigt werden. Ich glaube nicht, dass ich die Auferstehung schaffe. Das macht viel zu viel Umstände.«

Seit zweitausend Jahren schauen die Christen zurück in die Vergangenheit, und seit zweitausendfünfhundert Jahren schauen die Buddhisten zurück in die Vergangenheit. Wenn man sich auf der Welt umsieht, kann man sehen, dass alle ihren Blick zurück in die Vergangenheit richten. Aber wisst ihr was? Wir bewegen uns ständig nach vorne! Unsere Füße bewegen sich nach vorne, und unsere Augen sind nach hinten gerichtet.

Selbst bei einem Mann wie J. Krishnamurti ist es nicht anders: Die Augen sind immer noch nach hinten gerichtet. Jetzt ist er der Feind, früher war er der Freund. Es macht für mich keinen Unterschied, weil die Augen noch immer nach hinten gerichtet sind.

Deshalb bevorzuge ich das Wort *Rebellion*. Revolutionen haben sich ereignet, aber sie wurden immer sehr bald statisch; sie versteinern schnell, und eine neue Orthodoxie, eine neue Konvention wird einzementiert. Ein neuer Gott, ein neuer Himmel, eine neue Hölle – zunächst ist alles neu, aber schon bald wird alles alt.

Seit der Russischen Revolution sind viele Jahre vergangen, mehr als sechzig Jahre. So entstand aus der Russischen Revolution eine sechzigjährige Tradition: Marx, Engels und Lenin sind ihre Dreifaltigkeit, *Das Kapital* ist ihre Bibel – oder ihr Koran – oder ihre Gita.

Und das Seltsame ist, dass die Ähnlichkeiten so groß sind, dass es kaum zu glauben ist. Genauso wenig wie *Das Kapital* gelesen wird, liest der Muslim den *Koran*. Er verehrt ihn, aber er liest ihn nicht. Wer hat schon Zeit, den *Koran* zu lesen? Und vielleicht ist es gut, dass er ihn nicht liest, denn würde er ihn lesen, dann würde er ihn vielleicht nicht mehr verehren. Er enthält nichts Verehrungswürdiges.

Man kann eine heilige Schrift entweder verehren oder verstehen. Sobald man sie wirklich verstanden hat, ist es vorbei – da gibt es nicht viel zu verstehen. Deshalb sind die Priester aller Religionen gar nicht interessiert, dass ihr die Schriften versteht – den Koran, die Bibel, die Gita. Nein, sie sind nur daran interessiert, dass ihr sie weiterhin verehrt.

Das ist Revolution, die zu einem Fossil geworden ist. Ja, als Jesus diese Worte sprach, war ein Feuer in ihnen. Es waren flammende Worte. Aber meint ihr wirklich, in der Bibel Feuer finden zu können? Dann wäre die Bibel schon längst zu Asche verbrannt.

In der Bibel findet ihr eine Locke, von der Mutter darin bewahrt seit jenen Tagen, als der Vater sie noch liebte und auch sie ihm ein paar von seinen Haaren abschnitt. Sie sind in der Bibel – wo sonst kann man sie aufbewahren? Die Bibel ist dafür der sicherste Ort; nicht einmal ein Dieb würde sie stehlen.

In den Bibeln findet ihr die seltsamsten Dinge. Deine Tochter oder deine Schwester bewahrt vielleicht ihre Liebesbriefe in der

Bibel auf, denn dafür ist sie der beste Ort. Weder der Vater noch die Mutter werden dort je hineinschauen; keiner schaut dort je hinein. Telefonnummern, die sehr wichtig und geheim sind und die ihr nicht jeden wissen lassen wollt: Bewahrt sie in der Bibel auf. Die Bibel ist ein wunderbarer Tresor ohne Schloss. Sie sammelt höchstens Staub an. Man kann seinen Namen mit bloßem Finger auf jede Bibel schreiben, weil genug Staub darauf liegt – man braucht dazu keine Tinte, keine Farbe.

So viel zu den Revolutionen. Einst war da ein Feuer, aber jetzt ist nur noch Asche übrig geblieben. Mein Sannyasin sollte nicht zurückblicken. Er sollte nicht an Revolutionen denken, die in der Vergangenheit passiert sind. Nein, er muss seine Revolution tagtäglich leben. Und seine Revolution hört nie auf. Darum nenne ich es lieber Rebellion, um den Unterschied deutlich zu machen. Seine Rebellion ist etwas Lebendiges. Sie ist kein einmaliges Ereignis in der Geschichte. Sie ist eine Explosion in seinem innersten Wesen. Sie hat nichts mit der Zeit zu tun; sie hat etwas mit seinem inneren Zustand zu tun, seinem Bewusstsein. Dann ist sie eine Kontinuität. Er lebt sie, er atmet sie, sie ist sein Herzschlag.

Mein Sannyasin kann niemals orthodox werden. Wie könnte eine kontinuierliche Rebellion sich in Orthodoxie verwandeln? Ihr könnt sehen, warum ihr meine Aussagen immer so widersprüchlich findet. Der Grund ist, dass ich nie irgendeines meiner Bücher gelesen habe, ich weiß also nicht, was darin steht. Das hilft mir enorm, denn so muss ich nicht darauf achten, ob ich mir selbst widerspreche und das, was ich gesagt habe, zu etwas ganz anderem ändere. Das bewahrt mir meine Freiheit. Wenn ihr mich fragt, dann ist alles, was ich jetzt gerade sage, die Wahrheit. Das Morgen wird für sich selbst sorgen, und ich kann nicht garantieren, dass es auch morgen die Wahrheit sein wird, denn morgen ... Das ganze Universum ist ständig im Fluss.

Ich gebe euch keine toten Steine. Ich bringe euch lebendige Blumen dar. Wie es morgen sein wird, kann weder ich noch sonst irgendjemand sagen. Nur das Morgen wird es offenbaren.

Ich habe mir ständig selbst widersprochen, dadurch werdet ihr niemals in der Lage sein, mich zum Dogma zu erheben. Und wenn ihr es versucht, werdet ihr schier ausflippen. Ich hinterlasse den Gelehrten etwas wirklich Schreckliches. Sie werden nicht imstande sein, daraus schlau zu werden. Sie werden den Verstand verlieren, und das haben sie auch verdient; sie sollen den Verstand verlieren. Niemand kann aus mir eine orthodoxe Lehre machen, das ist unmöglich.

Wenn das im Christentum möglich war, ist natürlich Jesus dafür verantwortlich. Seine Worte mögen feurig gewesen sein, aber sie waren zu folgerichtig; es war zu einfach, daraus ein Dogma zu machen. Er war nicht vorsichtig genug. Er hat so einfache Aussagen gemacht, dass jeder daraus einen Katechismus fabrizieren konnte.

An meinen Worten könnt ihr euch verbrennen, aber ihr werdet darin keine wie auch immer geartete Theologie, keinen Dogmatismus finden. Ihr könnt darin eine Art zu leben finden, aber kein Dogma zum Predigen. Ihr könnt eine rebellische Eigenschaft darin finden, die ihr aufsaugen könnt, aber ihr werdet kein revolutionäres Thema finden, um das ihr euch organisieren könntet.

Meine Worte sind nicht bloß Feuer. Ich mische auch hier und da Schießpulver darunter, das im Laufe der Jahrhunderte noch viele Explosionen verursachen wird. Ich stecke viel mehr davon hinein als nötig – ich überlasse nichts dem Zufall. Fast jeder meiner Sätze wird jenen Schwierigkeiten bereiten, die eine Religion um mich herum organisieren wollen.

Ja, ihr könnt eine lose Gemeinschaft, eine Kommune haben. Merkt euch das Wort *lose*: Jeder ist unabhängig, jeder ist frei, auf seine Art zu leben, mich auf seine Art zu interpretieren und das zu finden, was er finden will. Er kann selbst herausfinden, wie er leben will – und jeder für sich selbst.

Es besteht keine Notwendigkeit, dass irgendjemand entscheidet, worin meine Religion besteht. Ich überlasse sie euch mit offenem Ausgang. Ihr könnt euch eure eigene Definition erarbeiten, aber sie ist nur für euch selbst – und auch das werdet ihr ständig verändern müssen. Je mehr ihr mich versteht, umso mehr werdet ihr sie ändern müssen. Ihr könnt sie nicht wie einen toten Gegenstand in eurer Hand behalten. Ihr werdet sie verändern müssen, und gleichzeitig wird sie euch ständig verändern.

Der große Meister Nan-In lag auf seinem Sterbebett. Er ist einer der wenigen, von denen ich sagen kann, dass er religiös war, wahrhaft religiös. Sein ganzes Leben ist voll von Ereignissen, Anekdoten, Geschichten, die den klaren Hinweis geben, dass er ein Mensch von höchster Erkenntnis war.

Er lag im Sterben. Er hatte seinen Schülern gesagt: »Ich möchte nicht, dass mein Tod betrauert wird, denn es ist kein Tod. Ihr würdet unnötig eure Tränen vergießen und weinen und schluchzen. Ich werde euch lachend vom anderen Ufer sehen: ›Diese Narren! Da habe ich mein ganzes Leben mit ihnen verschwendet, und sie haben eine so einfache Sache nicht begriffen!‹

Ich möchte, dass ihr tanzt und singt und lacht und euch freut, denn der Tod ist *nicht* der Tod. Ich gehe und verlasse dieses Haus, weil es mir nicht länger dienlich ist. Dieser Körper ist mir mehr Problem als Nutzen geworden, darum werde ich ihn wechseln. Es gibt also keinen Grund zu trauern. Ihr solltet glücklich sein, dass euer Meister in ein neues Leben eingeht.«

Sie lauschten allem, was er sagte, doch ihre Gesichter zeigten, dass alle den Tränen nahe waren. Sie waren traurig – und wer wäre nicht traurig, wenn ein Mensch wie Nan-in diese Erde verlässt?

Doch Nan-in hatte ein paar Vorkehrungen getroffen. Er sagte: »Ein paar Dinge möchte ich euch mitgeben ...«

Im Osten ist es Tradition – vermutlich auch im Westen –, dass man den Körper eines Verstorbenen badet, bevor man ihn verbrennt oder beerdigt, und ihm neue Kleider anzieht. Das entspricht der östlichen Vorstellung, dass der Tote sich auf eine weite Reise begibt; vielleicht hat er die Möglichkeit, sich zu baden, vielleicht auch nicht. Und sicher wird er auch neue Kleider brauchen; also gibt man ihm neue Kleider und ein Bad. Das ist eine rituelle Art, ihn von diesem Ufer zu verabschieden: »Nun können wir dir keine Hilfe mehr sein; kümmere dich jetzt um dich selbst.«

Nan-in sagte: »Bereitet mir kein Bad, denn ich habe gerade erst eins genommen. Und Bäder mag ich sowieso nicht im kalten Winter. Nicht mal, wenn ich tot bin, will ich noch mal baden. Ich habe schon gebadet, weil es sein musste, und ich habe das selbst erledigt, weil ich sichergehen wollte, dass ihr genug Wasser eingießt und in der richtigen Temperatur und was sonst noch dazu gehört. Ich habe mein Bad schon genommen, dieses Ritual könnt ihr euch also ersparen.

Und wechselt bitte nicht meine Kleider. Wisst ihr, ich habe mich schon umgezogen, denn ich mag keine Kleider, die mir nicht passen, die entweder zu weit oder zu eng sind. Ihr wisst, wie heikel ich damit bin, darum habe ich mein Gewand schon angezogen – wie ihr seht, ist es ganz neu.« Und sie konnten sehen, dass er ein Bad genommen hatte und eine neue Robe trug.

Nan-in sagte: »Dies ist also mein letzter Wille: Diese beiden Dinge braucht ihr nicht zu tun. Aber alles andere, was ihr tun wollt, könnt ihr tun. Weint bloß keine Tränen um mich, heult nicht, trauert nicht. Das wäre nicht der passende Abschied für mich.« Und er verstarb.

Er hatte zwar gesagt: »Weint nicht« … aber was kann man machen? Ihr habt es nicht in der Hand, eure Tränen zu stoppen. Einen solchen Mann zu verlieren, einen so unglaublich lebendigen Mann, und wer wusste schon, wohin er verschwand? »Wie viel er uns gegeben hat! Auf wen werden wir jetzt bauen? Wenn uns Fragen quälen, Zweifel plagen, wer wird uns dann sagen: ›Macht euch keine Sorgen, macht nur weiter. Ihr seid auf dem richtigen Weg, und das Ziel ist nicht mehr weit.‹ Seine Stimme genügte, um uns wieder Mut zu machen, unsere Kraft wiederzufinden. Wer wird uns nun helfen?«

Und so weinten sie und vergossen viele Tränen. Aber sie konnten das nicht lange durchhalten, denn Menschen wie Nan-in sind kreative Genies. Als man seine Leiche auf den Scheiterhaufen gelegt hatte, fingen alle plötzlich gegen ihren Willen zu lachen an, bis ihnen die Tränen in den Augen standen. Es war eine komische Situation: Er hatte in seinen Kleidern lauter Feuerwerkskörper und kleine Kracher versteckt!

Das war also der Grund, warum er nicht wollte, dass sie seine Kleider wechselten, und deshalb hatte er schon selbst gebadet. Und sein Gewand hatte er speziell anfertigen lassen mit vielen eingenähten Taschen, in denen er Material für fast drei Stunden Feuerwerk versteckt hatte. Die Leute lachten und weinten, und zwischendrin explodierten Böller, und Raketen gingen los – bunt und wunderschön, weil sie das in Japan am besten können. Nichts geht über ein japanisches Feuerwerk; sie haben eine solche Kunst daraus gemacht.

Und was Nan-in den Leuten ständig gepredigt hatte, erschien nun als Schriftzeichen am Himmel: »Aufgepasst!« Eine Rakete ging los und zerbarst in einem Blütenregen aus kleinen Stücken, die alle zusammen das Wort »Aufgepasst« bildeten.

Seine Schüler sahen zum Himmel und vergaßen völlig, dass es eine Totenfeier war. Es war ein fantastisches Schauspiel am Himmel! Erst als das Feuer erstarb und der Leichnam vom Feuer verzehrt worden war ... erst da erkannten sie, dass dieser Mann sein Leben lang nichts anderes getan hatte. Sogar vor dem Sterben hatte er dafür gesorgt, dass seine Arbeit nach seinem Tod genauso weitergehen würde, ohne Unterbrechung. Der Tod machte keinen Unterschied: Nan-in machte immer noch das Gleiche.

Und ich mache es genauso. Mit jedem meiner Worte lege ich genug Feuer, genug Sprengstoff und Brandsätze, um noch jahrhundertelang für Explosionen zu sorgen.

Niemand kann ein »orthodoxer Rajneeshee« sein – es sei denn, du änderst die ganze Bedeutung eines »orthodoxen Rajneeshee« in dem Sinne, wie ich es beschreibe:

Wenn du mit einem »orthodoxen Rajneeshee« jemanden meinst, der untraditionell, unkonventionell und unorthodox ist, jemanden, der ständig rebellisch ist und aus dem Leben eine kontinuierliche Rebellion macht, ohne eine starre, reglementierte, bürokratische, hierarchische Organisation zu schaffen –

einfach nur eine offene Kommune von Freunden, die sich in einem Punkt einig sind – dass sie diesen verrückten Mann lieben.

Über alles andere können sie unterschiedlicher Meinung sein, nur in diesem einen Punkt nicht – das ist ihre einzige Orthodoxie: Sie lieben diesen Verrückten.

9

Eine Verschwörung der Priester, um euer Denken zu manipulieren

? *Was hast du zum Gesetz des Karmas zu sagen?*

Hierzu habe ich sehr wenig zu sagen – es wird aber trotzdem zweieinhalb Stunden dauern!

Zunächst einmal ist das Gesetz des Karmas überhaupt kein Gesetz. Das Wort »Gesetz« verleiht ihm den Anstrich von Wissenschaftlichkeit, wie beim Gesetz der Schwerkraft. Es ist aber bloß Wunschdenken und kein Gesetz.

Seit Jahrhunderten hoffen die Menschen, für ihre guten Taten belohnt zu werden. Das ist eine menschliche Hoffnung, eine Erwartung an die Existenz, die sich allerdings völlig neutral verhält. Wenn du dir die Natur betrachtest, findest du dort in der Tat Gesetze, und die ganze Naturwissenschaft dreht sich nur um die Erforschung dieser Gesetze, aber so etwas wie ein Gesetz des Karmas haben die Naturwissenschaften bisher nicht einmal annäherungsweise entdeckt.

Es ist natürlich klar, dass jede Aktion irgendwelche Reaktionen hervorruft, aber hinter dem Gesetz des Karmas verbirgt sich eine viel größere Erwartung.

Wenn man davon ausgeht, dass jede Aktion eine Reaktion nach sich zieht, kann man mit der Unterstützung der Wissenschaft rechnen. Vom Gesetz des Karmas erhoffen sich die Menschen allerdings sehr viel mehr. Sie erwarten, dass eine gute Tat unweigerlich zu einem guten Ergebnis führen soll und eine schlechte Tat zu einem entsprechend schlechten. Darin sind viele Dinge impliziert.

Erstens: Was ist gut?

Jede Gesellschaft definiert das Gute nach ihrem eigenen Verständnis. Was gut ist für einen Juden, ist nicht gut für einen Jaina. Was gut ist für einen Christen, ist nicht gut für einen

Konfuzianer. Nicht nur das – was gut ist in der einen Kultur, ist oft schlecht in einer anderen Kultur. Ein Gesetz muss aber universell gelten. Wenn man beispielsweise Wasser auf hundert Grad Celsius erwärmt, verdampft es – ob in Tibet, Russland oder Amerika, ja, sogar in Oregon! In Oregon kann es etwas wirr ablaufen, aber letztlich wird das Wasser auch dort bei hundert Grad in Dampf übergehen.

Ein Gesetz muss universell sein, wenn es als wissenschaftliches Gesetz gelten soll. Wenn es sich aber um ein Gesetz handelt, das die Menschen sich selbst geschaffen haben – etwa eine Verfassung, ein Rechtssystem –, so kann es keinen Anspruch auf Wissenschaftlichkeit erheben oder auf die göttliche Existenz. Es ist nur innerhalb der Gesellschaft, die es hervorgebracht hat, anwendbar. Es ist etwas Willkürliches, künstlich Geschaffenes. Man kann es jederzeit ändern – und Gesetze dieser Art ändern sich ständig. Was gestern noch legal war, ist heute illegal; was heute illegal ist, kann morgen schon legal sein. So viel zu den von Menschen geschaffenen Gesetzen.

Zweifellos ist das Gesetz des Karmas weder ein wissenschaftliches Gesetz noch gehört es zu irgendeinem Rechtssystem. Was für eine Art Gesetz ist es dann? Es ist eine Hoffnung. Wenn jemand in tiefer Finsternis umherirrt und tastend seinen Weg zu finden sucht, klammert er sich an alles, was ihm ein bisschen Hoffnung gibt, an jedes kleine Licht. Wer das Leben beobachtet, erkennt aber, dass es völlig anders abläuft, als das Gesetz des Karmas es verheißt. Man kann sehen, dass ein allgemein bekannter Krimineller derart erfolgreich sein kann, dass er Präsident oder Premierminister eines Landes wird, während umgekehrt jemand, der vorher nicht kriminell war, als Präsident oder Premierminister kriminell wird.

Lord Actons berühmten Satz habe ich aus allen möglichen Blickwinkeln erwogen und daraus immer neue Einsichten gewonnen. Acton sagt: »Macht korrumpiert, und absolute Macht korrumpiert absolut.« Ich denke das nicht, weil es nach meiner Wahrnehmung nicht so abläuft, wie Lord Acton es behauptet. Als Lord Acton das sagte, bezog er sich auf seine ganze Lebenserfahrung. Er war selbst Politiker, und was er sagte, war keineswegs aus der Luft gegriffen.

Dennoch wage ich, ihm zu widersprechen. Nach meinem Verständnis stimmt es zwar, dass Macht korrumpiert – aber nur solche Menschen, die zur Korruption neigen. Jemand galt vielleicht nicht als korrupt, weil ihm die Gelegenheit dazu noch fehlte, weil ihm die Macht fehlte. Die Macht an sich kann aber niemanden korrumpieren, der nicht das Potenzial zur Korruption schon in sich trägt. Es ist also nicht die *Macht*, die den Menschen korrumpiert – sie bringt nur ans Licht, wer ein Mensch in Wirklichkeit ist. Durch die Macht tritt das zutage, was als Neigung bereits vorhanden war. Die Macht offenbart das Potenzial eines Menschen vor den anderen und vor ihm selbst.

Wer in den Spiegel schaut und darin ein hässliches Gesicht erblickt – kann er etwa behaupten, der Spiegel sei korrupt? Der arme Spiegel reflektiert nur. Was kann der Spiegel dafür, dass dieser Mensch ein hässliches Gesicht hat?

Es soll da eine verrückte Frau gegeben haben, die jeden Spiegel, der ihr unterkam, sofort zerstörte. Sie war hässlich, aber sie lebte in dem Glauben, die Spiegel seien an ihrer Hässlichkeit schuld. Wenn es keine Spiegel gäbe, wäre sie auch nicht hässlich – ist doch logisch! In gewisser Weise hatte sie damit nicht ganz unrecht. Wäre sie allein auf dieser Erde – ohne Spiegel, ohne die Augen der anderen, denn Augen sind auch Spiegel –, was meint ihr: Wäre sie dann hässlich? Allein auf dieser Erde, ohne Spiegel und ohne Augen, die sie spiegeln könnten, wäre sie einfach sie selbst, weder schön noch hässlich. Sie wäre genau dieselbe, mit dem einzigen Unterschied, dass sie ihr Spiegelbild nie zu Gesicht bekommt. Nichts hätte sich geändert, nur die Reflektoren würden fehlen.

So kann man auch Lord Actons berühmtes Diktum sehen: »Macht korrumpiert« – es *erscheint* nur so. Ich würde besser sagen: Macht *spiegelt*. Wer potenziell korrumpierbar ist, dem wird die Macht Gelegenheit dazu geben. Und selbst wenn jemand ein Potenzial für absolute Korruptheit hätte – wie Adolf Hitler, Josef Stalin, Mussolini – was kann die Macht dafür?

Die Macht steht einfach nur zur Verfügung. Du kannst damit alles Mögliche anstellen. Wenn du ein korrumpierbarer Mensch bist, dann wirst du das tun, was du immer schon tun wolltest, wozu dir aber die Macht fehlte. Bist du hingegen jemand, der keine Neigung zur Korruption hat, dann bist du durch Macht unmöglich zu korrumpieren. Du wirst deine Macht nutzen, aber du wirst keine Korruption, sondern Kreation in die Welt setzen. Dein Handeln wird nicht destruktiv sein. Es wird ein Segen für die Menschen sein.

Und wenn jemand das Potenzial in sich trägt, segensreich für die Menschen zu sein, lässt absolute Macht ihn zu einem absoluten Segen für die Welt werden.

Im Leben des Menschen gibt es viele merkwürdige Dinge. Nur ein potenziell korrupter Mensch wird sich überhaupt zur Macht hingezogen fühlen. Ein potenziell guter Mensch strebt nicht nach Macht. Der Wille zur Macht ist das Bedürfnis eines korrupten Menschen, weil er weiß, dass er ohne Macht nicht tun kann, was er will.

Adolf Hitler wollte ursprünglich Architekt werden, doch die Architekturschulen lehnten ihn ab, weil ihm das Potenzial zum Architekten fehlte. Er konnte nicht einmal eine gerade Linie zeichnen. Danach wollte er Künstler werden – wenn schon nicht Architekt, dann wenigstens Künstler! –, aber keine Schule wollte ihn aufnehmen. Wenn die Architekturschule ihn abgewiesen hatte, dann vielleicht … Doch die Kunst, insbesondere die Malerei, verlangt ein noch größeres Kaliber, und er hatte gar kein künstlerisches Talent. Überall enttäuscht, überall abgewiesen, fing er an, sich der Macht zuzuwenden.

Adolf Hitler hatte einen wirklich starken Willen zur Macht. Dieser Mann, der kein Architekt oder Maler werden konnte, wurde so mächtig, dass das Schicksal der ganzen Menschheit in seinen Händen lag. Ihr findet es sicher erstaunlich, wenn ich euch sage, dass er nach seiner Machtergreifung, nachdem er die absolute Macht erlangt hatte, als Erstes architektonische Zeichnungen für Bauwerke anfertigte. Er zeichnete Entwürfe für eine ganze Reihe hässlicher Bauten. Und die Regierung musste sie bauen, obwohl kein Architekt diese Entwürfe eines zweiten Blickes gewürdigt hätte, wären sie nicht von Adolf Hitler gekommen; aber so konnte man sie nicht ablehnen. Eine Ablehnung konnte den Tod bedeuten, denn das war die einzige Sprache, die Hitler verstand: »Entweder seid ihr für mich – oder ihr seid nicht mehr.«

Es war ein Segen, dass der Zweite Weltkrieg alle diese großen Bauwerke Adolf Hitlers zerstört hat, sonst hätte er der Nachwelt diese grässlichen Bauten hinterlassen. Man hat aber seine Entwürfe gefunden, und sie sind Beweis genug, dass diesem Mann das Talent fehlte, Bauwerke zu konzipieren.

Als Adolf Hitler an die Macht kam, widmete er seine freie Zeit dem Malen, und nun musste natürlich jeder seine Gemälde bewundern. Keines seiner Bilder verdiente überhaupt den Namen Gemälde; sie waren eine reine Vergeudung von Leinwand und Farben, ohne jede Bedeutung. Und nicht nur das, sie waren so hässlich, dass einem übel werden konnte. Mit so einem Bild im Schlafzimmer würde man jede Nacht Albträume haben.

Die Macht bringt ans Licht, was im Menschen verborgen ist.

Das Auffallende ist aber, dass ein guter Mensch kein Bedürfnis nach Macht hat, weil das Gute sich auch ohne Macht manifestiert. Das Gute bedarf keiner äußeren Macht; es hat eine ihm selbst innewohnende Kraft. Nur das Böse bedarf zu seiner Unterstützung äußerer Macht.

Khalil Gibran hat dazu eine schöne Geschichte geschrieben. Dieser Mann hat so wunderbare Geschichten geschrieben, dass er in der ganzen Menschheitsgeschichte unvergleichlich dasteht. Khalil Gibrans Geschichte ist nur kurz, und gerade darin liegt seine Schönheit. Er schreibt keine monumentalen Geschichten, aus denen man Filme machen könnte. Seine Geschichten bestehen oft nur aus wenigen Zeilen, doch sie dringen bis in die tiefsten Tiefen des Menschseins vor.

Die Geschichte geht so:

Gott erschuf die Welt, und er erschuf auch alles andere, was dazu nötig war. Dann blickte er sich um und fand, dass zwei Dinge noch fehlten: Schönheit und Hässlichkeit. Als Letztes erschuf er also Schönheit und Hässlichkeit. Natürlich gab er der Schönheit schöne Kleider und der Hässlichkeit hässliche Kleider, und er ließ die beiden vom Himmel fallen, um sie auf die Erde zu bringen.

Es ist eine lange Reise, und als sie endlich auf der Erde ankamen, waren sie sehr müde und staubig und beschlossen als Erstes, ein Bad zu nehmen. Es war frühmorgens, die Sonne ging soeben auf, und sie kamen an einen See, ließen ihre Kleider am Ufer fallen und sprangen hinein. Es war herrlich erfrischend und kühl, und sie genossen es sehr.

Die Schönheit schwamm weit hinaus auf den See, und als sie zurückblickte, stellte sie verwundert fest, dass die Hässlichkeit verschwunden war. Als sie ans Ufer zurückkam, entdeckte sie, dass ihre Kleider ebenfalls verschwunden waren. Da begriff die Schönheit, was geschehen war: Die Hässlichkeit hatte ihr die Kleider geraubt und war damit weggelaufen.

Das Ende der Geschichte: Seit damals verbirgt sich die Hässlichkeit in den Kleidern der Schönheit, und die Schönheit trägt gezwungenermaßen die Kleider der Hässlichkeit. Die Schönheit läuft hinter der Hässlichkeit her und sucht nach ihr, konnte sie aber bis heute nicht finden.

Das ist eine schöne Geschichte. Die Hässlichkeit braucht etwas, hinter dem sie sich verstecken kann, mit dem sie etwas vortäuschen kann, eine falsche Maske. Die Schönheit hatte sich darüber keine Gedanken gemacht. Es war ihr noch nicht einmal in den Sinn gekommen, dass die Hässlichkeit ihr die Kleider stehlen und damit weglaufen könnte.

Ein Mensch, dessen Herz mit Güte und Segenswünschen pulsiert, fühlt überhaupt kein Bedürfnis, Präsident oder Premierminister zu sein. Er hat keine Zeit zu verschwenden mit diesem hässlichen machtpolitischen Spiel. Er schöpft seine Energie aus sich selbst, denn das bringt die Güte mit sich. Er kreiert Musik, schreibt Gedichte, meißelt Schönheit in Marmor und bringt etwas hervor, wofür Macht nicht nötig ist. Das ist die Schönheit des Guten – sie ist ihrem Wesen nach machtvoll.

Eines soll klar verstanden sein: Alles, was Macht von außen nötig hat, kann mit Sicherheit nichts Gutes sein. Es kann seinem Wesen nach nur machtlos sein, ohnmächtig sein; es ist nur durch geborgtes Leben lebensfähig. Im Leben tritt jedoch diese verdrehte Situation ein, dass schlechte Menschen gute Positionen erreichen, zu Ansehen und Ruhm gelangen, nicht nur zu Lebzeiten, sondern sogar in die Geschichte eingehen. Sie ist voll von solchen Namen.

In den Geschichtsbüchern findet ihr keine Menschen wie Gautama Buddha, Mahavira, Laotse, Tschuangtse, Lietse – sie stehen noch nicht einmal in den Fußnoten. Und Alexander der Große, Dschingis Khan, Tamerlan, Nadir Schah, Napoleon Bonaparte, Adolf Hitler – sie machen den größeren Teil der Geschichte aus. In der Tat sollten wir die ganze Geschichte noch einmal neu schreiben; man sollte alle diese Leute vollständig daraus löschen. Nicht einmal die Erinnerung an sie sollte wachgehalten werden, denn selbst die Erinnerung an sie kann auf die Menschen böse Wirkungen haben.

Eine bessere Menschheit wird diese Namen nicht einmal in den Fußnoten erwähnen; es ist unnötig. Sie waren Albträume; es ist besser, man vergisst sie komplett, damit sie euch nicht wie Schatten verfolgen. Und wir müssen uns auf Menschen besinnen, die auf dieser Erde gelebt und sie in jeder Hinsicht verschönert haben; die ihre Freude geteilt haben, ihren Tanz, ihre Musik, ihre Ekstase – und dabei anonym geblieben sind. Ihre Namen sind völlig in Vergessenheit geraten.

Die Menschen haben keine Ahnung, wie viele Erleuchtete schon auf dieser Erde gelebt haben und völlig unbekannt geblieben sind. Dass ihr überhaupt ein paar Namen kennt, liegt nicht nur daran, dass diese Menschen religiös waren, sondern hat noch einige andere Gründe.

Überlegt mal: Hättet ihr je von Jesus gehört, wenn er nicht gekreuzigt worden wäre? Es war also nicht der Mensch Jesus, seine Eigenschaften, seine Güte, die ihn zu einer historischen Figur gemacht haben, sondern seine Kreuzigung.

Ihr wisst von Gautama Buddha, nicht weil er ein Erleuchteter

war, sondern weil er der Sohn eines großen Königs war. Und
wenn der Sohn solch eines großen Königs auf sein Königreich
verzichtet, ist sein Name natürlich im ganzen Land in aller
Munde. Nicht weil er so religiös war, sondern weil er auf ein so
großes Königreich verzichtet hat – das gleiche Königreich, auf
das ihr schon seit vielen Leben gehofft und von dem ihr geträumt habt. Und dieser Mann hatte die Dreistigkeit, ein ganzes
Königreich sausen zu lassen, ohne auch nur einen Blick zurück-
zuwerfen!

Nur deshalb ist euch Gautama Buddha im Gedächtnis geblieben. Sein Name fand nur deshalb Erwähnung, weil er der König
war, der auf sein Königreich verzichtete. Wäre er der Sohn eines
armen Mannes gewesen, hätte keiner je von ihm gehört. Und es
gab tatsächlich viele, deren Namen nie bekannt wurden. Selbst
als sie noch am Leben waren, erkannten nur wenige, dass diese
Menschen eine andere Art von Präsenz ausstrahlten. Das Gute
hat seine eigene ihm innewohnende Kraft; es enthält seinen eigenen Lohn, seinen Segen. Aber nicht irgendwann in einem späteren Leben … »Wenn du jetzt Gutes tust«, so besagt das Gesetz
des Karmas, »wirst du in einem späteren Leben dafür belohnt
werden.« Was für ein sonderbares Gesetz!

Wenn jemand ein armseliges Leben in Elend und Leiden führt,
kommt es laut Gesetz des Karmas daher, weil er in einem früheren Leben böse Taten begangen hat – und dies ist nun deren
Folge. Wenn jemand sich guter Gesundheit erfreut und Geld,
Macht und alle Freuden des Lebens genießt, müsst ihr nicht
neidisch auf ihn sein: Er hat in einem früheren Leben gute Taten
vollbracht und erntet nun den Lohn. Die Saat dafür hat er in
seinem früheren Leben gesät.

Wieso gibt es aber einen so großen Abstand zwischen dem
Säen der Saat und dem Einbringen der Ernte? Wie kann es sein,
dass man in einem Leben gute oder schlechte Taten vollbringt,
und das Ergebnis stellt sich erst in einem anderen Leben ein?
Mir scheint da eine Verschwörung im Gange zu sein. Es ist kein
Gesetz, sondern eine Verschwörung. Der Priester sieht sich au-
ßerstande zu erklären, warum der eine Mensch reich ist, obwohl

jeder weiß, dass er böse Taten vollbringt – und trotzdem wird er immer reicher. Und auf der anderen Seite gibt es gute Menschen, die am Verhungern sind. Wozu ist das Gute dann gut?

Die Priesterschaft tut sich schwer, diesen Umstand zu erklären, der überall vorkommt. Gute Menschen, die arm, hungrig und leidend sind, findet man in jeder Ecke dieser Erde. Und schlechte Menschen sind total erfolgreich. Die schlitzohrigen Halsabschneider, die bereit sind, anderen das Wassers abzudrehen, sich gnadenlos an anderen zu bereichern, über die Köpfe anderer zu Macht und Reichtum emporzusteigen und Menschen zu benutzen, als wären sie Sachen – ihnen gehört all das, was eigentlich den guten Menschen gehören sollte.

Wie will der Priester dafür eine plausible Erklärung liefern? Er hat einen Weg gefunden: das Gesetz des Karmas. Weil er es nicht anhand der Gegenwart erklären kann, verlagert er die ganze Szene. Er schaltet den Tod zwischen eure Handlungen und deren Ergebnisse, sodass die Ergebnisse erst nach dem Tod, im nächsten Leben eintreten. Aber wieso überhaupt? Wenn du deine Hand jetzt ins Feuer legst, wirst du jetzt sofort Verbrennungen erleiden.

Wenn also irgend so ein Priester oder Mönch, irgendeiner aus dem Osten, das Gesetz des Karmas predigt, dann führt ihn zum offenen Kamin und sagt: »Leg deine Hand ins Feuer, damit wir sehen können, ob das Gesetz des Karmas hier und jetzt wirkt. Oder braucht es dafür so viel Zeit, dass erst der Tod passieren muss, ehe das Ergebnis eintreten kann? Handlung – Tod – Ergebnis? Muss der Tod in jedem Fall dazwischentreten?« Wetten, dass er nicht bereit sein wird, seinen Arm ins Feuer zu legen?

Deshalb sagte ich, dass ich zum Gesetz des Karmas nicht viel zu sagen habe. Nur ganz wenig, nur zwei Worte: *buh, buh!*

Jetzt muss ich euch etwas erklären – es ist eine Geschichte aus Oregon …

Wenn ich mich nicht irre, war Senator Fatfield zu einem Besuch in seinen Wahlkreis gefahren. Der spezielle Ort, den er besuchte, war ein Indianerreservat. Er stattete diesem Ort nur einmal alle

fünf Jahre einen Besuch ab – immer dann, wenn Wahlen bevor-
standen. Die Indianer hatten es völlig durchschaut, dass er nur
alle fünf Jahre einmal aufkreuzte, großartige Versprechungen
machte und dann wieder verschwand – und all die großartigen
Dinge wurden nie wahr.

Wieder einmal tauchte er nach fünf Jahren auf, und wieder
war es das gleiche Spiel. Die nordamerikanischen Indianer sind
einfache Leute ... Ihr Häuptling trommelte alle an einem Ort
zusammen, der ihr gemeinsamer Versammlungsplatz war. Senator Fatfield begann wieder mit den gleichen Versprechungen:
»Verzeiht mir wegen letztens ... Es gab so viele Schwierigkeiten,
so viele Probleme, eine Finanzkrise und so viele Kriege, dass ich
es nicht geschafft habe, die Brücke über euren Fluss, die Straße
zu eurem Reservat und gute Häuser für euch zu bauen.«

Und nach jedem Wort, das er erwähnte – »Brücke«, »Straße« –,
riefen sie: »Buh, buh!«, und sie freuten sich und schienen fast
zu tanzen. Fatfield fühlte sich blendend, als er sah, wie sehr sie
ihm applaudierten. Sie klatschten in die Hände, riefen und
schrien: »Buh, buh!«, und das steigerte seine Motivation und
Inspiration enorm.

Nun ließ er seiner Fantasie die Zügel schießen: »Ich werde ein
Krankenhaus, ein College, eine Universität bauen ...« Wenn
man einfach nur etwas verspricht und das Versprechen nie ein-
löst, dann ist es völlig egal, was man verspricht. Man kann den
Leuten das Paradies versprechen, kann alles Mögliche versprechen. Und genau das tat er: »Innerhalb von fünf Jahren werdet
ihr erleben, dass dieser Ort ein Paradies auf Erden wird« – und
sie riefen alle: »Buh, buh!«

Senator Fatfield war darüber sehr glücklich – so glücklich,
dass er zum Häuptling sagte: »Ich möchte das Reservat besich-
tigen, um zu sehen, was noch benötigt wird.«

Der Häuptling sagte: »Das geht in Ordnung; nur eine Sache:
Wir Indianer sind wie die Kinder, wir benutzen das freie Feld als
öffentliche Toilette. Ich habe nichts dagegen, dass Sie herumge-
hen und sich alles anschauen, aber seien Sie vorsichtig, dass Sie
nicht in den *Buh-buh* treten.«

Jetzt verstand Fatfield die Bedeutung von *Buh-buh*, aber es war schon zu spät.

Das Gesetz des Karmas ist nichts als *Buh-buh*. Und ich glaube, ihr versteht jetzt, was das bedeutet – es wird also kein Problem damit geben.

In meinen Augen bringt jede Handlung zweifellos ein Ergebnis, aber nicht irgendwann in einem zukünftigen Leben. Handlung und Ergebnis sind ein kontinuierlicher Ablauf, ein einziger Prozess. Oder haltet ihr das Aussäen der Saat und das Einbringen der Ernte für getrennte Vorgänge? Es ist ein und derselbe Prozess. Was mit dem Aussäen der Samenkörner anfängt, führt zu einem Wachstum, das eines Tages aus einem Samenkorn Tausende von Samenkörnern hervorbringt. Das ist dann eure Ernte. Es ist der gleiche Same, der zu Tausenden von Samen explodiert ist. Dazwischen liegt aber kein Tod, kein Nachleben; es ist ein kontinuierlicher Prozess.

Ihr könnt euch also eines merken: Ja, in meiner Vision vom Leben wird jede Handlung zwangsläufig Folgen haben, aber sie passieren nicht irgendwo anders, sondern hier und jetzt. Sehr wahrscheinlich werden sie sich fast gleichzeitig einstellen.

Wenn du mit jemandem freundlich und liebevoll umgehst, fühlst du nicht eine gewisse Freude? Einen gewissen Frieden? Eine gewisse Sinnhaftigkeit? Fühlst du nicht Zufriedenheit mit dem, was du getan hast? Es gibt dir eine tiefe Befriedigung. Hast du die gleiche Zufriedenheit schon einmal gespürt, wenn du ärgerlich und zornentbrannt bist, wenn du jemanden verletzt, wenn du total wütend wirst? Fühlst du dann Frieden und Stille sich in dir ausbreiten? Nein, das ist nicht möglich.

Natürlich fühlst du etwas, aber es wird Traurigkeit sein: Du hast dich wieder mal wie ein Narr benommen, hast auf dieselbe dumme Art reagiert, die du doch längst aufgeben wolltest. Du fühlst dich unfähig und schrecklich wertlos. Du fühlst dich nicht wie ein Mensch, sondern wie eine Maschine, weil du nicht geantwortet, sondern nur reagiert hast. Irgendjemand hat etwas gesagt oder getan, und du hast reagiert. Der andere hatte die

Fäden in der Hand, und du hast nach seinem Belieben getanzt; er hatte Macht über dich.

Wenn jemand dich beleidigt und du fängst zu streiten an, was bedeutet das? Es bedeutet, dass du nicht die Gelassenheit besitzt, darauf nicht zu reagieren.

Gurdjieffs Vater lag im Sterben. Seine letzten Worte an Gurdjieff waren höchst bedeutsam; vielleicht hat kein Vater seinem Sohn je eine so großartige Einsicht vermittelt. Gurdjieff war erst neun Jahre alt, und so sagte sein Vater: »Ich weiß, dass du vielleicht jetzt noch nicht verstehen kannst, was ich dir sage, doch es bleibt mir keine Zeit mehr, ich muss es jetzt sagen. Aber du hast Zeit – merke dir nur die Worte. Wenn du reif genug geworden bist, wirst du verstehen, was diese Worte bedeuten, und dann handle nach diesen Worten. Aber vergiss es nicht. Merke es dir, es ist ein einfacher Satz.«

Er ließ Gurdjieff diesen Satz drei Mal wiederholen, um in Frieden sterben zu können. Und er sagte: »Vergib mir, dass ich dir kein anderes Erbe hinterlasse als diesen Satz.« Und wie lautete der Satz? Er war ganz einfach. Er sagte: »Erinnere dich daran: Wenn jemand in dir Wut hervorruft, dann sag ihm, dass du in vierundzwanzig Stunden wiederkommen wirst, um ihm zu antworten. Dann warte vierundzwanzig Stunden. Und was immer dir dann nach vierundzwanzig Stunden zuteilwird, gehe hin und tue es.«

Ein seltsamer Ratschlag, aber gar nicht so seltsam, wenn man ihn versteht. Dieser einfache Rat hat sein ganzes Leben verändert. Dieser eine Satz machte Gurdjieff zu dem, der er war – ein solcher Mensch kommt nur alle paar Jahrhunderte. Doch der alte Mann muss ein Mann von großer Weisheit gewesen sein. Er hinterließ ihm nichts anderes. Er sagte zu seinem Sohn: »Jetzt wirst du für dich selbst sorgen müssen. Deine Mutter ist tot, ich liege im Sterben. Du wirst dir dein Brot selbst verdienen müssen. Du wirst vieles allein lernen müssen.« Ein neunjähriges Kind …

Es erwies sich aber als eine große Chance für Gurdjieff, denn er fing an, mit Nomaden umherzuziehen. Gurdjieff wurde in der Gegend des Kaukasus in der (ehemaligen) Sowjetunion geboren, wo es immer noch Nomaden, umherziehende Stämme, gibt. Nicht einmal sechzig Jahre kommunistischer Tortur haben es geschafft, diese Nomaden sesshaft zu machen, denn sie betrachten das Umherziehen als Geburtsrecht des Menschen, und vielleicht haben sie recht.

Die Nomaden auf der ganzen Welt glauben, dass die Frau das Zuhause geschaffen hat. Der Mann hat es *gebaut*, aber die Frau hat den Mann an das Zuhause gebunden; sonst wäre der Mann im Grunde lieber ein Wanderer, der ständig umherzieht. Ein Zelt genügt ihm; ein Zelt, ein Pferd, ein Ochsenwagen – das genügt. Und wer will schon Jahr für Jahr am selben Ort leben? Die Nomaden ziehen ständig weiter – ein paar Tage hier, ein paar Tage dort.

Dieser neun Jahre alte Knabe, der nichts anderes zu tun hatte, schloss sich einer Nomadengruppe an. Dann fing er an, von einer Gruppe zur nächsten zu ziehen. Er lernte viele verschiedene Sprachen von den Nomaden, er lernte viele Künste von den Nomaden. Er lernte viele Übungen, die den zivilisierten Menschen heute nicht mehr zugänglich sind, die aber für Nomaden lebenswichtig sind.

Zum Beispiel, wenn es sehr kalt ist und der Schnee fällt und man in einem Zelt lebt ... Die Nomaden kennen bestimmte Atemübungen, die den Atemrhythmus verändern, sodass die Körpertemperatur ansteigt. Oder wenn es zu heiß ist, wenn sie durch die Wüste ziehen, dann verändern sie wieder den Atemrhythmus ... Der Körper hat ein automatisches, eingebautes Klimasystem.

Gurdjieff lernte seine ersten Lektionen in Hypnose bei diesen Nomadengruppen. Wenn die Frau und der Mann beide zum Markt im Ort mussten, um ein paar Dinge zu verkaufen, was sollten sie dann mit ihren Kindern, den kleinen Kindern machen? Diese Nomaden verwenden Hypnose schon seit Jahrhunderten. Sie zeichnen einfach um das Kind herum einen Kreis und sagen ihm: »Bis wir zurückkommen, kannst du diesen Kreis nicht verlassen.« Das wurde jahrhundertelang jedem Kind gesagt. Sobald es alt genug war, es zu verstehen, bekam es das zu hören. Damit hat man es hypnotisiert. Sobald dieser Satz ausgesprochen wird und es zusieht, wie der Strich auf dem Boden gezeichnet wird, entspannt es sich innerlich. Jetzt ist es nicht mehr möglich, da herauszukommen, so kann es nicht weglaufen.

Gurdjieff war darüber sehr verwundert, denn er war damals zehn oder zwölf Jahre alt. »Was ist das für ein Unsinn?« Jedes Kind in jedem Nomadenlager bekam diesen Kreis um sich herum gezogen, das war alles. Vater und Mutter verschwanden für den ganzen Tag, um in der Stadt zu arbeiten. Und als sie am Abend nach Hause kamen, war das Kind immer noch in seinem Kreis.

Gurdjieff fing an, sich Gedanken zu machen, wie das möglich war, warum das geschah, und fand bald heraus, dass es nur eine Frage war, ob das Unterbewusstsein diesen Gedanken akzeptierte. Sobald das Unterbewusstsein den Gedanken akzeptierte, hatten der Körper und der bewusste Verstand keine Macht mehr, dagegen anzugehen.

In seinen eigenen Übungen, die er später entwickelte, als er ein Meister geworden war, verwendete Gurdjieff all diese Techniken der Nomaden, die er von diesen eigentümlichen Menschen gelernt hatte. Sie waren unzivilisiert und kannten kein geschriebenes Alphabet, keine Schriftsprache, aber sie kannten überaus ursprüngliche Methoden. Und er wunderte sich, als er sah, dass die Hypnose nicht nur bei Kindern wirkte, sondern auch bei erwachsenen Männern, denn aus den Kindern wurden junge Erwachsene, und auch bei diesen funktionierte es. Und als sie alt wurden, funktionierte es immer noch. Das änderte sich nicht mit dem Alter.

Der junge Gurdjieff spielte mit alten Leuten ein Spiel: Er zeichnete einen Kreis um sie herum, aber während er das tat, rief der alte Mensch: »Tu das nicht, tu das nicht!«, und ehe der Kreis geschlossen war, sprang er heraus. Sobald der Kreis fertig war,

konnte er das nicht mehr; er war darin gefangen. Und dieser
Junge – konnte man denn wissen, ob er wiederkam? Solange der
Kreis noch halb fertig war, war es möglich, durch die Öffnung
zu entwischen. Dann war man gerettet; ansonsten war man darin gefangen. Und oft gelang es Gurdjieff, den Kreis zu schließen. Dann setzte sich so ein alter Mann einfach auf den Boden
wie ein kleines Kind und bettelte ihn an: »Bitte unterbrich deinen Kreis.«

Gurdjieff wandte diese Methode auf vielfältige Weise an und
noch viele andere Techniken, die er von diesen Leuten gelernt
hatte. Er hatte auch eine Übung, die er »Stopp-Übung« nannte;
er führte sie auf der ganzen Welt vor, vor allem in Amerika und
Europa. Er unterrichtete Tänze, fremdartige Tänze, die niemand
kannte; es waren Tänze der kaukasischen Nomaden: fremdartige Tänze mit fremdartigen Instrumenten.

Auch hatten sie fremdartige Speisen, die Gurdjieff zubereiten
lernte. Sein Ashram in der Nähe von Paris war eine völlig andere, fremde Welt. Seine Küche war voller seltsamer Dinge,
fremder Gewürze, von denen noch niemand gehört hatte, und
er selbst bereitete die ausgefallensten Speisen zu. Er hatte das
alles von den Nomaden gelernt. Diese Speisen hatten eine bestimmte Wirkung.

Bestimmte Speisen haben bestimmte Wirkungen; bestimmte
Tänze haben bestimmte Wirkungen; bestimmte Trommeln, bestimmte Instrumente haben bestimmte Wirkungen.

Gurdjieff hatte miterlebt, wie die Leute zu einer bestimmten
Musik einen bestimmten Tanz auf glühend heißen Kohlen tanz-
ten, ohne sich zu verbrennen. Der Tanz erzeugt eine bestimmte
Energie in ihnen, wodurch sie nicht dem Gesetz des Feuers un-
terworfen sind, das ein untergeordnetes Gesetz ist. Ein höheres
Bewusstsein kann die niedrigeren Gesetze umgehen.

Alle Geschichten über Wunder sind nichts anderes als Geschichten von Menschen, die Kenntnis von bestimmten höheren Gesetzen erlangten. So konnten sie die niedrigeren Gesetze
außer Kraft setzen. Gurdjieff hatte viele solche Phänomene erlebt, schon als Kind, und Kinder sind von Natur aus sehr neu-

gierig. Er hatte weder Vater noch Mutter, die ihm etwas hätten verbieten können; so konnte er mit allem experimentieren, auf jede mögliche Art und Weise. Wenn er bei einer Nomadengruppe genug gelernt hatte, zog er weiter, um bei anderen Gruppen Neues zu lernen. Alle seine Übungen hat er von diesen Nomaden abgeleitet.

Die Stopp-Übung war besonders wichtig. Sie ist vielleicht einer seiner wichtigsten Beiträge für die heutige Welt – dabei weiß die heutige Welt noch nicht einmal etwas davon. Gurdjieff ließ seine Schüler alle möglichen Aktivitäten ausführen: Einer grub den Garten um, ein anderer hackte Holz oder bereitete das Essen oder reinigte den Fußboden. Alle möglichen Aktivitäten liefen ab, aber es gab eine Regel: Wenn Gurdjieff »Stopp!« rief, musste man auf der Stelle innehalten und zur Statue erstarren, egal wo und in welcher Position man sich gerade befand. Man durfte nicht schummeln, sonst war die ganze Übung witzlos.

Wenn man zum Beispiel gerade den Mund offen hatte und – da Gurdjieff nicht in der Nähe war – zum Entspannen den Mund schloss, hatte man die Übung verfehlt. Oder wenn mitten in einer Bewegung ein Bein unten und das andere in der Luft war und plötzlich der Ruf »Stopp!« ertönte, musste man genau so innehalten – auf die Gefahr, dass man hinfiel, weil man nicht so lange auf einem Bein stehen konnte. Der ganze Sinn dieser Übung war: »Egal, was passiert, halte inne und werde zur Statue, wo du gerade bist.«

Es ist erstaunlich, dass eine so einfache Übung so viel Bewusstheit in euch freisetzen kann. Weder Buddha, Patanjali oder Mahavira wussten von dieser einfachen Übung; sie ist überhaupt nicht kompliziert.

Wenn du zur Statue erstarrst, darfst du nicht einmal mit den Augen blinzeln. In dem Moment, in dem du das Wort »Stopp!« hörst, verharrst du genau im momentanen Zustand. Es bedeutet einfach »Halt!« und sonst gar nichts. Du wirst dich wundern, wie du so plötzlich zur Statue werden kannst – und im Innehalten wirst du transparent für dich selbst.

Normalerweise bist du ständig in Aktivitäten verstrickt, und die Aktivität des Geistes ist an die Aktivität des Körpers gekoppelt. Sie sind untrennbar miteinander verknüpft. Wenn nun der Körper vollkommen innehält, hält auch der Geist an. Dann nimmst du den Körper wie erstarrt wahr, als gehörte er zu jemand anderem. Und du nimmst den Geist wahr, der plötzlich unbewegt ist, weil die Verbindung gekappt wurde.

Ein anderer Russe, Pawlow, entdeckte das einfache psychologische Gesetz der Assoziation. Gurdjieff war dies schon lange vor Pawlow bekannt, aber er war nicht an Psychologie interessiert und arbeitete nicht in dieser Richtung. Auch Pawlow hatte die Idee von den Nomaden übernommen, aber er ging damit in eine andere Richtung. Als Psychologe fing er an, das Gesetz der Assoziation zu erforschen und anzuwenden.

Pawlow gab seinem Hund etwas zu fressen und läutete dabei eine Glocke. Die Glocke und das Futter hatten zunächst nichts miteinander zu tun, doch mit der Zeit assoziierte der Hund das eine mit dem anderen. Immer wenn Pawlow dem Hund Futter gab, läutete er auch die Glocke. Nach fünfzehn Tagen brauchte er bloß noch die Glocke zu läuten, und der Hund reagierte darauf mit heraushängender Zunge, bereit, um zu fressen. Im Gehirn des Hundes hatten sich Glocke und Futter miteinander verknüpft.

Gurdjieffs Arbeit lag auf einer höheren Ebene. Er fand eine einfache Methode, um das Denken anzuhalten. Im Osten haben die Menschen seit vielen Jahrhunderten versucht, den Geist zu konzentrieren, zu visualisieren, zur Ruhe zu bringen – und Gurdjieff fand einen Weg über die Physiologie. Es war nicht seine Entdeckung, aber er hatte begriffen, was diese Nomaden eigentlich die ganze Zeit gemacht hatten.

Gurdjieff rief: »Stopp!«, und alle mussten erstarren.

Und wenn der Körper plötzlich erstarrt, ist der Verstand desorientiert: »Was ist passiert?« Und weil der Verstand vom erstarrten Körper so plötzlich entkoppelt wurde, ist er schockiert. Sonst herrscht eine enge Kooperation, ein tiefer Gleichklang, eine gemeinsame Bewegung. Aber jetzt ist der Körper wie eingefroren – was soll der Verstand damit anfangen? Wo kann er hingehen?

Für einen Moment ist völliges Schweigen. Doch schon ein einziger Moment völliger Stille genügt, um euch einen Geschmack von Meditation zu geben.

Gurdjieff hatte spezielle Tänze entwickelt, und auch während der Tänze rief er plötzlich: »Stopp!« Beim Tanzen wusste man nie, in welcher Stellung man sein würde. Oft fielen die Leute einfach zu Boden. Aber selbst wenn man hinfiel, ging die Übung weiter. Wenn die Hand unter dem Körper unbequem lag, durfte man es sich nicht bequem machen, weil man sonst dem Verstand die Möglichkeit genommen hätte, anzuhalten. Man durfte nicht auf den Verstand hören. Die Gedanken sagten: »Das ist unbequem, mach es dir bequem.« Aber nein, man durfte nichts tun.

Bei einer Aufführung seiner Tänze in New York wählte Gurdjieff einmal eine sehr groteske Situation: Alle Tänzer standen in einer Linie, und an einem bestimmten Punkt im Tanz, als alle in einer Reihe nach vorne tanzten und der Erste direkt am Bühnenrand stand, da rief Gurdjieff: »Stopp!« Der Erste fiel, der Zweite fiel, der Dritte fiel … die ganze Reihe, wie Dominosteine. Und dabei war es totenstill. Keine Bewegung.

Ein Mann im Zuschauerraum hatte dabei seine erste Meditationserfahrung, allein durchs Zusehen. Er hatte nicht einmal mitgetanzt, nur zugeschaut. Als er so viele Leute plötzlich stoppen und fallen sah … Sie fielen, als wären sie aus Eis, ohne den geringsten Versuch, ihren Sturz aufzuhalten oder zu beeinflussen. Es war, als wären sie alle plötzlich gelähmt.

Dieser Mann saß ganz vorne in der ersten Reihe, und unwissentlich hielt auch er inne und erstarrte in der Position, in der er sich befand: Seine Augen hörten auf zu blinzeln, sein Atem stoppte. Als er diese Szene sah – er war gekommen, den Tanz zu sehen, aber was hatte das mit Tanzen zu tun? … Da spürte er plötzlich, wie eine neuartige Energie in ihm aufstieg. Und es war so still, und er war von einer solchen Wachheit, dass er Gurdjieffs Schüler wurde. Noch am selben Abend ging er zu Gurdjieff und sagte: »Ich kann nicht warten.«

Es war äußerst schwierig, Schüler von Gurdjieff zu sein; er machte es einem nahezu unmöglich. Er war wirklich ein strenger Zuchtmeister. Man kann so manches aushalten, wenn man einen Sinn darin sehen kann, aber das Problem mit Gurdjieff war, dass es keinen erkennbaren Sinn gab.

Der Mann hieß Nicoll. Gurdjieff sagte zu ihm: »Es ist nicht so einfach, mein Schüler zu werden.«

Nicoll sagte: »Es ist auch nicht so einfach, mich abzuweisen. Ich bin gekommen, um Ihr Schüler zu werden, und ich *werde* ein Schüler werden. Sie sind vielleicht ein unerbittlicher Meister, aber ich weiß: Ich bin ein unerbittlicher Schüler!« Die beiden schauten sich in die Augen und wussten, dass sie vom selben Stamm waren. Dieser Mann würde nicht weggehen.

Nicoll sagte: »Ich gehe nicht. Ich werde einfach hier sitzen, und wäre es auch mein Leben lang, bis Sie mich als Schüler akzeptieren.«

Und Nicoll war der einzige Fall, in dem Gurdjieff jemanden akzeptierte, ohne ihn vorher in die Mangel zu nehmen. Ansonsten war er immer völlig unberechenbar. Selbst gegenüber einem Mann wie P. D. Ouspensky, der Gurdjieff weltberühmt gemacht hatte – selbst ihm gegenüber war Gurdjieffs Verhalten völlig undurchschaubar.

Ouspensky erinnert sich, dass sie einmal im Zug gemeinsam von New York nach San Francisco reisten, als Gurdjieff mitten in der Nacht anfing, eine Szene zu veranstalten. Er war nicht betrunken, hatte nicht einmal Wasser getrunken, aber er benahm sich wie ein Betrunkener: Er ging von einem Abteil zum anderen, weckte die Leute auf und warf ihre Sachen durcheinander. Ouspensky folgte ihm und sagte: »Was machst du denn?«, aber Gurdjieff beachtete ihn gar nicht.

Jemand zog schließlich die Notbremse. »Da ist ein Mann, der offenbar verrückt ist!« Der Schaffner kam ins Abteil, ein Wachmann kam. Ouspensky entschuldigte sich und sagte: »Er ist nicht verrückt und er ist auch nicht betrunken. Aber was kann ich machen? Auch mir ist es unerklärlich, was mit ihm los ist. Ich habe keine Ahnung.« Und vor den Augen des Wächters und des Zugschaffners warf Gurdjieff den Koffer eines Reisenden aus dem Fenster.

Der Wächter und der Schaffner sagten: »Das geht zu weit. Sperren Sie ihn im Abteil ein, wir geben Ihnen den Schlüssel. Schließen Sie von innen ab, sonst müssten wir Sie beide beim nächsten Halt aus dem Zug werfen.«

Einerseits fand Ouspensky das natürlich äußerst peinlich, andererseits war er total wütend, dass dieser Mann ein solches Theater veranstaltete! Er überlegte: »Ich weiß doch, dass er nicht verrückt ist, ich weiß, dass er nicht betrunken ist, aber ...« Gurdjieff gebärdete sich wie ein Berserker, rief russische Sätze, brüllte herum auf Russisch, Kaukasisch – er konnte viele Sprachen. Doch sobald die Tür zugesperrt war, setzte er sich ganz ruhig hin, lächelte Ouspensky an und fragte: »Wie geht es dir?«

Ouspensky sagte: »Du fragst *mich*, wie es mir geht? Du hast sie fast dazu gebracht, dich ins Gefängnis zu stecken und mich dazu. Ich konnte dich in einem solchen Zustand ja nicht allein lassen. Was war denn der Zweck des Ganzen?«

Gurdjieff sagte: »Das musst du selbst herausfinden. Ich mache das alles für dich, und du fragst mich, was das soll? Der Zweck ist der, nicht zu reagieren, nicht peinlich berührt zu sein, nicht wütend zu werden. Welchen Sinn hat es, peinlich berührt zu sein? Was hast du davon? Du verlierst nur die Gelassenheit und gewinnst gar nichts.«

»Aber du hast diesen Koffer aus dem Fenster geworfen«, sagte Ouspensky. »Was ist mit dem Mann, dem der Koffer gehört?«

Gurdjieff sagte: »Kein Problem – es war deiner!«

Ouspensky sah nach und tatsächlich, sein Koffer fehlte. Was ist von so einem Meister zu halten?

Ouspensky schreibt darüber: »Am liebsten wäre ich bei der nächsten Station ausgestiegen und nach Europa zurückgefahren ... Was würde Gurdjieff noch alles anstellen?«

Gurdjieff sagte: »Ich weiß, was du jetzt denkst – du würdest am liebsten bei der nächsten Station aussteigen. Bleib cool!«

»Aber wie kann ich cool bleiben«, sagte Ouspensky, »jetzt, wo ich weiß, dass mein Koffer und meine Kleider weg sind?«

Gurdjieff sagte: »Mach dir keine Sorgen – dein Koffer war leer. Deine Kleider hab ich in meinen Koffer gesteckt. Jetzt beruhige dich endlich.«

Später einmal, als Gurdjieff im Kaukasus und Ouspensky in London war, schickte ihm Gurdjieff ein Telegramm: »Komm sofort!« Und wenn Gurdjieff sagte: »Sofort«, dann hieß das *sofort*! Ouspensky arbeitete gerade an einer Sache, aber er musste seine Arbeit liegen und stehen lassen, sofort packen, alles abschließen und in den Kaukasus fahren. In jenen Tagen fand in Russland die Revolution statt, und es war gefährlich, in den Kaukasus zu fahren, total gefährlich. Viele beeilten sich, aus Russland rauszukommen, um sich in Sicherheit zu bringen, und für eine so prominente Persönlichkeit wie Ouspensky, der ein weltberühmter Mathematiker war … Er war auch als antikommunistisch bekannt, als Gegner der Revolution. Ihn zu diesem Zeitpunkt nach Russland zurückzurufen und dann noch in den entlegenen Kaukasus …

Er würde ganz Russland durchqueren müssen, um zu Gurdjieff zu gelangen, aber wenn Gurdjieff rief … Ouspensky fuhr los.

Als er dort ankam, war er nahe am Siedepunkt, denn er hatte brennende Züge und Bahnhöfe, niedergemetzelte Menschen, Leichen auf Bahnsteigen gesehen. Er konnte selbst nicht glauben, wie er es überhaupt geschafft hatte, Gurdjieff zu erreichen, aber irgendwie hatte er es geschafft. Und was sagte Gurdjieff? Er sagte: »Du bist gekommen. Jetzt kannst du wieder gehen. Der Zweck ist erfüllt. Ich sehe dich später in London.«

So ein Mann war das …! Er verfolgte eine Absicht, da gab es keinen Zweifel – aber was für bizarre Methoden er anwandte! Ouspensky – sogar ein Ouspensky – scheiterte daran. Er wurde so wütend, dass er nach diesem Zwischenfall jede Verbindung mit Gurdjieff abbrach. »Dieser Mann hätte mich für nichts und wieder nichts dem Tod in den Rachen geworfen!« Ouspensky konnte nicht verstehen, um was es ging. Wäre er so still, wie er gekommen war, wieder zurückgefahren, wäre er vielleicht erleuchtet wieder in London angekommen – aber er hat es vermasselt. Ein Mann wie Gurdjieff mag nicht immer so handeln, dass es sinnvoll *erscheint*, aber es ist immer sinnvoll.

Nicoll wurde sein Schüler, und er musste viele abenteuerliche Aufgaben bestehen, die in jeder Hinsicht seltsam waren. Kein Meister vor Gurdjieff hatte je solche seltsamen Dinge ausprobiert. Zum Beispiel hat er seine Schüler gezwungen, immer weiterzuessen. Er nötigte sie unaufhörlich: »Esst!«, und sie konnten dem Meister nicht Nein sagen. Während ihnen die Tränen in die Augen schossen, sagte er: »Esst!« Und diese Gewürze, kaukasische Gewürze ... dagegen sind indische Gewürze gar nichts! Der ganze Schlund stand in Flammen, sie konnten das Feuer sogar im Magen und im Darm spüren, aber er sagte: »Esst! Macht weiter, bis ich sage, dass ihr aufhören sollt.«

Doch er verfolgte damit einen bestimmten Zweck. Es gibt für den Körper eine Grenze ... Unlängst habe ich darüber gesprochen, dass beim Fasten der Körper nach fünf Tagen an einen Punkt gelangt, wo das System umschlägt und der Körper anfängt, sein eigenes Fett zu absorbieren. Von da an hört der Hunger auf. Das ist die eine Methode, die man verwendet. Die andere Methode ist ähnlich, nur mit umgekehrten Vorzeichen: Es kommt der Punkt, an dem du nichts mehr essen kannst, doch der Meister sagt: »Mach weiter.« Er versucht dich an die Grenze des physiologisch Möglichen zu bringen, die du bisher nie berührt hast. Wir halten uns immer irgendwo in der Mitte auf. Wir lassen uns weder auf Fasten noch auf Schlemmen à la Gurdjieff ein und bleiben immer schön im gemäßigten Bereich. Der Körper hat seine eingefleischte Routine, und entsprechend eingeschränkt ist auch die Beweglichkeit des Geistes. Das Fasten vermag diese Routine zu durchbrechen.

Darum spielt das Fasten in allen Religionen eine so wichtige Rolle. Es bringt dich an den Punkt, etwa nach fünfzehn Tagen, an dem du anfängst, das Denken zu vergessen. Größere Pausen stellen sich ein. Stundenlang taucht kein einziger Gedanke auf, und nach einundzwanzig Tagen hat sich der Geist entleert. Es ist seltsam, aber wenn der Magen leer geworden ist, zeigt sich auch eine Synchronizität im Geist: Der Verstand wird völlig leer.

Fasten ist kein Selbstzweck. Nur Dummköpfe haben das Fasten als Selbstzweck verfolgt. Es ist eine Methode, um eine Phase einzuleiten, in der ein Zustand von Nichtdenken erfahrbar wird. Sobald diese Erfahrung eingetreten ist, kann man wieder zu essen beginnen. Dann kennt man den Weg, dann ist es kein Problem mehr. Nun kann man jederzeit in diesen Zustand kommen, auch wenn man ganz normal isst.

Gurdjieff machte genau das Gegenteil, denn so hatte er es von den Nomaden gelernt. Diese Leute sind völlig anders. Sie haben keine Schriften. Sie haben keine Menschen wie Buddha, Mahavira oder andere. Sie haben aber bestimmte Techniken, die durch mündliche Überlieferung von Generation zu Generation immer vom Vater an den Sohn weitergereicht wurden. Diese Methode des Vielessens hatte Gurdjieff bei den Nomaden kennengelernt. Sie benutzen das Vielessen – sie essen und essen und essen immer weiter. Bis zu dem Moment, wo nichts mehr geht, und an diesem Punkt zwang Gurdjieff seine Schüler zum Weiteressen.

Wenn man dazu Ja sagt, kann man unmittelbar in einen Zustand von Nichtdenken gelangen, weil der Rhythmus von Körper und Geist durchbrochen wird. Der Verstand hat keine Möglichkeit, zu begreifen, was da geschieht. In dieser Situation kann er nicht mehr funktionieren; diese Situation hat er nie kennengelernt. Und vergesst nicht: Der Verstand ist wie ein Computer. Er ist ein Biocomputer und funktioniert so, wie er programmiert worden ist. Ob es euch bewusst ist oder nicht: Der Verstand funktioniert nur nach Programm. Wenn das Programm irgendwo unterbrochen wird ... Und das ist nur an den extremen Polen möglich, nur in den Grenzbereichen, wo sich ein Abgrund auftut.

Gurdjieff zwang die Schüler, so viel Alkohol zu trinken – und zwar alle möglichen alkoholischen Getränke –, dass sie fast durchdrehten. Er machte sie so betrunken, dass sie sich selbst völlig vergaßen. Er goss ihnen immer weiter ein. Wenn sie hinfielen, schüttelte er sie, setzte sie auf und schenkte ihnen noch mehr ein – bis zu dem Punkt, an dem Körper und Bewusstsein komplett von der Droge übernommen wurden. In diesem Augenblick fängt das Unbewusste zu reden an.

Wofür Sigmund Freud drei oder vier Jahre Psychoanalyse benötigte, schaffte Gurdjieff in einer einzigen Nacht! Das Unbewusste begann sich zu offenbaren und lieferte Gurdjieff sämtliche Schlüssel, die den Betreffenden selbst nicht bewusst waren. Und sie hatten keine Ahnung, dass sie selbst Gurdjieff alle Hinweise gegeben hatten – doch er wusste es. Und dann arbeitete er mit diesen Schlüsseln, um die richtigen Übungen, die passenden Tänze, die geeignete Musik bei jedem Einzelnen anzuwenden.

Alle diese Schlüssel lieferte das Unbewusste. Der Schüler konnte sich nicht daran erinnern, weil er völlig betrunken war. Er war überhaupt nicht mehr anwesend, wenn Gurdjieff am Unbewussten arbeitete und es dazu verleitete, ihm alle nötigen Hinweise zu liefern. Dies waren die Geheimnisse über den betreffenden Menschen – damit hielt er alle Schlüssel in seinen Händen. Wenn jemand sich weigerte: »Jetzt kann ich nichts mehr trinken«, dann warf er ihn hinaus. Er sagte ihm: »Dann ist dieser Ort nichts für dich.«

Das Gesetz des Karmas hat einen psychologischen Hintergrund, weder einen juristischen noch sozialen noch moralischen, sondern einen psychologischen Hintergrund. Das wurde bisher noch nicht so gesehen.

In allem, was du tust, sind die Konsequenzen bereits enthalten. Es spielt keine Rolle, ob du es gut oder schlecht nennst, denn wie du es benennst – ob gut oder schlecht –, hängt von deiner Konditionierung ab. Wenn du Fleisch isst und Christ oder Muslim oder Jude bist, kommt »schlecht« gar nicht in Betracht. Andere können genauso handeln, dem aber eine völlig andere moralische Interpretation geben. Wärst du Jaina oder Buddhist oder Brahmane, wäre es dir nicht erlaubt, Fleisch zu essen, und wenn du es trotzdem tust, dann würdest du zwar gleich handeln, es aber als falsches Tun, als schlechte Handlung interpretieren.

Ein Jaina, der Fleisch isst, und ein Christ, der Fleisch isst, tun zwar das Gleiche, nur hätte der Christ dabei ein gutes Gewissen und der Jaina ein schlechtes Gewissen. Es ist die gleiche Handlung, aber mit völlig anderen Konsequenzen. Es ist eine Frage der Psychologie und nicht des essenziellen Wesens, sonst hätte es die gleichen Konsequenzen.

Der psychologische Hintergrund macht den ganzen Unterschied: Es sind verschiedene Denkweisen, verschiedene Konditionierungen. Der Jaina fühlt sich sofort schuldig und bekommt große Angst. Er wird sich selbst verurteilen und sich absolut wertlos fühlen, als wäre er in Ungnade gefallen. Nun, das ist für ihn die Konsequenz. Es ist aber keine Konsequenz seines *Tuns*, sondern die Konsequenz seiner psychischen Konditionierung.

Der Christ findet daran nichts Schlechtes. Im Gegenteil, er ist total glücklich, denn es war ein köstliches Essen und hat ihm gut geschmeckt. Jetzt sitzt er in seinem Lehnsessel, die Zigarre in der Hand, und freut sich, ist ganz begeistert von dem guten Essen, das er genossen hat. Ist das eine Konsequenz seines Tuns? Nein, natürlich nicht. Dahinter steht nur eine andere psychische Konditionierung.

Wolltest du wirklich wissen, was die Konsequenzen einer Handlung sind, müsstest du den psychologischen Aspekt ganz außer Acht lassen. Nur so könntest du das Gesetz des Karmas erkennen, anders nicht. Ansonsten kannst du nur wissen, wie es sich aufgrund deiner Psyche auswirkt – und die eigene Psyche macht den ganzen Unterschied.

Für den Jaina ist es eine Sünde, und er kommt dafür in die Hölle. Für den Christen ist es kein Problem. Jesus hat Fleisch gegessen, Moses hat Fleisch gegessen, und ich würde meinen, dass auch Gott Fleisch gegessen hat – jedenfalls der Gott der Juden, der Christen und der Muslime. Wie könnte man Gott ein so nährendes, köstliches Essen vorenthalten? Oder wollt ihr einen Vegetarier aus ihm machen?

Mir gegenüber wohnte einmal ein Arzt, ein Arzt aus Bengalen, Doktor Datta. Die Bengalen sind keine Vegetarier. Manchmal, wenn ich krank war oder mir etwas fehlte, war er so nett und kam mich besuchen. Meine Tante, bei der ich wohnte, fragte ihn dann: »Doktor Datta, wie steht es mit dem Essen – was soll er essen? Was soll er weglassen?«

Und Doktor Datta sagte: »Machen Sie sich mal keine Sorgen. Ihr seid ja reine Grasesser. Was wollt ihr bei eurer Diät denn noch weglassen? Ihr haltet ja schon ständig Diät. Nein, ich kann Ihnen dazu nichts empfehlen. *Wir* können Diät halten, wir könnten Grasesser werden wie ihr – das wäre für uns eine Diät. Aber für euch … wenn ihr Diät haltet, seid ihr erledigt. Da bleibt ja nichts mehr zu essen übrig. Also machen Sie sich darüber keine Gedanken.«

Für einen Jaina ist es schier unmöglich, sich vorzustellen, dass Jesus erleuchtet sein könnte: Wo er doch Fleisch isst und Wein trinkt! Und am schockierendsten ist, dass er nicht nur Wein trinkt, sondern sogar Wasser in Wein verwandelt! Für einen Jaina wäre es ein Wunder, wenn jemand den ganzen Wein dieser Welt in Wasser verwandeln würde. Das wäre das wahre Wunder, ein religiöses Wunder! Aber ihr bezeichnet das als Wunder? Wasser in Wein zu verwandeln? Es ist ein Verbrechen!

Aber solange ihr eure psychischen Konditionierungen nicht aufgebt … Seht mich an: Ich bin ein Mensch ohne psychische Konditionierungen – zwischen mir und dem Leben mischt sich kein Denken ein. Ich bin mit meinem Leben direkt und unmittelbar in Kontakt. Würde ich Fleisch essen, kann mich das nicht in die Hölle bringen. Nein, das ist einfach dumm. Erstens einmal existiert die Hölle überhaupt nicht. Und zweitens existiert kein Naturgesetz, welches besagt, dass man durch Fleischessen in die Hölle kommt. Wäre das der Fall, dann würden fast alle Tiere und Menschen in die Hölle kommen, und der Himmel wäre leer. Und alle fleischfressenden Tiere hätten keine Möglichkeit, sich zu einem höheren Bewusstsein hinzuentwickeln.

Ich sagte das auch den Jaina-Mönchen: »Was ihr da predigt, ist dumm: Ihr sagt, die Tiere würden sich entwickeln, zu einem höheren Bewusstsein hinentwickeln, bis sie schließlich Menschen werden. Aber wie können sie Menschen werden? Wenn das Fleischessen die Menschen in die Hölle bringt, wie sollen die fleischfressenden Tiere ein höheres Bewusstsein entwickeln und zu Menschen werden? Und wenn die Tiere durch ihr Fleischfressen wachsen und zu Menschen werden, dann könnte doch auch der Mensch durch das Fleischessen wachsen und zu Gott werden. Dann ist es doch gar kein Problem; das Wachstum wird dadurch nicht verhindert.«

Die Jaina-Prediger erwiderten: »Mit dir kann man nicht streiten. Woher nimmst du nur all diese Ideen? Wir lesen schon unser Leben lang die Schriften, und darin steht, dass die Tiere sich höher entwickeln und zu Menschen werden – aber auf diese Idee sind wir noch nie gekommen. Ja, es ist wahr: Wenn sie Fleisch fressen und ihr Bewusstsein weiterentwickeln, was ist dann verkehrt, wenn wir Fleisch essen?«

»Vor allem«, sagte ich, »das Fleisch von Tieren, die sich höher entwickeln – das wäre doch sehr unterstützend für die Evolution. Und tatsächlich sagen das auch die Muslime. Bei ihnen herrscht eine seltsame Vorstellung, die ich euch erzählen will: Sie sagen, dass ihr Tiere essen müsst, denn nur wenn ihr sie esst, werden sie transformiert und können sich dadurch höher entwickeln. Dadurch, dass ihr ihren Körper und ihre Seele in euch aufnehmt, geht es mit ihnen aufwärts. Also, erlöst so viele Tiere wie möglich! Im Koran hat Gott es deutlich gesagt, dass er die Tiere geschaffen hat, damit sie von den Menschen gegessen werden. Welche andere Autorität braucht ihr noch?«

Ich bin weder Jaina noch Jude noch Muslim – ich habe überhaupt keine psychische Konditionierung. Das sind alles Konditionierungen, die von den verschiedenen Religionen für ihre eigenen Zwecke geschaffen wurden. Ich habe das ganze Paket der Konditionierung fallen gelassen.

Ich esse kein Fleisch, weil das in meinen Augen an und für sich ein hässlicher Akt ist. Für mich stellt sich nicht die Frage, ob ich in einem künftigen Leben dafür leiden werde. Nein, der bloße Akt, ja schon die bloße Vorstellung, Leben zu zerstören um der Geschmacksknospen willen, von denen es gar nicht so viele gibt, hinten auf eurer Zunge … Wenn ihr eure Zunge eine

Spur zu tief abkratzt, etwa mit einem Rasiermesser, würdet ihr euren ganzen Geschmackssinn verlieren.

Es geschah im Zweiten Weltkrieg, dass ein Mann einen Schuss in den Hals abbekam. Die Mediziner retteten sein Leben, aber sie mussten ihm die Speiseröhre zunähen. Das war ein Problem, also machten sie eine kleine Öffnung in seinen Magen und hängten einen Schlauch daran. Nun konnte er darüber sein Essen aufnehmen, und das funktionierte sehr gut. Doch er war sehr unglücklich, weil er das Essen nicht schmecken konnte. Über den Schlauch konnte er alles aufnehmen, kein Problem, aber er war sehr ärgerlich: »Das ist keine Lösung. Der Geschmack fehlt. Das Leben hat keinen Sinn, ohne den Geschmack des Essens geht das halbe Leben verloren.«

Schließlich gab ihm der Arzt den Rat: »Tun Sie doch eines: Kauen sie zuerst Ihr Essen, bevor Sie es in den Magenschlauch geben, dann können Sie den Geschmack genießen« – denn seine Zunge war völlig in Ordnung. Nur die Speiseröhre war verschlossen, sodass er das Essen nicht hinunterschlucken konnte. Und es funktionierte! Der Mann lebte noch fast zwölf Jahre und konnte sein Essen kauen und schmecken. Er hat es sicher mehr genossen als ihr, weil er es länger gekaut hat. Das war seine einzige Freude. Warum also kauen und gleich schlucken?

Weil euer Schlucken so nahe beim Kauen liegt, kaut ihr nie vollständig. Wenn ihr vollständig kauen wollt, solltet ihr das zweiundvierzig Mal tun. Ich habe es versucht, aber bei zwanzig, einundzwanzig, zweiundzwanzig … Das wird so langweilig! Vergesst dieses wissenschaftliche Gesetz – ich schlucke es einfach. Aber wenn ihr genau zweiundvierzig Mal kaut, dann habt ihr euer Essen perfekt gekaut.

Vielleicht hat dieser Mann sogar vierundachtzig Mal gekaut – denn das konnte er –, bevor er sein Essen in den Schlauch steckte. Wir tun das auch, aber unser Schlund ist verbunden, während seiner abgetrennt war. Er lebte noch zwölf Jahre und konnte mit großem Genuss alle Arten von köstlichen Speisen essen.

Aber zu töten, einem Lebewesen nur um der Geschmacksknospen auf eurer Zunge willen das Leben zu rauben, ist einfach hässlich. Es ist keine Frage der Moral, es ist keine Frage der Religion – es ist eine Frage der Ästhetik. Es geht um euren Sinn für Schönheit, um eure Ehrfurcht vor dem Leben. Wer auf Fleisch verzichtet, kommt deswegen freilich nicht in den Himmel – weil es gar keinen Himmel gibt.

In meinen Augen ist jemand, der sich diese ästhetische Empfindsamkeit erworben hat, bereits im Himmel. Ein Mensch, dem diese ästhetische Empfindsamkeit abgeht, lebt unter dem Niveau des Menschlichen. Er ist noch Tier, auch wenn er auf zwei Beinen geht.

Der aufrechte Gang auf zwei statt vier Beinen macht noch keinen Unterschied. Oder denkt ihr, es macht einen großen Unterschied? Wenn das der einzige Unterschied wäre, dass die Tiere auf vier und die Menschen auf zwei Beinen laufen, dass die Tiere horizontal und die Menschen vertikal leben … Denkt ihr, die Geometrie mache den Unterschied zwischen euch und den Tieren aus?

Und ihr habt natürlich auch einmal horizontal gelebt wie die anderen Tiere. Darum ist der Schlaf für euch so erholsam, weil ihr in euren ursprünglichen horizontalen Zustand zurückkehrt und der Geist ins kollektive Unbewusste sinkt, weit zurück in die Zeit, in der ihr euch ebenfalls auf vier Beinen bewegt habt.

Wenn ihr euch die Gesichter der Tiere betrachtet, werdet ihr sie anmutig finden. Habt ihr an Tieren schon ähnliche emotionale Zustände beobachtet, wie sie in den wechselnden Gesichtern der Menschen zu sehen sind? Nein, weil die Tiere keine Emotionen haben, keine Empfindsamkeit; ihre Gesichter bleiben immer gleich. Eure Sensibilität ist die grundlegende Qualität, die euch von den Tieren unterscheidet.

Wenn euer Tun eurem ästhetischen Empfinden entspringt, entsteht daraus unmittelbar ein tiefes Gefühl von Befriedigung, hier und jetzt.

Ich stelle keine Schuldscheine aus, wie alle Religionen es getan haben. Ich bin für bares Geld auf die Hand! Ich glaube nicht an

Schuldscheine, ich glaube an Cash. Meine Religion ist eine Religion der klingenden Münze. Du tust etwas – und aus deinem Tun entspringt unmittelbar das Resultat. Es steht in einer kontinuierlichen Verbindung, als bruchlose Fortsetzung. So lautet *mein* Gesetz des Karmas.

Damit unterscheidet es sich radikal von allen Philosophien über das Gesetz des Karmas, die in der Vergangenheit, besonders im Osten, gepredigt wurden. Doch mein Gesetz des Karmas bewegt sich in einer anderen Dimension: Es ist ästhetisch. Je lebendiger euer ästhetisches Empfinden wird, umso größer wird eure Ehrfurcht vor dem Leben – das ist unausweichlich. Durch eure Empfindsamkeit werdet ihr so achtsam, dass euch sogar das Pflücken einer Blüte von einer Pflanze als hässlicher Akt erscheint.

Ein großartiger Maler, der im Westen nicht allgemein bekannt ist, obwohl er ein Westler war, ist der Russe Nicholas Roerich. Er lebte im Himalaja. Er war Maler, aber kein Maler für Kunstgalerien und Märkte. Er verkaufte keines seiner Bilder – nicht weil die Leute sie nicht kaufen wollten, sondern weil er nicht bereit war, sie zu verkaufen. Er sagte: »Das ist keine Ware. Das bin ich, ausgebreitet auf dieser Leinwand. Wie könnte ich das verkaufen?« Als er starb, befanden sich alle seine Gemälde in seinem Haus.

Ich habe ihn einmal in seinem Haus besucht – er war damals schon sehr alt –, und als ich sah, dass er Vegetarier war, fragte ich ihn: »Sie sind Russe – warum leben Sie vegetarisch?«

Er sagte: »Wegen meiner Bilder. Ich kann nicht einmal ein Bild zerstören, und das ist nicht lebendig. Wie könnte ich für mein Essen ein Lebewesen töten? Und wenn ich es fertigbrächte, einen Löwen oder Tiger zu töten, warum nicht gleich einen Menschen?«

Denn wäre nicht das menschliche Fleisch leichter verdaulich, mehr in Harmonie mit dem Menschen? Was wäre falsch daran, ein Kannibale zu sein? Warum sind alle gegen die Kannibalen, nur weil sie Menschen essen? So könnte man argumentieren.

Von Kannibalen weiß man, dass das Menschenfleisch sehr schmackhaft sei. Nichts schmecke so gut wie Menschenfleisch, sagen sie, insbesondere das Fleisch von kleinen Kindern! Wenn also Schmackhaftigkeit und Gaumenfreuden allein den Ausschlag gäben ... Vielleicht haben sie ja recht, denn sie kennen auch anderes Essen. Darin stimmen alle Kannibalen überein.

Aber ehrlich: Wer von *euch* könnte sich vorstellen, einen Menschen zu verspeisen? Wer kann sich vorstellen, einen Tiger zu essen? Wer kann sich vorstellen, ein Rehkitz zu essen? Wenn nicht euer Verstand wäre, der das ganze Programm der Vergangenheit enthält, oder wenn ihr eure Überzeugungen und Gewohnheiten beiseitelegen und vorurteilslos hinsehen könntet: Ihr wärt erstaunt und bestürzt, wozu Menschen alles fähig sind.

Sich vegetarisch zu ernähren sollte weder etwas mit Moral noch mit Religion zu tun haben. Es ist eine Frage der Ästhetik. Es geht um euren Sinn für Schönheit, eure Sensibilität, euren Respekt und eure Ehrfurcht vor dem Leben.

Das bedeutet für mich das Gesetz des Karmas. Alle anderen Interpretationen stehen völlig auf dem Kopf, sie sind einfach nur *Buh-Buh*.

10

Ein Außenseiter, nur ein Gast

? *Du sagst, dass Christus der letzte Christ war.*
Bist du der letzte Rajneeshee? Bitte sag uns etwas dazu.

Es stammt nicht von mir, dass Christus der letzte Christ war. Ich habe nur Friedrich Nietzsche zitiert; Nietzsche war es, der diesen Satz äußerte. Und in gewissem Sinn hat Nietzsche völlig recht, denn in dieser Welt kann sich kein Individuum wiederholen.

Jedes Individuum ist absolut einzigartig.

Es ist nicht nur so, dass es zum gegenwärtigen Zeitpunkt niemanden wie dich gibt. Bis in alle Ewigkeit wird es nie wieder einen Menschen wie dich geben. Und es hat auch nie zuvor einen Menschen wie dich gegeben. Du bist einfach du – unvergleichlich.

Darum stimme ich Nietzsches Satz insofern zu, als der letzte Christ vor zweitausend Jahren gekreuzigt wurde. Dazu habe ich aber noch einiges mehr zu sagen. Erstens war Jesus nicht nur der letzte Christ, er war auch der erste Christ – der erste und letzte Christ.

Das gilt aber nur in Bezug auf dieses Zitat. In anderer Hinsicht kann ich dem nicht zustimmen, zum Beispiel, was das Wort *Christ* betrifft: Jesus kannte noch nicht einmal dieses Wort. Er wurde geboren als Jude, lebte als Jude und versuchte sein Leben lang, ein richtiger Jude zu sein. In der Tat wurde er gekreuzigt, *weil* er behauptete, ein jüdischer Messias zu sein. Er hatte noch nie das Wort *Christ* oder *Christus* gehört, denn er konnte weder Griechisch noch Latein. Er sprach nur Aramäisch und ein wenig Hebräisch. In beiden Sprachen gibt es das Wort *Messias*, und *Christus* ist eine griechische Übersetzung davon.

Das Wort *Christus* tauchte erst nach Jesus auf, nachdem dreihundert Jahre vergangen waren. Und aus dem Wort *Christus* wurde dann auch *Christ* und *christlich*. Mit der Zeit haben die Menschen völlig vergessen, dass der arme Christus nie im Leben auf die Idee gekommen wäre, »Christus« genannt zu werden und seine Anhänger »Christen«.

Erstaunlich ist, dass in Indien das Hindi-Wort für Messias *Masiha* lautet und das Wort für Christ *Masihi*. Das kommt dem Aramäischen und Hebräischen sehr viel näher als der Name, den die Christen auf der ganzen Welt für sich beanspruchen. Vielleicht sind diese Hindi-Wörter *Masiha* und *Masihi* dadurch entstanden, dass Jesus nach Indien kam, nachdem er von der Kreuzigung geflohen war – denn in Wahrheit war es eine Flucht und keine Auferstehung –, und dass er in Indien noch sehr lange, bis zum Alter von hundertzwölf Jahren, lebte. Und sein Lieblingsjünger Thomas folgte ihm dorthin.

Die indische Christengemeinde ist die älteste der Welt. Der Vatikan kam erst viel später. Jesus ließ sich in Kaschmir nieder, vollkommen müde, fertig mit der Menschheit und mit der Hoffnung auf eine bessere menschliche Zukunft. Wenn dies das Resultat war: dass sie den kreuzigten, der sich für ihre Rettung, für ihre Erlösung einsetzte ...! Natürlich war er nicht so dumm, dass er nicht seine Lektion daraus gezogen hätte.

Die restliche Zeit seines Lebens blieb es still um Jesus. Ja, es fanden einige Leute von sich aus zu ihm. Das war aber kein Problem, weil es in Indien unzählige Inkarnationen Gottes gegeben hat und es eine akzeptierte Tatsache ist, dass es niemanden etwas angeht. Wenn jemand sich als Inkarnation Gottes sieht, lässt man ihn gewähren. Was wäre denn daran falsch? Anderswo würde man einen solchen Menschen kreuzigen, ins Gefängnis stecken, psychoanalysieren, deprogrammieren. Man würde alle möglichen idiotischen Dinge mit ihm anstellen, nur weil er sich für eine Inkarnation Gottes hält, aber in Indien wird er verehrt.

Keiner nimmt Anstoß daran. Dagegen Einspruch zu erheben steht außer Frage, denn eines ist sicher: Niemand kann beurteilen, ob es wahr ist oder nicht. Es gibt keine Kriterien dafür, keine Maßstäbe. Außerdem hat Indien schon so viele Menschen wie Jesus erlebt, dass die Einzigartigkeit eines jeden Einzelnen anerkannt wird und sich keine allgemein gültigen Kriterien daraus ableiten lassen.

Buddha war ganz und gar er selbst. Es lässt sich keine Ähnlichkeit zwischen Buddha und Krishna feststellen; alles an ihnen ist das genaue Gegenteil des anderen. Doch Indien hat viele Tausend Jahre lang mit religiösem Philosophieren, Lehren und Disputieren gelebt. Dadurch hat es eine gewisse Freizügigkeit des Geistes in religiösen Fragen erlangt.

Indien weiß, dass ein Krishna eine Inkarnation Gottes sein kann, auch wenn er in einem Palast mit allem Luxus lebt. Buddha kann eine Inkarnation Gottes sein, auch wenn er seinem Königreich mit all seinem Luxus und Komfort entsagt. Mahavira kann eine Inkarnation Gottes sein, auch wenn er sogar seine Kleider ablegt und nackt lebt.

Indien hat die Eigenarten von so vielen Leuten wie Jesus gesehen, dass es zu der Anschauung gelangte: Lasst diesen Menschen in Ruhe. Wenn ihr etwas von ihm lernen könnt, gut. Ansonsten schadet es nichts, ihm Respekt zu zollen. Vielleicht hat er ja recht. Und wenn er unrecht hat, was verliert man schon dabei? Jemandem Respekt zu zollen, selbst wenn es die falsche Person wäre, tut keinen Abbruch.

In Kaschmir wurde Jesus also von niemandem behelligt. Er war dort nichts Neues. In Indien sind solche Menschen nichts Neues. Seinen Jünger Thomas sandte er aus einem besonderen Grund in den Süden von Indien. Nordindien ist sehr kultiviert, und alle großen Lehrer wie Buddha, Mahavira, Krishna, Patanjali, Gorakh, Kabir – eine endlose Reihe – wurden in Nordindien geboren und lebten dort, einfach weil Nordindien arisch ist.

Südindien ist nicht arisch, es hat negroides Blut. Südindien und Südafrika waren einmal miteinander verbunden, sind aber auseinandergedriftet. Die neuere Geografie hat entdeckt, dass die Kontinente sich ständig verschieben, auch heute noch. Die Kontinentaldrift ist aber so gering, dass wir sie nicht wahrnehmen. Dennoch verschieben sich die Kontinente ständig weiter, sie sind nicht stationär. Im Laufe von Jahrtausenden gibt es große Veränderungen.

Eine intuitive Erkenntnis bewog Jesus, Thomas nach Südindien zu senden, wo es möglich war, zu predigen und die Worte Jesu zu verbreiten. In Nordindien hätte sich niemand für ihn interessiert. Im Norden war das philosophische Argumentieren und Räsonieren weit verbreitet und sehr intellektuell ... Wer würde dort einem armen, ungebildeten Mann wie Thomas zuhören?

Aber der Süden Indiens würde vielleicht dafür empfänglich sein, und so war es auch. Der Bundesstaat Kerala ist heute zu achtzig Prozent christlich, und das ist keine neuere Entwicklung, sondern geht auf Thomas zurück. Goa ist vollkommen christlich, und der Leichnam von Thomas wird dort noch immer aufbewahrt.

Das erinnert mich daran, euch etwas zu erzählen: Die Leiche von Thomas ist der einzige tote Körper außerhalb von Tibet, der immer noch genauso erhalten ist wie an dem Tag, als der Mensch starb. Er wurde weder durch chemische Mittel noch durch sonstige wissenschaftliche Verfahren konserviert. Es ist eines der seltenen Phänomene der Welt. Jedes Jahr wird der Leichnam aus den inneren Räumen der Kirche nach draußen gebracht, damit die Öffentlichkeit ihn sehen kann.

Ich habe den Körper gesehen, und jeder kann das: Es ist, als wäre dieser Mensch gerade erst eingeschlafen, als wäre er nicht einmal tot. Natürlich atmet er nicht, aber der Körper ist in zweitausend Jahren nicht verwest. Wissenschaftler haben versucht, herauszufinden, wie er konserviert wurde. Es wurde aber nichts gefunden, denn er wurde nicht mit irgendwelchen Konservierungsmitteln präpariert. Durch lange Yogapraxis und bestimmte Atemübungen ist es jedoch möglich, die innere Funktionsweise der Biochemie zu verändern.

Thomas praktizierte dreißig Jahre lang Yoga. Er lebte wie ein hinduistischer Brahmane. Wenn ihr ein Bild von Thomas sehen könntet, würdet ihr euch wundern. Das soll ein Christ sein? Sein Kopf war rasiert wie der eines mönchischen Hindu-Brahmanen, mit dem *Choti*, einer kleinen unrasierten Haarsträhne im Scheitelbereich des Kopfes. Er trug sogar den Faden, *Yagyopavit*, den nur die gebürtigen Brahmanen tragen. Und er verwendete einen kleinen Stofffetzen, um seinen Unterkörper zu verhüllen, das sogenannte Lendentuch.

Wenn ihr Bilder von Mahatma Gandhi gesehen habt, wisst ihr, dass ein solches Tuch ihn von der Taille bis zu den Knien bedeckte – das reichte. Und im Süden verwendet man es bloß zum Herumwickeln. Thomas verwendete den *Lungi* zum Herumwickeln, nur bis zum Knie. Und er verwendete auch die Holzsandalen. Er sah aus wie ein vollendeter Hindu.

In Indien wurde er zum Vegetarier. Er versuchte, so viel Yoga wie möglich zu lernen, und vollbrachte wirklich ein Wunder. Er sagte: »Nach meinem Tod sollt ihr meinen Körper nicht begraben und mir kein Grab bereiten. Ich habe gelernt, die inneren Funktionen meines Körpers zu verändern.« Es wurde von Thomas vorausgesagt – und diese Voraussage könnte wahr werden –, dass sein Körper bis zum Ende der Welt erhalten bleiben wird. Zweitausend Jahre sind schon vergangen, und der Körper ist noch erhalten. Nur im letzten Jahr wurde zum ersten Mal ein kleines Zeichen von Verfall entdeckt. Vielleicht ist das Ende der Welt nahe.

Da die Voraussage dieses Mannes über seinen Körper zutraf – als er sagte, man solle ihn nicht beseitigen, weil er bis zum Ende der Welt erhalten bleiben würde, und es gibt zahlreiche Quellen, die das nahende Ende der Welt behaupten –, dann könnte er auch mit dieser Voraussage durchaus recht behalten.

Erst im vergangenen Jahr (1984) hat sich zum ersten Mal ein geringer Verfall gezeigt. Vielleicht wird der Leichnam bis zum Jahrhundertende ganz zerfallen sein. Die Vorhersage des Thomas lautete: An dem Tag, an dem mein Körper ganz zerfallen ist, wird das Ende der Welt sein.

Thomas und Jesus brachten beide das Wort *Messias* mit nach Indien, woraus dann *Masiha* wurde. So geschieht es, wenn ein Wort aus einer Sprache in eine andere überwechselt; es muss sich den Schrullen der anderen Sprache anpassen. *Messias* passt

nicht in die Hindi-Sprache, aber *Masiha* schon. *Messias* wäre
ein Fremdkörper geblieben, aber *Masiha* wurde transformiert
und klingt nicht mehr fremd. Seit zweitausend Jahren werden
die Christen *Masihi* genannt.

Worauf ich hinauswill: Jesus hatte nicht die geringste Ahnung
was ein Christ ist, was ein Christus ist. Er hatte diese Wörter
noch nie gehört. In diesem Sinne ist der Satz von Nietzsche nicht
richtig. In diesem Zusammenhang möchte ich dir sagen, dass
ich zwar das Wort *Rajneeshee* schon gehört habe, aber ich bin
weder der erste noch der letzte Rajneeshee.

Ich gehöre zu keiner Gruppe, keiner Religion, keiner Organisation. Selbst in eurer Kommune bin ich ein Außenseiter, nur
ein Gast – ein Gast der Rajneeshees. Ich bin kein Rajneeshee.

Ein Christ ist mit einem Hindu, einem Juden, einem Buddhisten, einem Jaina, ja sogar einem Kommunisten vergleichbar,
denn sie glauben alle an straffe Organisation. Sie glauben alle
an einen Führer, einen Propheten, einen Messias, einen Gott,
ein heiliges Buch. Insofern lässt sich Nietzsches Zitat auf mich
nicht anwenden, weil es im Rajneeshismus weder einen Gott
noch ein heiliges Buch noch einen Messias gibt.

Ich bin kein Messias. Um ein Messias sein zu können, müsste
man einen Gott haben. Mit der Erklärung, dass es keinen Gott
gibt, habe ich diese Möglichkeit gekappt. Somit kann ich mich
nicht zum Messias erklären, selbst wenn ich es wollte. Diese
Möglichkeit ist versperrt. Nur Gott entsendet Messiasse und
Propheten – und jetzt ist da keiner! Es ist niemand über mir und
niemand unter mir.

Es gibt nur zwei Möglichkeiten, wie man sich als Erhabener
outen kann: Entweder man wird von hoch droben, vom obersten Chef, persönlich entsandt, so wie es bei Jesus und Mohammed der Fall war. Sie kamen direkt vom obersten Chef, ausgestattet mit sämtlichen Vollmachten. Das ist eine Möglichkeit,
wie man seine Erhabenheit über alle anderen kundtun kann.
Nicht jeder ist ein eingeborener Sohn Gottes, nur Jesus. Nicht
jeder ist ein Messias, nur Jesus. Er verkündet damit seine Überlegenheit: Ihr anderen seid bloß Schafe, und er ist der Hirte. Er

ist der einzige Hirte, unter Millionen von Schafen der einzige Hirte! Nun, auf solche Gesellschaft lege ich persönlich keinen Wert. Millionen von Schafen und ich der einzige Hirte? Was ist das für eine Gesellschaft? Schließlich wird man nach seiner Gesellschaft beurteilt. Aber selbst wenn man Hirte über viele Schafe ist, kann man sich nicht groß etwas darauf einbilden. Es ist aber eine Möglichkeit, sich als etwas ganz Besonderes zu dünken.

Die andere Möglichkeit haben die Buddhisten und Jainas verfolgt, denn sie glauben nicht an Gott, also ist ihnen diese Möglichkeit versperrt. Sie haben eine andere Möglichkeit gefunden, den *Tirthankara* – das Jaina-Äquivalent zum Messias –, und er wird nicht von Gott entsandt, weil es keinen Gott gibt. Er hat aber den gottgleichen Zustand des kosmischen Bewusstseins erlangt durch seine Anstrengungen im Verlauf von Millionen von Leben. Ihr anderen seid Millionen von Leben hinter ihm, unter ihm. Ihr werdet Millionen von Leben brauchen, bis ihr denselben Zustand erreicht.

Das ist die andere Möglichkeit, seine Erhabenheit kundzutun – vielleicht die bessere Möglichkeit, weil es so extrem schwierig ist. Um ein Messias zu werden, braucht man nur einen zurückgebliebenen Verstand, dumm und starrköpfig, und man kann sich selbst dazu erklären. Um sich zum eingeborenen Sohn Gottes zu erklären, was braucht man dafür? Einen völligen Mangel an Schamgefühl, das ist alles. So eine dumme Sache … Jeder intelligente Mensch, und wäre er tatsächlich der eingeborene Sohn Gottes, würde es geheim halten. »Was sollen die Leute von mir denken, wenn sie davon erfahren?«

Selbst wenn er wüsste, dass er ein Gesandter Gottes ist, wird er es niemandem sagen. Er wird die Botschaft überbringen und sich aus dem Staub machen, denn er würde nur dumm dastehen, als ungebildeter Sohn eines armen Zimmermanns, den Gott zu seinem Boten gemacht hat. Hätte Gott nicht einen hochgebildeten, intellektuellen Rabbi finden können? Und die gab es zu Tausenden! Die Rabbis zählen zu den größten Gelehrten auf der Welt. Gott scheint nicht ganz bei Trost zu sein: Er hätte jemand wählen sollen, der gebildet, sehr kultiviert und sämtlicher

Schriften kundig war – doch Jesus konnte nicht einmal lesen! Dabei gab es Menschen, die ihr ganzes Leben dem Studium, dem Nachsinnen und der Kontemplation gewidmet hatten – das hatte Tradition.

Die jüdische und die hinduistische Religion sind die beiden Hauptzweige der Weltreligionen. Die anderen Weltreligionen sind entweder Ableger des Hinduismus oder des Judentums, aber Judentum und Hinduismus stehen jeder für sich. Zwischen ihnen ist keine Verbindung, keine Kommunikation, und beide sind schrecklich gelehrt.

Wenn Gott Krishna als Inkarnation erwählte, kann man das verstehen. Krishna verfügte über das Verständnis, die Weisheit und die Bildung. Ihm stand das Allerbeste seiner Zeit zur Verfügung, er wurde von den berühmtesten Lehrern unterrichtet. Man hatte ihn zu einem Weisen ausgebildet, und er war wirklich ein Weiser.

Und es gab so viele Rabbiner, die die Thora kommentierten und mit so intelligenten Kommentaren versahen, dass sie uns heute völlig modern erscheinen. Sie mögen dreitausend Jahre alt sein, aber voll tiefer Einsichten und sehr schön. Kleine Sätze aus der Thora und dem Talmud flossen in die Kommentare der Rabbis ein, die so tiefsinnig sind, dass die ursprünglichen Aussagen daneben völlig verblassen. Doch wenn man die Kommentare über Kommentare über Kommentare sieht, wird einem erst bewusst, was für ungeahnte Dimensionen von der ursprünglichen, blassen Aussage ausgehen. Es war nicht viel daran, man hätte nichts Besonderes an ihnen finden können – doch diese Kommentatoren schienen ein drittes Auge zu haben. Sie blickten immer tiefer – wie mit Röntgenaugen – und gingen bis in die tiefste Tiefe. Vielleicht haben sie diese Tiefe erst geschaffen. Sie waren so kreativ, dass sie aus einem absolut bedeutungslosen Satz etwas Bedeutsames herausholen konnten. Einen von diesen Leuten hätte Gott wählen sollen, nicht einen Zimmermannssohn!

Doch Jesus proklamierte sich selbst zum Boten Gottes. Er muss dabei eine Lachnummer abgegeben haben. Anders kann ich es nicht sagen. Er ritt immer auf einem Esel – der angeblich eingeborene Sohn Gottes! Der Messias, auf den alle seit Jahrhunderten gewartet hatten, reitet auf einem Esel? Die Leute haben ihn bestimmt ausgelacht. Am Anfang war er nur eine Witzfigur – ja, es war lustig –, aber dieser Mann redete und redete. Bald fingen die Leute an zu begreifen, dass es nicht mehr lustig war, sondern eine ernsthafte Sache, denn Jesus scharte ein paar Schwachköpfe um sich, die behaupteten, er sei der Messias.

Und dann gab es auch – wie es das schon immer gab – eine Klasse von Menschen, die von der Gesellschaft abgelehnt wurden: Diebe, Prostituierte, Spieler, Steuereintreiber. Das sind die Außenseiter der Gesellschaft, aber das waren die Leute, die Jesus um sich scharte. Es war leicht, sie für sich zu gewinnen, weil die Gesellschaft sie ablehnte – so wie sie Jesus ablehnte. Sie hatten einen großen Messias gefunden: »Kommt, wir schließen uns ihm an!« Nicht ein einziger Rabbi kam zu Jesus. Das ist seltsam; so etwas ist nirgendwo anders passiert.

Buddha sprach gegen die Brahmanen, gegen die Hindus, aber alle seine großen Jünger waren Brahmanen. Das macht Sinn, denn er sprach die Crème de la Crème der Gesellschaft an. Obwohl er gegen die Brahmanen redete, waren die Brahmanen die Besten, und aus den Reihen der Brahmanen kam der Großteil der Intelligenz. Sariputta war ein Brahmane, Moggalayan war ein Brahmane, Mahakashyapa war ein Brahmane. Sie waren alle zu Buddha gekommen, nicht weil sie Analphabeten und ausgestoßene Randfiguren waren – Spieler, Prostituierte, Steuereintreiber, Diebe –, nein, sondern weil sie große Gelehrte waren und verstehen konnten, dass das, was Buddha sagte, richtig war. Sie waren keine Nobodys.

Als Sariputta zu Buddha kam, brachte er fünfhundert eigene Schüler mit, die ihm gefolgt waren, alles große Gelehrte. Er war zuerst gekommen, um mit Buddha eine Diskussion zu führen, und Buddha war sehr froh darüber – was könnte willkommener sein? Doch Buddha fragte ihn: »Hast du die Wahrheit selbst erfahren oder bist du nur ein großer Gelehrter? – Ich habe deinen Namen schon gehört.«

Sariputta sah Buddha einen Augenblick schweigend an, als würde er in einen Spiegel blicken, völlig ungeschützt, und dann sagte er: »Ich bin ein großer Gelehrter, aber was die Erkenntnis der Wahrheit angeht: Ich habe nichts erkannt.«

Buddha sagte: »Dann wird es sehr schwierig sein, darüber zu argumentieren. Argumente sind nur zwischen Leuten möglich, die die Wahrheit nicht kennen. Sie können ewige Streitgespräche führen, weil keiner etwas weiß. Beide sind unwissend, darum können sie mit Worten und Logik, mit Zitaten und Schriften spielen, aber weil keiner wirklich etwas weiß, können sie unmöglich zu einem Ergebnis kommen. Es kann höchstens passieren, dass der Schlauere, Gerissenere, Trickreichere von beiden den anderen besiegt. Und dann muss der andere Schüler des Schlaueren und Raffinierteren werden. Aber kann man so zu einer Entscheidung über die Wahrheit gelangen?

Oder es gibt die Möglichkeit, dass zwei Leute sich treffen, die beide die Wahrheit erkannt haben, aber dann gibt es nichts, worüber man argumentieren könnte. Worüber sollte man argumentieren? Sie werden still dasitzen, vielleicht mit einem Lächeln, oder sie werden sich an der Hand halten, aber was gäbe es zu sagen? Wenn sie sich in die Augen schauen, sehen sie, dass es nichts zu sagen gibt – ›Wir wissen beide das Gleiche, wir sind im gleichen Bewusstsein.‹ – Dann wird es nur Stille geben.

Oder die dritte Möglichkeit ist die, dass einer weiß und der andere nicht. Das wird sehr mühsam, denn der Wissende kann das, was er weiß, nicht in die Sprache des Unwissenden übersetzen. Und der Unwissende wird nur unnötig seine Zeit und seine Gedanken verschwenden, weil er den Wissenden unmöglich überzeugen kann. Den Wissenden wird die ganze Welt nicht überzeugen können, weil er weiß und die anderen unwissend sind.«

Buddha sagte: »Du bist mit deinen fünfhundert Schülern gekommen. Du bist unwissend, und es ist absolut sicher, dass auch unter diesen fünfhundert Schülern keiner ist, der ein Wissender ist, sonst wäre er nicht dein Schüler, sondern dein Meister. Du bist der größere Gelehrte, sie sind weniger gelehrt. Du bist älter, sie sind jünger. Sie sind deine Schüler. Aber wie willst du da irgendetwas mit mir diskutieren? Ich bin bereit dazu, aber ich weiß. Daher ist eines sicher: Du kannst mich nicht bekehren. Es ist also höchstens möglich, dass ich dich bekehre – darum überlege es dir gut!«

Doch Sariputta war schon bekehrt. Als er diesen Mann erblickt hatte … Und Sariputta war intelligent genug, denn er hatte viele große Gelehrte besiegt.

Es war eine Tradition im Indien jener Tage, dass Gelehrte durchs ganze Land reisten, um andere Gelehrte zu besiegen. Solange jemand nicht sämtliche Gelehrten besiegt hatte, konnte er vom Gelehrtenmob nicht als ein Weiser anerkannt werden. Aber vor einem Buddha zu stehen, vor einem Wissenden … Dabei geht es nicht um Gelehrtheit oder um die Frage, wie viele Gelehrte man schon besiegt hat.

Buddha sagte einfach: »Ich bin bereit. Wenn du diskutieren willst, bin ich bereit, aber was für eine Diskussion können wir haben? Ich habe Augen, und du hast keine Augen. Ich kann dir nicht erklären, was Licht ist. Du hast keine Vorstellung davon, was Licht ist. Du wirst nur das Wort *Licht* hören, aber das Wort wird dir nichts bedeuten. Es wird inhaltlos sein, du wirst es hören, aber nicht verstehen.

Wenn du aber wirklich an der Wahrheit interessiert bist und nicht am Gewinnen oder Verlieren … Das liegt nicht in meinem Interesse. Ich bin angekommen. Was kümmert's mich, jemanden zu besiegen? Wozu? Wenn du wirklich an der Wahrheit interessiert bist, dann bleibe einfach hier und tu, was ich sage. Du kannst später argumentieren, wenn du etwas Wesentliches, Existenzielles erkannt hast. Dann kannst du diskutieren.«

Doch Sariputta war ein außerordentlich intelligenter Mensch. Er sagte: »Ich weiß, dass ich weder jetzt noch später ein Streitgespräch führen kann. Du hast meinen Argumenten ein Ende bereitet. Jetzt kann ich nicht argumentieren, weil ich keine Augen habe, und später werde ich nicht argumentieren können, weil ich Augen haben werde. Aber ich will bleiben.«

Und er blieb mit seinen fünfhundert Schülern.

Er sagte zu ihnen: »Ab sofort bin ich nicht mehr euer Meister. Hier ist er! Ich werde als Schüler bei ihm sitzen. Bitte vergesst mich als euren Meister. Wenn ihr hier sein wollt, dann ist er euer Meister.«

Wenn ein Mann wie Buddha gesagt hätte: »Ich bin Gottes Bote«, wäre er nicht ausgelacht worden. Er sagte aber nichts dergleichen, denn sowohl er als auch sein Zeitgenosse Mahavira hatten absolutes Vertrauen in ihre Erfahrung, dass es Gott nicht gibt. Sie fanden einen anderen Weg.

Für mich ist es dasselbe: Ob man von oben herabkommt … dann ist man etwas Erhabenes. Doch sie stiegen von unten auf und erhoben sich weit, sehr weit über euch. Man muss viele Millionen Leben daran arbeiten, um diesen Gipfel zu erreichen; es ist nahezu unmöglich.

Ich kann nicht behaupten, ich sei ein Messias, weil es Gott nicht gibt.

Ich kann auch nicht behaupten, ich sei ein *Tirthankara* oder *Avatar*, weil nach meinem Verständnis die Wahrheit nicht durch harte Anstrengung in Millionen von Leben erlangt wird.

Die Wahrheit kann sofort, unmittelbar, hier und jetzt erlangt werden, weil ihr sie schon habt. Es ist keine Frage, sie zu erlangen – ihr müsst nirgendwo hingelangen, um sie zu finden. Ihr tragt die Wahrheit schon die ganze Zeit in euch.

Ihr seid nur noch nicht zu ihr aufgewacht. Das Aufwachen benötigt nicht Millionen von Leben. Ein präziser Schlag auf den Kopf, und ihr seid wach – mehr als wach.

Ich sehe mich nicht als jemand, der euch überlegen ist. Ich sehe niemand, der mir unterlegen ist, und niemand, der mir überlegen ist – weder Jesus noch Buddha oder Mahavira. Ich sehe sie nicht als etwas Höheres, denn es ist eine natürliche menschliche Erfahrung. Warum macht man so viel Lärm um nichts? Irgendwie ist auch bei Mahavira und Buddha noch ein Hauch von Ego spürbar. Sie sind angekommen, aber irgendwie sind sie noch nicht komplett. Vielleicht fehlt noch ein Bein, fehlt eine Hand. Irgendetwas fehlt, etwas ist noch nicht vollständig.

Paschtunistan ist ein kleiner Landstrich zwischen Pakistan und Afghanistan, an der Grenze zu Afghanistan. Einst gehörte es zu Indien, aber jetzt ist es legal ein Teil von Pakistan. Die Paschtunen wollten aber nicht zu Pakistan gehören, lieber wären sie bei Indien geblieben. Das war aber nicht möglich, und heute liegt Pakistan dazwischen. Die Paschtunen sind muslimisch, gehören aber zu einer anderen Rasse. Es sind sehr schöne, hochgewachsene Menschen, die zu den stärksten und langlebigsten dieser Welt gehören. Ihr werdet keine fettleibigen Paschtunen finden; sie sind so wohlproportioniert, groß und schön, als hätte ein Bildhauer, ein Leonard da Vinci, sie geschaffen. Sie wollen sich nicht mit Pakistan vermischen; lieber würden sie zu Afghanistan gehören.

Es sind Stammesleute, und sie haben einen eigenartigen Glauben – ich erinnere mich jetzt daran, weil ich sagte, es würde sich so anfühlen, als würde Buddha etwas fehlen, als hätte Mahavira etwas zurückgelassen. Die Paschtunen glauben, wenn ein Mensch stirbt, muss sein Körper vollständig sein. Kein Teil darf fehlen, denn Gott wird fragen: »Wo ist deine Hand? Als ich dich auf die Welt geschickt habe, warst du komplett.« Deshalb erlauben sie keine Operationen, keine Amputationen. Lieber würden sie sterben, als sich die Nieren herausoperieren zu lassen. Es sind einfache Leute, schlichte Leute, mit einer simplen Logik. Wenn Gott fragt: »Wo sind deine Nieren …?«

Dazu gibt es eine schöne Geschichte …

Im Ersten Weltkrieg wurde einem Paschtunen in Lahore in die Hand geschossen. Es bestand die Gefahr einer Blutvergiftung, wenn die Hand nicht amputiert wurde. Die Entscheidung musste schnell getroffen werden; jeder Augenblick zählte, oder es konnte zu spät sein. Der Paschtune war ohne Bewusstsein; er lag im Koma. Seine Familie war irgendwo in Paschtunistan und schwer zu erreichen, denn zu jener Zeit gab es dort kein Postsystem, keine Telegrafie, keine Telegramme, kein Telefon, keine Straßen.

Es führt nur eine einzige Straße von Pakistan nach Afghanistan, und auf dieser Straße zu fahren war sehr gefährlich, weil die Kinder der Paschtunen sie für ihre Schießübungen benutzten. Sie schossen auf die Fahrer der Autos, auf die Passagiere in den Bussen! Sie waren einfache, unzivilisierte Menschen. Woher sollten sie wissen, wie man eine Zielscheibe macht? Und wozu auch, wenn es so viele Ziele gab?

Als ich einmal in Paschtunistan unterwegs war, sagte mein Chauffeur: »Ich lasse Sie hier nicht Auto fahren.«

Ich sagte: »Warum denn nicht? Es ist ein so schönes Land.«

Er sagte: »Was Sie nicht wissen, ist, dass die Fahrer hier als Zielscheiben benutzt werden! Ich lasse Sie nicht ans Steuer. Setzen Sie sich daneben, auf den Beifahrersitz. Ich muss selbst fahren. Ich kenne diese Straße und weiß die Gefahrenstellen, wie ich sie meiden kann und was zu tun ist. Es sind nur Kinder, aber sie schießen ständig! Von klein auf sind sie ganz versessen darauf, ein Gewehr zu haben.«

Die Familie dieses Verwundeten war nicht ausfindig zu machen, um die Erlaubnis für eine Amputation zu bekommen. Und er war Paschtune! Wenn er wieder zu sich kam und herausfand, dass seine Hand nicht mehr da war, würde er ein Riesentheater machen! Es gab aber keine andere Lösung. Also sagte der Arzt, ein Engländer: »Ich übernehme die volle Verantwortung. Ich kenne diesen Mann, ich werde ihn irgendwie überzeugen. Nehmt ihm die Hand ab.«

Als der Mann wieder zu Bewusstsein kam, wurde er fuchsteufelswild. Der Arzt hörte sich seinen Wutausbruch an und erklärte ihm dann die Situation: »Ich habe die volle Verantwortung übernommen. Sehen Sie, ich habe Ihnen Ihre Hand gerettet.« Er hatte die Hand in ein großes Spiritusglas getan. Er sagte: »Ich habe sie konserviert, und wenn Sie einmal sterben, werden wir Ihre Hand mit dazugeben.«

Es sind einfache Leute; er verstand die Logik. Er sagte: »Das ist gut. Was hätten Sie sonst tun können? Das ist völlig in Ordnung. Bewahren Sie die Hand für mich auf, denn wir Paschtunen sind ständig unterwegs.«

Sie reisten ständig durch ganz Indien, denn sie brachten Trockenfrüchte – denn in Paschtunistan wachsen die besten

Früchte – und Wollsachen: Decken und Pullover. Diese Waren brachten sie aus Paschtunistan, um sie in Indien zu verkaufen. Doch seit der Teilung von Pakistan sieht man keine Paschtunen mehr nach Indien kommen. Man bekommt nicht mehr diese Qualität von Trockenfrüchten, die sie immer gebracht hatten. Es waren die besten, die man irgendwo bekommen konnte.

Er sagte also: »Ich ziehe ständig umher. Es wäre blöd, diese Hand überallhin mitzunehmen. Außerdem könnte ich sie vergessen, das Glas könnte runterfallen und zerbrechen. Behalten Sie es, und ich werde meiner Familie sagen, dass sie die Hand bei Ihnen abholen soll, wenn ich einmal sterbe.«

Der Doktor sagte: »Das geht in Ordnung.«

Aber dann ereignete sich ein Unfall: Das Krankenhaus brannte nieder, und mit ihm verbrannte auch die Hand des Paschtunen. Der Arzt machte sich deswegen aber keine großen Gedanken, denn er würde bald in Pension gehen und wollte zurück nach England – so weit weg von Paschtunistan, dass diese Leute ihn unmöglich behelligen konnten. »Wie hieß doch gleich dieser Doktor, und wohin ist er verschwunden?« Wie wollten sie ihn ausfindig machen? Und nach England konnten sie nicht fahren, denn sie waren arme Leute.

Doch die Befürchtung, dass er nicht einmal in England … »Wer weiß? Diese Leute sind gefährlich. Vielleicht finden sie einen Weg. Es ist wohl besser, wenn ich eine Hand parat habe, nur für den Fall …!« Dabei vergaß er aber, dass er die linke Hand amputiert hatte. Er beschaffte sich eine rechte Hand aus einem Krankenhaus und bewahrte sie im Schlafzimmer auf, falls einmal jemand bei ihm aufkreuzen sollte …

Die Geschichte besagt, dass es eines Nachts an seiner Tür klopfte. Der Arzt öffnete, und vor ihm stand der Paschtune, total wütend. Der Doktor traute seinen Augen nicht. Der Paschtune stand nur stumm da und zeigte auf seinen linken Arm, als fragte er: »Wo ist meine Hand?« Nicht mit Worten, er zeigte nur auf den Arm: »Gib mir meine Hand!«

Der Arzt hatte fast einen Nervenzusammenbruch. Er holte die Flasche und nahm die Hand heraus. In diesem Moment erkannte er den Fehler: Es war eine rechte Hand! Als der Paschtune das sah, stieß er die Flasche um, packte die Hand und warf sie quer durchs Zimmer. Er sagte: »Ich komme morgen Nacht wieder! Finde meine Hand!« Und dieser Albtraum wiederholte sich jede Nacht ...

Der zweite Teil der Geschichte ist wohl nur psychologisch zu verstehen: Der Doktor verfiel dem irren Gedanken, dass der Paschtune gestorben sei. Vielleicht hatte jemand aus Lahore – ein Kollege, ein anderer Arzt – ihn informiert, dass der Paschtune gestorben sei und er solle sich in Acht nehmen. Vielleicht ist es nur eine Halluzination, aber er glaubt, den Geist des Paschtunen zu sehen. Wie auch immer es gewesen sein mag ... Ich glaube nicht an Geister, aber man kann sich alles Mögliche einbilden ... Wenn man sich Gott einbilden kann, warum nicht auch einen Geist? So ein kleines Geschöpf! Wenn es möglich ist, Jesus oder Krishna oder Buddha zu sehen, dann ist es doch kein Problem, so einen armen Paschtunen zu halluzinieren. Und es gab auch einen ausreichenden Anlass: Der Doktor hatte sein Wort gebrochen.

Die Paschtunen sind sehr wahrheitsliebend. Wenn sie ein Versprechen geben, erfüllen sie es auf Teufel komm raus. Sogar für kleine Dinge setzen sie ihr Leben aufs Spiel. Was sie versprochen haben, halten sie um jeden Preis. Vielleicht hatte der Doktor davor Angst. Er hatte in Lahore lange genug unter Paschtunen gelebt, um zu wissen, was das für Leute waren. Und außerdem erscheinen Geister in England häufiger als anderswo.

England scheint für Geister besonders attraktiv zu sein. In England gibt es im Verhältnis viel mehr Häuser, in denen es spukt, als in anderen Ländern. Britannien scheint auf Gespenster wie ein Magnet zu wirken. Vielleicht schauen die Briten deshalb so ernst und verängstigt drein.

Fangt bloß kein Gespräch mit unserem englischen Sannyasin »Proper Sagar« an, wenn ihr ihm nicht proper vorgestellt wurdet! Sonst ist zu befürchten, dass man mit einem Gespenst ins Gespräch gerät. Man weiß ja nicht, mit wem man es zu tun hat. Wenn euch jemand vorstellt, der euch gut kennt, ist es okay, aber sonst: Wer weiß, wer wer ist? – Dieser arme Doktor war wohl auch so ein »Proper Sagar«.

Man erzählt, dass dieser ständige Albtraum ihn das Leben kostete. Eines Morgens wurde er tot im Bett aufgefunden. Er muss geglaubt haben, dass der Paschtune ihm die Kehle zugedrückt hat, aber tatsächlich hat er sich selbst erwürgt. Als man ihn am Morgen fand, hatte er sich selbst getötet. Er muss im Schlaf einer Halluzination aufgesessen sein und tötete sich selbst. Er ist wohl in dem Glauben gestorben, dass der Paschtune ihn tötete.

Diese Vorstellung der Paschtunen, man müsse ganz sein, wenn man heimgeht, ist bedeutsam.

Buddha *hat* etwas von sich zurückgelassen: Irgendwie sagt er immer noch, er sei erhabener als ihr. Er behauptet, das höchste kosmische Bewusstsein erlangt zu haben, das noch niemand vor ihm erlangt hatte. Nun, das ist das gleiche Spiel, nur raffinierter gespielt. Was er damit sagt, ist nichts anderes als das, was Jesus sagte: »Ich bin der eingeborene Sohn Gottes. Es gab keinen vor mir, und es wird keinen nach mir geben. Ich bin Gottes einziger Sohn.« Damit hat er sich für ewige Zeiten eine Sonderstellung gegeben. Und Buddha macht etwas Ähnliches, aber aufgrund der vielen Millionen Leben, die er hinter sich gebracht hat.

In einem früheren Leben war er ein Elefant, und schon da zeigte sich seine Erhabenheit. Buddha erzählt die Geschichte, dass er als Elefant einmal in einem brennenden Dschungel war. Das Feuer verbreitete sich rasend schnell, und der Wind blies so stark, dass alle Tiere aus dem Dschungel flüchteten. Auch er rannte davon, doch als er einen großen, schattigen Baum fand, blieb er stehen, um sich im kühlen Schatten ein wenig auszuruhen.

Als er weiterlaufen wollte und gerade einen Fuß gehoben hatte, kam ein kleines Kaninchen, das genauso angstvoll vor dem Feuer unter den schattigen Baum geflüchtet war, und ruhte sich genau dort aus, wo der Elefant seinen Fuß aufsetzen wollte. Wenn er jetzt den Fuß abstellte, würde er das Kaninchen töten, aber wenn er es nicht tat – wie lange konnte er auf drei Beinen stehen? Ihr müsst verstehen: Ein Elefant auf drei Füßen, das ist ein richtig schwerer Job; ein Fuß in der Luft ist schwer genug.

Doch Buddha sagte: »Ich behielt den Fuß oben und rettete dem Kaninchen das Leben. Aber weil ich diese große Last balancieren musste, taumelte ich, fiel auf die Seite und starb. Weil ich aber diese gute Tat vollbracht hatte, wurde ich als Mensch wiedergeboren.«

Also war er sogar schon als Elefant ein erhabener und kein gewöhnlicher Elefant. Ich glaube nicht, dass sich irgendein Elefant um ein Kaninchen kümmern würde, zumal er gar nicht sehen kann, ob ihm ein Kaninchen zwischen die Beine gelaufen ist. Elefanten sind sehr große Tiere mit ganz kleinen Augen. Ist euch diese seltsame Mischung schon aufgefallen? Solche kleinen Augen für solch ein großes Tier! Wer entwirft denn so etwas? Ein bisschen Sinn für Proportionen täte hier gut. Oder meint ihr, dieser Elefant konnte wirklich das Kaninchen sehen, das sich direkt unter seinem Fuß niedergelassen hatte? Ich denke, nur ein Elefant mit einer langen Yogapraxis wäre imstande, so weit nach unten zu schauen. Einem gewöhnlichen Elefanten fällt das bestimmt nicht leicht. Zeichnet mal ein Bild von einem Elefanten – das habe ich getan und mich bemüht, mir vorzustellen, ich sei dieser Elefant: Ich konnte das Kaninchen einfach nicht sehen. Da ist der Fuß, darunter das Kaninchen – aber mit so kleinen Augen und einem so massigen Körper … unmöglich!

Buddha ist also angeblich schon in seinem Elefantenleben so sanft und gewaltlos gewesen, dass er lieber den eigenen Tod riskierte, als ein Kaninchen zu töten.

Er erzählt viele Geschichten aus früheren Leben, und in jedem einzelnen Leben erweist er sich als erhaben. Die Erhabenheit setzt sich bis in sein letztes Leben fort: Jetzt ist er der Erhabenste aller Erleuchteten.

Für euch wird es aber Millionen von Leben dauern – wo ihr vielleicht noch nicht einmal auf der Stufe des Elefanten seid. Wärt ihr etwa zu sterben bereit, um ein Kaninchen zu retten? Ihr wärt nicht einmal bereit, eure Ehefrau zu retten – am we-

nigsten die Ehefrau, denn was die Menschen sich gegenseitig in
der Ehe sagen …

Ein Liebender sagt zu seiner Geliebten: »Ohne dich würde ich
sterben, ich könnte nicht weiteratmen. Ohne dich hat mein
Leben keinen Sinn. Wenn ich dich nicht sehe, ist der ganze Tag
trostlos und grau, aber wenn ich dich sehe, bin ich so voller
Freude, dass ich sogar bei Tag die Sterne sehe.«
    Frauen sind praktischer veranlagt. Sie geben nichts auf sol-
chen Schmus. Die Frau wusste, aus welchem Film er das hatte,
und sie sagte: »Wie sieht's morgen aus? Kommst du?«
    Er sagte: »Nur wenn es nicht regnet. Mein Schirm ist noch
kaputt.«
    Poesie ist das eine, aber die praktische Umsetzung steht auf
einem anderen Blatt.

Buddha versucht, euch nicht nur zu beweisen, dass er höher
steht als ihr … Er erzählt auch diese Geschichte: »Als ich erleuchtet wurde, kamen alle drei Hindu-Götter …« – Im Hinduismus gibt es so etwas Ähnliches wie die christliche Dreifaltigkeit, nämlich *Trimurti*, die drei Gesichter Gottes: ein Körper
mit drei Gesichtern. Das erscheint immerhin logischer als die
christliche Dreifaltigkeit Vater Gott, Heiliger Geist und Sohn
Jesus Christus. Das sieht eher aus wie eine Scheidungsfamilie:
keine Mutter, keine Brüder, keine Schwestern. Vielleicht gab es
auch schon die Patchworkfamilie. Möglicherweise war so eine
Alleinerzieherfamilie – ein Sohn, aber keine Ehefrau – sogar die
perfekte Geburtenkontrolle. Die Ehefrau wurde einfach abge-
schafft. Aber letztlich erscheint diese Dreierkonstellation nicht
sehr realistisch.
    Der dreifaltige Hindu-Gott ist da etwas logischer: ein Körper
mit drei Gesichtern. Brahma ist das Gesicht des Schöpfers, der
die Welt erschafft, Vishnu ist der Erhalter, der die Welt erhält,
und Shiva ist der zerstörerische Aspekt, der die Welt zerstört.
Das erscheint logischer, ja in gewissem Sinne sogar wissenschaftlicher.

Es gibt da eine merkwürdige Parallele: Die Wissenschaft teilt die Materie in immer kleinere Bestandteile, sie teilt immer weiter und weiter ... Moleküle werden in Atome geteilt. Atome werden weiter geteilt ... bis man letztendlich bei einer Teilung in drei Aspekte anlangt: Der erste ist positiv und entspricht dem Schöpfer, der zweite ist neutral und entspricht dem Erhalter, und der dritte ist negativ und entspricht dem Zerstörer, dem dritten Gesicht des Hindu-Gottes.

Früher oder später werden die Hindus sich rühmen, dass ihre drei Gesichter nichts anderes bedeuten als Elektron, Neutron, Proton – und das sei nur eine moderne Ausdrucksweise für dieselbe Sache. Es ist ein Körper, die gleiche Elektrizität, die gleiche Kraft. Und wie spannt Buddha nun diese drei Aspekte für sich ein? Er sagt: »Als ich erleuchtet wurde, kamen alle drei Hindu-Götter – Brahma, Vishnu, Shiva – herbei, um meine Füße zu berühren.«

Nun, das ist noch viel besser als bei Jesus, der schließlich nur der Sohn ist. Buddha gelingt es, dass ihm alle drei Hindu-Götter zu Füßen liegen, denn die drei Götter sagen: »Das erleuchtete Sein steht noch weit höher als Gott. Auch wir sehnen uns danach, in irgendeinem Leben den gleichen Seinszustand zu erlangen.«

Im Hinduismus sind die Götter keine ewig lebenden Wesen. Sie haben eine bestimmte Zeit im Himmel, die sie sich durch ihre guten Taten in der Welt verdient haben, ein gewisses Bankkonto an Tugend. Sie leben so lange im Himmel, bis dieses Bankkonto aufgebraucht ist. Wenn ihr Bankguthaben erschöpft ist, werden sie in die Welt zurückgeworfen, zurück auf die Straße, zurück ins Rad von Leben und Tod. Doch der Erleuchtete kommt nicht in den Himmel, er geht ins *Moksha* ein.

Moksha liegt noch über dem Himmel; von dort ist kein Absturz möglich, denn es wird nicht durch Tugend oder gute Taten erlangt, sondern durch Bewusstheit, totale Bewusstheit. Und wenn ein Mensch total bewusst geworden ist, wie könnte er da abstürzen? Buddha bedient sich also einer viel schlaueren Strategie, um seine Erhabenheit zu beweisen. Und Mahavira ebenso. Ein *Tirthankara* wird man durch Millionen von Leben in strenger Disziplin; insgesamt gibt es nur vierundzwanzig *Tirthankaras* in einem Schöpfungszyklus.

Die westliche Physik hat erst jüngst solche immensen Zeitspannen entdeckt, aber im Hinduismus, Jainismus und Buddhismus waren sie schon lange bekannt. In den indischen Sprachen gibt es viele Wörter für Zahlen, für die es in den westlichen Sprachen keine Entsprechungen gibt. Ein »Schöpfungszyklus« ist keine kleine Angelegenheit, sondern entspricht Millionen und Abermillionen von Jahren. Die Schöpfung beginnt nicht, wie die Christen sagen, viertausendundvier Jahre vor Jesus Christus – was total kindisch erscheint.

Die Menschen des Ostens würden darüber nur lachen und sagen: »Wen wollt ihr verschaukeln? Die Schöpfung soll viertausendundvier Jahre vor Christus passiert sein?« China existiert seit mindestens zehntausend Jahren. Indien existiert, wie indische Gelehrte sagen, seit mindestens neunzigtausend Jahren.

Wer dem keinen Glauben schenkt, kann schwerlich die Argumente entkräften, wonach im *Rigveda* der Hindus eine bestimmte Sternenkonstellation beschrieben wird, die nach den Erkenntnissen der wissenschaftlichen Astronomie vor neunzigtausend Jahren stattfand. Wenn diese besondere Sternenkonstellation den Verfassern des Rigveda bekannt war, wäre dies ein ausreichender Beweis, dass der Rigveda viel älter als neunzigtausend Jahre alt ist.

Selbst wenn der Rigveda später geschrieben wurde, war zumindest im Gedächtnis der Menschen diese besondere Sternenkonstellation festgeschrieben – und der Rigveda sagt, dass diese vor neunzigtausend Jahren eintrat. Das Buch der Hindus wäre demnach neunzigtausend Jahre alt und eure Schöpfung nur sechstausend Jahre – von heute zurückgerechnet. Diese Argumente zu entkräften ist also sehr schwierig.

Die Hindus würden nur lachen und sagen: »Wovon redet ihr überhaupt?«

Die Jainas nehmen es mit der Mathematik sogar noch genauer. Im Rigveda ist der Name ihres ersten *Tirthankara* erwähnt. Damit wird das Problem noch komplizierter, denn ihr erster Tir-thankara war Rishabhdeva, dessen Name mit großem Respekt erwähnt wird.

Eines ist doch logisch: Wenn einem Menschen, der gegen die eigene Religion war, so viel Respekt gezollt wird, konnte er mit Sicherheit kein Zeitgenosse gewesen sein. Dazu gelangt man durch einen logischen Schluss: Einem Zeitgenossen wird nor-malerweise große Verachtung entgegengebracht. Vielleicht ist die wahre Bedeutung von *Zeitgenosse*, das man nicht an ihn glauben kann.

Darum glaubten die Zeitgenossen nicht an Jesus Christus. Sie konnten ihm einfach nicht glauben. Als Buddha ihr Zeitgenosse war, konnten die Hindus ihn nicht anerkennen. Erst fünfhun-dert Jahre nach seinem Tod waren sie gezwungen, ihn als eine der Hindu-Inkarnationen Gottes anzuerkennen, weil sein Ein-fluss so stark zugenommen hatte. Ihn abzulehnen hätte bedeu-tet, sämtliche Buddhisten abzulehnen, was einen großen Verlust für die Hindu-Priesterschaft bedeutet hätte. Es war besser, die Buddhisten zu integrieren und in den Schoß der Hindu-Gemein-schaft aufzunehmen, um sie ausbeuten zu können; sonst wären sie ihre eigenen Wege gegangen.

Fünfhundert Jahre lang hatten die Hindus Buddha ständig kritisiert, aber nach fünfhundert Jahren änderten sie ihre Tak-tik, ihre ganze Strategie. Bis zu dieser Zeit hatten sie nur zehn Inkarnationen Gottes aufzuweisen, und für Buddha war kein Platz. Die Buddhisten waren aber mit keiner geringeren Position einverstanden. Also musste die Quote erhöht werden. Fünfhun-dert Jahre nach Buddha änderten die Hindus ihre Position und sagten: »Lasst uns vierundzwanzig *Avatare* haben – wie die Jainas vierundzwanzig *Tirthankaras* haben und die Buddhisten vierundzwanzig Buddhas. Auch wir haben vierundzwanzig *Avatare*.«

Gautama Buddha wurde eindeutig in eine Hindu-Familie hi-neingeboren – so wie Jesus in eine jüdische Familie hineingebo-ren wurde; er war also ein Hindu und starb als Hindu. So konn-ten sie ihn für sich beanspruchen und zu einer Inkarnation des

Hindu-Gottes erklären. Für den zeitgenössischen Buddha gab es aber nichts als Verachtung.

Es ist eine verbreitete Praxis auf der ganzen Welt, dass man einen Menschen erst achtet, wenn er tot ist. Und je länger er tot ist, umso besser. Wenn er sich weit genug außerhalb der historischen Reichweite befindet, kann man ihn ganz leicht respektieren, dann ist es kein Problem. Er ist dann weit genug entfernt, dass es nicht wehtut.

Wenn aber jemand, der neben dir sitzt, sich selbst zum eingeborenen Sohn Gottes erklärt, kannst du diesem Burschen – der da schwitzt und stinkt – nicht glauben, dass er der einzige Sohn Gottes sein soll. Du würdest ihn am liebsten in den Hintern treten! Der einzige Sohn Gottes? Du bist wütend auf ihn, wütend auf Gott, wütend auf alles, was mit diesem Mann zu tun hat. Wenn aber zweitausend Jahre vergangen sind, hat keiner mehr ein Problem damit. Es scheint niemand zu interessieren, ob Jesus wirklich Gottes Sohn war.

Die Christen haben es akzeptiert, aber die Juden reden nicht von ihm. Die Muslime haben ihn akzeptiert, weil sie damit kein Problem haben. Die Hindus, Jainas und Buddhisten haben keine Schwierigkeiten mit Jesus. Es ist unmöglich, einen Jaina oder Buddhisten zum Christentum zu bekehren, weil ihnen die christliche Religion viel primitiver erscheint als ihre eigene. Ihre Anhänger sind den Christen an Argumenten und Logik weitaus überlegen.

Viele Christen sind Buddhisten geworden, aber kein einziger Buddhist wird Christ. Es hat für sie keine Anziehung. Meint ihr, es würde einen Buddhisten beeindrucken, dass Jesus der Sohn der Jungfrau Maria ist? Er würde einfach lachen und sagen: »Soll das ein Witz sein?« Was hat das Christentum denn zu bieten?

Ein christlicher Missionar ging mit seiner Bibel zu einem Zen-Meister. Er fing an, ihm die Bergpredigt vorzulesen, denn das ist natürlich der beste Teil. Im Grunde ist das alles, worum es im Christentum geht.

Er hatte erst einen oder zwei Sätze gelesen, als ihn der Zen-Mönch unterbrach: »Halt! Wer auch immer dieser Typ war, er war ein *Bodhisattva*.« Das bedeutet, dass er in einem künftigen Leben zum Buddha werden wird. »Das genügt schon! Diese Sätze sind ein ausreichender Beweis, dass dieser Typ in einem zukünftigen Leben ein Buddha werden wird. Aber gib dich nicht mit ihm ab, er ist jetzt noch kein Buddha – nur ein *Bodhisattva*.«

Bodhisattva bedeutet »dem Wesen nach ein Buddha«, aber jeder ist dem Wesen nach ein Bodhisattva. Es kann mehrere Leben dauern, bis du deine Essenz verwirklichst; es hängt von dir ab, aber du bist bereits ein Buddha. Nicht nur du, sondern auch die Bäume, die Vögel, sogar die Hunde sind ihrem Wesen nach Bodhisattvas. Sie mögen vielleicht etwas länger brauchen, aber vielleicht prescht gerade irgendein intelligenter Hund an dir vorbei und überholt dich. Das geschieht schon: Alle intelligenten Hunde sind nach Oregon gekommen und haben eine Partei gegründet: *1000 Freunde Oregons*. Man kennt sie als Wachhunde!

Ich habe mich gefragt, warum man sie Wachhunde nennt. Schließlich kam mir die Offenbarung: Sie sind Hunde, aber äußerst intelligente Hunde. Die meisten von ihnen arbeiten als Anwälte; sie haben sich in Wachhunde verwandelt. Aber auch Hunde, selbst die Wachhunde von Oregon, sind Bodhisattvas.

Dieser Zen-Meister hatte also nicht viel dazu gesagt, doch der Missionar war hocherfreut. Die Geschichte wurde überall in den christlichen Kirchen herumerzählt, dass ein Zen-Meister Jesus akzeptiert habe. Der Missionar hatte aber die Bedeutung von Bodhisattva nicht verstanden.

Ein Bodhisattva ist kein Buddha. *Sattva* heißt Essenz, potenziell. Eine Potenzialität kann aber immer eine Potenzialität bleiben. Aus einem Samenkorn wird nicht unbedingt ein Baum; ein Same kann auch für immer Same bleiben. Es gibt Samen verschiedenster Art. Manche entscheiden sich dafür, auf einem Felsen zu sitzen. Ihr könnt auf einem Felsen sitzen und meditieren, aber davon werdet ihr keine Buddhas. Auf einem Felsen bleibt ein Same ein Same.

Um ein Baum zu werden, muss der Same in der Erde sterben, sich vollkommen auflösen. Aus seinem Tod erwächst die Geburt des Baumes. Sein Tod ist dafür notwendig. Dadurch, dass er auf dieser Seite stirbt, wird auf der anderen Seite der Baum geboren, ein kleiner Spross, aber voller Leben. Der Same war nahezu tot. Ich sage »nahezu«, weil er das Potenzial zum Leben in sich barg. Ein Same kann aber auch Same bleiben – und Millionen von Samen bleiben tatsächlich Samen.

Es war also nichts Großartiges, was dieser Zen-Meister im Scherz zu dem Missionar gesagt hatte. Er sagte: »Halt, genug! Zwei Zeilen sind genug. Wer auch immer das sagte …« Und er fragte nicht einmal, wer es war. Er sagte nur: »Wer auch immer das sagte, ist ein Bodhisattva. Schließe das Buch – und jetzt sag, worum es geht.«

Ich bin weder der erste Rajneeshee noch der letzte Rajneeshee.

Ich bin überhaupt kein Rajneeshee.

Ich bin nur ein Außenseiter. Ihr mögt vielleicht Rajneeshees sein, aber zieht mich nicht in eure *Big Muddy Ranch* (»große schlammige Ranch«, Name der Sannyas-Ranch in Oregon – Anm. d. Übers.). Habt Spaß an eurer *Big Muddy Ranch,* aber lasst mich bitte aus dem Spiel.

Ich bin nur ein Gast. Zunächst einmal will ich nicht gekreuzigt werden – das liegt überhaupt nicht in meinem Interesse. Ich will auch nicht vergöttert werden – auch daran bin ich nicht interessiert. Denn das, was ich bin, ist so erfüllend, dass ich keinen Anlass sehe, etwas anderes sein zu wollen. Ich sehe niemanden, der mir überlegen ist, und ich sehe niemanden, der mir unterlegen ist.

In der Tat existiert beides immer nur zusammen. Wer andere für überlegen hält, muss wieder andere für unterlegen halten, und umgekehrt. Wenn du glaubst, jemand sei dir unterlegen, musst du zwangsläufig glauben, jemand anderer sei dir überlegen. Es kommt von derselben Denkweise, und die beiden Dimensionen sind nicht verschiedene Dimensionen, sondern nur die beiden Pole ein und derselben Sache.

Ich stehe außerhalb davon. Ich spiele dieses Spiel von Überlegenheit und Unterlegenheit einfach nicht mit.

Wenn ihr wirklich an dem interessiert seid, was ich hier mache und sage und bin, dann solltet ihr niemals zulassen, dass ein Rajneeshee so etwas wie ein Christ, Hindu oder Muslim wird, nein. Nehmt es nicht so ernst. Es ist nur ein Wort, um euch abzugrenzen. Es ist kein Glaube, keine Sekte, kein Dogma, für das ihr zu kämpfen hättet, für das ihr einen Kreuzzug veranstalten müsstet. Nein, ihr braucht nicht wie Don Quichotte zu werden. Ihr sollt niemanden bekehren.

Rajneeshee ist einfach nur ein Name. Irgendein Name wird benötigt; XYZ, alles ist recht, um eine Bezeichnung für euch zu haben. Ihr seid keine Hindus, ihr seid keine Muslime, ihr seid keine Christen. Die Leute werden fragen: »Ja aber was seid ihr denn dann?«

Ich habe nie an Wahlen teilgenommen. Mein Name steht nicht einmal in den Einwohnerlisten der Volkszählung. Als die Leute von der Volkszählung kamen, gab es ein Feld, das man ausfüllen musste: »Welcher Religion gehören Sie an?« Ich sagte: »Das ist schwierig – ich gehöre zu keiner Religion.« Doch sie bestanden darauf, dass das Formular vollständig ausgefüllt werden musste, nur dann würde es angenommen. Ich sagte: »Vergesst es. Dann nehmt es eben nicht an. Mir ist das egal. Euer Formular ist eure Sache. Lasst mich damit in Ruhe! Ich werde dieses Feld nicht ausfüllen, denn dann müsste ich lügen. Ich gehöre keiner Religion an.«

Doch diese armen Typen ließen nicht locker: »Zu irgendetwas müssen Sie aber gehören. Wenn Sie Atheist sind, dann schreiben Sie: ›Ich bin Atheist.‹«

Ich bin aber kein Atheist. Ich bin nicht besessen von der Idee, dass es keinen Gott gibt. Und ich bin auch nicht gegen ihn. Wenn es gar keinen Gott gibt, warum sollte ich gegen ihn sein? Und warum sollte ich mich als Atheisten bezeichnen, wenn es gar keinen Gott gibt? Theismus ist der Glaube an Gott. Atheismus ist der Unglaube an Gott. Mein Gott! – Unglaube an Gott?

Ich sagte zu diesen Leuten: »Ich bin weder gläubig noch ungläubig. Ich habe einfach nichts mit Gott zu schaffen.«

Da sagten sie: »Aber Sie müssen doch irgendein Gebet beten?«

Ich sagte: »Niemals. Ich habe nie irgendetwas gebetet. Weshalb sollte ich ein Gebet beten?« Darüber waren sie sehr aufgebracht. Als sie das eine Mal zu mir nach Hause kamen, gingen sie total wütend weg. Als sie dann an die Universität kamen, erkannten sie mich nicht wieder, weil ich daheim einfach nur im *Lungi* (dem indischen Wickelrock) dagesessen hatte, mit nacktem Oberkörper, während ich im College eine Robe trug. Sie kamen nicht auf die Idee, dass ich dieselbe Person sein könnte. Und sie holten wieder das gleiche Formular heraus.

Ich sagte: »Jetzt hört mal, wenn ihr mir dieses Formular schon wieder vor die Nase setzt, haue ich es euch um die Ohren.«

Sie sagten: »Schon wieder? Aber wir kennen Sie doch gar nicht.«

Ich sagte: »Ihr habt es nur vergessen. Ich bin derjenige, der …«
Da schauten sie genauer hin und sagten: »Ja, das stimmt. Jetzt werden wir auf jeden achten, der einen Bart trägt. Möglicherweise laufen wir uns ja noch mal über den Weg.«

Ich war damals ziemlich stark und wog 190 Pfund. Ich lief jeden Tag acht Meilen, morgens und abends, sooft ich Zeit hatte. Wenn ich also zu jemandem sagte: »Ich haue es euch um die Ohren«, dann waren sie auf einiges gefasst.

Ich liebte das Springen, Laufen und Schwimmen so sehr, dass meine Familie sich immer Sorgen machte: »Wirst du denn jemals etwas Ordentliches im Leben tun? Du bist für andere nur eine Belästigung.«

Ich sagte: »Ich mache nur mein Ding. Ich komme niemandem dabei in die Quere.« Aber sie hatten gerade etwas in der Hand – es gab da einen Bericht.

Sie sagten: »Das stimmt nicht. Was hattest du heute Morgen um vier Uhr zu schaffen, dass du rückwärts gelaufen bist? Wir wissen, dass es Leute gibt, die laufen, aber *rückwärts*?«

In Indien gibt es den Glauben, dass Geister sich rückwärts bewegen. Der Ort, wo ich wohnte, lag in der schönsten Gegend,

mit großen, hohen Bäumen und einer langen Reihe von Bambus-
büschen, sodass es bei den Bambussen immer schattig war. In
jener Nacht war Vollmond, und ich hatte nur meine Übungen
in der Nähe dieser Bambusse gemacht. Es ist viel lustiger, rückwärts zu laufen, weil man sich ins Unbekannte bewegt. Man
kann nicht vorhersehen, was geschehen wird. Und um vier Uhr
früh war die Straße fast leer. Es gibt aber Leute, die daran glauben, dass Geister sich rückwärts bewegen.

An der Straßenecke lebte ein Mann, der eine kleine Teebude
hatte. Er bekam schreckliche Angst, aber nur am Anfang. Ich
ging zu ihm und sagte: »Du brauchst keine Angst zu haben, ich
bin kein Geist. Außerdem siehst du mich jeden Morgen vorüber-
gehen. Also ein für alle Mal: Beruhige dich und geh schlafen –
lass dich nicht stören.«

An dem besagten Tag geschah es aber, dass der Milchmann …
Sie kommen frühmorgens und bringen die Milch aus den be-
nachbarten Dörfern, mit zwei großen Kannen voll Milch auf
dem Fahrrad. Der Milchmann fuhr gerade die Straße entlang,
als er mich plötzlich rückwärts laufen sah. Er verlor sein Gleichgewicht und fiel vom Rad. Die Kannen stürzten zu Boden und
machten einen solchen Lärm, dass ich mich umdrehte: »Was ist
da los?« Ich sah das Fahrrad, die Kannen und die Milch, die sich
über die ganze Straße verteilte. Und weiter hinten sah ich den
Mann davonlaufen. Ich vergaß, dass es nicht klug war, ihm zu
folgen. Ich wollte ihm helfen und wollte ihm sagen, dass ich kein
Geist war; also lief ich hinterher. Und weil ich im Laufen geübt
war, konnte er mir nicht entkommen. Als er sah, dass ich hinter
ihm herlief, stürzte er zu Boden und war bewusstlos.

Inzwischen war der Mann, der an der Ecke wohnte, gekommen und sagte: »Siehst du, so ist es mir auch immer ergangen.
Und als er mit seinem Fahrrad stürzte, was musstest du da hinter ihm herlaufen?«

Ich sagte: »Ich wollte ihm nur helfen – um ihn zu beruhigen,
dass ich ein Mensch bin.«

Er sagte: »Und hast du ihn beruhigt? Jetzt wird *er* beinahe zu
einem Geist!«

Dieser Bericht war zu meiner Familie gelangt, und das war der Grund, warum sie sagten: »Das ist nicht recht. Du solltest anderen Menschen nicht in die Quere kommen.«

Die Leute von der Volkszählung sagten »Sir« zu mir, denn zu einem Universitätsprofessor waren sie sehr respektvoll. Bei mir zu Hause war ich im Garten gewesen und hatte ein Loch gegraben. Dort waren sie sehr unfreundlich zu mir, weil sie mich für einen Gärtner hielten – oder für jemand, der nur absurdes Zeug von sich gab, warum er die eine Zeile nicht ausfüllen könne. An der Universität sagten sie: »Sir, bitte denken Sie daran: Wenn wir uns jemals wieder begegnen sollten, erinnern Sie uns bitte daran, und wir werden einfach weggehen. Wir werden nichts sagen.«

So kam es, dass mein Name in den indischen Wählerlisten nicht existiert. Ich habe in meinem Leben an keiner einzigen Wahl teilgenommen, weil mein Name nicht auf der Wählerliste stand. Er stand auch nicht auf der Einwohnerliste, die bei der Volkszählung erhoben wurde – nur weil ich keine Religion angeben konnte.

Ihr habt Glück, ihr könnt angeben: »Rajneeshee«. Aber ihr dürft es nicht ernst nehmen. Ihr sollt nicht dafür kämpfen. Ihr sollt nicht dafür sterben.

Ihr sollt es *leben*, sollt es genießen und euch daran erfreuen.

Und lasst mich bitte ganz aus dem Spiel!

Über Osho

Oshos Lehren lassen sich nicht in ein enges Raster pressen, sie decken alles ab von der persönlichen Sinnsuche bis hin zu den drängenden sozialen und politischen Fragen, mit denen die Welt heute konfrontiert ist. Seine Bücher wurden nicht von ihm geschrieben, sondern sind Transkriptionen von zahllosen Tonband- und Videoaufzeichnungen seiner Vorträge, die er im Lauf von 35 Jahren vor einem internationalen Publikum stets aus dem Stegreif hielt. Er sagte: »Denkt daran, was immer ich sage, ist nicht nur für euch ... ich spreche auch für die kommenden Generationen.«

Die Londoner *Sunday Times* zählte Osho zu den »1000 Gestalten des 20. Jahrhunderts«, und der amerikanische Romanautor Tom Robbins nannte ihn einmal »den gefährlichsten Mann seit Jesus Christus«. *Sunday Mid-Day* (Indien) hat Osho als einen der zehn Menschen erkoren, die das Schicksal Indiens verändert haben – unter ihnen Gandhi, Nehru und Buddha.

Osho hat über sich und sein Wirken gesagt, dass er dazu beitrage, die Voraussetzungen für die Geburt einer neuen menschlichen Seinsweise zu schaffen. Diesen neuen Menschentypus hat er immer wieder als »Sorbas der Buddha« umschrieben – also einen Menschen, der die irdischen Freuden eines Alexis Sorbas ebenso zu schätzen weiß wie die stille Heiterkeit eines Gautama Buddha. Durch alle Aspekte von Oshos Arbeit zieht sich wie ein roter Faden die Vision einer Verschmelzung der zeitlosen Weisheit des Ostens mit den höchsten Potenzialen der heutigen (und zukünftigen) westlichen Wissenschaft und Technik.

Bekannt ist Osho vor allem für seinen revolutionären Beitrag zur Wissenschaft der inneren Transformation, wobei Meditation einen wichtigen Ansatz darstellt, um in dem beschleunigten Tempo des heutigen Lebens die Balance zu finden. Daher sind seine einzigartigen »aktiven Meditationen« so gestaltet, dass zuerst der in Körper und Geist angesammelte Stress freigesetzt wird, was es leichter macht, die Erfahrung eines gedankenfreien und entspannten Zustands von Meditation in den Alltag mitzunehmen.

Von Osho ist das autobiografische Werke erhältlich:

Autobiographie, Ullstein, Berlin 2005 *(Autobiography of a Spiritually Incorrect Mystic*, St. Martins Press, 2000)

OSHO International Meditation Resort

Lage: Etwa 120 Kilometer südöstlich von Mumbai, in der prosperierenden indischen Stadt Pune gelegen, ist das Osho International Meditation Resort ein Urlaubsort der besonderen Art. Das Meditationsgelände mit seinen spektakulären, üppigen Gärten erstreckt sich über 15 Hektar inmitten eines von alten Baumalleen gesäumten Villenviertels.

Einzigartigkeit: Jedes Jahr begrüßt das Meditation Resort Tausende von Besuchern aus über hundert Ländern. Der einzigartige Campus bietet die Möglichkeit für eine unmittelbare persönliche Erfahrung mit einer neuen Lebensweise voller Achtsamkeit, Entspannung, Lebensfreude und Kreativität. Eine große Vielfalt ganztägig und ganzjährig stattfindender Programme steht zur Auswahl. Nichts tun und nur entspannen ist nur eines davon! Sämtliche Angebote beruhen auf Oshos Vision von »Zorba the Buddha« – einer neuen Seinsqualität, die uns den Alltag im Gleichgewicht zwischen zentrierter, kreativer Teilnahme und tiefer Entspannung in Stille und Meditation leben lässt.

Osho Meditationen: Ein volles Tagesprogramm bietet vielfältige Meditationsmethoden – aktiv und passiv, traditionell und revolutionär – und speziell Oshos »Aktive Meditationen«. Sie finden im Osho Auditorium, der wahrscheinlich größten Meditationshalle der Welt, statt.

Osho Multiversity: Das Angebot an Einzelsitzungen, Gruppenworkshops und Kursen reicht von den kreativen Künsten über ganzheitliche Gesundheit, persönliche Transformation, Wandel in Beziehungen und Lebensphasen, Arbeit als Meditation, esoterische Wissenschaften bis zum »Zen«-Ansatz in Sport und Erholung. Das Erfolgsgeheimnis der Osho Multiversity liegt in der Tatsache, dass sämtliche Programme mit Meditation verknüpft sind und den Menschen als ein spirituelles Wesen begreifen, das sehr viel mehr ist als nur die Summe seiner Teile.

Basho Spa: Das luxuriöse Basho Spa bietet einen wunderbaren Rahmen für entspanntes Schwimmen im Freien mitten unter Bäumen und tropischem Grün. Dazu ein einzigartig gestaltetes, großzügiges Sprudelbad, Saunen, Fitnessraum, Tennisplätze – alles in atemberaubend schöner Umgebung.

Küche: In verschiedenen Restaurantbereichen wird köstliches vegetarisches Essen der westlichen, ostasiatischen und indischen Küche serviert – überwiegend aus organischem Anbau speziell für das Resort – sowie Brot und Kuchen aus der eigenen Bäckerei.

Nachtleben: Viele verschiedene Abendveranstaltungen stehen zur Wahl, wobei Tanzen ganz oben auf der Liste ist. Andere Aktivitäten sind zum Beispiel Vollmondmeditationen unter dem Sternenhimmel, Varietévorstellungen, Konzerte und Meditationen für das tägliche Leben. Man kann es aber auch einfach genießen, Leute im Plaza Café zu treffen oder in der nächtlichen Stille der Gärten in dieser märchenhaften Umgebung spazieren zu gehen.

Dienstleistungen: Alle wichtigen Dinge des täglichen Gebrauchs gibt es in der Galleria zu kaufen. Die Osho Multimedia Gallery bietet ein breites Spektrum an Osho Medienprodukten. Außerdem gibt es eine Bank, ein Reisebüro und ein Internetcafé auf dem Gelände. Wer gerne Einkaufen geht, hat dafür in Pune viele Möglichkeiten – von traditionellen und landestypischen indischen Produkten bis zu sämtlichen internationalen Markenläden.

Unterkunft: Sie können wählen zwischen den eleganten Räumen des Osho Gästehauses oder – speziell bei längeren Aufenthalten – verschiedenen Pauschalangeboten des Osho Living-In-

Programms. Zusätzlich gibt es noch zahlreiche Hotels und Appartements mit Service in der direkten Umgebung

www.osho.com/meditationresort
www.osho.com/guesthouse
www.osho.com/livingin